공범들의 도시

공범들의 도시

지은이_ 표창원 · 지승호

1판 1쇄 발행_ 2013. 10. 2.
1판 8쇄 발행_ 2022. 4. 26.

발행처_ 김영사
발행인_ 고세규

등록번호_ 제406-2003-036호
등록일자_ 1979. 5. 17.

경기도 파주시 문발로 197(문발동) 우편번호 10881
마케팅부 031)955-3100, 편집부 031)955-3200, 팩스 031)955-3111

저작권자 ⓒ 표창원 · 지승호, 2013

이 책은 저작권법에 의해 보호를 받는 저작물이므로
저자와 출판사의 허락 없이 내용의 일부를 인용하거나 발췌하는 것을 금합니다.

값은 뒤표지에 있습니다.
ISBN 978-89-349-6456-8 03300

홈페이지 www.gimmyoung.com   블로그 blog.naver.com/gybook
인스타그램 instagram.com/gimmyoung   이메일 bestbook@gimmyoung.com

좋은 독자가 좋은 책을 만듭니다.
김영사는 독자 여러분의 의견에 항상 귀 기울이고 있습니다.

| 한국적 범죄의 탄생에서 집단 진실 은폐까지 가려진 공모자들 |

공범들의 도시

표창원 · 지승호

차례

프롤로그 비정한 공범들의 도시에 홀연히 나타난 정의의 사나이 _ 6

1부 한국적 범죄의 탄생

1. 한국적 범죄의 인큐베이팅 : 자식 살해와 묻지 마 범죄의 도시 _ 12
2. 신창원과 표창원 : 다른 듯 닮아 있는 두 남자 이야기 _ 58
3. 연쇄살인의 사회적 배경 : 원혼을 위로하지 않는 국가의 비극 _ 108

2부 연쇄살인을 복제하는 사회의 어두운 고리

4. 불법 도박과 스포츠 승부 조작 : 인생역전의 망상에 중독되다 _ 134
5. 프로파일링과 수사지휘관의 책임 : 면담 기법에서 면책 범위까지 _ 143
6. 정의로운 경찰관의 고독한 딜레마 : 총기 사용에서 경찰대학 문제까지 _ 161
7. 오원춘 사건이 보여준 일그러진 초상 : 단지 그가 악마일 뿐인가? _ 173
8. 난치병이 되어버린 연쇄살인 : 연쇄살인범은 어떻게 만들어지는가? _ 216

| 3부 | 과학수사를 파괴한 사법 시스템의 죄악 |

9. 한국의 CSI는 없다 : 왜 과학수사는 실패할 수밖에 없는가? _ 236
10. 피해자의 이름으로 불러야 하는 이유 : 아동 성폭력 사건의 경우 _ 266
11. 미제 의혹 사건들의 헝클어진 맥락 : 장준하 선생 사건에서 김성재 변사 사건까지 _ 286
12. 사법 시스템이 묻어버린 진실들 : 최고 엘리트들의 바보 같은 실수와 패착 _ 301

| 4부 | 거대 국가 범죄에 가담한 경찰들 |

13. 국가 범죄를 저지른 공공의 적들 : 부끄러움과 반성을 모르는 사회 _ 332
14. 경찰 내부의 공범들 : 훼손된 중립성을 복원하기 위하여 _ 367
15. 검찰과 경찰의 공모 : 1인 독재의 수사 구조를 넘어 _ 382

| 5부 | 차가운 분노, 그리고 뜨거운 희망 |

16. 경찰은 왜 거대 범죄에 가담해야 했는가? : 논쟁과 토론 속에서 발견한 희망 _ 394
17. 정의는 천천히, 그러나 반드시 온다 : 희망을 위한 전제조건들 _ 418

에필로그 지금부터 다시 시작이다 _ 444

프롤로그

비정한 공범들의 도시에
홀연히 나타난 정의의 사나이

올해 초 출판사로부터 표창원 박사 인터뷰집을 진행해보지 않겠느냐는 연락을 받았다. 소위 국정원녀 댓글 사건에 대해 보수주의자로서 문제를 제기하고, 한국 사회에서의 정의에 대해 이야기하고 있던 표창원 박사에게 궁금한 것이 많았던 차여서 흔쾌히 수락을 했다. 그러나 알고 있던 다른 출판사로부터 표창원 박사의 인터뷰집이 나온다는 소식을 들었고, 그 결과물인 《보수의 품격》이 출간되었다.

'어렵겠네' 하고 포기를 하려다 이내 '표창원 박사는 원래 연쇄살인이나 엽기적인 범죄 등을 분석하는 전문가이자 범죄자들의 심리를 예리하게 분석하는 한국 최초의 프로파일러로 유명하신 분이잖아. 범죄를 통해 본 한국 사회 진단, 한국 과학수사의 현주소, 범죄 예방을 위한 경찰 시스템의 개혁 등에 관한 이야기를 해보는 것이 어떨까?' 하는 생각이 들었고, 그 생각은 표창원 박사와 출판사 분들과 이심전심으로 통해서 그런 방향으로 인터뷰집을 진행하기로 했다. 그간 한국 사회에서 큰 범죄가 발생할 때마다 우리 사회는 표창원 박사를 호출해왔고, 그는 거기에 흔쾌히 응해오지 않았던가?

"보수주의자로서, 고백하고 요구하고 경고합니다"라는 글을 올려 지난 대선 과정에서 큰 파장을 일으켰던 그는 자신이 속한 경찰대의 명예와 정치적 중립성을 훼손시키지 않기 위해 경찰대학 교수직까지 사직했었는데, 그의 국정원 사건에 대한 뜨거운 문제 제기 역시 경찰과 국가의 범죄에 대한, 국정원 범죄에 가담한 공범으로서의 경찰에 대한 보수주의자로서의, 경찰 조직원으로서의 문제 제기였지 않은가?

이 인터뷰집에 대한 결론부터 말하자면 표창원 박사는 (원래 기대치도 높았지만) 기대했던 것 이상으로 범죄와 사회의 관계에 대한 확고한 견해를 가지고 나름의 해법을 제시하고, 제안하고 있다. 요즘 심각한 문제로 제기되고 있는 묻지 마 살인이나 연쇄살인, 그리고 국가 범죄를 예방하기 위해서는 사회 시스템이 제 기능을 다해야 한다고 그는 강조한다.

영화 〈살인의 추억〉을 보면 정권의 정통성을 유지하기 위해 경찰 병력이 시위 진압에 동원되는 동안, 여중생은 범죄의 피해자가 되어 쓸쓸히 죽어간다. 표창원 박사 역시 김선자 독살 사건, 심영구 사건 등을 지켜보면서 "정권의 정통성과 민주주의의 확립이 사람의 생명을 살린다는 사실을 절실히 체득"했다고 말한다. 사실 범죄의 가해자, 피해자에 좌파, 우파가 따로 있을 리가 없지 않은가?

과학수사라는 것은 범인을 잡기 위해 고문 같은 방법을 동원하는 것을 막는 것뿐만 아니라 한 사람의 생명을 어떻게 대할 것인가, 한 사람이라도 억울한 희생을 당하지 않게 하기 위해서, 혹은 단 한 사람의 희생자의 원한을 풀어주기 위해서 한 사회가 가진 하드웨어(장비, 시스템)적인 역량과 소프트웨어(범죄 예방 솔루션, 철학)적인 역량을 어떻게 총동원해서 문제를 해결할 수 있느냐 하는 것과 연결되어 있다.

영화 〈7번방의 선물〉(유사한 사건이 현실적으로 존재했었다)을 보면 자신의 행위에 대해 방어를 할 수 없는 주인공이 죄를 뒤집어쓰고 결국 사형을 당하는 장면이 나온다. 경찰이나 공권력의 편의를 위해 고문을 하거나, 하지 않는다고 하더라도 '범인을 꼭 잡고 싶다'는 열망이 수사를 잘못된 방향으로 이끌거나 엉뚱한 사람을 범인으로 몰고 가는 경우를 우리는 과거 사례를 통해 상당히 많이 접해왔다. 민주화 정부라던 2009년 8월부터 2010년 3월까지 양천경찰서에서 피의자에게 고문 및 가혹 행위를 했던 사실이 드러나기도 했지 않은가?

당시 채수창 서울 강북경찰서장은 "담당 경찰관의 잘못 못지않게 이런 행위를 하면서까지 실적 경쟁에 매달리도록 조장한 서울경찰청 지휘부의 책임이 크다"는 지적을 한 바 있다. 물론 이런 지적을 했던 경찰서장은 징계위를 통해 파면을 당했었고, 지적을 받은 서울경찰청장은 경찰청장으로 승진했다.

표창원 박사는 "채수창 전 강북경찰서장, 권은희 전 수서경찰서 수사과장 등 경찰 조직 내부에서 언제든 옳은 목소리가 나올 수 있다는 사실을 일깨워주는 용기 있는 경찰들이 있었기에 경찰에 대한 국민의 신뢰가 지금보다 더 추락하지 않을 수 있었다"고 말한다.

우리는 그동안 알게 모르게 '사회 전체를 위해서 한 사람의 희생쯤이야' 하고 치부해왔던 경향이 있는데, 그건 민주주의가 아니다. 그 '사회 전체'라는 것이 누구를 위한 것인지도 애매했을 뿐 아니라 대개 권력자를 위한 것인 경우가 많았다. 한 사람, 한 사람의 목숨을 소중히 여기는 사회가 진정한 민주주의 사회가 아닐까?

표창원 박사는 강간 사건으로 희생당한 여고생을 죽인 범인을 찾기 위해, 그 일대에 잠시 거주했던 자신의 DNA를 채취하기 위해 한국을 방문하겠다고 했던 영국 경찰의 일화를 소개하고 있다. 국가와 사회는 그 정도로 한 사람, 한 사람의 생명을 소중히 여겨야 한다는 것이다.

표창원 박사는 "수사는 매우 단순한 진실 게임이다. 고도의 지능이 필요하지 않고 높은 학력 요구되지 않는다. 다만, 의문을 적당히 덮으려는 유혹, 현실과 타협하려는 유혹을 이기는 힘이 필요하다"고 말한다.

국정원 사건 역시 경찰 수뇌부의 정치적 판단으로 인해 경찰 조직 전체의 위상이 떨어진 사건 아닌가? 이것은 격무에 시달리고, 위험한 상황에 수시로 맞닥뜨려야 되는 경찰들 전체 입장에서 생각해봐도 불행한 일이 아닐 수 없다. 경찰 조직 전체의 신뢰를 떨어뜨리는 이런 일이 반복될수록 경찰 조직뿐만 아니라 국민 역시 불행해질 수밖에 없다. 이런 문제에 보수, 진보가 따로 있을 수 없지 않은가?

표창원 박사는 경찰을 사랑하기 때문에 '경찰은 어떤 존재여야 하는가? 누구를 위한 존재여야 하는가? 어떻게 하면 사랑받는 경찰이 될 수 있을까?' 하는 질문을 끊임없이 던진다. 그리고 자신이 유학 시절 느꼈던 영국 경찰, 선진국 경찰들의 시스템과 태도를 우리가 배울 필요가 있다고 말하고 있다.

경찰은 결국 국민을 위한 조직이어야 한다고 강조하는 그는 전 세계 경찰이 처벌 위주의 정책보다는 예방 위주의 정책으로 전환하고 있다고 전한다. 그러기 위해서는 경찰 조직뿐만 아니라 사회 전체가 긴밀하게 협조하고 공조해야 한다고 말한다. 시민 사회가 경찰을 멀리해서만 될 것이 아니고, 경찰 조직에 애정을 가지고 감시와 제안,

협조를 해야만 상당수의 범죄를 사전에 예방할 수 있다는 것이다. 그것은 우리 사회를, 우리 스스로를 위하는 길이기도 하다.

표창원 박사와의 인터뷰를 통해 우리가 얼마나 잘못된 관행을 당연시 여겨왔는지, 범죄는 나의 일이 아니라 남의 일이라는 안일한 생각을 가져왔는지 깨달을 수 있었다. 이 책은 범죄가 우리 사회에 남긴 질문에 대한 표창원의 답이자 제안이다. 이 인터뷰를 통해 함께 보수의 품격, 사회의 품격, 경찰의 품격에 대해서도 함께 생각해봤으면 한다.

'나는 꼼수다'의 진행자이자 딴지일보 총수인 김어준은 "남자는 비겁하지만 않아도 섹시하다. 우리 시대의 가장 섹시한 남자"라고 표창원 박사에 대해 표현했다. 김어준의 말처럼 표창원은 최근 보기 드물게 당당하고, 섹시한 남자의 모습을 보여주고 있다.

인터뷰를 마친 후 '사회가 제 기능을 다하지 못해 발생하는 비극적인 범죄의 잠재적 피해자들에게 도움을 주고 싶어' 다양한 활동을 하고 있다는 그가 지난해 연말 홀연히 우리에게 주어진 크리스마스 선물일지도 모르겠다는 생각이 문득 들었다. 표창원 박사의 건투를 빈다.

2013년 9월 지승호 씀

1부
한국적 범죄의 탄생

1

한국적 범죄의 인큐베이팅
_자식 살해와 묻지 마 범죄의 도시

연예인 인권의 그늘

지 　고故 장자연 씨 사건에 관해서 '표창원의 죄와 벌'에 쓰셨는데요. 관련자가 신문사에 항의했다고 하던데요. 그만큼 아직 기세등등하다고 봐야 하나요?
표 　기세등등하고 공격적이고, 방어적인 거죠. 자신과 관련된 이야기가 나오는 것을 용납하지 않겠다는 태도인 것 같아요.

지 　아직 의혹이 해소된 것이 아니니까 본인으로서는 어쩔 수 없는 행동일 수 있겠네요.
표 　자기방어를 위해서라도, 가만히 있으면 이 사람 저 사람 다 이야기를 하게 될 것이고, 자기가 수세에 몰리니까 나오는 족족 대응을 하겠다는 태도인 것 같아요.

지   걸게 되면 명예훼손 소송일 텐데요.

표   명예훼손 요건도 안 되고, 공개된 사실만을 위주로 한 이야기니까요. 지난번 국정원이 했듯이 위축시키겠다는 거죠. 그게 대부분 사람에게 통하잖아요. 고소한다고 이야기하는 즉시 상대방이 사과한다든지 중단한다든지, 이런 모습을 봐왔기 때문에 습관적으로 하고 있는 것이라고 생각합니다. 저한테 직접적으로 해온 것은 아니고, 신문사에 그런 연락이 왔다고 하네요.

지   신문사에서도 소송을 건다고 하면 부담스럽긴 할 테니까요.
표   그렇죠.

지   그걸 악용하는 것이겠네요.
표   신문사에서도 흔들리지는 않았어요. 그런 일이 있었다고 사실을 전달만 해준 거죠.

지   이상호 기자가 예전에 연예계 피디 상납 비리를 폭로하면서 피디만 40명이 구속되기도 했어요. 그게 빙산의 일각이었다는 표현도 이상호 기자가 했는데요. 그런 연예계의 여러 가지 구조나 이런 것 때문에 사람들이 자살하기도 하고 많은 피해가 있는데, 개선하기 어렵고, 수사하기도 어렵고, 피해자들이 쉬쉬할 수밖에 없는 상황인 것 같습니다. 그래서 하소연하기 위해서는 자살이라는 극단적인 방법을 택할 수밖에 없다는 건데요. 왕따 이야기도 나왔지만, 사람들한테 굉장히 민감하고 금방 알려지는 것이 연예계 관련 일인데요. 그런 문제조차 해결이 안 된다면 우리 사회가 역시 정의가 없는 사회구나, 하는 자괴감을 사람들에게 심어줄 것 같거든요.

표   그렇죠.

읍참마속을 하지 못하는 보수

지   알려진 사람들이 그런 모습을 보이고, 피해를 입는데도 하소연하지 못하는 모습들을 볼 때는 이게 알게 모르게 사회에 악영향을 줄 것 같습니다. 언론사 고위층 인사를 불러서 30분 정도 조사했다고 하던데, 사람들은 '경찰서 안 가봤냐? 그건 이름과 주소 정도 물어볼 시간이다'라고 댓글을 달기도 했는데요.(웃음)

표   분명히 모든 사건을 해결할 수는 없죠. 하지만 의미가 있고, 중요하고, 상징적이고, 사회적 파장력이 큰 사건들이 있거든요. 특히 그 사회의 기득권, 권력층, 혹은 가진 자들이 의혹을 받는, 또 그들이 약자를 괴롭히거나 약자에게 피해를 입히거나, 약자를 침탈했거나 하는 사건들은 그 사회의 공적 신뢰도를 결정짓는 매우 중요한 기준이 됩니다. 그래서 유럽이나 미국이나 캐나다나 호주나 어느 나라든지 보면 그런 사건은 엄정하게 수사하고 처리하거든요. 단 한 치의 의혹도 남기지 않도록. 그러한 사건에 남겨진 의혹 자체가 두고두고 사람들의 기억에 남고, 언론에 오르내리고 권력, 법 집행, 정치, 경제 사회 지도층에 대한 민중의 불신을 계속해서 불러일으키기 때문이죠. 그래서 사실은 '그 사회 지도층이 얼마나 똑똑하냐', 윤리 도덕을 떠나서 똑똑하냐 하는 것을 가름 짓는 기준과 척도라고 보는데요. 지도층이 똑똑한 나라는 그래도 어느 정도는 평화롭고 행복합니다. 어차피 완벽하지는 못하니까 가진 자들이 진입 장벽도 치고, 계속해서 지배를 공고히 해나가고, 그게 자본주의의 속성이잖아요. 다수는 조금씩 힘들어하고 손해 보면서 살고 있지만, 그나마 그래도 세상이 살 만하다고 받아들이면서 살아가는 것인데요. 우리나라 지도층들은 제가 볼 때 너무 무식해요. 그 사회의 시스템에 대한 어느 정도의 지지와 신뢰를 유지하면서 자신들의 기득권과 지배 체제를 이끌어나갈 수 있는 능력이 없어요. 그러니까 당장 눈앞의 불이익을 막기 위해서 움직이죠. 장자연 사건, 김승연 회장 사건, 전경환 사건, 제가 지적하는 문제들이 그런 사건이거든요. 다 보고 있고, 다 알고 있고, 오로지 모르고 있는 것은 수사하는 경찰, 검찰, 법원뿐인 것 같아요. '증거가 확실치 않다' 어쩌고 하지만, 우리가 볼 때는 다른 사건과 비교할 때 절대로 그렇지 않거든요.

지 모르고 있다면 무능한 것이고, 알고 있으면서 수사를 안 한다는 것은 정말 나쁜 거잖아요.

표 그렇죠. 그 부분에서 제가 지적하고 있는 것은 단일 사건의 수사 자체가 문제가 아니라 우리나라의 정치권력, 경제 권력, 기득권층이 너무 근시안적이고, 바보 같다는 거죠. 조금만 똑똑했더라면 바로 그 앞에서 자신의 병든 팔을 자르는 심정으로, 읍참마속의 심정으로, 자신들의 한 부류이자 동료일 수도 있는 해당되는 범법 행위자를 엄하게 처벌하는 모습을 보여줘야 하는 거죠.

지 그게 보수잖아요. 이 시스템을 지키기 위해서라도 그렇게 해야 하는 거예요.

표 그게 썩은 환부를 도려내고, 자신의 문제를 스스로가 제거해내는 거거든요. '괜찮다, 우리는 자정 능력이 있다'는 것을 보여주는 거죠. 그렇게 우리 제도와 시스템을 믿어달라는 것이 보수의 모습인 건데요. 우리나라는 그게 아니고, 거꾸로예요.

지 진보는 한번 좀 세게 갈아엎어보자는 거죠.(웃음)

표 우리는 오히려 밑바닥 민중들이 제도 시스템을 탄탄히 받쳐주고, 감내하고 인내하면서 지탱해주고 있는 거예요. 기득권층은 전부 말아먹고 있는 거구요. 가진 자들의 부도덕성, 비윤리성을 드러내고, 그들이 어떤 잘못을 저질러도 법의 심판을 받지 않는 모습을 보여주고요. 장관 후보자들은 모든 종류의 비리는 다 저지른 사람들이 되잖아요.

지 기득권이라면 이 사회의 여러 가지 부라든지, 명예라든지 이런 것을 더 많이 가지는 건데, 그걸 당연하게 누리고 존경받으려면 신뢰감이 회복돼야 하잖아요. 이번에 보니까 KBL 챔피언십 시리즈 2차전에서 판정 시비가 있었는데요. 그걸 해결하는 모습을 보고 조금 감동을 받았거든요. 심판 판정에 대한 의혹들이 굉장히 많이 나왔고, 1.7초를 남기고 결정적인 오심이 나왔습니다. 심판위원장이 경기가 끝나고 바로 '오심이었다. 하지만 어쩔 수 없다'고 했거든요. 그걸 인정한다는 자체가 다음 게임부터는 믿을 수 있다는 거거든요. 그냥 모르쇠로 일관하면 다음 게임도 심판이 휘슬을 불 때마다 이쪽에서 항의하고, 저쪽에서 항의하고 게임을 믿을 수 없다고 할 텐데요. '우리가 잘못했고, 심판에 대한 징계를 할 것이며, 앞으로 재발 방지를 위해 최선의 노력을 하겠지만, 이 경기에 대해서까지 번복하기는 어렵다', 이 이야기를 들으면서 사람들은 다음부터는 심판들을 믿을 수 있겠다고 생각할 텐데요. 한국의 기득권들은 그런 선택을 하지 않는다는 거잖습니까? 그냥 모른 척하거나, 덮어놔도 니들이 어떻게 할 거야, 이런 식으로 나가기 때문에 사람들의 불만들이 쌓이고, 애들은 더 약한 애들을 때리고, 10억만 주면 감옥에 갈 수 있다고 하거든요. 결국 공동체가 파괴되면 자기들이 피해를 입을 수도 있는 건데요.

표　그러니까 바보 같다는 거죠. 지금 사람들에게 기득권층에 대한 불신과 불만이 가득 차 있습니다. 지탄받고, 놀림받고, 비아냥을 들으면서도 여전히 그런 사건만 생기면 자기들을 감싸 안는다고요. 태생이 잘못돼서 계속해서 꼬이고 있는 거구나 하는 생각이 들 수밖에 없는데요. 자기들이 극복해야 되거든요. 태생이 친일파고, 부정적으로 태어났다고 하더라도 벗어나기 위해서 스스로 노력을 해야죠. 유럽의 기득권층은 안 그런가요? 나름대로 1차 대전, 2차 대전 때의 어두운 과거들을 가지고 있죠. 하지만 그것을 극복하기 위해서 뼈를 깎는 노력을 한 것이고, 그래서 현 체제를 유지해나갈 수 있는 힘을 가지게 된 겁니다. 그런데 우리는 사람들이 부자도 권력자도 전혀 인정하고 싶지 않은 거죠.

CCTV로는 사회적 분노를 막을 수 없다

지　미국이나 중남미는 부자 동네에서 철책 치고 살 수 있지만, 한국은 그렇게 하기 쉽지 않잖아요. 한국 사람들이 그래도 인내심 있게 잘 참아왔지만, 이게 폭발하면, 또 한 성질 하는 민족이기도 해요. 얼마 전에 신문 보니까 총기 밀수가 늘고 있다고 하던데요. 이게 잘못되면 컨트롤하기 힘든 사회가 될 수도 있겠다는 생각이 들더라고요. 불법적이든 뭐든 총기를 구해서 사용할 수 있다면 예전에 한 마을 사람 50명 이상을 죽였던 우순경 사건처럼 어마어마한 일이 벌어질 수 있지 않습니까? 칼로 찔러 죽이는 것은 한계가 있지만, 미국식으로 총기 범죄가 일어나기 시작하면 걷잡을 수 없는 사회가 될 것 같거든요. 그런 대책이 좀 필요할 것 같은데요.

표 실제로 지존파 사건 때 애들이 강남 압구정동 현대백화점 VIP 고객 리스트를 입수했었거든요.

지 그게 강남 부자들에게 공포감을 줬었죠.
표 거기다가 청계천 등지에서 총기류를 마구 구입했었어요. 바로 강남에서 부자들을 향한 테러를 감행하기 직전에 경찰이 급습해서 사실은 일망타진된 건데요. 걔들이 그런 일을 했으면 엄청난 사회적 파장을 불러일으켰겠죠.

지 어차피 우리가 길게 가지 못하고 잡히겠다 싶으면 검거 당시 이야기했던 것처럼 '더 죽이지 못해서 한이 된다'는 식으로 무차별 테러를 감행할 수도 있었겠네요.
표 오늘도 보스턴 마라톤에서 폭탄 테러가 났잖아요. 제일 무서운 게 그거거든요. 한 인간이 자기의 삶을 포기하게 되면 그것만큼 무서운 게 없죠. 할 수 있는 일이 너무 많으니까.
지 흉악한 연쇄살인범보다 홧김에 불을 질러서 더 많은 희생자와 피해를 낸 경우도 있죠. 수백 명이 죽었던 대구 지하철 참사나 남대문 방화 사건 같은 것들이 그런데요.

표　이제까지는 그런 현상에 대해서 드러난 결과적인 현상만을 어떻게든 막아보려고 한 거죠. CCTV를 설치한다든지, 경비를 강화한다든지.

지　CCTV를 설치해도 사후에 '아, 저 사람이구나' 확인만 할 수 있는 거잖아요.(웃음)

표　터진 다음에는 소용이 없죠. 그것보다 원인에 대한 해결을 해야겠죠. 사회적 분노 자체가 팽배해 있잖아요. 층간 소음 문제를 가지고도 살인이 이루어지고, 사회 저변에 깔려 있는 분노를 좀 줄여나가야 되거든요. 그렇게 하려면 출발선상 자체가, 가진 자들의 과오와 잘못부터 반성하고, 거기에 대한 책임을 지고, 바람직한 대가를 치르고, 이런 모습부터 보여줘야 되는 거죠. 그래야 사회 전반이 그나마 대리만족, 분노의 해소 효과, 카타르시스를 맛볼 수가 있는 거잖아요. 그 후 전반적으로 조금씩 조금씩 제도 개선을 해나가는 거죠. 지금 우리 교육이며 사회 모든 시스템이 큰 문제가 있잖아요. 교육제도도 얽히고설켜서 모든 부모님들이 우리 교육제도에 만족하지 못하고 있어요. 거기다가 자영업자들은 거의 5년 이내 95% 이상이 망하는 상황에 처해 있습니다. 고용은 불안정하고, 평생직장은 없어졌고, 부동산 시장도 그렇죠. 거기다 농산물 가격, 산지랑 도시랑 너무나 현격한 차이가 나고요. 갖가지 모순과 부조리가 가득 차 있어서 서로가 서로를 불신하고, 화가 나 있고, 언제 어디서 뭔가 터질지 모르는 상황입니다. 이런 문제들이 한꺼번에 다 해결이 되지는 않을 겁니다.

삶의 방향을 전반적으로 서로가 신뢰하는 사회, 분노를 가라앉히고 해소하는 이런 방향으로 잡아줘야만 조금씩 조금씩 나아지겠죠.

예방 중심으로 바뀌는 경찰 활동 패러다임

지 경찰 차원에서 범죄를 예방할 수 있는 부분의 예산도 많이 책정하고, 그런 연구와 고민도 많아져야 될 것 같은데요. 그건 경찰이 요구해야 되지 않나요?

표 그 부분이 대단히 중요한 말씀인데요. 전 세계적으로 경찰 활동의 패러다임이 변하고 있거든요. 사후 대응적인 경찰로부터 사전 예방적인 경찰로 바뀌고 있단 말이에요. 거기다가 시민을 잠재적 범죄자로 보면서 집행을 중시하는 경찰에서부터 시민을 경찰의 동반자, 파트너로 보는, 그래서 예방을 중시하는 이런 방향으로 바뀌고 있습니다. 가장 핵심적인 개념이 지역사회 경찰 활동이라는 개념이고, 경찰이 지역 주민들과 함께 지역 내의 어떤 치안상의 문제가 있는지를 살피는 거예요. 경찰이 다 할 수는 없잖아요. 24시간 골목 골목을 다닐 수 있는 것도 아니고, 주민들이 제일 잘 알거든요. 어디가 위험하고, 어디가 어떤 문제가 있고. 또 신고를 해줘야만 경찰이 알 수 있는 거예요. 목격자들이 나서서 진술을 해줘야만 해결도 할 수 있는 거잖아요. 시민들과 함께하고, 시민들의 도움을 받지 않는 한 경찰 활동을 제대로 하지 못한다는 철학적인 배경이 최근 경찰 활동의 방향을 바꾼 거죠. 그렇기 때문에 이게 예산의 문제에 앞서서 철학의 문제라고 봐요. 과연 경찰을 어떻게 운용할 것인가, 선발할 때 어떤 사람을 선발할 것이며, 교육할 때 무엇을 교육할 것인가, 업무에 무엇을 더 중시할 것이며, 어떤 역할을 맡길 것인가, 또 시민과의 관계를 어떻게 설정할 것인가, 이런 부분들이죠. 거기 핵심이 되는 것은 개방이라는 요소거든요. 경찰에서 어떤 결정이 내려지는지 시민들이 알 수 있도록 해주고, 그 과정에 시민들이 참여할 수 있도록 해줘야죠. 예를 들어 종로경찰서의 1년 치안 목표는 무엇이다, 계절별로, 이번 주는 어떻게 할 거냐, 그걸 누가, 어떻게, 왜 결정하느냐는 겁니다. 지구대 경찰관들이 매일 매일 순찰은 어떻게 해야 될까, 몇 시에 해야 될까, 어떤 것들을 중점적으로 봐야 할까, 이런 부분들을 주민들이 참여하면서 해내고, 알고, 주민들이 함께해주면 너무 좋잖아요. 예를 들어 종로 경찰서의 가장 중요한 문제가 야간 주취자들의 행패다. 그러면 경찰이 아무리 주취자랑 전쟁을 벌여본다 한들 해결이 안 된단 말이에요. 파출소와 지구대만 시끌벅적하고, 해봐야 법원 가면 경미한 판결일 텐데, 분노한 사람이 또 술 마시고 행패를 부리고, 이런 상황이 반복될 수밖에 없거든요. 그러면 주민과 함께 주취자들이 주로 난동을 부리는 장소가 어디고, 거기에 대해서 캠페인도 벌이고, 그 사람이 사는 집에 가서 근본적인 문제, 이 사람이 왜 술에 의존하게 됐는가를 파악해서 그들을 설득해서 알콜의존증에 대한 치료를 받게 만드는 사회적 연결고리를 만들어준다든지, 그렇게 주민들과 해당되는 지역의 보건 기관, 교육기관, 사회복지 기관, 이런 것들이 함께 협력하면 범죄가 발생하기 전에 미연에 방지할 수 있단 말이죠. 아직 우리는 그런 방향 설정을 못하고 있어요. 아직도 우리는 경찰과 시민은 묘한 긴장 관계에 있습니다. 80년대 이래 지속된, 언제 시민이 시위대로 돌변할지 모른다는 불안감을 경찰들은 가지고 있어요. 반대로 시민들은 경찰이 언제 과거처럼 탄압하고, 권력 남용하고, 고문할지도 모른다는 막연한 불안감을 갖고 있습니다. 서로에 대한 오해와 불신이 많은 상태인데요. 그걸 고쳐나가는 것이 가장 중요해요. 예산의 재배치만 이루어져도 추가적인 돈을 들일 필요 없이 예방 위주의 경찰로 변신이 가능할 겁니다.

어떻게 시민들의 신뢰를 회복할 것인가?

지 말씀하신 대로 철학적인 부분이 가장 중요할 것 같아요. 그러기 위해서는 경찰과 시민과의 신뢰 회복이 가장 시급할 텐데요. 어떤 것부터 시작해야 될까요? 역사적으로 길게 온 부분이라 말로 '이제부터 그러지 않겠습니다' 하고 사과한다고 해서 될 것 같지도 않아요. 때리던 남편이 '이제부터 안 때릴게' 해도 비슷한 일이 계속 발생하면 신뢰가 없어질 수밖에 없잖아요. 때리지 않아도 폭언을 하거나, 인격적으로 무시하게 되면 부부간에도 갈등이 심해질 수밖에 없고, 그게 몇십 년 쌓이면 극복하기 힘든데요. 사회에서 경찰이라는 어마어마한 숫자의 집단과 그보다 훨씬 더 많은 시민들의 불신을 극복한다는 것은 어려운 일이지만, 지금 시점에서 꼭 필요한 일인 것 같습니다. 〈이웃사람〉이라는 영화 보면 신고하려고 하니까 부인이 찜찜하다고 못하게 하고, 그 사람이 나중에 납치가 되는 피해자가 되는데요. 결국 신고를 안 함으로써 자신이 피해자가 되거나, 다른 누군가가 피해자가 되는 경우도 있는 거잖아요. 저 사람이 연쇄살인범 같은데, 이야기해봤자 아니면 피곤해지기도 하겠죠. 그렇지만 그 사람이 살인을 하게 되면 누군가가 피해를 입게 되는 것이고, 그것 역시 불신 때문에 그런 것 같은데요. 지금 활동하시는 것이 그런 부분의 일환일 텐데요. 그게 더 광범위하게 퍼져나가려면 우리 사회가 어떤 것을 해나가야 할까요?

표   일단은 저 같은 경우에는 내부에서 그런 주장을 많이 해왔지만, 한계를 느꼈어요. 그래서 나와서 국민들하고 그 이야기를 공유하려고 하고 있는 거거든요.

지   그렇죠.

표   변화에는 여러 가지 방법이 있잖아요. 가장 우리가 많이 봐왔던 것은 탑다운 방식, 위에서 강력한 지도자가 자신의 주도 하에서 이루어내는 변화, 개혁, 이런 것들을 가장 많이 봐왔어요. 그걸 효과적으로 생각하고 있고, 자꾸 거기에 기대고 있어요. 경찰의 변화는 그런 방식으로는 도저히 이루어질 수 없다는 겁니다. 왜냐하면 경찰이라는 조직 자체가, 특히 대한민국에서는 너무 오랫동안 권력의 도구로 이용돼왔었기 때문에 권력자의 진짜 의중은 무엇일까 하는 것을 자꾸 들여다보고 있는 거죠. '국민을 위해서 바꿔어라, 국민에게 봉사해라, 예방 중심으로 해라' 하고 권력자가 말한다고 하면 '네, 알겠습니다'라고 하지만 뒤돌아서는 뭘 하냐 하면 외국의 제도, 프로그램의 겉모습만을 자꾸 가져오라고 이야기를 해요. 그래서 그것으로 언론 플레이를 하고, 시민한테 한 번 내보이는 시늉을 했다가 조금 있으면 다 없어져버리거든요. 그런 방식에는 더 이상 기댈 수가 없습니다. 그것보다는 국민들, 시민들이 많은 관심을 가져줘야 합니다. '저 경찰이 내가 낸 세금으로 운영되는 나의 경찰인데, 왜 나를 위해서 뭘 일해주는 것이 아닐까, 왜 나를 잠재적 범죄자로만 바라볼까' 라는 의문을 가져야 해요. 술 먹고 지구대 와서 행패 부리는 방식으로 표현하는 것이 아니고, 시민들 스스로가 의견을 제시하고, 모여서 이야기하고, 반상회든 부녀회든 언론과의 연계를 통해서든 자꾸 드러내줘야 하는 겁니다. 시민 단체들도 마찬가지예요. 다행스러운 것이 과거에는 경실련이나 참여연대 같은 단체들이 경찰 문제에 관심이 없었어요. 원래 그런 것이라고 생각하고, 비판하고 공격만 해댔죠. 최근에 시민 단체들이 경찰의 제도적인 변화에 대해서 관심을 가지고 이야기를 하고 있습니다. 그게 대단한 중요한 변화예요. 또 중요한 것이 학계죠. 학계가 올바로 서야 합니다. 학계에서 눈치 보지 말고, 이익에 매몰되지 말고, 과연 무엇이 문제이고 앞으로 어떻게 나가야 될지, 이런 부분들을 자꾸 이야기해줘야 해요. 그런 가운데 시민사회와 언론, 학계 등의 목소리와 요구들에 부응하려면, 정치권력도 경찰 개혁을 도와줘야죠. 그 부분에서 중요한 것이 국회인데요. 여야의 이익을 떠나서 치안이라는 것, 경찰이라는 것은 소중한 것이니까요. 경찰이 효율적이지 못하거나 잘못돼 있으면 피해를 보는 것이 주로 서민이긴 하지만, 가끔씩은 정치인이나 기득권들도 피해를 보거든요. 그런 것을 생각해줘야 해요. 대안은 많이 나와 있죠. 경찰 통제의 민주화, 지금 유명무실한 경찰위원회가 제 역할을 하도록 해주든지, 경찰 옴부즈맨 제도를 도입해서 국민의 신망을 받는 경찰 감시자가 늘 들여다보도록 하든지, 아니면 국민권익위원회에서 경찰 관련 부분을 따로 떼어내서 전문성과 독립성을 갖춘 경찰 감시 기구를 만들고, 억울하다고 느낀 사람, 민원인들, 경찰에 불만이 있는 사람들의 소리들을 접수하고, 경찰 내부에 있는 조직이 아니라 외부에 있는 전문성과 실행력을 갖춘 조직이 그런 것을 파악할 수 있는 제도적인 변화가 이루어졌을 때 실질적으로 국민들이 신뢰할 수 있게 되는 겁니다. 그리고 경찰청장 한 명이 자기 집권 2년 동안 조직을 마음대로 할 수 있다고 생각하는 자체가 대단히 잘못된 겁니다. 커뮤니티가 형성돼야 하는 거예요. 영국 같은 경우 ACPO(Association of chief Police Officers)라고 고위경찰관협의회라는 것이 있어요. 이 사람들이 아예 단체를 가지고 있고, 단체 내에 연구 기능이 있어요. 누구 한 사람이 아니라 현재의 경찰 고위 간부들의 공통된 의견, 철학을 학계에서 검토해서 실무적으로 적용해나가는 것이죠. 아까 말씀드렸던 지역사회 경찰 활동이라는 것을 국가의 경찰 철학으로 받아들인 것이 고위경찰관협의체 같은 단체거든요. 여기서 채택하는 거예요. 그러면서 각 지방 경찰청이 이 모델을 따르도록, 그러면 중앙정부에서는 그걸 받아들여서 각 지방 경찰청에 치안 보조금을 줄 때 얼마나 새로운, 바람직한 치안 모델을 따르느냐, 평가를 해서 지원금을 줍니다. 그러니까 안 따를 수가 없어요. 미국도 똑같아요. IACP(International Association of Chiefs of Police)라는 기구를 통해서 똑같은 일을 하고 있습니다. 대한민국에 과연 지금 가장 바람직한 치안 정책, 경찰 철학이 무엇인지에 대한 것을 받아들이고 채택할 수 있는 기구와 기관이 있느냐. 없단 말이에요. 대통령에 충성하는 1인 경찰청장이 자기 마음대로 지금부터 일제 단속해, 지금부터 이거 해, 이런 방식이란 말이죠. 그러다 보면 일어나는 꼴이 뭐냐 하면 대통령이 4대악 척결 이야기하니까, 경찰청에 4대악척결추진본부가 만들어져요. 그러면 각 지방경찰청에 그 실적을 보고하라고 해요. 그러면 각 지방경찰청에서는 각 경찰서에 경쟁을 시켜요. 그러면 밑에서 난리가 나는 거죠.

그러니까 문방구가 죽어나는 거고, 서민들이 죽어나는 거예요. 경찰관들은 아무 생각이 없는 거죠. 막 쫓기고, 실적을 올려라, 다른 경찰서보다 뒤처지면 죽는다는 식이 되니까. 결국 쉽게 실적 올릴 수 있는 것이 누군가요? 길거리에서 생계유지하기 위해서 일하는 조그만 탈법을 저지르는 사람이거든요. 이 상황을 타개하려면 경찰과 정치권력 사이의 관계가 끊어져야 합니다. 전혀 상관없이 돌아가야 한다고요. 이게 꼭 정치권력을 감시해야 된다, 이런 것만을 의미하는 것은 아닙니다. 경찰이라는 분야가 그 자체의 철학과 논리와 원칙에 따라서, 국제적인 수준과 기준에 따라서 이루어질 수 있도록 하고, 그래서 국민들과 호흡하고, 국민들의 요구에 부합하고, 경찰이 열심히 할수록 국민들이 안전해져야 되잖아요. 경찰이 바쁘면 바쁠수록 국민들의 삶의 질이 높아져야 되는데, 지금은 그렇지 않아요. 경찰이 바쁘면 바쁠수록 서민들이 화를 내고, 볼멘소리를 하고, 분노하고 있다고요.

지 결국은 그게 일선 경찰들에게 다시 돌아가게 될 텐데요.
표 화살이 돌아가죠.

지 경찰권의 정치권력으로부터의 독립이 필요하겠네요. 경찰청장이 부당한 압력이 오면 '우리 업무가 아니거든요. 우린 알아서 할 테니 정치나 잘 하세요.' 할 수 있어야 될 텐데, 지금으로서는 요원한 상황인 것 같습니다.
표 하나의 문화가 형성돼야 되고, 문화가 형성되기 위해서 제도가 만들어져야 되는 거죠. 일단 경찰청장과 대통령 사이에 경찰위원회

같은 방패막이가 있어야 되는 거예요. 전문가들로 구성된 위원회가 경찰 현안을 들여다보고, 정책을 들여다보고, 편파성을 감시하고, 지난번 국정원 사건 당시에 김용판 서울청장의 어이없는 행동들, 아무런 안전망이 없기 때문에 일어난 것이거든요. 용산 참사 때의 진입 결정, 이것도 마찬가지죠. 물론 작전 하나 하나에 위원회가 개입해서는 안 되지만, 전반적인 중요사안에 대한 심의와 감시 기능은 발휘돼야 한다는 거죠.

시청률이 죽이는 시사 프로그램

지 운동 경기만 하더라도 끝나고 복기가 필요한데, 그런 게 많지 않은 것 같습니다. 경찰 내에서 그런 것을 가장 잘 아는 실무자, 가장 필요로 하는 사람이 그런 것을 해야 될 텐데요. 우리 사회 전체가 공부를 안 하는 분위기가 있고, 정치권도 마찬가지인 것 같습니다. 초선 의원들이 모여서 처음에는 의욕적으로 한국 정치를 개선하기 위해서 공부한다는 모임을 만들어서 연구한다고 하는데, 성과도 별로 없는 것 같아요. 유명한 사람들 불러다가 뭐했다고 사진 찍고 끝내는 경우도 많은 것 같습니다. 뭔가 대외적으로 보이는 활동만 하지 그 사람들이 한국 정치를 위해서 고민을 했다는 결과물을 별로 본 적이 없는 것 같거든요. 그런 게 문제가 되는 것 같은데요. 경찰 쪽도 아까 말씀하셨지만, 학계에서의 연구가 부족하다고 하셨는데요. 경찰학 관련해서도 용역 비용은 꽤 나가는 것 같은데요.

표 엄청나게 나가죠.

지 그런데 사람들이 보기에 피부로 느낄 만한 성과가 나왔는지 의문입니다. 범죄라는 것은 모든 사람과 관련이 있을 수 있기 때문에 연구 성과를 학계에서만 공유할 것이 아니라 '이런 게 나왔습니다' 하고 사람들하고 교감할 수 있는 작업들이 많아져야 할 것 같은데요. 그게 거의 없었던 것이 문제가 되는 것 같습니다. 교수님 같은 활동을 하는 분들이 10명, 100명 나와서 대중들하고 같이 호흡하고, 경쟁하고 하면 사람들이 이런 부분에 대해서 피부로 느낄 수 있을 것 같은데요. 어떻게 보면 이게 무엇보다 중요한 부분이잖아요. 누구나 범죄 피해자가 될 수 있고, 가해자가 될 수도 있고, 누명을 쓸 수도 있어요. 그런데 그런 철학을 공유하기까지 시간이 많이 걸릴 것 같습니다. 방송도 너무 선정적으로만 가는 것 같거든요. 사건 위주, 호기심 위주로 가는 것 같은데, 그런 게 서너 개 있다면, 한두 개는 주제는 진지하지만 '이런 일이 생겼을 때 어떻게 할까요?' 하면서 제도 개선책에 대해서 논의하는 프로그램도 필요한 것 같거든요.

표 언론, 방송도 참 문제죠. 경쟁을 해야 할 영역이 있다면 경쟁이 아니라 차분하게 경쟁에 대한 부담감 없이 사명감 내지는 탐사 정신으로 조사하고, 제작하고, 보여줘야 할 영역이 분명히 있거든요. 그런데 우리는 모든 것들을 경쟁에 붙이고 있는 거예요. 그러다 보니까 시사 프로들도 시청률로 성과급을 지급한다고 해요.

지 그러니까 가벼워지고, 길게 봐서는 프로그램들의 특색이 없어져서 시사 프로그램이 죽어버렸는데요.

표 예를 들어서 시간대별로, 대개 외국에서는 그렇게 하거든요. 골든타임이라고 해서 9시나 10시 이후 시간대에는 경쟁이나 시청률을 보지 않아요. 그쪽은 완전히 공영방송, 사회에 대해 방송이 봉사하는 역할의 시간들로 잡거든요.

지 방송의 공영성, 이런 거겠네요.
표 그렇죠. 방송의 공영성, 공공성이죠. 그 시간대에는 대개 차분한 토론, 분석, 이런 것들이 주어지고, 국민들도 방송을 통해서 교육 효과가 나는 겁니다. 말초신경을 자극하는 재미는 없지만, 그런 것들을 들여다보면서 우리가 살고 있는 이 세상에 대해서 몰랐던 것을 알게 되고, 조금 더 생각해보게 되고, 주권자로서, 표현의 자유 주체로서 자기의 의견을 성립하기 위해서 필요한 정보를 탐색하고 싶은 욕구를 갖게 되거든요. 그런데서 생겨난 욕구가 어디로 이어지냐 하면 책으로 이어진단 말이에요. 방송에서 다 충족시켜주지 못하니까, 거기서 생긴 지적 호기심을 채우기 위해서 '이 분야에 대해서 지금 잘 나온 책은 뭐야'라는 것으로 이어지게 되고, 책을 찾아보고, 읽게 되고, 책을 읽고 나서는 알게 된 것을 표현하고 싶은 욕구가 생기는 거예요. 블로그에 글을 게시하고, 짧은 댓글이라도 달고, 사회 전체가 간접민주주의긴 하지만, 그런 아고라적인 기능을 통해서 모두의 여론이 어쨌든 제시가 됩니다. 정확하게 여론조사를 모두에게 실시해서 알 수 있는 것은 아니지만, 지금 민심이 이렇구나, 사람들이 이 분야에 대해서 어떤 생각을 갖고 있구나 하는 것을 알 수 있게 된단 말이죠. 그게 그 사회가 잘못되지 않도록 하는 겁니다. 집단 지성이라는 말이 거기서 나오는 거예요. 사회 자체의 자정 기능, 통제 기능이 만들어지는 거죠. 치안 분야도 똑같아요. 경찰이 어떻게 돼야 하며, 무엇이 문제이며, 현재 수준은 어디고, 앞으로 어디까지 나가야 될까, 이런 데 대한 차분한 분석들이 방송을 통해, 언론을 통해 제시가 돼야 해요. 그걸 접한 시민들이 우리 동네 경찰서를 들여다보면서 '아, 맞다. 지금 우리 동네 경찰서에서 이런 게 있구나, 이런 문제가 있구나, 저 사람들이 아무리 열심히 하려고 해도 안 되는 한계가 있구나' 하는 것을 알게 되고, '그러면 어떻게 해야 될까?' 고민하면서 관련된 책도 읽게 되는 거죠.

지 '뭘 도와줘야 할까?' 고민을 하게 되는 거예요.
표 그렇죠.

지 그로 인해서 사회가 안정되고, 범죄가 줄어들면 피부로 느끼지 못해도 바로 자기가 수혜자가 되는 거잖아요.
표 자신과 자기 자녀가 안전해지는 거죠.

지 요즘 여러 시민 단체나 이런데서 자원봉사를 하는 분도 많으니까요. 인력이 부족하면 그런 것을 끌어내서 같이할 수 있는 것을 많이 찾아내야겠네요.
표 그럼요. 지난번에 저도 태안 기름 유출 사고 때 가서 자원봉사도 했거든요. 너무 놀랐어요. 수해 입었을 때 자원봉사 해보면 저 멀리 있는 곳에서까지 오신단 말이에요. 욕구가 있다는 거죠. 내가 가진 것이 없고, 할 수 있는 것은 없지만 몸뚱이 하나라도 내가 필요한 곳에 가서 도와주고 싶다는 봉사 욕구들이 거의 대부분의 시민들에게 있다는 겁니다. 이걸 적재적소에 활용할 수 있게만 도와주면 되는 거죠. 특히 안전이나 치안, 어린이나 노약자, 이런 부분은 국가가 아무리 돈을 쏟아부어도 안 되는 것을 시민들의 자발적 노력으로 얼마든지 커버할 수 있다는 겁니다. 그러니까 시민이 함께할 수 있도록 해야죠.

지　일선 경찰 분들도 시민하고 다를 바 없잖아요. 직업이 경찰일 뿐이지, 퇴근하면 시민처럼 똑같이 범죄 피해자가 될 수도 있는 거예요.
표　그렇죠.

미래의 대기업 고문, 검사들

지　우리나라 사람들이 자조적으로 이야기하는 부분이요. 임진왜란 때 왕은 멀리 도망가고, 의병들이 지역에서, 별로 벼슬도 못 한 사람들이 목숨 걸고 싸우잖아요. 태안도 그렇죠. 거기 기름 한 방울 안 뿌린 사람들이 건강에 안 좋을 텐데도 가서 기름을 닦고 있는데요. 외국의 비슷한 사안과 비교했을 때 거긴 천문학적인 배상금을 내거든요. 징벌적 손해배상 제도라고 해서. 우리의 경우 관련된 기업은 얼마 안 되는 배상금도 안내고, 보상을 제대로 안 해줘서 지역 주민들이 자살을 하는 경우도 있었습니다.
표　그러게요.

지　나 같으면 되게 미안할 것 같은데.(웃음)
표　지금 당장만 넘기면 된다고 생각하는 거죠. 또 그래왔어요. 장기적으로 그게 결코 자신들에게도 좋지 않고, 사회에도 좋지 않은 거죠.

지 지금 정부가 재벌들에 대한 정책만큼은 민주화 정부보다 낫지 않나 하는 생각도 들어요. 전시효과일 수도 있겠지만, 김승연 회장을 감옥엔 보내기도 했으니까요.

표 그 사건은 사실은 정치가 벌쭌 것은 아니죠.

지 정치권 눈치를 안 본다고 보긴 어렵잖아요.

표 항소심 판결이 묘한 것이 수천 억대의 계열사 자금을 불법적으로 차명회사 빚을 갚는 데 썼단 말이에요. 1심에서는 피해를 다 인정을 했어요. 2심에서는 3년으로 형량을 깎으면서 실질적인 피해가 없다고 하거든요. 시민들은 모르죠. 과연 실질적 피해가 없을 수 있을까. 거기다 자기 사재를 1,000억 원을 내서 공탁금을 걸었다. 그걸 감안해서 실질적 피해가 없다고 이야기하는 것 같은데요. 오히려 봐주기 아닌가 하는 거죠. 그가 저지른 잘못, 불법적 행동, 회사라는 것은 개인 구멍가게가 아니라 주식회사의 주주가 있고 그런 건데요.

지 미국식 자본주의도 카지노 자본주의라는데, 거기서도 분식 회계를 하거나 횡령이 있으면 엄청난 처벌을 받잖아요.

표 바로 구속에 실형에다가 추징금이 엄청나죠. 징벌적 손해배상까지 해요. 참 웃긴 것이 있어요. 우리 사법부를 보면 기업은 절대로 죽이면 안 된다는 강박 관념들을 가지고 있습니다.

지 기업주 = 기업이 아닌 건데요.

표 아니기도 해요. 그런 식으로 할 거면 가장은 절대로 실형 살리면 안 되는 거예요.

지 먹여 살려야 되니까.

표 중소기업은 어떻고요. 저스티스Justice라는 것이 블라인드니스Blindness거든요. 정의의 여신상은 눈을 가리고 있잖아요. 그런데 우리나라 법원은 눈을 안 가리고 있어요.

지 그렇게 따지면 소위 까방권이라고 하잖아요. 까임 방지권은 재벌뿐만 아니라 금메달 딴 운동선수, 연예인들도 줘야 하지 않나요? 그동안 엄청난 즐거움을 줬잖아요.(웃음)

표 그런 고려를 한다는 것 자체가 말이 안 되는 거죠. 우리 사법부는 전문성이 없다, 동네 아저씨들 모임이다, 이렇게 봐야죠.

지 서구 같은 경우 예술가들에게 면책권을 주는 경우가 있다고 하더라고요. 발레리라 강수진 씨 같은 경우 독일에서 사는 주에서는 살인을 저질러도 봐준다고 하던데요. 좀 확인해봐야 될 것 같긴 하지만요. 어쨌든 문화 국가라는 것 같은데요. 우리는 그 잣대가 재벌이나 정치인한테만 적용이 되는 것 같습니다. 어떤 잘못을 저질러도 기업이 운영이 돼야 되니까, 웬만하면 봐주자는 풍토가 있는 것 같은데요. 말씀하신 대로 검찰들도 강박관념이 상당하지 않습니까? 이건 누군가가 주입시킨 생각 같은데요. 그분들은 주입식 공부를 매우 잘한 분들일 가능성이 높잖아요.(웃음)

표 학습의 효과도 있긴 있겠지만, 대단히 이기적이고 범죄적인 계산이에요. 그들이 평생 검사, 평생 판사 안 한다는 말이죠. 그다음에 노후를 생각하면 정치권으로 나가든, 로펌으로 가든, 대기업 측 고문으로 가게 되는 경우가 많습니다.

지   김용철 변호사도 검사 하다가 삼성 측에 스카우트됐었던 것처럼 회사를 가든지, 로펌을 가도 고객들이 대체로 대기업이겠네요.

표   그런 식으로 되는 거죠. 삼성 특검을 했던 조준웅 검사 같은 경우 아들이 삼성에 취직했잖아요. 도대체 기본이 안 되어 있는 거죠. 초등학교 식의 정의도 없는 겁니다.

지   이거야말로 사후매수죄를 적용해야 되는 것 아닌가요?(웃음) 곽노현 전 교육감에게 적용되었던 사후매수죄.

표   그렇죠.

지   관행이라는 것이 무서운 것이 그렇게 살아왔으니 범죄라고 생각하지 않겠지만, 매우 심각한 범죄 행위일 수 있는 건데요.

표   그렇죠.

지   그렇지만 하루아침에 해결될 수도 없는 문제고요. 말씀하신 대로 그런 계산이 본능적으로 깔려 있기 때문에 미래를 생각해보면, '퇴임하면 뭐하나? 검사가 생각보다 월급이 많지 않은데' 하다가 재벌 총수 얼굴 보면 '내가 어떤 선택을 해야 하나?' 하는 고민이 될 수도 있겠네요.(웃음) 당장 떡값 검사 이런 것이 아니더라도 충분히 그럴 수 있을 것 같습니다.

표   굉장히 씁쓸하죠.

무엇이 자식을 살해하게 만드는가?

지   자신의 자녀를 죽인 여자 분들의 이야기를 꺼내게 하기가 가장 힘들다고 하셨는데요. 나쁘게 보면 자식을 소유물로 생각하는 부분이 있는 것 같아요. 이해해보려고 노력하면 내가 죽고 나서 이 아이가 어차피 힘들게 살 텐데, 같이 죽자는 마음일 텐데요. 어떻게 보면 한국적인 범죄라고 볼 수 있잖아요.
표   그렇죠. 한국적인 범죄죠.

지   외국 같으면 어느 정도 컸으면 '이제 니가 알아서 먹고 살아' 하면서 독립시켜버릴 텐데요. 외국이라고 해서 그런 범죄가 없진 않겠지만, 아무래도 한국에서 좀 더 많은 범죄일 것 같습니다.
표   한국적이라는 것이 두 가지 의미일 텐데요. 여전히 가부장적, 소유적 부모 자식 관계, 부모가 자녀를 소유한다는 개념이죠. 이게 어렸을 때는 부모가 소유하는 것처럼 보이지만, 시간이 가면 갈수록 독립하지 못하고, 부모는 책임을 져야 하고, 자기의 삶이 없는 거죠. 자녀를 위해 살아야 되고. 서로에게 고통스러운, 전근대적 문화가 남아 있는 겁니다.

지   그러다 보니까 자녀가 스스로 뭘 선택하려고 하면 '내가 널 어떻게 키웠는데' 하면서 배신감을 느끼고 그러잖아요.
표   잔인하게 이야기하면 그 자체가 사실은 정적인 문화의 소산이라고 보기보다 부모가 자녀를 자신의 보험으로 삼고 있다, 자녀 잘 키워서 덕을 보겠다는 것으로 볼 수도 있죠. 명시적으로 그렇게 이야기하지 않는다고 하더라도요.

지 '너는 우리 가문의 희망이야.'(웃음)
표 그렇죠. 그러다 보니까 그게 결국은 그 자녀가 검사, 판사가 되면 그 자녀를 이용해서 이런 저런 청탁이 들어가는 거예요.

지 그 청탁을 안 받아들이면 '널 어떻게 키웠는데, 그럴 수 있냐?' 이렇게 되는 거죠.(웃음) 온갖 스트레스를 주고.
표 한국적이라는 또 다른 이유는 복지 제도가 그만큼 제대로 구비돼 있지 못한 것이 원인이기도 하죠. 사회복지가 제대로 마련돼 있고, 복지뿐만 아니라 사회제도가 제대로 마련돼 있으면 부모가 자기 자녀에게 그렇게 집착할 필요가 없잖아요.

지 한국은 가족 복지라고 하니까요.(웃음)
표 친척도 다 책임져야 되는 거예요. 저도 부모지만, 애들을 생각하면 갑갑해요. 교육부터 결혼까지.

지 요즘 취직도 힘들다는데, 이런 걱정도 돼요.
표 그걸 부모가 하나하나 관심을 갖고, 지금 학교에서 제대로 배우나, 사교육을 해줘야 되지 않나, 적응 못하면 다른 데로 보내줘야 되는 것 아닌가, 이렇게 얽혀 살게끔 만드는 사회구조인 거죠. 그래서 부모들 탓만을 할 수는 없어요. 그렇기 때문에 사실은 사회적인 변화가 있어야 됩니다. 제가 미국 텍사스주 샘휴스턴 주립대학 형사사법대학 초빙교수로 1년간 생활하면서 학생들과 이야기를 해봤어요. 학생들이 대개 강의 들어오는 시간 이외에는 다 일을 해요. 남학생들은 건설 현장에서 막 노동하는 애들도 있어요. 편의점 알바는 다하는 거예요. 그래서 가난한가 싶어서 물어보면 그렇지 않아요. 부모들 중에 의사도 있고, 변호사도 있고, 집이 다 부자예요. 방학 때 이럴 때는 가족끼리 호화 요트 여행도 다녀요. 그래서 '너는 왜 편하게 공부 안 하고, 일을 하냐?'고 하니까 오히려 이상하다는 듯이 쳐다보는 거예요. 그건 부모 돈이지, 내 돈이 아니라는 거죠.

지 다 키웠으니 우린 즐길 테니까 너는 알아서 해라.(웃음)

표 자기 것은 자기가 번다, 다만 부모는 내가 위급한 일이 있거나, 내 능력에서 할 수 없는 어떤 일이 발생했을 때 도와주는 것은 이해하지만, 학비 벌고 생활하고 하는 것은 내가 하는 것은 당연한 건데, 당신은 왜 그렇게 물어보냐는 식의 반응인 거예요.

지 미국은 등록금이 비싸긴 하지만, 각종 장학금 제도가 잘 되어 있잖아요. 부담감이 크지 않음에도 불구하고, 아르바이트를 하는 거군요.

표 애플 컴퓨터 사고 싶고 하니까.(웃음) 생일 때 선물받고 이러기도 하지만, 부모에게 의존하는 것이 아니라 자립심을 키워준다는 거죠. 스스로가 해결을 하고, 그러다 보니까 부모 자식 간에 자기가 힘들다고 애를 죽여야겠다는 생각을 갖지도 않아요. 내가 힘들어도 우리 사회가 알아서 이 아이를 키워줄 거란 믿음이 있단 말이죠. 입양을 가서 더 좋은 집에 갈 수도 있는 거예요. 부모가 자녀를 살해하는 일은 미국이나 유럽 같은 경우는 부모의 정신에 문제가 있는 경우에 한정돼 있어요. 지난번 프랑스 여성의 서래마을 사건이 있었듯이 그런 일이 종종 있어요. 일종의 임신중독증 같은 건데, 신생아들에 대한 어떤 불안감 같은 것들이 심한 우울증과 함께 나타나면서 일어나는 거예요. 그런 이외에는 부부간의 불화가 있다, 생계가 곤란하다, 이런 것들 때문에 내가 널 책임 못 지니 널 데려간다든지, 너에게 이런 고통스러운 상황을 남겨두지 않을 거야 하는 것은 대단히 한국적인 특징이라는 거죠. 더구나 경제적으로 세계 10위권에 드는 나라에서 이런 일이 생긴다는 것은 근본적인 사회 문제라고 봐야죠. 빨리 고쳐야 합니다.

지 범죄 예방적인 측면에서 사회구조하고 다 연결돼 있는 거라 경찰로서 어떻게 할 수 있는 일도 아닌데요.

표 함께 노력을 해야겠죠. 이런 부분에 대한 고민을 경찰이 사회에 던질 수 있는 겁니다. 우리가 접하는 사건이 이런데, 잡아서 처벌한다고 해결될 문제는 아닌 것 같다, 계속 발생해나간다, 이런 화두를 던지고 국가와 사회가 그것을 받아줘야겠죠. 이제는 우리가 과거 씨족사회적인 자녀가 부모의 소유물인 것처럼 생각하고, 대를 잇는다는 개념, 이런 것을 벗어던지자는 거예요. 호주 제도도 없어졌잖아요. 가족 등재 제도로 바뀌었어요. 변화된 사회에 맞게 인식도 바뀌어야 되고, 아울러 거기에 맞게 사회제도도 바뀌어야죠. 여전히 우리 국가와 정부는 어린이에 대한 모든 교육과 안전 같은 부분들을 부모에게 맡기고 있단 말입니다. 그런데 외국에 가보면 학교에 부모가 마음대로 못 찾아가요. 사전에 사유가 있어서 약속이 되어 있거나, 동의가 있지 않으면 부모가 마음대로 학교를 못 간단 말이죠.

지 　면접 신청을 해야 되는 거네요.

표 　어떤 에피소드가 있냐 하면 영국 유학할 때 자녀가 있는 유학생이 있었어요. 국가 고위 공무원이었는데요. 이 사람들이 저를 찾아와서 하소연하는 거예요. 인종차별을 당했다고. 왜 그러냐고 하니까, '자녀가 학교에 다녀서 만나보려고 했더니 얼굴도 못 보게 한다'는 거예요.

지 　피해 의식이 있으니까 착각을 한 거네요.

표 　그 부모가 뭘 시도했냐 하면 선물을 갖다주려고 했어요. 그러니까 학교에서 난리가 난 거죠. 뇌물을 주는 거라고.

지 　문화적 차이였네요.(웃음)

표 　그걸 우리 사회가 빨리 깨닫지 않으면 안 됩니다. 전부 교육이 문제라고 하잖아요.

지 　공범이잖아요.

표 　공범이죠. 학부모들이 그렇게 만드니까요.

지 　내 자식부터 살리자고 하는 거죠. 아까 범죄 프로그램들, 이런 이야기했지만, 그런 의미에서는 긍정적인 측면도 있는 것 같습니다. 그 사건을 보여줌으로써 뭔가 생각하게 되잖아요. 이태원 살인 사건을 보면서 한미 관계가 얼마나 왜곡돼 있는지를 생각하게 되는 거예요. 사람들이 범죄를 보고 한 번쯤은 되짚어서 저런 일이 생기면 안 되겠구나 하는 생각을 하는 계기가 될 수도 있을 것 같습니다.

표   그렇죠.

신파가 아니면 엽기인 가족 관계

지   가족 문제가 직계비속을 죽이는 경우도 있지만, 존속살인으로 나타나는 경우도 많잖아요. 외국에서도 부모 죽이는 경우가 있겠지만, 우리는 그런 가족 간의 갈등이 폭발하거나, 분노가 폭발하거나, 기대감에 억눌러 있다가 자기 엄마를 찔러 죽이거나, 재산을 빨리 안 나눠준다고 죽이고, 이런 경우들이 많은 것 같습니다. 말씀하신 대로 서로 독립적이지 못하기 때문에 나타나는 현상일 텐데요.

표   그런 사건이 많죠. 또 하나의 문제가 부모들이 행복하지 않기 때문이에요. 부모들이 자신의 친부모나 처가와 시가와도 관계가 좋은 사람들이 많지가 않아요. 그것도 너무 가깝게 얽혀 있고, 많은 부담들을 느끼면서 살고, 그게 자녀에게 대부분 투영된단 말이에요. 거기에다가 우리 사회의 삶의 구조가 아버지들은 주로 밖에서 술과 밤 문화에 젖어 있고, 어머니들은 거기에 대해서 많은 불만을 가지면서 양자 간 사이가 좋지 않고, 다툼도 잦고, 그런 것들이 일일이 다 투영된다는 말이죠. 그런 부분들이 얽히고설키면서 성장 과정에서 한쪽으로는 지나친 애착, 지나친 집착, 지나친 기대 요구, 이런 것들이 있어요. 다른 쪽으로는 그에 대한 부응이 이루어지지 않기 때문에 생긴 불만과 분노가 있습니다. 이런 역학관계가 이루어지면서 끔찍한 일들이 계속 발생하는 거죠.

지 　옛날에 기타노 다케시 감독이 "가족은 누가 안 보면 갖다 버리고 싶은 것"이라고 했고, 류승완 감독은 "한국 사회의 가족 관계는 신파 아니면 엽기"라고도 했거든요. 가족이라는 게 참.

표 　굴레가 되고 있죠. 좀 바뀌어야 되지 않을까 싶어요. 과감해질 필요가 있어요.

지 　고름을 짜내야 되는 상황인 것 같은데요. 결혼 생활의 만족도도 낮고 그렇잖아요. 케이블 TV 보면 사이가 나쁜 부부가 나와서 치고 박고 싸우는데, 시청자들은 '저 사람들은 저러고 왜 같이 살까?', 그러는데, 아주 극단적인 갈등을 보여주는 걸 거예요. 오히려 그런데 나온다는 자체가 화해를 시도한다는 면에서 그걸 속에 쌓아놓고 사는 부부보다는 건강할 수도 있겠다는 생각도 들더라고요.

표 　그렇죠.

지 　도저히 안 되겠다고 생각하면 이혼할 수도 있고, 그러다가 상대방의 상처를 알고 사랑하는 마음이 회복돼서 화해할 수도 있어요. 어떤 경우도 나쁘지 않다는 생각이 들던데, 가족 관계에서도 그런 식의 드러냄이 필요하지 않을까 하는 생각이 들더라고요.

표 　그렇죠. 표현하고 드러내야죠. 성 문제도 그렇지만, 우리가 정해진 모범 답안을 상정해두고 거기에서 벗어나는 표현이나 욕구나 이런 것들을 감추는 경향이 너무 강해요. 그러니까 그게 다른 쪽으로 곪아터져서 나오는 경우가 많거든요. 가족도, 가족은 늘 사랑해야 해, 자녀는 부모를 공경해야 돼, 효도해야 해, 이러한 정답과 모범 답안의 틀 안에 박혀 있다 보니까 거기서 벗어나는 상황들에 대해서

'남들은 이걸 이해하지 못할 거야, 남들은 누구도 이걸 몰라줘', 그걸 어디에서도 표현하지 못하게 되거든요. 상담도 하지 않고, 꺼내놓지도 않고, 그러다가 극단적인 경우는 범죄로 표출돼 나오는 것이고, 그렇지 않다고 하더라도 무수한 갈등으로 이어지게 되는 거죠. 좀 솔직해질 필요가 있어요. 솔직해지고, 그걸 또 관용해주는 사회적 분위기가 돼야 해요.

지 어린 시절의 아동 학대 경험이 범죄자의 기질 형성에 영향을 주는 것 같아요. 그 부분에서는 아직도 해결책이 별로 나와 있지 않은 것 같은데요. 아동 학대 문제를 해결할 수 있는 솔루션도 여전히 부족한 것 같아요. 개별적인 사안이나 집안의 문제로만 파악하지, 사회적 문제로 해결해주려는 노력이 부족한 것 같습니다. 애는 결국 부모가 키워야 한다는데, 이상한 부모랑 계속 있으면 아이가 상처를 입잖아요. 아직도 그런 정서가 있는 것 같아요. 애가 맞다 못해서 경찰서 찾아갔을 때 '너는 어떻게 부모를 신고하니?' 하면서 아이를 이상하게 보잖아요. 그 아이가 좀 까다로운 아이일 수 있지만, '오죽하면 이렇게 왔을까'라는 시각으로 접근해야 될 것 같습니다.

표 자녀가 부모의 소유물이라는 낡은 관념을 깨뜨리는 것을 우선해야 해요. 자녀라고 하더라도 부모에 대한 의문, 불만을 표시할 수 있다는 거죠. 항의할 수도 있어요. 서로간의 독립적 인격체라는 것을 일단 인정해줘야 되는 거죠.

시민 위 군림하는 영감님들

지   그게 훨씬 더 건강한 관계인 것 같은데요. 너무 극단적으로, 폭력적으로 표출하지만 않는다면요.

표   부모 역시 자녀에 대해서 할 수 없는, 해서 안 되는 경계가 있다는 것, 그리고 그 한도를 넘었을 때는 외부인이라고 하더라도 이웃이건, 공무원이든, 경찰이든 거기에 개입할 수 있는 시민으로서의 자격과 공권력으로서의 권한이 있다는 것을 분명히 알아야 합니다. '내 가족인데, 국가가 왜, 사회가 왜'라는 것은 허용돼서는 안 된다는 거죠. 반면에 경찰이나 검찰이나 사법기관이나 관련 공무원들은 개인적인 감정이나 의견을 공무에 개입시킬 권한이 없습니다. 그건 말이 안 되는 이야기거든요. 자신에게 부여된 의무, 역할, 기능을 충실히 해야 할 책임만 있는 거죠. 그런데 문제는 개인적인 사견을 반영할 수 있는 것처럼 오해하는 경우가 많이 있다는 건데요. 자기가 아무리 개인적으로는 효를 중요시한다고 해도, 불효자식이 법을 어기지 않은 채 부모에 대한 고소나 문제 제기를 할 경우 경찰관은 거기 개입할 자격이 전혀 없어요. 고소를 그대로 접수하고, 법적인 처리를 해줄 뿐이죠. 만약 그 자녀가 받아들일 준비가 충분히 되어 있다고 확신할 경우에 법적 처리를 떠나서 개인적인 권고나 충고를 해줄 수는 있겠죠. 그걸 상대방이 받아들일 준비가 되어 있지 않으면 월권행위가 되고, 직권 남용이 되는 거거든요. 이런 것들이 우리가 아직 공과 사가 구분되지 않는 사회라는 거예요. 판사도 요즘 그런 게 문제가 되잖아요. 판결을 하다가 피고인에게 인신 모욕을 하고, '낫살이나 먹어서 그러냐'라든지, 이런 말도 안 되는 짓을 하고 있는 것이 공직자들이 기본적인 윤리관이 안 되어 있다는 거예요. 자기들이 할 수 있는 한도가 어디까지고 해야 할 역할이 무엇인지 모르고, 자기가 가지고 있는 법적인 권한 그 자체를 그 범위에서 마음대로 할 수 있는 재량권이라고 착각하는 거죠.

지 검사는 젊은 사람도 영감님이라고 불렀잖아요. 그 권위 의식이 권위에서만 나오는 것이 아닐 텐데요. '너는 위에서 군림하는 사람이야'라는 교육을 받기도 하는 것 같습니다. 아니면 법정에서 칠십 먹은 노인에게 '한심하다', 이런 표현을 법정에서 못할 것 같거든요. 법정을 가지 않더라도 검사한테 수사를 받고 나면 정말 모욕감을 많이 느끼게 된다고 하잖아요. 공무원 윤리 교육이나 이런 게 필요하지 않을까요?

표 윤리 교육도 필요하고, 공직의 기본 원칙이죠. 이것이 확립이 돼야 합니다. 《한국행정론》, 《한국행정학》, 이런 책에 보면 여전히 그게 나와요. 법과 제도와 인식과 관행이 따로 논다는 거죠. 그런데 언제까지 그럴 거냐는 거예요. 이제는 바뀌어야 한다, 특히 공직 내에서의 인간관계부터 바뀌어야 하는 거죠. 계급이 높다고 해서 하급자에게 정해져 있는 법과 규칙 이외의 어떤 요구, 강요, 지시, 군림하는 것들은 허용돼서는 안 되거든요. 그게 여전히 허용이 되다 보니까 하위직 공무원들은 그걸 민원인들에게 그대로 적용시키는 겁니다.

지 여전히 위계 사회라는 거네요. 위에서 내려오는 스트레스를 중간에서 끊으면 끊어질 것도 같은데요.
표 그렇죠.

'묻지도 따지지도 않는 보험'의 비극

지   외국에도 있겠지만, 보험을 타내기 위해 자식 손가락 자른다든지 하는 보험 사기 사건들이 다른 나라에 비해서 많은 편 아닌가요?

표   보험 사기 자체는 어디나 있는데요. 보험 사기 사건의 수도 다른 나라에 비해 대단히 많은 정도이고, 그 방법도 정말 잔혹하죠. 자녀의 손가락을 자른 사건도 그래요. '이게 다 너를 위한 거야'라고 합리화하거든요. 지금의 순간적인 고통을 참으면.

지   손가락 하나 잘라서 몇 억을 벌 수 있다는 거죠. 보험 들고 배우자를 살인하는 경우도 많잖아요. 그건 동기가 뚜렷해 보이니까 잡히기 쉬울 것 같은데요. 최근에 무죄판결이 난 낙지 살인 사건도 그래요. 정황은 의심스럽지만, 확실한 증거가 없다고 해서 풀려난 것 같습니다. 심지어 결혼한 사이도 아닌 애인인데 거액의 보험금을 들어서 더 의심스러웠던 건데요.

표   그 사건 같은 경우 아직까지도 확실하지 않은 부분이 있죠. 법과학, 법의학적으로도 쟁점이 되는 것은 비구폐쇄라고 하죠. 손으로 코와 입을 막아서 질식사시켰을 경우 얼굴에 상처가 없을 수가 없다는 거예요. 그런 피고인 측 법의학자의 주장이 먹혀들어갔죠. 합리적 의심이 여지가 아직 있다, 그걸 검찰 측에서 입증하지 않는다면 얼굴에 상처가 없이 비구폐쇄질식사가 일어날 가능성에 대해서 제시하지 못한다면, 낙지에 의한 기도폐쇄질식의 가능성이 남아 있는 것 아니냐, 보험 가입도 거액이라는데, 이것저것 떼고 나면 상해 사망 관련 보험금 월 만 얼마였다고 해요. 사실 관계에서 논란의 여지가 있는 것 같습니다. 어쨌든 보험을 둘러싸고, 보험금을 노린 끔찍한 사건들은 꽤 많이 발생하고 있죠. 교통사고 위장도 많이 있어요.

지   강호순도 자기 부인과 장모를 방화 살인한 것이 나중에 밝혀졌습니다. 당시엔 안 잡히고 보험금을 수령했지 않습니까? 생각하기에는 인과관계가 명확하니까, 보험 들어놓고 몇 달이나 몇 년 사이에 누가 죽고, 거액의 보험금을 타갔다, 그걸 증명하는 것이 쉽지는 않다는 이야기잖아요. 범인들도 안 잡힐 가능성이 있다는 것을 알고 시도를 하는 걸 거예요.

표   보험 범죄 문제는 여러 차례 그쪽에 많은 의견을 제시를 했는데요. 기본적으로 보험을 가입할 때, 지금 가장 큰 문제는 TV 광고 보면 나오잖아요.

지   묻지도 따지지도 않죠.(웃음)

표   그렇게 모집을 해버린다는 말이죠. 정말 진정한 사고가 발생해서 보험금을 받으려면 까다롭게 하면서 안 주고, 이런 어처구니없는 보험 사고에는 너무 쉽게 당하고, 그러다 보니까 보험 문제에 대해서.

지   잘 받아내는 방법이 있다는 건가요? 사고를 당했을 때 받아내지 못하는 억울한 경우도 있잖아요. 처음 가입할 때 사소한 고지 의무 위반을 꼬투리 삼아서 보험금을 지급하지 않는 경우도 있는 것 같은데요.

표   강호순 같은 경우 그땐 몰랐단 말이에요. 보험금을 지급했잖아요. 그런 부분들이 강자한테는 약하고, 크게 일 저지르고 '내놔' 하는 사람한테는 내주면서 약한 가입자한테는 까다롭게 굴면서 버팅기는 것은 아닌가 싶어요.

지   범죄 저지르는 사람들일수록 '왜 안 주냐? 인터넷에 올린다', 이럴 수 있겠죠.(웃음)
표   설마 그렇게 끔찍한 일을 저질렀겠나? 거기다 안 주면 여론에서 뭐라고 할까봐, 이런 여러 가지가 있겠죠.

싸워볼 생각조차 없는 법정

지   법의학자가 낙지 사건에 대해서 합리적 의심을 해야 한다고 주장했는데, 그건 맞는 이야기긴 한데요. 시스템이 미비한 상황에서 돈 많은 사람들이 법의학을 이용할 수도 있지 않을까요? 비싼 변호사를 샀을 때 여러 가지 논리를 통해서 무죄를 주장하거나, 집행유예를 받아내는 경우가 있잖아요. 기술적인 부분과 인력이 부족할 때 저쪽은 돈을 쏟아부어서 미묘한 고리를 찾아내게 될 경우 그것도 거칠게 이야기하면 '유전무죄 무전유죄'처럼 될 수 있지 않나요?
표   그렇죠. 미국식 사법제도에 대한 비판이 그거죠. 그렇다고 하더라도 공정한가의 문제만 괜찮으면, 예를 들어 금력을 이용해서 최선을 다해서 싸워내서, 심증도 가고 분명히 범죄자 같은데, 법적인 증거 싸움에서 이겨냈다, 그건 어쩔 수 없는 겁니다. 그것을 막기 위해서 공익의 대변자인 검찰과 경찰은 더 노력을 해야 되고, 기술을 발전시키기 위해서 노력을 해야 하는 거죠. 그런 태도가 갖춰졌다면 문제가 아닌데요. 우리나라에서의 문제는 그게 아니라 싸워볼 생각도 하지 않는다는 거예요. 그들이 강자이고, 그들과 결탁해버린다는 거죠. 예를 들어 우리가 FC 바르셀로나랑 대한민국 수원 삼성이랑 축구 시합을 한다, 우리가 10전 10패다, 미치겠다, 억울하다, 그래도 걔네들이 제대로 했다면 어쩔 수 없는 거예요. 그런데 만약 그게 아니라 일본과 한국이 하는데, 심판을 매수해서 결국 우리가 아무리 잘하고 노력을 하고 절치부심을 했지만, 맨날 질 수밖에 없다, 그건 받아들일 수 없는 거잖아요.

지　그렇다면 상대방이 심판 매수하는 수준이 아니라 합리적인 수준에서, 심판 눈을 피해서 반칙을 했다면 심판들이 더 공부를 해서 반칙을 찾아내거나, 상대 팀이 어필을 해서 그런 부분을 찾아내게끔 만들어야 된다는 거네요.

표　그렇죠. OJ 심슨 사건에 대해 우리나라 일부 검사들이나 판사들이 아주 쉽게 조롱하듯이 이야기하는 거예요. 저거 봐라, 미국이 저 수준이라고 이야기하는데요. 저는 이런 질문을 던지고 싶어요. '당신들이 저렇게 치열하게 싸워봤습니까'라는 물음을 던져보고 싶은 거죠.

지　몇 대 때리면 자백하니까.(웃음)

표　전관에게 '네 부장님' 하면서 기어들어가면서, 말이 되느냐는 거죠. 그 사건이 주는 의미는 대단합니다. 미국에서는 그 사건 자체의 형사적인 판결에 많은 사람들이 분노하긴 하지만, 그것도 하나의 사법제도의 일부로 받아들이는 거예요. 그렇기 때문에 우리는 여전히 시스템에 대해서 신뢰할 수 있다, 어쨌든 저게 협잡을 통해서 만들어낸 결론은 아니라는 거죠. 시민의 대표가 배심원으로 평결을 내린 것이고, 결국은 그 배심원들을 움직인 것이다. 드림팀 변호사들이 최선을 다해서 경찰 수사 과정의 문제, 합리적 의심의 여지, 이런 것들을 끌어내줬어요. 그 앞에서 결국 일반인들의 상식을 가진 배심원들이 유죄판결을 내리지 못했죠. 경찰, 검찰은 최선의 노력을 다하긴 했지만, 그 과정에서 분명히 상대적인 무능력함을 드러냈어요. 그것이 결국 유죄판결을 이끌어내지 못하는 모습으로 나타났다는 거죠. 그 이후에 검찰과 경찰은 여러 가지 노력을 했습니다. 증거 보관소의 출입 통제 문제도 있었고, 경찰 내의 법과학연구소, 그곳에 무자격자들이 채용돼 있었던 문제도 있었어요. 그 사건에서 지적된 모든 것들을 다 개선했거든요. 체인 오브 커스터디(chain of custody, 관리 연속성)라고 해서 현장에서부터 랩까지 오는 증거의 연계 과정에서 누락이 있었던 부분들, 그것도 전체적인 개선을 했습니다. 그러면 그다음에 그 사건 이후에 부자들이 마음 놓고 나는 무죄판결을 받을 거야 하면서 사건을 저지르겠느냐는 말이죠. 아니라는 거예요. 살 떨리는 불안감을 안고, 안 저지르려고 하겠죠. OJ 심슨도 질 수 있었잖아요. 하지만 우리는 아니라는 말이죠. 가진 자들은 '한번 해봐. 나는 언제든지 전관 사용해서 돈만 쓰면 무죄로 나올 수 있어. 형집행정지로 나올 수 있어', 이런 인식을 가지고 있다는 겁니다. 우리가 사법 정의라고 이야기할 때 완벽을 추구하는 것은 아니죠. 다만 그런 절차적 정의가 보장되느냐 하는 겁니다.

앵그리버드 사짜들의 결혼 방침

지 전관예우의 문제는 어떻게 풀어가야 될까요? 이분들이 그만두고 변호사 하는 것을 말릴 수도 없는 거잖아요. 그런데 그로 인한 문제가 많이 발생해요. 일단 전관이 상대방 변호사를 맡았다고 하면 이쪽에서는 상당한 피해 의식을 느낄 수밖에 없지 않습니까? 정당한 판결이 이루어져도 '저쪽에서 전관을 썼기 때문에 우리가 재판에 졌을 거야' 하고 2심에서는 저 사람보다 더 높은 자리에 있던 전관을 찾아보자는 경쟁이 붙을 거예요. 그러다 판결이 뒤집어지면 '역시 그렇구나' 생각할 거예요. 그것도 사법제도 안에서 굉장한 난제가 아닌가 싶습니다. 검사들이 좋은 자리로 가는 것도 넓은 의미의 전관예우라고 볼 수 있을 것 같은데요.

표 법조인이 되는 사람들이 왜 되고자 하느냐, 이런 근본적인 문제인 것 같습니다.

지 아이들을 가르치는 것을 행복해하는 사람들이 선생님이 돼야 하듯이, 기본적인 사회적 정의감이 있는 사람들이 법조인이 돼야 하고, 그걸 걸러낼 수 있는 시스템을 만들어야 되겠네요. 사회 각계각층 사람들이 그런 시스템을 만들라고 압력을 넣을 수밖에 없겠습니다.

표 그것도 있어요. 또 하나의 문제는 흔히들 우리가 이야기하는 사짜, 판사, 의사가 돼야 된다고 강요하잖아요. 적성과 상관없이. 가장 우수한 사람이 그쪽으로 간다는 거죠. 그렇게 되는 순간 이미 판사, 의사라는 직업을 가지고 있는 그 자체의 목적, 철학, 역할, 기능, 이런 것들은 인정받지 못하는 거죠. 그렇기 때문에 그저 그곳에 가면 모든 것들이 해결되고, 그런 사람들이 된 이후에 기대 심리가 있잖아요. 누구보다 뛰어난 사람이고, 모든 경쟁에서 이겨서 여기까지 왔으니 나는 충분한 대접을 받을 가치가 있다고 생각하죠. 그런데 실제로 공적으로 주어지는 보수만을 놓고 본다면 화가 나거든요. 자기보다 못했던 딴따라 하는 애들이 받는 돈들이 더 많고, 운동하는 애들이 더 많이 받고, 대기업 간 애들이 더 많이 받고, 그러니까 화가 난다는 거죠.

지 '앵그리버드'인가요?(웃음)
표 그러니까 그들은 더 추구하는 것이 자신이 가지고 있는 힘과 권한, 권력들을 이용해서 그만큼의 대접을 받고 싶고, 그러기 위한 일들을 하는 것이 기득권층과 관계를 맺는 거예요. 혼인이라는 것도 대개 그렇게 맺어지잖아요. 자기에게 부족한 돈을 가진 자와 혼인 관계를 맺고, 자신이 가지고 있는 검사, 판사로서의 권한이라는 것은 사적 이익을 달성하기 위해서 상당히 많이 사용되는 구조적인 문제를 가지고 있는 거죠. 여론의 압력으로 그들을 압박하는 것은 비민주적인 방법인 것 같아요. 우리 사회적인 시스템을 바꿔야 하는데, 그래서 더욱이나 검찰 개혁이 필요한 거죠. 검찰 같은 경우에 검사가 되면 마음대로 사람을 단죄하고, 풀어줄 수도 있고, 구속, 불구속, 기소, 불기소, 경찰도 지배하고 하기 때문에 그렇게 강한 자들, 그들 하나만 잡으면 자신들이 원하는 것을 다 얻을 수 있으니까 안 하겠어요? 하지. 스폰서니 이런 것들을 하는 거죠.

지 약간 상투적으로 이야기하면 금권 위주, 황금만능 사회가 됐다는 건데요. 결혼도 그들끼리 하는 거예요. 얼마 전 개그콘서트를 보니까 머리가 빡빡인 개그맨이 결혼 정보 회사의 점수표를 들고 나왔는데, 백점은 재산이 100억, 90점은 50억, 이런 식이더라고요. 그런데 감점 요소에 대머리가 10점 이러니까, '그럼 나는 몇 달 동안 50억을 잃은 거냐?'라는데, 웃고 나니까 씁쓸했습니다. 그런 식으로 점수를 매기고, 다른 기준으로 볼 때는 판검사 100점, 이런 식으로 나올 텐데요. 그러면 금권과 권력이 합쳐져서 그 힘을 유지하는 사회가 되는 것이고, 결혼을 하는데도 사랑 없이 사회적인 기준으로 하게 되는 거예요. 대머리라도 100억 가진 사람보다 매력 있을 수 있잖아요.(웃음)

표　사람을 상품화하는 거잖아요.

지　거기 가입을 한다는 것은 그 시장에 자기를 내놓는다는 거잖아요. 여자들은 미모가 큰 점수를 차지할 거예요. 그런 사회에서 이런 문제를 해결한다는 것이 쉽지 않을 것 같습니다.

표　그렇죠.

자유는 어렵고, 힘들고, 복잡한 것

지　책 보니까 예전 경찰서 근무하실 때 취재 경쟁에 짜증이 나서 사진기자를 엎어치기 한 적도 있다고 하셨는데요. 요즘 같으면 큰일 날 행위 아닙니까? 인터넷에 그 사진 올라가는 순간 댓글이 1만 개는 달릴 것 같은데요.(웃음) 어떻게 보면 몸싸움을 하다 우발적으로 있을 수 있는 행동이에요. 서로 사과하고, 미안했다고 하고, 지나쳤다고 하고 넘어갈 수도 있는 문제인데, 인터넷 같이 확 불이 붙으면 돌이킬 수 없는 상황이 되잖아요. 표적이 돼서 매도당하고, 징계당할 수밖에 없는 일이 벌어질 텐데요. 그래서 인터넷이 양날의 검 같은 느낌이 있거든요. 민주 사회를 위해서 도움이 될 수도 있고, 한 사람을 마녀사냥 하는 도구로 쓰일 수도 있어요. 박시후 씨 건만 해도 개인적인 문제기 때문에 어느 정도 밝혀질 때까지 놔둬야 될 텐데, 이미 이 사람이 뭘 했는지 전 국민이 다 알게 된 상황인데요. 언론이 범죄 혐의자나 용의자에 대해서 보도하는 것도 한국이 지나친 부분이 있지 않나요? 피의자 인권 부분으로 보면 생각해볼 여지가 있을 것 같은데요.

표 언론의 자유는 소중하죠. 언론의 자유가 없다면 통제되고, 원하는 방향의 일방적인 이야기만 제시되는 정말 끔찍한 사회가 되잖아요. 진실이 감춰지고, 호도되고. 자유에 뒤따르는 혼란과 무질서가 분명히 있죠. 부작용도 있어요. 그 부분은 우리가 감당해내야 할 몫이 아닌가 싶어요. 그런 부작용이 나타날 때 피해자가 되는 사람들에게는 그 피해에 대한 구제 방법을 찾을 수 있는 길, 수단과 도구를 줘야죠. 그래서 언론의 자유를 정말 거의 무제한적으로 누릴 수 있게 해주되, 그로 인해서 발생할 수 있는 선의의 피해자들은 보호받고, 구제될 수 있도록 해야겠죠. 그리고 그 자유의 미명 하에 고의적으로 사람의 사회적 평가, 이미지를 훼손시키고, 그러겠다는 협박으로 이익을 얻는 범죄 행위들은 당연히 단속을 해야 될 테고요. 쉽지는 않죠. 독재는 쉽습니다. 힘을 사용해서 무조건 막아버리면 되니까. 하지만 자유는 어렵습니다. 자유를 허용하고, 운용해나간다는 것은 대단히 힘들고, 어렵고, 복잡하고 전문적인 역할을 필요로 하죠. 하지만 그게 힘들고 어렵다고 포기해서는 안 되고, 통제해서는 안 돼요. 인터넷 공간 역시 많은 부작용들이 계속 제기되고 있긴 하지만, 인내심을 가지고 너무 섣불리 통제의 칼날을 들이대서는 안 된다고 생각합니다. 다만 그 과정에서 좀 더 우리가 자발적인 자정 노력, 그리고 서로를 존중하고 배려하는 문화, 이런 것들이 성숙될 수 있도록 노력을 해야죠. 심각한 범죄적 피해를 입은 분들은 바로 바로 보호를 해주고, 가해자들에 대해서는 응당한 책임을 묻고 그래야 할 것 같습니다.

묻지 마 범죄에서 벗어나는 방법

지 요즘 묻지 마 범죄, 이런 것들이 많이 발생하는데요. 계속 나오는 얘긴데, 사회적인 분노가 쌓여 있고, 시스템의 문제일 텐데요. 한국이나 일본에서 많이 발생하는 범죄 같아요. 해결책도 어차피 지금까지 이야기한 부분이 해결책이겠지만, 내가 언제 피해자가 될지 모른다는 부분에서 사람들이 공포감을 느낄 수밖에 없지 않습니까? 이런 사건들이 발생할 때마다 대처법 이야기가 나오는데, 대처법 자체가 있기 어렵지 않습니까?

표 대처를 하는 방법이 없지는 않죠. 개인 차원에서 봤을 때 대단히 피곤한 일이긴 한데요. 방어 운전이라는 말을 하잖아요. 내가 아무리 똑바로 교통법규 다 지키고, 운전을 해도 다른 차가 뒤에 와서 받아버리면 어쩔 수가 없잖아요. 다른 차량의 움직임도 보면서.

지   방어 생활이라고 표현하셨잖아요.

표   방어적인 생활을 우리가 습관화해야 된다, 그런 예기치 못한 묻지 마 범죄로부터 안전하기 위해서는 말이죠. 하지만 그건 개인 차원의 문제인 거예요. 언제 일어날지 모를 묻지 마 범죄를 예방하기 위해서 생활 자체의 불편을 초래한다는 것도 옳지 않은 방법이거든요.

지   어떻게 보면 일어날 가능성이 높지 않은 일을 걱정하느라 자기 행복을 포기하는 것일 수도 있으니까요.

표   다만 정말 두렵고 걱정이 된다면 이런 대책도 있다는 거죠. 어떻게 하지, 어떻게 하지, 하면서 공황 상태에 빠지는 것이 제일 나쁜 선택인 것 같아요. 그런 공황 상태에 빠지지 않기 위해서, 자신의 마음속 안정이라도 얻기 위해서 그런 방법을 사용하라고 제시하는 거죠. 근본적인 대책은 그런 개인 차원에서 찾을 수 없고, 사회적 차원에서 찾아야 합니다. 일단 당장 해야 하고, 할 수 있는 것은 잠재적인 묻지 마 범죄자들, 마음속에 분노가 많고, 타인과 대화를 잘 하지 못하고, 의사소통 능력이 떨어지고. 주변 사람들은 알죠. 물론 '저 사람이 저런 일을 저지를 것이다'까지는 모르겠지만, '저 사람은 불 같아. 예측하기 어려워. 갑자기 화를 내. 다른 때는 말도 안 하고. 통하지 않고 위험해', 이러한 대상이죠. 그런 사람들이 주위의 시선을 두려워하지 않고, 경비 부담을 걱정하지 않은 상태에서 전문가를 찾아가서 상담하고, 자신이 가지고 있는 지나친 분노의 문제, 대인 관계의 문제, 사회적 관계 형성의 문제, 이런 것들을 상담받고, 치료받고, 해소할 수 있는 장치 마련이 가장 급선무가 될 겁니다. 예를 들어 묻지 마 살인을 저질렀던 사람들을 보면 면면이 그렇거든요. 똑같은 공통

점들을 가지고 있다는 거죠. 누구에게도 자기의 마음속 불만과 갈등을 표현할 수 없었어요. 가족도 사실 그런 이야기를 듣고 대화를 해줄 여유가 없는 사람들이 대부분입니다. 가족이 없는 사람들도 많아요. 우리 사회가 그런 사람들을 포용해줄 수 있는 제도적 기반이 전혀 없다는 겁니다. 좀 더 근본적으로는 그들이 하루아침에 그런 문제가 형성된 것은 아니라는 거죠. 어렸을 때부터 가정적 문제, 학교에서의 따돌림, 사회적 경쟁에서의 실패, 이런 것들이 계속 누적, 축적되면서 형성된 문제기 때문에 궁극적으로는 사회 자체의 어떤 방향성에 변화가 있어야 합니다. 또 가족, 가정이 방치되지 않도록, 문제가 있는 가족 구성원들이 사회적, 복지적 지원을 받을 수 있고, 대화 기법에 대한 도움이라든지 가족 관계 개선을 위한 도움이라든지, 그 다음에 조금 심하게 아동 학대가 이루어지거나 가정폭력이 이루어지는 경우에는 사법적 개입이 과감하게 이루어지고, 그러한 사법적 개입을 하나의 바탕, 배경으로 삼아서 복지적 개입이 이루어져야 되거든요. 가해 부모 내지는 보호자에게 폭력적 가해행위를 하지 않으면서 양육할 수 있는 방법을 가르쳐주겠다. 우리에게 와서 자발적으로, 적극적으로 협조하지 않으면 당신은 사법처리를 할 수밖에 없다, 이런 관계가 조성이 돼야만 그들이 복지적인 개입에 순응하게 됩니다. 그런 사법적인 개입의 준비나 대비 없이, 협조 없이 복지 담당자만 따로 가서 개입을 할 때 절대로 먹혀들지 않아요. 우리나라는 그런 상태거든요. 분리된 상태에서 개입하려고 하니 힘든 거죠. 학교도 마찬가지로 개개 학생들의 학업 성취가 중요한 것이 아니라 그 학생들이 건강한 사회인으로 성장할 수 있도록 사회화하고, 대화하고, 남을 존중하고, 배려하고, 공감 능력을 키우고, 여기에 중점을 둬야만 결국 그런 묻지 마 범죄도 해소되고, 좀 더 크게는 우리 사회의 양극화, 빈부격차, 모순된 사회구조가 바뀌어야 이들이 자신이 겪은 개인적인 실패, 좌절을 사회적으로 연결시키지 않게 될 겁니다. 세상을 탓하지 않고, 사람들 모두를 탓하지 않게 하는, 그런 변명거리와 구실을 주는 것이 사실은 사회적 모순이거든요.

2

신창원과 표창원
_ 다른 듯 닮아 있는 두 남자 이야기

신창원에게서 온 친필 편지

지 강연이나 기고하는 글에서 가장 많이 언급하신 신창원 씨 이야기를 한번 해볼까요? "우리나라 범죄 역사에서 신창원만큼 극적인 인물은 찾기 어렵다. 교도소를 맨몸으로 탈출해 2년이 넘게 15만 경찰을 농락하며 전국을 활보하면서 절도 행각을 계속해, 사회에 불만을 느낀 젊은이와 청소년층에게 연예인 같은 인기를 누렸던 범죄자"라고 쓰시기도 했어요. 교수님도 극적인 인생을 살고 계시고, 경찰 역사에서 표창원만큼 극적인 인물은 찾기 힘들다는 표현을 할 수도 있을 것 같은데요. 어린 시절 가정환경도 비슷했는데, 신창원은 어릴 때 주변에서 따뜻하게 해준 사람이 없었기 때문에 범죄자가 된 것 같다는 표현도 하셨잖아요.

표 〈한겨레신문〉에 그 글 쓴 다음에 신창원 씨가 저한테 편지를 보내왔어요. 네 장짜리 친필 편지인데요. 주된 내용은 자신은 그런 동정을 받을 자격이 없다는 거였죠. 나는 유영철, 강호순 같은 파렴치한 범죄자다, 평생 교도소에 있는 것이 당연하다고 했는데요. 그것이 진심은 아닌 것 같아요. 어떻게 본다면 본인 스스로가 그렇게 느껴야만 한다고 생각하는 것이 아닌지…….

지   어떻게 보면 자기 세뇌 같은 거겠죠. 어차피 나가지 못하니까.
표   그런 느낌을 받아서 아주 짠했어요. 그러면서 자신이 살아왔던 삶, 처한 환경들, 이런 것들을 모두 청소년 범죄 예방, 자기 같은 사람이 더 나타나지 않도록 하는 데 쓰고 싶다는 강한 열망을 드러냈죠. 저보고도 원하면 얼마든지 본인을 연구해도 좋다, 협조하겠다는 말과 본인 스스로도 청소년 범죄 심리, 범죄학 이론들을 좀 공부를 하고 싶다고 했어요. 아주 학구열이 높습니다. 기사도 여러 번 났지만, 검정고시도 다 우수한 성적으로 통과했거든요.

지   감옥에서 글도 많이 써뒀다고 하던데요.
표   글도 많이 쓰고, 많이 읽고, 학구열이 상당히 높아요. 자기 자신과 관련된, 자기가 살아온 삶을 학술적으로 보고 싶은 거죠. 저도 그렇게 평가했지만, 신창원이 심성적으로 악한 사람이라는 느낌이 전혀 안 들어요. 이 친구는 범죄자 중에서도 특이하다고 볼 수 있죠. 남에게 해를 끼치지 않으려는 마음을 대단히 강하게 가지고 있어요.

지   어떤 사람들은 그것조차 편하게 도망 다니기 위해서라고 폄하하는데, 도망 다니는 사람이 그것도 쉽지 않은 일이잖습니까?
표   쉽지 않은 일이죠. 쉽지 않은 일이에요.

지 　숨겨줬던 여자들도 신창원에 대해서 우호적인 감정을 가지고 있었던 것 같아요.
표 　그렇죠. 접했던 사람 중에 그를 나쁘다고 하는 사람들은 별로 없거든요. 편지 안에 피해자 가족들 입장에서 본다면 자기는 찢어 죽여도 부족한 놈이라고 썼어요. 그래서 동정을 받는다는 자체가 피해자 가족들에게 미안하다는 이야기도 썼더라고요.

지 　동정이 아니라 공정성이란 면에서 한번 그런 부분을 생각해보자는 거잖아요.
표 　그렇죠. 저는 동정의 마음은 전혀 없었어요. 저야말로 사실은 신창원을 이용한 거죠. 우리 사회의 법과 제도가 얼마나 불균형적이며, 부당한지 이 부분을 신창원의 사례를 통해서 보여주고 싶었던 겁니다.

무기징역＋22년 형은 정당했는가?

지 　잡으려고 신창원 애인 집에서 잠복하던 경찰이 애인을 강간하기도 하는 등 여러 가지 얘깃거리를 많이 남겼잖아요.
표 　그렇죠. 제가 그 글 말미에도 썼지만, 한 사회의 수준은 그 사회에서 가장 낮은 위치에 있는 사람, 혹은 가장 비난받을 위치에 있는 사람이 어떻게 권리를 보호받느냐에 따라서 결정된다고 하는 거죠. 예를 들어 노르웨이 같은 나라는 얼마 전에 수십 명을 학살했던 테러범 블레이비크에게도 유기징역형을 내렸단 말이죠.

지　22년형이었죠.

표　하나의 인간이나 인격체로서 공정한 재판을 받을 권리를 보장해주고, 여론의 분노 감정이 아니라 그 사회가 가지고 있는 최고의 민주적 사법 절차를 통해서 아주 차분하게 단죄를 한 거죠. 물론 그게 받아들여지기까지는 오랜 시간이 걸렸을 겁니다. 그래서 국민의 공분을 일으킬 수 있는 범죄에 대해서 지속적으로 그런 합리적이고 차분한 대응이 이루어졌을 거예요. 공평하게, 가해자가 누구인지와 상관없이 그것을 사회가 받아들일 수 있는 성숙도가 되어 있다는 것을 말하는 거거든요. 그런데 우리는 그렇지 않은 거죠. 그래서 조두순 12년에 분노할 수밖에 없었던 것이고, 김승연 회장이나 전경환 씨의 솜방망이 처벌이나 천신일이나 최시중 같은 사람들이 받은 특별사면에 분노할 수밖에 없고, 엄정하기를 바라는 거예요. 그런 가운데 신창원이라는 사람이 받은 사법 절차가 정당했느냐, 우리 사회가 당시 가지고 있었던 피고인의 권리가 최대한 보장되는 높은 수준의 사법적 정의가 구현된 것이냐에 대해서 제가 문제를 제기한 거죠. 세상에 이태원 살인 사건 같은 경우는 분명 둘 중 한 명이 살인범인데, 둘 중 누군지를 특정하지 못한다고 아무도 벌을 내리지 못한 사법부가 4명의 공범 중 한 명만 피해자를 살인했는데, 피해자를 살해할 의사도 전혀 없었던 공범을 무기징역형을 내리는 것이 도대체 말이 되느냐는 거예요. 거기다 전경환 같은 인간이나 기타 수도 없는 힘 있고 돈 많은 가해자들에게 내리진 솜방망이 처벌과 비교해보면 그게 가당키나 한 것인가. 본인의 억울함을 견디지 못하고 탈주한 2년의 기간 동안 경찰을 농락했다는 괘씸죄가 22년 6개월형을 추가로 선고하게 했던 것은 아니냐는 거죠. 그런 것들을 제기한 것이지, 신창원을 제가 개인적으로 안 것도 아니고, 동정심을 가지고 있었던 것도 아닙니다.

지 어떻게 전국 경찰들이 주시하고 있는 가운데, 2년 동안이나 절도 행각을 벌이면서 돌아다닐 수 있었을까요?
표 대단한 능력인 거죠. 그 분야에 있어서는 세계 대회가 있었다면 1등을 했을 것 같은데요.(웃음)

지 온갖 경찰력을 동원해서 잡으려고 했잖아요. 굉장히 민감했기 때문에.
표 1 : 15만의 싸움에서 이긴 거예요. 그건 인정해줘야죠.(웃음)

지 경찰로서는 졸지에 무능한 경찰이 돼버려서 더 화가 났을 것 같습니다.(웃음)
표 경찰로서 응당 해야 될 바람직한 대응은 '졌다', 이것이었어야 했다고 봐요. '신창원 너한테 우리가 졌다, 대단하다.' 그 후에 보완책을 찾아야죠.

지 그런 과정이 있었나요? 어떻게 도망 다녔는지, 그걸 파악해서 다음번에 유사한 일이 발생한다면 잡을 수 있게끔 시스템을 만들어야 될 텐데요.
표 그게 하나의 실패학인데요. 그게 없었죠.

지 잘 안 하죠. 한국 사람들은. '쪽팔리다', 이러고.(웃음)
표 그 당시에 신창원이 경찰 인사를 좌지우지했다고 할 정도로 신창원이 거쳐갔는데 못 잡으면 서장이 다른 데로 발령 나고, 직위 해제가 되고 그랬죠.

지   축구도 5 : 0으로 지고 나면 두들겨 맞고 나서 다음 게임에서 이기려고 노력하지 않습니까? 거기에 대해서 답을 찾는 노력이 없었다면.
표   졌다는 사실을 기사에 안 나가게 하려고 노력하는 쪽이죠.

지   공청회를 하든지 했어야 될 것 같은데요. '우리는 왜 신창원을 2년간 잡지 못했던가?'.
표   '와서 우리를 실컷 비판하고 문제를 지적해주시오' 해야죠. 그래서 우리가 몰랐던 부분이 있다면 알아내서 '다음번에는 이런 잘못이 반복되지 않도록 하겠습니다'라고 했어야죠.

지   심판 판정을 바로 인정해야 하는 것처럼.
표   그런 부분을 오히려 신창원에게 투사시켜버린 거죠. '저 나쁜 놈, 저놈 때문에.'

지   '악마 같은 놈. 우리가 무능한 것이 아니라 쟤가 너무 이상한 놈이야.'(웃음)
표   그게 경찰에서 검찰로, 검찰에서 법원으로 투영된 거죠. 탈주, 괘씸하긴 하죠. 하지만 탈주 그 자체가 어떻게 본다면 교도소 관리의 허술함, 2년 동안 못 잡았던 경찰의 추적 시스템을 드러낸 것이지, 어떻게 보면 죄수로서 누구나 탈주하고 싶은 건 당연한 거 아니겠어요.

탈주할 수 있으면 저라도 하겠네요.(웃음) 그걸 갖다가 괘씸하다고.

인간이기를 포기하지 않은 죄인들

지 만나보고 싶다는 생각은 안 해보셨나요?
표 만날 거예요. 언젠가는 만날 거고.

지 범죄 관련해서 두 분이 하실 말씀도 많을 것 같고, 신창원이라는 인물을 통해 여러 가지를 끌어낼 수 있는 게 있을 것 같습니다. 할 일도 없는데, 안에서 얼마나 오타쿠적인 고민을 했겠습니까?(웃음)
표 제가 도움이 될 만한 책을 한 10권 정도 보내줬어요.

지 편지는 이번에 처음 온 건가요?
표 네. 편지에 제가 경찰대 교수 그만둔 부분에 대해서 위로하고, '다른 사람들이 잘 이해하지 못할지 몰라도 자기는 이해한다, 존경한다, 힘내라'라는 격려의 글을 썼더라고요.(웃음) 참 따뜻한 사람인 것 같단 생각이 들었습니다. 형식적으로 느껴지지 않는 거 있잖아요. 진심으로 자기가 그렇게 힘들고 어려운 상황에 있으면서도 저에 대한 공감, 안쓰러움, 이런 것들을 느끼고 있는 거죠.

지 자기는 그렇게 감옥에 있어야 될 사람이고, 피해자의 입장에서 생각하는 것을 보면 공감 능력이 웬만한 정치인이나 경제인보다 뛰어난 것 같네요. 사람들이 열광했던 이유도 그런 데 있지 않을까 싶어요. 그렇게 피해 다니다 보면 사람 해치기 십상인데, 누가 발견하면 신고 못하게 하려고 해칠 수도 있잖아요.

표 제가 봤던 많은 범죄자들은 일단 포기라는 것을 하게 됩니다. 범죄 세계에 들어가게 되면서 전과가 한두 개 늘어나고, 결국 밝은 세상에 내 자리가 없다는 것을 알게 되고, 그러면서 세상 사람들을 적대시하게 돼요. 나는 못 가졌는데 저들은 가졌어, 하는 것들. 그게 삶의 가치에 대한 포기 현상이거든요. 그게 범죄자들에게 대단히 쉽게 일어나는데요. 그다음부터 그들에게 남는 것은 잡히지 말아야겠다는 것, 교도소 가기 싫다는 것만 남지, 저 사람을 배려하고, 존중하고, 이런 건 없어져요. 그걸 우리가 잘못 받아들이게 되면 저 사람은 처음부터 사이코패스였다고 받아들이게 되는데요. 그게 아니거든요. 그런 과정을 겪게 되면서 세상에서 이야기하는 도덕, 윤리, 가치, 동정, 이런 것들을 본인이 버리게 되는 겁니다. 그런데 신창원은 독특하죠. 많은 세월동안 수많은 범죄를 겪고, 자기에게 이 사회는 기회를 주지 않았고, 분노도 많았고, 분노 표출도 보이거든요. 그럼에도 불구하고 끝까지 포기하지 않아요. 자기가 인간으로서 이 사회에서 요구하는 기본적인 윤리와 도덕, 이것은 지키고 싶다는 그런 희망, 기대, 욕구, 이런 것을 포기하지 않는단 말이에요. 지금도. 무기징역 + 22년 6개월 형으로 다시 사회에 나갈 가능성이 없다고 판단하고 있는 상황에서조차도 자기가 나쁜 사람이고 싶지 않은 거예요.

지 그런 모습을 보여주려고 할 때 형량을 깎으려고 하는 교활함이라고 하는데, 그걸 포기하지 않는 마음이 더 중요하다는 생각이 들거든요. 지존파와 신창원의 차이는 그거였던 것 같아요. 한쪽은 '어차피 내 인생 끝났는데' 하면서 그 끈을 다 놔버린 거고, 한 사람은 그 끈을 놓치지 않으려고 노력하고 있는 거예요. 지강헌도 신창원처럼 다른 사람 죽이지 않고 자살로 끝내면서 유전무죄를 외쳤을 때 사람들에게 동정을 샀죠. 인질들을 한 사람이라도 해쳤으면 사람들이 공감하기 힘들었을 텐데요. 죽으면서까지도 어떻게 보면 인간적인 부분을 잃지 않으려고 했다는 생각이 듭니다. 기왕 죽는데 다 죽이고 죽자, 이럴 수도 있잖아요. 지강헌 씨와 전경환 씨를 비교해서 형량의 불공평함에 대한 이야기도 많이 쓰셨는데요. 아직도 전두환은 살아 있는 권력 같습니다. 전경환 씨를 단죄하지 못하고 있는 것을 보면요.

표 그렇죠. 악에 대한 실체를 밝히기 위한 노력들을 학계에서 많이 해왔거든요. 철학적, 윤리적, 신학적, 정신의학적, 심리학적으로. 최근에 서구 정신의학계에서 자주 나오는 이야기가 그거예요. 악의 존재에 단계가 있다는 건데요. 그게 결국은 나중에는 형벌 이론에 반영이 되겠죠. 아직까지는 형벌 이론이 주먹구구거든요. 도대체 살인과 아동 성폭행 간에 무엇이 더 중한 범죄야, 이런 곤란한 질문에 대해 한 번도 고민해 본 적이 없어요. 그다음에 다른 사람의 삶을 파괴하고 자살에까지 이르게 만든 보증 사기와 남의 집에 몰래 들어가서 몇만 원 훔친 범죄와 무엇이 더 중한 범죄인가요? 예를 들어서 조희팔이 검거돼서 돌아온다면 적절한 형량이 얼마일까요? 이런 각각의 경우마다 과학적인 답은 없단 말이에요. 결국 범죄와 형벌이라는 것은 악에 대한 것인데, 정신의학적인 접근에 따르자면 일단 최악은, 가장 나쁜 악은 본인 스스로가 상대방에게 고통을 가장 극한도로 야기하겠다는 치밀한 계획을 가지고 상대방에게 가학 행위를 하면서 결국 사망에 이르게 한 경우, 이걸 가장 극도의 악이라고 본단 말이에요. 그 이후에 단계별로 그 부분을 나눠서 접근하고 있는데요. 그렇게 본다면 예를 들어 신창원이나 지강헌 같은 경우 악의 정도에서 본다면 대단히 경미한 정도의 악 수준에 머물러 있는 거죠.

지 지강헌 같은 경우 500만 원을 훔쳤죠.

표 액수에 문제라기보다는 그러한 범죄 행위에 수반된 악의가 어느 정도냐는 거죠. 생계형 절도라고 볼 수도 있는 거예요. 절도 자체 이외에는 살아갈 거리가 없고, 그러면서도 어쨌든 남을 해치지 않고 싶어 했던 범죄자란 말이에요. 신창원도 마찬가지예요. 그런 범죄자와 타인이 어떻게 되든 말든 타인을 아예 고의적으로 파괴시키고도 내가 이익을 얻겠다는 이러한 형태의 범죄와는 구분을 해야 된다는 겁니다. 그런데 우리 사법부에서는 그런 구분을 하고 있지 않다는 거죠. 전경환 같은 경우 그가 행했던 사기 범죄들을 보면 피해자들 입장에서는 피눈물 나는 사기 행각이거든요. 믿을 수밖에 없는, 전직 대통령의 동생이라는 공적 신뢰를 등에 업고서 행한 사기들이기 때문에 신고하기도 어려웠구요. 사기 피해를 당한 사람들이 입은 손실로 인해 결국은 사업체가 부도날 수밖에 없는 상황이었어요. 이철희, 장영자 씨도 마찬가지입니다. 그런데 그들에게 내려진 처벌은 솜방망이라는 거죠. 그런데 지강헌이나 신창원 같은 친구들, 사회적으로 봤을 때 쓰레기 내지는 범죄를 저지르고 사는 저런 것들은 사회에 나오면 안 돼, 이런 도덕적 비난을 퍼부을 수 있을지 모르겠습니다. 하지만 엄밀하게 따져 봤을 때 '그들이 얼마나 악한 존재인가'라고 봤을 때 그다지 그들에게서 악한 사람이라는 느낌이 안 들거든요. 일부러 남에게 고의적으로 가해행위를 하겠다고 한 행동은 전혀 없단 말이에요. 그런 부분들을 자기들은 학술적으로 전혀 모르죠. 그런데 느낌으로 느낀단 말이에요. '내가 그렇게 나쁜 놈인가? 내가 악마 같은 놈인가? 그런데 왜 우리 사회는 나를 악마처럼 보고 있지?', 거기서 나타나는 괴리가 있는 거죠.

지 어떻게 보면 일반적으로 그런 일을 안 겪어본 사람들이 그런 것을 느끼는 것보다 인간적으로는 더 존경심이 갈 만한 태도 같은데요. 범죄자를 옹호한다고 할지는 모르겠지만, 그런 열악한 환경에 있었음에도 불구하고 그런 마음을 놓치지 않으려고 한다면 그런 마음을 격려해주고, 공감해주는 사회가 돼야 되지 않을까 싶습니다.
표 그렇죠.

지 인종주의라는 느낌도 들거든요. 독일인들이 유태인을 보면 어떤 성품을 갖고 있든 그게 중요한 것이 아니고, 유태인이니까 죽어야 해, 이런 것처럼 '너는 가난하고, 쓰레기 같은 삶을 살아왔어. 게다가 범죄를 저지른 나쁜 놈이야. 그러니 격리시켜야 해' 하는 낙인 같은 거라고 할까요? 그럼에도 불구하고 그런 마음을 갖고 있었다는 것은 오히려⋯⋯ 그래서 그런 이야기들을 많이 끌어내서 하시는 것 같은데요. '우리가 그런 것을 고민해야 된다.'
표 그렇죠. 특히 오원춘에게서 극단적으로 나타나는데요. 타인이란 말이에요. 외국에서 온 외국인이고, 외계인화시키기가 좋죠. 그리고 그가 행한 범죄가 너무 엽기적이고, 잔혹하니까. 그런 것들을 공식화시켜서 투영시키는 것은 대단히 위험하거든요. 분리시킬 필요가 있는 거예요. 그의 범죄 행동에 대해서 합리적이고, 정확하게 증거에 입각해서 따져봐야 되는 거죠. 그런 부분들에 대해서 일반인들은 감정을 표출하고 토해낼 수 있어요. 그래야 되고요. 하지만 사법 기능에 종사하는 사람들은 그래서는 안 되는 거죠. 오원춘 1심 판결의 판사들은 법관으로서의 자질에 의문이 제기되는 것이고, 그 사람들뿐만 아니라 우리 법조인들이 그런 자질들이 형성돼 있느냐, 선발 과정, 시험 과정, 이후의 연수 과정에서 형성될 수 있느냐, 그렇지 않다는 거죠. 그런 것들이 너무 안타깝다는 겁니다. 신창원, 지강헌도 마찬가지예요. 사회에서 일반인들은 얼마든지 비난을 퍼부을 수 있어요. '인간아, 왜 그러고 사니? 너희보다 더 열악한 환경에 처해 있는 사람 중에도 절대로 범죄는 안 저지르고 사는 사람이 많아' 하고 얼마든지 할 수 있는 이야깁니다. 하지만 그걸 사법 기능 종사자들이 형평성에 어긋난 판결을 하면 안 되는 거죠. 특히 지강헌 같은 경우 그 당시 사회 분위기, 권력의 요구에 법원이 굴종했다고 볼 수밖에 없다는 겁니다. 500만 원 훔친 사람에게 17년형이라는 것이 말이 되느냐는 이야기죠. 신창원 같은 경우에도 무기징역 더하기 22년이 공정한 형벌인지는 제가 개인적으로 납득하지 못하겠어요. 개인적으로는 관계가 없지만 상징적인 범죄자이고 하기 때문에 관심을 놓을 수가 없는 거죠. 앞으로도 계속 그 친구와 연락하고, 시간 내서 찾아가 보고, 이야기도 나누고 하면서 더 자세히 알아볼 생각이에요. 어떤 사람인지.

날것 그대로의 범죄물은 위험해

지　프로파일링이라는 것이 범죄자들과 이런 저런 이야기를 하면서 사회적 맥락을 끌어내는 일도 하는 건데요. 외국에서는 《살인자들과의 인터뷰》 같은 책도 나왔잖아요.

표　《한국의 연쇄살인》이 유사한 책이라고 봐야 해요. 다만 《살인자들과의 인터뷰》 같은 경우도 학계 쪽의 비판은 많이 받아요. '알맹이가 없다. 너무 자화자찬 식이다. 결과에 맞춰서 과정을 썼다. 결국 이 사건을 내가 해결했소, 하는 것 말고는 내용이 없지 않느냐?'는 비판이 있는데, 그런 책이 없었기 때문에 대중들의 요구에는 상당히 어필이 된 것 같습니다.

지　《한국의 연쇄살인》이 내용이 훨씬 더 알찼다는 거네요.(웃음)

표　그렇지는 않아요.(웃음) 조금 방향성이 다르죠. 《살인자들과의 인터뷰》는 FBI 프로파일러 출신의 저자가 자신의 개인 경험, 특정한 악명 높았던 연쇄살인범들과 면담했던 내용, 그들의 사건에 관한 내용을 쭉 풀어낸 거예요. 저 같은 경우 조금 더 사건을 객관적으로 바라보고, 풀어내고자 했죠.

지　사회적 맥락이 많이 들어가 있는 것 같은데요.

표　그렇죠. 그런 차이가 있죠. 다만 그러한 류의 접근이 아직까지는 정서적으로 받아들여지기 어렵지 않느냐는 느낌이 있어요. 외국 책이니까 우리 독자들이 많이 봐줬겠죠. 예를 들어 '오원춘과의 인터뷰', 이러면 정서적으로 받아들여지지 않는단 말이에요.

지 그들을 영웅시하냐는 이야기가 나올 수도 있구요.

표 영웅시까지는 아니더라도 그들에게 그런 자유를 줘야 되느냐, 쓰레기 같은 인간들이 그런 이야기를 할 수 있도록 내버려둬야 되느냐, 이런 반응들이 있을 수 있다는 거죠. 그래서 아직까지는 우리가 있는 그대로의 그들의 이야기를 공개해서 내긴 어려운 거죠. 그런 책이 있었습니다. 《살인중독》이라고, 〈주간조선〉 객원 기자가 유영철과 주고받은 편지를 그대로 책으로 낸 적이 있었어요. 엄청난 비난이 일고, 바로 회수가 된 것으로 알고 있는데요.

지 나오긴 나왔군요.

표 시판됐었어요. 저도 그건 상당히 반대했었어요. 전혀 처리 과정을 거치지 않은 거란 말이에요. 도살장에서 피 뚝뚝 떨어지는 고기를 바로 식탁에 갖다 놔준 것이랑 다를 바가 없는 거죠. 그건 아니라고 봤어요. 요리사와 조리사가 충분히 처리하고, 요리하고, 그래서 적당히 구워진 형태로 독자들 앞에는 놔둬야 되는 거죠. 범죄물이 쉽지는 않아요. 그래서 저는 앞으로 시간 여유도 좀 찾고, 좀 더 경험을 하게 되면 추리소설 작가가 되고 싶어요. 그래서 생짜 이야기, 사건 그대로를 제시하는 것이 아니라 이야기 속에 녹여내서 각 사건들이 우리에게 던져주는 그런 의미, 우리가 꼭 놓치지 말아야 할 것, 이런 것들을 제시해드리면서 극적인 재미도 주고, 실제 사건이 아니기 때문에 심리적인, 마음의 부담도 느끼지 않는 그런 글을 쓰고 싶어요.

반성문과 리포트의 힘

지 소설이니까.(웃음) 글을 상당히 잘 쓰시더라고요. 자기 전문 분야에 대해서 아시는 것은 많겠지만, 그건 대중적인 글로 풀어내는 것은 다른 것 같은데요. 글쓰기를 전공하거나 따로 배우신 적은 없으시잖아요.

표 반성문을 엄청나게 썼죠.(웃음) 부모님이나 제 친구들은 제가 책 쓰는 것을 보면서 '반성문의 힘'이라는 이야기를 많이 해요. 워낙에 내가 초등학교, 중고등학교 때 말썽 많이 부리고, 잘못하고, 특히 확신범적 잘못이 있잖아요. 혼날 짓인 것을 알면서도 '나는 이걸 하겠어'라고 했을 때 답이 없잖아요.

지 명분을 만들어야죠.(웃음)
표 하도 반성문을 쓰니까, 이게 그렇잖아요. 매번 똑같은 것을 쓰기도 지겹고, 표현이나.

지 기발한, 어떻게 하면 더 반성하는 것처럼 보일까, 미학적인 표현.(웃음)
표 사람 마음을 움직여야 되잖아요. 큰 벌을 피하려면 반성문을 통해서 동정심을 유발해야 되니까요. 그런 노력을 하던 것이 글쓰기에 많은 도움이 된 것 같아요. 그다음에 또 한 번의 도움은 제가 영국에서 유학할 때 영어로 계속 써야 되잖아요. 리포트, 논문 같은 것을요.

지 사고를 한국어로 하니까 굉장히 어려웠을 텐데요.

표 그런 사람들의 특징이 뭐냐 하면 문장을 굉장히 복잡하게 써요. 자기가 가지고 있는 생각이 우리말로 되어 있으면서 단순하지 않다 보니까 영어로 그대로 표현하고 싶은 마음에 길어지는 거예요. 복문이 되고, 관계사가 들어가고, 중언부언하게 되고. 그때 제 영국 지도 교수님이 빨간 펜 선생님이에요. 빨간 펜을 들고, 한 문장 한 문장을 수술해주시는 거예요. 그러면서 저한테 물어보시는 거예요. '글을 잘 쓰는 게 뭐라고 생각하니?', '지식을 충분히 반영하고, 철학이 담기고', 이런 이야기를 하면 씩 웃으시면서 '글을 잘 쓴다는 것은 읽는 사람이 쉽고, 편하게 읽도록 쓰는 거야'라고 하세요. 한 대 빵 맞은 거죠. 그다음부터 빨간 펜으로 고쳐주시는 것이 얼마나 멋지고 더 고급스럽게 쓰느냐 하는 것이 아니라 얼마나 쉽고, 간결하게 쓰는지를 말씀해주시는 거예요.

지 사실 가장 중요한 지적이네요.

표 계속 그것을 반복해서 듣다 보니까 완전히 저한테는 철칙처럼 돼버렸어요. 쓸 때 읽는 사람을 위해서 쓰게 된 거죠. 학술 논문이고, 리포트였지만, 읽는 분에게 일단은 복잡하고 길어지면 의미 파악이 어렵다는 것, 아주 단순하고 간결하면서도 명확하게 뜻을 담고 표현해야 되고, 그런데 그렇게 하다 보면 길게 쓰기가 힘들잖아요. 예를 들어 이건 나쁜 짓이야, 이건 간결하고 명쾌하죠. 하지만 어떻게 나쁜 일인지를 표현하는데, 간결하게 단순하게 쓰면서 내 주장을 담아내야 되니까 글쓰기 작업이 피를 토하는 작업이 되더라고요. 영국에서 공부할 때 학술적인 글쓰기였기는 하지만, 받았던 훈련이 엄청나게 도움이 된 거죠. 제 박사 논문이 500페이지가 넘는데요. 500페이지가 넘는 글을 직접 인용, 간접 인용한 것을 빼면 다 제가 단어, 문장을 외국어인데 찾아내고, 말을 맞게 만들어내야 되고, 그러다 보니까 방송이나 신문 등에서 많은 것들을 얻어내려고 계속 보고 했거든요. 표현들을 좀 배우려고, 방송에서 얻은 것을 '이거야'라고 표현해서 쓰잖아요. 그러면 교수님이 꼭 질문해오시는 거예요. '무슨 뜻이니?' 하면 설명을 해야 되고, 제가 방송에서 보고 이해하는 것과 학술적 글쓰기 사이에서는 차이가 있었던 거죠. 그런 과정들이 상당히 많은 도움을 준 것 같아요.

지 두 가지네요. 반성문과 논문. 군대에서 정말 사소한 잘못을 했는데, 반성문 100장을 쓰라고 하거든요. '미쳤나 저 인간이' 하면서 쓰다 보면 별의 별 이야기를 다 쓰게 되는데요. 그러면 그 사람이 와서 비웃는 표정으로 '너 정말 이렇게 잘못했다고 생각해?' 그러거든요.(웃음)

표 참 제가 중고등학교 때는 다른 친구들 반성문을 대신 써준 적도 많아요.

지 연애편지 대필은 들어봤어도 반성문 대필은 처음 들어보네요.
표 연애편지 대필도 많이 했죠.

안티히어로 현상을 어떻게 할 것인가?

지 당시 신창원에 대해서 청소년들이 열광할 때 어른들이 범죄자에 대한 숭배는 위험하다고 우려하기도 했는데요. 바람직한 현상이라고만은 볼 수 없거든요. 범죄자인데, 예쁘다고 팬클럽이 생기는 경우도 있었잖아요.

표 포항 얼짱 강도 사건이 있었죠. 복합적이죠. 어쨌든 말씀하신 것처럼 그 부분을 저는 반영웅이라고 표현하거든요. 안티히어로. 법을 어기고 사회에 반항하고, 비록 가진 자일지는 몰라도 사람들을 해치고 재물을 빼앗고, 그런 자들을 영웅으로 칭한다는 것, 역사적 영향이 깊잖아요. 임꺽정, 홍길동, 외국의 로빈 후드라든지, 이런 사람들이 등장하는 시대는 보면 그만큼 썩고, 기득권과 지배 계층이 수탈을 많이 하는 그런 시절이라고 봐야 하는 거죠. 신창원 현상, 신창원 신드롬이라는 것을 보면서 사람들이 범죄자에게 환호를 했던 사회적인 문제를 먼저 봐야겠죠. 오죽했으면 그랬을까 하고.

지 임꺽정 같은 경우 조직을 결성해서 사람들을 죽이고 그랬잖아요. 그것도 대규모로.(웃음) 물론 명분은 있었지만요. 만약에 지존파의 팬 카페가 생겼다고 하면 법적으로 제재할 수 있나요?

표 그건 있죠. 정보통신망보호법에 따라서 차단을 하죠. 폐쇄 조치를 하고. 개설했다고 처벌을 할 수는 없지만. 애매한 거죠. 표현의 자유의 한계 영역에 들어가는 거예요. 어쨌든 그러한 현상에 대해서 우리가 먼저 봐야 할 것은 왜 이런 현상이 생기느냐를 봐야 하는 거죠. 그렇게 드러난 현상을 차단시키려고만 할 것이 아니라 그 원인을 봐야 하는 거예요. 그다음에 그와 함께, 그게 우려된다면 그로 인해서 발생할 수 있는 범죄에 대한 동경, 범죄에 대한 모방이 우려된다면, 그러한 원인에 대한 개선과 함께 올바른 삶과 영웅들을 매력 있게 만들어주는 작업을 해야죠. 그러한 긍정적인 노력은 하지 않으면서 나타나는 현상만을 감추고 덮고 없애려고 한다는 것은 결코 성공하지 못하죠. 효율적이지 못해요.

외국인 범죄자에게 너무 약한 사법 시스템

지 이태원 살인 사건과 관련해서 "특히 우리 국민이 도심 한복판에서 이유도 없이 외국 범죄자의 칼에 참담하고 억울하게 희생된 '이태원 살인 사건'에서 눈앞에 두 명의 범인(실제 칼로 찌르는 행동을 한 자가 누구든)을 두고도 무죄판결로 이어지게 만든 검찰의 오판과 오류 그리고 무능은 용서받지 못할 일이다. 더 큰 문제는 이런 검찰의 오판과 무능을 조장하고 허용하는 검찰에게 모든 사법 권한이 집중된 잘못된 제도다. 한국의 수사 및 기소, 재판 제도의 개선이 시급하다"라고도 하셨는데요. 우리한테 굉장한 자괴감을 심어준 사건이지 않습니까? 둘 중 한 명인 범죄자를 밝혀내지 못했다는 것 하나가 있구요. 그리고 미국과의 관계에 있어서 여전히 우리가 주도적인 수사를 하지 못하는구나 하는 것 하나를 던져준 것 같은데요. 진범으로 추정되는 범인이 미국 교도소에 있고, 범죄인 인도 요청을 했던 것으로 알고 있는데요. 한국으로 송환을 못시켰지 않습니까? 국력이 약해서 그런 건가요?

표 국력 문제는 아니에요. 처음 수사, 기소, 재판을 할 때 그때 눈치 본 부분이 있다면 그건 국력 문제로 봐야겠죠. 어쨌든 우리가 범죄자 인도 요청을 했고, 미국 법원에서 인도 판결이 내려졌단 말이에요. 미국에는 인신 보호 제도라는 게 있어요. 우리도 도입했지만, 아더 패터슨이 '나는 한국에 가면 사형당한다. 그러니까 보내지 말아달라', 이미 송환 판결이 내려졌지만, 그 부분으로 또 다른 재판이 있는 거죠. 그것 때문에 지연이 되고 있는 것이고, 한국에서는 이미 공소시효 완료 전에 기소를 했어요. 그러니까 공소시효는 중단이 된 거죠. 오기만 하면 재판에 들어갈 수 있습니다. 중요한 것은 지금 현재 인신 보호 재판이 어떻게 판결이 날 것인가? 여기에서 우리 사법제도가 계속 고민할 문제가 있는 거예요. 이제까지 국제적인 수준과 조류는 현실적으로 따라야 할 필요가 그다지 없다는 그런 시각이 많았거든요. '우리나라는 우리나라고 유럽은 유럽이지.' 그런데 이런 사건에 맞닥뜨리는 순간, 예를 들어 우리가 사형 제도가 있다는 이유만으로 미국의 주가 사형 제도가 없는 주라면 못 보낸다고 판결 내리는 것은 정당한 거거든요. 자국민 보호 때문에. 이런 것을 생각해봐야 하는 거죠.

지 유럽도 그렇잖아요.
표 유럽은 더 그렇죠. EU 전체가 사형 제도가 없으니까요. 또 하나는 한국 사법제도의 공정성, 제가 '죄와 벌'을 통해서 계속 비판을 하고 있는데요. 한국에서 공정한 재판이 이루어지고 있느냐 하는 것에 대한 심각한 의문이 들고 있다. 그래서 우리 자국민을 거기 못 보내겠다. 그건 국력의 문제가 아니거든요. 그만큼 우리 사법제도가.

지 신뢰를 주고 있느냐?
표 그럼요. 이 부분에 있어서 앞으로도 충분히 이런 문제가 발생할 수 있다는 겁니다. 이 사건 같은 경우에도 국민의 감정을 제외하고, 다시 유죄를 입증할 증거가 있느냐, 제가 글에도 썼지만 온다면,

지   왔는데도 입증을 못하면 개망신이잖아요.
표   아더 패터슨의 주장은 그거예요. 봐라, 증거가 없고, 저 사람들은 감정으로 나를 매도해서 범죄자로 만들 것이다, 그런 주장을 할 거란 말이죠. 우리가 이제까지 행해져온 판결과 사법적인 절차에 있어서의 문제점들, 무전유죄 유전무죄, 전관예우, 일부 특정 범죄자에게는 지나치게 가혹한 형평성 없는 판결, 이런 부분들이 제대로 제시가 될 경우 어느 나라에서 과연 자국민을 그런 불공정한 재판이 이루어지는 곳으로 보내겠냐는 거죠. 더군다나 외국인에 대한 혐오, 지나친 국수주의, 이런 것들까지 대두될 경우에. 잘 생각해야 될 문제라는 겁니다. 당장 자신들의 이익이나 전관으로서의 예우, 이런 데 매몰돼서 제도 개혁 거부하고, 사법 개혁에 저항할 경우에 완전 망신당하는 경우가 생길 수 있다는 거죠.

지   국민감정도 중요하지만, 검찰의 수사 시스템을 개선해야 된다는 거네요.
표   그렇죠.

지   최근에도 미군 범죄가 잇따르고 있고, 기소율이나 실형을 받는 비율은 참담한 수준이던데요. 한미행정협정의 개정에 대해서는 어떻게 생각하십니까?
표   이번에 이태원에서 비비탄으로 밝혀졌지만, 총기로 오인할 수

있는 여지가 많았거든요. 새벽에 광란을 벌이고, 경찰관을 차로 치어 버리고, 그런 범죄를 저지르고도 아프다고 하면서 병원에 있으면서 나오지 않는다, 이것을 어떻게 해석해야 하냐는 거죠. 과연 우리가 주권국가가 맞느냐.

지 만약에 내국인이 그렇게 했다면.
표 신창원 같은 괘씸죄를 받았겠죠.

지 기소율도 낮고, 실형을 받는 것도 참담한 수준이더라고요.
표 한미행정협정 개정도 필요하지만, 지금 우리 검찰과 법원, 경찰의 태도가 문제인데요. 한미행정협정이 판결에 영향을 미치는 것은 아니거든요. 구속 기간 동안 누구의 유치장 안에 있을 것이냐, 재판관할권은 어디다 둘 것이냐 하는 건데요. 지금은 그나마 우리가 요구하면 우리한테 재판관할권을 주도록 되어 있어요.

지 우리 국민감정을 건드릴 수 있는 부분은 미군 측에서도 침소봉대할 필요가 없다고 생각하는 것 같기도 해요.
표 그렇죠. 압력이 들어간 건지 어떤지 모르겠지만, 결과적으로 본다면 지나친 배려를 하는 거죠. 그리고 알게 모르게 그런 게 작용하지 않나 싶어요. 우리가 가지고 있는 사법제도에 대한 자신감의 부족, 예를 들어 너무 강한 형벌을 내렸을 경우에 미국 시스템에 대한 기준으로 봐서 한국 사법 시스템에 대한 의문을 제기하면, 이제까지의 형평성의 혼란, 어려움, 이런 것들이 전부 드러나면 창피한 거잖아요. 그러면 정당성을 상실하게 될 것이고, 그게 두려워서 더 낮은 형량을 내리는 건지도 모르겠어요. 어쨌건 한국의 사법제도는 엉망진창이고 형평성도 없고 원칙도 없다. 이게 외국인 대상 사건에서도 상당한 문제로 작용하고 있다. 그렇게 봐야 되겠죠.

지   그런 문제일수도 있겠네요. 한국인들은 윽박지르면 관철되는 경우도 많아요.
표   한국인한테는 반말로 '너 몇 살이냐?', 마음대로 판사가 별 이상한 이야기까지 다 하고, 외국인 앞에서는 쩔쩔 매는 거죠. 혹시라도 자신의 무지와 전문성 부족이 드러날까봐 오히려 관대해지는 것이 아닌가 하는 의심이 드는 건데요. 왜 당당하지 못하냐는 거죠.

지   결국은 한미행정협정도 문제지만, 그것보다는 기소를 못하거나 실형 판결을 내리지 못하는 소심함이 더 큰 문제일 수 있다는 거네요. 이유가 뭔지는 모르겠지만.
표   그렇죠. 자신감의 부족이 문제죠.

법원의 명령마저 거부해버린 검찰

지   "명백한 사법 피해자에 대한 국가의 징벌적 손해배상 제도를 도입하고, 그 판결에 관여한 사람들에 대한 처벌 내지 구상권을 행사하는 방법을 찾아야 한다"는 글을 쓰셨는데요. 지난한 과정을 거쳐야 되는 일이잖아요. 그걸 공론화하고, 그런 제도를 만들어내야 하고.
표   논의를 시작해야죠.

지 기득권을 가진 사람들은 구상권 행사에 대해 엄청나게 저항을 할 거예요.

표 그 자체가 안전장치가 돼야 된다는 거죠. 그런 것이 두려워서라도 함부로 약한 사람들에게 누명을 씌워서 범죄자를 만드는 일들은 없도록 해야 한다, 그걸 제가 정원섭 씨 사건을 통해 이야기를 한 거죠. 그런 일은 있을 수가 있어요. 미국 뉴욕에서 몇 해 전에 상습적으로 증거를 조작하고, 누락시키고, 피고인에게 불리한 증거는 채택하고, 유리한 증거는 누락시키고 했던 검사가 그런 일들에 대한 의혹이 일어나고 수사가 이루어져서, 구속되고 사법 처리가 됐어요. 검사도 인간이기 때문에 잘못할 수 있다는 거죠. 하지만 잘못할 경우에 다른 사람과 똑같이 수사받는다는 거예요. 그런데 우리나라는 그렇지 않은 거죠. 관행적으로 당연히 증거 중에서 피고인에게 유리한 것을 빠뜨리고 있거든요. 그게 범죄라는 인식이 없어요. 검사가 업무 수행 중에 잘못한 행위를 가지고 형사 처벌을 받는다는 가능성 자체를 검사들이 생각하지 않는다는 거예요. 그 부분에 대해서 국가가 어마어마한 징벌적 손해배상을 물고, 해당자에 대해서 구상권을 청구하게 된다면 절대로 그런 짓을 못하게 되는 거죠. 겁나서라도.

지 용산 참사의 경우도 경찰의 진입 결정이 정당했느냐, 만약 정당하지 않고 무리한 것이었으면 관련자를 처벌해야 된다는 요구가 피해자 측에서 있어요. 그 주장이 받아들여진다면 충분히 국가가 배상하고, 구상권을 행사하는 케이스가 될 수 있는 거잖아요.

표 그렇죠.

지 검찰은 수사 기록을 공개하라는 법원의 명령도 듣지 않았어요.(웃음)

표 어떻게 검사가 판사의 명령을 거부합니까? 그건 법치주의 국가 사법제도에서 있을 수 없는 일이에요. 오직 대한민국에서만 일어나는 일이죠.

지 그래서 검찰 국가, 경찰 국가라는 표현도 나오는데요. 법관들도 어떻게 할 수 없는 권력이라는 거잖아요.

표 그렇죠. 오히려 판사는 검사가 주는 자료에 의존해서 재판을 할 수밖에 없는 상황예요. 검사가 안 주면 못하는 거죠. 다른 나라는 모든 증거를 일단 판사 앞에 내놔야 합니다. 그게 증거개시제도라는 거거든요. 그다음에 국가 안보에 관련이 되어 있다, 그래서 공개해서는 안 된다, 또는 본건과 관계가 없다, 개인의 인권 침해가 우려가 있을 경우 판사에게 허락을 받아서 빼야 됩니다. 판사로부터 '오케이, 인정할게' 하면 뺄 수 있고, 그렇지 않으면 모두 변호인 측에 공개해야 됩니다. 오래전부터 우리가 증거개시제도를 채택해야 된다고 이야기했지만, 안 한 거죠. 검사가 공소장일본주의公訴狀一本主義라고 해서 딱 한 장, 이 사건의 개요는 이렇고, 증거는 이러 이러하고, 첨부합니다, 그거 한 장으로 끝나는 거죠.

지 이를테면 야구 경기로 치면 선수 명단 공개하고, 선발투수는 누구고, 타선은 1번부터 9번까지 어떻게 된다는 것 정도는 서로 공개하고 페어플레이하자는 건데요.

표 그렇죠. 그게 당사자주의의 핵심이죠.

지   우리는 검찰이 다 갖고 있다가 필요한 것만 꺼내잖아요. 수사 기록도 공개 안 하기도 하고.

표   다른 나라에서는 그게 범죄거든요. 범죄 행위가 되고, 사법방해죄가 됩니다. 그런데 우리는 그게 아니라 검사의 권한으로 인정받는 거죠.

지   검찰 개혁의 한 부분이어야겠네요.

표   그런 권한이 있으니까 검사가 재벌을 죽일 수도 있고, 살릴 수도 있고 자기 맘대로 하는 거죠. 재판이 벌어지기 전에 다 결정을 해 버리는 거예요.

시위 진압을 위한 경찰 특공대와 전경들

지   파업 현장이나 농성 현장에 경찰 특공대 투입하는 문제에 대해서는 어떻게 생각하십니까? 원래 테러범이나 국가적인 중요한 위기 상황에 투입하기 위해 창설된 것 아닌가요?

표   그런 상황은 경찰 특공대들에게도 좋지 않죠.

지   자부심이 있을 텐데요. 임무라고 생각하고 했지만, 나중에 그 장면을 다시 보게 되거나, 비난을 받게 될 때 힘들 것 같기도 해요.

표   비교 자체가 어렵기는 하지만, K1이나 UFC 종합 격투기 선수가 중학생들 다투는 데 가서 일방적으로 두들겨 패는 형태라고 할까요? 경찰 특공대라는 것이 갖고 있는 것이, 전 세계 어디서나 기본적으로 스왓팀이라고요. SPECIAL WEAPONS ATTACK TEAM(S.W.A.T) 이란 말이에요. 특수 무기를 보유하면서 특수한 상황에서 공격하는 부대거든요. 테러, 인질 납치, 어쩔 수 없는 상황, 저격까지도 갈 수 있는 그런 상황에서 투입돼야 할 정예부대이고, 대원들인데요. 이 경찰 특공대가 산업 분규나 정치적인 분규 현장에 투입된다, 이것은 있어서는 안 될 일이죠. 특공대 투입을 언제부터 시작했는지 정확하게 모르겠는데요. 그런 발상을 처음 한 사람부터 찾아내야 될 것 같아요. 그렇게 한 결정에 대해서 비판과 문제 제기를 해야 되고, 특공대 운영 규정 자체에 그런 상황들을 제외시켜야 됩니다. 반드시 제한된, 특별히 대상자가 화력 있는 무기 등으로 무장된 상태 정도로 한정이 돼야 하는 거죠. 문제가 뭐냐 하면 경찰 특공대에 86부대, 88부대라는 명칭이 있었어요. 아시안게임과 올림픽을 대비해서 만들었던 팀인데, 경찰 특공대를 지방경찰청 단위로 증설했단 말이에요. 한때 테러 위험이 고조된다고 하면서. 그런데 실제 테러 상황이 안 생긴단 말이에요. 경찰 특공대가 할 일이 없는 거예요. 그러다 보니까 적절치 않은 사안에까지 특공대를 자꾸 투입하기 시작한 거예요. 그냥 놔두면 실전 없이 대기하고 연습만 하게 되니까. 그게 잘못이었던 것 같아요.

지 전경 제도도 논란이 될 수 있는 건데요. 전두환 정권에서 만든 건데, 만들어놓으면 써야 되잖아요. 군 복무를 거기서 한 사람들의 트라우마가 있을 수도 있구요.

표 그렇죠. 군 복무라는 것은 국민의 의무이고, 그렇다면 명분이 있어야 한단 말이에요. 명분이라는 것은 안보, 적군으로부터의 방어,

전쟁 대비, 이런 것이어야 명분이 있는 건데요. 민간 치안 유지 상황에 그들이 투입된다, 물론 그 당시 저도 전경부대장이었기 때문에 외국 제도도 보긴 했지만, 이탈리아나 이런 곳에 일부 있긴 있어요. 그렇다고 해서 정당화되는 것은 아니거든요. 대체 복무의 일환이라고 한다면 대체 복무답게 해야지, 현역 복무와 기간도 같고, 방식도 같으면서 경찰 업무를 하는 것이거든요. 예를 들어 의경 업무를 완전히 치안 보조로 한정하는 것도 괜찮아요. 대체 복무 형태로. 그런데 전투경찰이라고 하면서 현역 복무와 같이 하고, 논산 훈련소에서 바로 차출하는 형태인데, 시위 진압 등에 동원된다면 사실은 심각한 문제죠. 독재 정권 하에서 어쩔 수 없이 행했다고 한다면 이제는 바뀌어야죠. 그래서 바꾸기로 결정이 났었고, 그래서 그 대체로 경찰관 기동대를 만들게 된 거죠.

지 전경소대장 생활 하시면서 시위 진압하실 때 어떤 생각들이 드셨나요?

표 참 복잡했죠. 저야 직업 경찰관이니까. 경찰의 업무 중에 질서 유지라는 것이 분명히 있어요. 아무리 혁명 상황이라고 해도 경찰은 시위대의 안전과 생명을 지키고, 존중하면서도 법과 질서는 유지해야 되거든요. 그래서 저야 얼마든지 받아들일 수 있는 상황이지만, 대원들은 그렇지 않단 말이죠. 그래야 할 의무가 없고, 그걸 통해서 월급을 받는 생활인도 아니고, 자기가 원해서 온 것도 아니에요. 그러면서도 시위 현장의 특성상 대원들이 시위대와 적대적 관계에 놓이게 되고, 그들을 적으로 삼고, 공격적이 되고, 폭력적이 되고, 그 반대도 마찬가지거든요. 시위하는 사람들도 전경 대원을 적으로 삼고, 돌 던지고, 화염병 던지면서 마치 전장에서 전투하듯이 그런 모습들을 보면 너무나 마음이 아팠죠.

지   용산 참사 때도 경찰관 한 분이 돌아가셨고, 동의대 사태 이런 것을 겪으면 경찰관 분들 입장에서는 피눈물 나는 일인데요.
표   그럼요. 가장 많이 들었던 생각이 '왜 우리가 여기 있어야 하는가?', 이런 의문이었죠. '우리가 적인가?', 이런 의문. 대학생과 전경대원들은 친구였고, 동료였고, 학우였기도 하거든요. 그런데 자기가 다니던 대학에 가서 시위 진압을 하기도 해요.

지   시위하다가 입대를 해서 시위 진압을 하는 경우도 있겠죠.
표   그건 안 되는 거죠. 후진국 상황이라면 그럴 수 있다고 쳐도요. 선진국 진입을 선언하고 OECD 가입하고 했으면 안 되는 거죠. 그 상황은 본인이 원해서 선택해서 경찰관으로 선언을 하고, 선서를 하고, 시위의 본질과 한계, 시위대가 적이 아님을 인지할 수 있는 직업 경찰관이 해야 하는 겁니다. 그렇지 않고 집단 군중심리에 매몰되고, 전문성이 떨어지고, 그런 상태에서 젊은 혈기에 맞부딪히니까 문제가 생기는 거란 말이에요. 그러니까 자꾸 시위 현장에서 사람이 죽고, 부상이 일어나고 하는 거예요. 그나마 사회가 선진화, 민주화되었기 때문에 80년대 같은 극한 대립은 아니지만, 언제 어떻게 될지 모르는 거죠. 촛불 시위 상황도 대단히 유사했던 상황이고, 전경대원이 여대생 머리를 짓밟아서 심각한 문제가 되기도 했잖아요. 그런 일은 계속 생길 수 있단 말이에요.

지　그 여학생이 사망했다는 루머가 돌기도 했죠.
표　그랬죠.

경찰을 존중하고, 무리한 것을 요구하지 않는 영국

지　"셜록 홈스를 닮은 민완형사를 꿈꾸던 내게 '화성 연쇄살인 사건'과 경기도 부천시에서 일어난 '후기대 입시 시험지 도난 사건' 등 대형 사건을 경찰이 해결하지 못한 무능력은 '실력이 있어야 정의를 구현할 수 있다'는 숙제를 던져주었고, 범죄 수사 전문교육을 받기 위해 영국 유학길에 오르게 했다"고 하셨는데요. 영국의 수사 환경에서 가장 크게 느낀 것은 어떤 부분인가요? 논문 쓰기 위해서 영국 경찰서를 돌아다니면서 인터뷰도 하셨는데요.
표　서른다섯 군데 경찰서를 돌면서 인터뷰를 했죠.

지　현장의 시스템을 느끼고, 그분들이 하는 고민들도 느끼셨을 것 같은데요.
표　가장 큰 차이점 하나를 꼽으라면 우리는 개인에게 모든 것을 의존하는 시스템인 반면에 영국은 제도가 모든 것을 해결하고, 개인은 그 안에서 자기 역할만 하면 되는, 그게 가장 큰 차이인 것 같아요. 무슨 말이냐 하면 우리는 경찰관의 학력은 대졸 이상이라고 자랑하고 경찰관 개인한테 현장에서 알아서 해결하라고 해요. 경찰관 개인에게 모든 종류의 법부터 해서 관련된 이론들을 강의하고 가르쳐요. 그래서 경찰관 개인의 머릿속에 너무 많이 들어가 있는 거예요.

그러니까 이 사람들은 현장에서 생각도 많고, 모든 것을 자기가 책임져야 하니까 과감하지 못하고, 그러면서 그만한 학력적인 준비와 자격을 갖췄기 때문에 거기에 대한 기대 심리도 높아요. 그걸 채워주기 위한 방법은 승진밖에 없거든요. 영국은 시스템이 다 되어 있으니까 경찰관은 6법을 다 알 필요가 없어요. 교육 훈련을 받으면서 경찰 업무에 필요한 매뉴얼에 나와 있는 내용만 숙지하면 알아서 다 합법적이고 법에 부합되도록 만들어놓은 거예요. 매뉴얼대로 교육 훈련을 받고, 실습을 받으면 되는 겁니다. 그다음에 순경 시보 시절에 2년간 현장 실습을 해요. 그러면 현장에서 경험이 많은 멘토 경찰관이 시보 경찰관을 데리고 다니면서 실습을 시켜주고, 가르쳐주고, 해보라고 하고, 겪게 만드는 겁니다. 그러면서 몸에 배는 거죠. 너무 많이 공부할 필요도 없고, 생각할 필요도 없는 거예요. 그냥 가장 기본적인 룰, 매뉴얼 원칙에 따라서 규칙대로, 지시받은 대로 행동하면 되는 겁니다. 경찰의 특성상 현장에서 생길 수 있는 갈등 상황에서 꼭 필요한 고려, 판단, 이걸 하는 것을 계속 반복 학습하는 거죠. 예를 들어 노점상 단속이다 하면 과연 노점상이라는 존재가 행하고 있는 불법행위의 정도는 어느 정도이고, 과연 우리가 어느 정도의 강압력을 사용해야 할 것이며, 만약에 저항할 경우 어떻게 대응해야 할 것인가, 그 부분이 기계적으로 행해질 수 있는 것은 아니잖아요. 그때 지나치지 않으면서 무리를 야기하지 않으면서 합리적으로 이루어질 수 있는 대화 기법은 뭔가, 이런 것도 배운단 말이에요. 그게 결국은 경찰 업무에 꼭 필요한 것만을 집중해서 훈련받고, 업무 자체가 자기가 이미 교육받은 내용에 다 들어가 있고, 경험을 쌓으면서 수완과 능력이 향상되고, 그런 사람들 중에서 일선 업무보다 좀 더 높은 단위의 지휘나 기획을 하고 싶다, 거기 걸맞다고 하는 사람들은 경찰에서 마련된 교육을 이수하면서 자격을 갖춰요. 그다음에 승진에 도전하고, 이런 구조가 되어 있단 말이죠. 영국 경찰관들은 순경이 되는 평균 학력이 고졸 이상이에요. 그냥 고졸 정도의 학력을 가진 사람이 들어와서 경찰관 생활을 하면서 경찰에서 보내준 대학에서 학력도 쌓고, 경험도 쌓고, 그러면서 실력이 향상돼서 나중에 고위 경찰 간부가 되었을 때는 경찰 업무에 있어서만큼은 최고의 전문가가 되더란 말이죠. 다른 직역의 판사, 검사도 존중할 수밖에 없는. 그게 너무 부럽더란 거죠. 그런 시스템 자체, 사람을 중시하고, 사람에게 투자하지만, 사람에게 모든 것을 요구하지 않고, 모든 것을 갖추어놓은 안정된 경찰 제도가 인상적이었습니다.

우파와 좌파 범죄학, 견제와 균형의 역사

지 공부를 하시면서 우파 범죄학, 좌파 범죄학을 같이 배웠다고 하셨는데요. 어떤 차이가 있나요? 좌파 범죄학은 한국에서는 접하기 힘든 관점인 것 같은데요. 그게 지금의 활동을 하시는 데 많은 씨앗이 되지 않았나 하는 생각이 듭니다. 두 가지 범죄학을 배우면서 토론을 했던 과정이.

표 균형이라는 것이 갖춰지게 된 거죠.

지 지금 하시는 사회적 활동이 그때 고민했던 것이 거름이 된 것 같네요. 두 가지가 어떤 차이가 있나요?

표 　기본적으로 인간과 사회에 대한 관점이 다르죠. 우파 범죄학은 사회계약론에 기반을 두고 있어요. 인간은 이기적인 존재라고 봅니다. 인간은 누구나 욕구가 강하고, 이기적이기 때문에 범죄를 저지를 수 있는 존재다. 그러한 이기심과 욕구로 가득 찬 인간을 적절하게 통제해야만 한다는 거죠.

지 　거칠게 이야기하면 성악설이네요.(웃음)
표 　그렇게 해야만 범죄라는 행동으로부터 사회를 지켜낼 수 있다. 사회를 굉장히 깨지기 쉬운 존재라고 봐요. 사회가 깨지면 인간들은 모두 예전 원시시대의 만인 대 만인의 투쟁 사회로 돌아간다는 거죠. 그래서 우파 범죄학이 지향하는 바는.

지 　사회를 보호해야 될 존재로 보고, 범죄자들을 적으로 보는 건가요?
표 　범죄자를 적으로 본다기보다도 누구나 범죄를 저지를 수 있기 때문에 그런 이기적인 인간들이 범죄를 저지르지 않도록 통제 장치를 만들어야 된다는 거죠. 그 통제 장치가 독재적으로 강압하는 통제 장치를 말하는 것은 아니에요. 가정에서의 사회화, 학교의 사회화 기능, 사회적인 복지 시스템, 그리고 사법제도의 균형, 이 모든 것들을 통제 장치로 사용해야 한다는 건데요. 우파는 어쨌든 사회의 기제들을 적절히 활용을 해서 인간의 욕구와 이기심이 법을 어기고, 타인의 권리를 침해하는 방향으로 나가지 않도록 미연에 방지를 해야 된다. 방지를 하지 못했을 경우에 발생한 범죄는 효율적으로 검거하고, 엄격한 처벌을 내림으로써 범죄에 대한 욕구를 심리적으로 억제해야 된다. 이게 쉽게 말하면 우파 범죄학의 본질입니다. 어떻게 해야 효과가 있느냐, 무엇이 더 효과적이냐, 이걸 중점으로 생각하는 거죠. 좌파 범죄학은 출발이 좀 다르다는 거죠. 인간을 사회적 본성을 가진 존재로 봅니다. 그렇기 때문에 인간이 다른 동물들과는 달리 사회를 구성하고 있다고 보는 거예요. 인간은 그대로 두면 자신의 사회적 본능과 본성 때문에 남을 해치지 않고, 존중하고 배려할 거라는 겁니다. 그런데 자본주의적 모순이 경쟁을 부추기고, 탐욕스럽게 만들고, 인간성을 왜곡시켜버리기 때문에 사회적 본성이 자꾸 줄어들어가고, 없어져서 범죄를 하게 된다고 보는 거예요. 그러므로 좌파 범죄학에서의 핵심은 인간성의 왜곡을 가져오는 잘못된 자본주의적 모순을 혁파하는 것에 본질을 두고 있어요. 초기의 맑시즘적인 형태에서는 대단히 거칠게 폭력혁명을 통해서 자본주의 자체를 뒤집어엎어야만 그런 모순된 구조가 없어지고, 범죄가 사라질 거라고 보는 건데요. 그건 너무 이념적이고, 정치적이고, 범죄에 대한 본질을 모른다고 비판받아왔던 거예요. 피해자는 어떻게 되는 거냐, 원래는 사회적 본성을 가진 범죄자가 사회적 모순, 자본주의적 모순 때문에 범죄자가 될 수밖에 없었다, 그래서 그 범죄자마저도 희생자라는 좌파적 시각에서 본다면, 그들로 인해서 성폭행당하고 강도당하고 살해당한 피해자들은 뭐냐는 거죠. 피해자가 자본가들이고 지배자냐. 아니거든요. 대부분의 범죄 피해자는 약자고 민중들이란 거죠. 초기의 좌파 범죄학이 극복되면서 이후의 낙인 이론이라든지 현실주의 좌파, 이런 것들이 나온 거예요. 지금의 좌파 범죄학은 자본주의 구조를 폭력으로 무너뜨리자는 것이 아닙니다. 현 사회 체제, 현 상황을 보면서 경찰, 검찰, 법원의 사법제도가 잘못돼서 편파적으로 낙인 찍지 않고, 인권

침해하지 않고, 지나치게 경미한 범죄에 무거운 형벌을 내리지 않게 감시하고, 잘못된 사법 구조의 문제를 개선해나가자, 가급적이면 형벌을 줄여나가자, 이런 접근을 하고 있는 거죠. 그것이 범죄에 대한 올바른 대응이다, 검거나 처벌보다는 가급적이면 복지를 향상시켜서 범죄의 발생 원인 자체를 줄여나가자, 이렇게 보는 거죠. 이걸 보면 좌파나 우파나 서로 만나는 거예요. 영국에서 토니 블레어가 제3의 길을 제시했잖아요. 범죄학에서도 제3의 길이 나와요. 좌파에서도 현실주의 좌파 이론이라고 해서 범죄는 나쁘다, 범죄자는 처벌받아야 한다, 그걸 인정합니다.

지 누구나 동의할 수 있는 거잖아요.

표 그러면서 조금 더 비판적으로 국가 범죄, 화이트컬러 범죄, 가진 자들의 범죄에 집중하자, 처벌보다는 예방, 복지 등에 관심을 가지고 범죄의 발생 근원에 집중하자는 쪽으로 와요. 우파 범죄학도 마찬가지입니다. 과거 일벌백계식의 처벌 중심의 범죄 통제보다는 범죄 발생 원인에 좀 더 관심을 가지고 사회 통제를 좀 더 촘촘하게 하고, 비공식적이면서 억압적이지 않게 될 수 있도록 노력하자. 결국 중요 관점과 출발점을 어디에 두고 있느냐의 차이가 있을 뿐이지, 지금의 범죄학은 좌우파가 범죄의 문제는 함께 해결해야 한다는 것, 피해자를 중시하고 원인에 초점을 맞추고 발생한 범죄에 대해서는 효과적으로 검거를 하고 적절한 형벌을 내리자, 이 부분에 대해 동의가 이루어져 있어요.

지 경제민주화 이야기하면서 좌든 우든 복지는 해야 된다고 하면서 선별적 복지를 할 거냐, 보편적 복지를 할 거냐는 논쟁하고 비슷한 거네요.

표 수렴되는 거죠. 다만 결과만 보고 좌우는 없네, 이건 아니라는 겁니다. 어떻게 해서 여기까지 왔는가. 양자가 서로 여전히 긴장과 균형 상태에 있는 거예요. 서로 견제를 하고. '우파 범죄학, 웃기지 마, 너희들은 언제든지 정치권력에 이용당할 수 있어', 로 앤 오더 폴리틱스(law and order politics, 법질서 정치)라고 하잖아요. 우리가 공안 정국 이야기하는 것처럼 좌파 범죄학은 그걸 경계하는 거예요. '너희들이 지금 범죄에 대한 통제 주장하면서 은근슬쩍 사회를 얼어붙게 만들고, 범죄를 통제하는 것이 아니라 사회를 통제하려고 하고 있어', 이게 좌파 범죄학이 우파 범죄학을 감시하면서 하는 이야기고요. 우파 범죄학은 좌파 범죄학을 보고 '너희는 너무 낭만적이야, 범죄자를 왜 두둔하고 동정하니. 왜 사회 탓을 해', 이런 거거든요. 그게 건전한 균형이고, 경쟁이고, 비판인 거죠. 좌우파 범죄학이 함께 있어야만 지나치게 통제 일변도, 처벌 일변도의 우파 범죄학 독재가 일어나지 않도록 막을 수 있는 거예요. 반대로 우파 범죄학이 건전하게 살아 있어야 좌파 범죄학이 비현실적으로, 너무 낭만적으로 범죄자에게 동정을 주고, 미약한 처벌을 하는 문제를 미연에 방지할 수 있는 거죠.

한국에는 좌파 범죄학이 없다

지 영화〈오늘〉을 보면 쉬운 용서가 옳은 거냐는 질문을 하거든요. 쉽게 용서 받은 범죄자가 다시 범죄를 저질렀을 때 어떻게 할 거냐.

말씀대로 서로 견제하고 균형을 잡고, 그러면서 인정하고 토론하면서 발전해나가야 될 텐데요. 범죄 예방을 이야기할 때 셉테드CPTED인가요? 환경하고 범죄가 굉장히 관련이 있다는 건데요. 편의점에서 카운터 위치만 잘 보이는 곳으로 바꾸면 범죄율이 줄어들더라, 이런 연구 결과도 나오는 것 같은데요. 깨진 유리창 이론과 같은 거 아닌가요?

표 깨진 유리창 이론에서 셉테드로 연결돼 있죠.

지 연결돼서 발전한 건가요?

표 연원을 따로 가지고 있긴 하지만, 나중에 만나는 거죠. 우파 범죄학의 가장 최근의 모습입니다. 그게 참 아쉬운 것이 우파 범죄학이 자신 있게 범죄 문제, 현실에 집중하고, 효율적인 현실적 대안을 찾기 위해서 골몰할 수 있는 것은 좌파 범죄학이 알아서 지나치지 않도록 견제해주기 때문이거든요. 우리나라에서는 그게 실종돼 있어요. 좌파 범죄학이라는 게 아예 없습니다.

지 좌파 하면 그냥 빨갱이죠.(웃음)

표 그래서 누구도 이야기를 못해요. 유일하게 한양대학교 심영희라는 교수님이 계세요. 그분이 사회학자인데 초기에 비판 범죄학이라는 책도 내시면서 비판이라는 말을 쓰는 거죠. 사실 좌파 범죄학 중에 미국 쪽에서는 크리티컬 크리미널러지critical criminology라고 비판 범죄학이라는 이름을 써요. 좌파라는 색깔을 감추기 위한 거죠. 그래서 심영희 교수님이 유일하게 그런 책을 쓰셨지만, 여전히 적극적으로 활동한다든지, 좌파 범죄학이 한국 내에서 소리를 내고 범죄 정책

수립에 반영이 된다든지, 이렇게까지는 안 됐었던 거죠. 균형이 없는 상태에서 그동안은 범죄는 무조건 때려잡으면 좋은 것, 무조건 강하게 하면 좋다고 생각한 건데요. 그런데 실제로 보니까 그런 것만은 아니네, 이렇게 된 거죠.

유학 생활을 통해 알을 깨고 나가다

지   유학 과정에서 개인적으로 가장 크게 얻은 것은 뭐라고 생각하세요?

표   알을 깬다는 느낌이죠. 헤르만 헤세의 《데미안》에 나오는 이야기, 뭔가 새롭게 얻은 것도 많은데요. 가장 크게 얻은 것이라면 제가 저의 한계로부터 벗어날 수 있는 그런 시각, 능력, 이런 것을 얻었다고 할까요? 그 전까지는 내가 어디에 속해 있냐에 따라 자동적으로 답이 나왔었거든요. 나는 경찰이니까 무조건 경찰에 유리하게 말하고 행동해야지, 나는 남한 사람이니까 무조건 남한에 유리한 관점에서 해야지, 나는 한국 사람이니까 일본은 무조건 나쁘고 한국은 옳은 거지, 이런 게 맞다고 생각했어요.

지   거칠게 보면 조직 논리네요.

표   그렇죠. 다만 그런 대전제 하에서 개인적인 고민과 갈등, '과연 이게 옳은 거야? 다른 쪽의 관점도 있는데', 이런 의문들을 많이 가지면서도 결국 제가 가져야 할 최종적인 결론은 그런 것이어야 한다고 생각했죠. 왜냐하면 그렇게 교육받아왔으니까요. 영국에서 제가 얻은 것은, 흔히 진영 논리라는 말도 쓰지만, 내가 어디에 속해 있느냐와 상관없이, 또는 그 반대에 있는 주장과 시각들을 충분히 포용하고 포섭할 수 있고, 그것을 비교하고 견주어보면서 정반합의 변증법적인 발전을 해나갈 수 있는 시각을 갖췄다고 할까요? 그래서 예를 들자면 그런 요소죠. 동성애라는 부분도, 과거에 영국 가기 전에는 무조건 나쁜 것 아냐, 이거였는데요. 왜 인간이 신의 섭리에 어긋나게 동성애를 해, 그건 병이고 벌하든 치료라도 해야지, 이런 것이었죠. 그런데 영국에 가서 '왜 그런데?'라는 질문을 받게 된 건데요. '왜 그럴까?'

지 그런 사람들이 많이 보이기도 했을 거구요.(웃음)

표 그런 사람들이 자신 있게 활동하는 것을 보면서 다양성이란 것, 그리고 나와 다른 존재를 인정하는 것, 존중하는 것, 차이를 인정하되 차별은 금지하는 것, 이런 원칙들에 대해서 깨닫게 된 거죠. 그래서 나와 다르거나 나와 반대편의 입장에 있는 사람들, 공산주의가 무조건 나쁜가, 나쁜 건 아니란 말이에요. 이념이 다를 뿐이죠. 다만 자본주의가 부패하고, 모순에 빠져서 일어난 폐해도 심각하지만, 공산주의가 왜곡돼서 사람의 생명을 해치고, 폭압하고, 독재하고, 그런 것도 나쁜 거거든요. 그게 나쁜 것이지, 이념에 있어서는 공산주의 이념이 이런 것이다, 그 이상을 지향하는 것은 인간이 충분히 할 수 있다, 그걸 포용할 수 있게 된 거죠. 그런 부분들이 영국에서 제가 얻은 제일 큰 것이 아닌가 하는 생각이 들어요. 물론 여전히 때로, 또는 깊은 생각 없이 그저 내가 속해 있는 곳, 또는 조직이나 진영, 이런 곳에 일단 먼저 마음이 가면서 '이게 옳은 것이지'라고 내뱉거나 생각하는 일들이 있죠. 그런데 조금 있다가 다른 반론을 들으면서 그게 아니었구나, 했을 때 쉽게 인정을 합니다. 트위터 같은 데서도 그러는데요. 내가 잘못했다, 잘못 판단했다, 인간은 그럴 수 있다는 거죠. 그럴 수 있다는 것을 깨달은 것이고, 가급적이면 제가 편협하지 않도록 내가 속한 곳, 나의 정체성에서 오는 한계 속에 머물지 않으려고 하고, 그것을 벗어나려고 노력하는 태도, 이런 것들을 얻은 게 제일 컸던 것 같아요.

한국에서의 적응과 가교 역할에서 얻은 보람

지　그런데 보면 그렇게 한 경찰관들이 없기 때문에 한국에 오셨을 때 괴리감을 많이 느끼셨을 것 같은데요. 영국에서 배운 것과 현장에서의 괴리감도 있었을 거예요. 조직에서도 '박사가 왔는데, 무슨 역할을 줘야 하지?' 하는 고민도 있었을 것 같습니다. 부리는 사람 입장에서도 불편했을 것 같아요. 어떻게 써야 될지 자기들도 배운 적이 없고, 어떻게 해본 적이 없으니까 양측 다 곤혹스러웠을 텐데요. 그런 경험들을 하면서 생각들이 많으셨을 것 같은데요.

표　많이 힘들었죠. 그러면서도 어차피 제가 겪고, 소화해나가야 될 문제라고 생각했어요. 저도 유학 가기 전에는 저들과 비슷한 생각들을 가지고 있었던 측면이 있어요. 천천히, 제가 경찰 조직의 생리, 관행, 문화, 그분들의 인식을 잘 아니까 그 눈높이에 맞춰서 조금씩 바꿔나가자는 생각으로 적응을 위한 노력들을 많이 했죠. 그럼에도 불구하고 쉽지는 않았어요. 경찰청에 있을 때 많은 부딪힘이 있었습니다. 물론 영국 가기 전에도 부딪힘이 많았지만요.

지 일도 많으셨다고요.
표 일도 너무 많았어요. 일이 많은 것뿐만 아니라 그 일을 하는 과정에서의 심리 상태도 강압적으로, 노예적으로 시키는 대로만 해야 하다 보니까.

지 정확하게 이 일이 조직이 원하고, 보탬이 된다는 것을 느꼈으면 몸은 힘들어도 괜찮았을 텐데, 윗분들이 그냥 나한테 영국에 갔다 왔다고 하니까 도식적으로 일을 시키고 그래서 '이 일은 내가 왜 해야 되나' 하는 갈등이 있으셨던 것 같아요.
표 '이 일을 내가 왜 해야 되나, 이게 정말 필요한 일인가, 이게 핵심이나 본질은 아닌데', 이런 것들이 있잖아요. 이렇게 해준다고 해서 저 사람들이 이걸 가지고 뭘 할 수 있나 하는 의문이 생기고, 반발감이 생기니까 일 자체가 기쁘질 않았죠. 그리고 계속 그런 불편한 심리 상태에 있다 보니까 스트레스가 많이 쌓이고, 그게 결국은 불면증을 가져오고, 잠을 못자겠더라고요. 정말 불면증의 고통은 겪어보지 않은 사람은 몰라요.

지 진짜 물에 젖은 솜처럼 피곤한데.
표 피곤한데 밤새도록 눈은 말똥말똥 머리는 또렷하고, 그러면서 시간이 가는 게 두렵잖아요. 잘 시간이 얼마 안 남았네, 안 남았네, 하다가 나중에 포기 상태가 되는 거죠. 조금 있다가 가야지 하다가 일어나서 세수하고, 멍한 상태에서 지냈는데요. 며칠간 지속되니까 이러다 죽겠구나 하는 생각도 들어요. 어느 날 갑자기 코피가 터져 흐르더라고요. 그런 과정에서 한번은 해당된 경무관, 별 하나짜리, 스타거든요. 저는 소위 계급 같은 경위였어요. 회의를 하고 있는데, 하도 화가 나서 일어나서 쓰레기통을 걷어차 버렸어요. 경무관, 총경들이 앉아 있는데 저는 맨 말석인 경우거든요. 그러니 모두가 병 쪘죠. 밖으로 나갔다가 들어왔는데요. 그래도 그걸 어떻게 못하는 거죠. 워낙 혹사시켰고, 가혹하게 했던 상황이었고, 그럴 정도 분위기였어요. 도저히 안 되겠다, 그러던 참에 경찰대학 채용 공고가 나서 도망을 왔죠. 학생들 가르치는 것도 있었지만, 경찰관 교육도 많았어요. 그 당시가 1999년이었으니까 국가인권위원회가 생기고, 부패방지위원회가 생기고, 사회적 변혁이 일어날 때였어요. 김대중 대통령이 민주화의 바람을 불어넣었을 때였거든요. 저한테 일이 엄청나게 많았어요. 그 분야의 전문가가 없었고, 범죄학적 배경을 가진 부패방지 전문가도 없었죠. 인권 문제를 정치학적으로 이야기하는 분들은 많았지만, 경찰과 관련된 실무에서는 아무도 없었습니다. 제가 거의 유일하다 보니까 그 당시 학회 가서 발표할 것도 쌓여 있었기 때문에 계속 가서 도와드려야 되고, 국가인권위원회와 부패방지위원회의 설립 과정에서 관여를 했죠. 여성부도 마찬가지고. 그런 역할들을 해나가면서 특히 부패 방지, 인권, 가정폭력, 이 부분에 대해서 경찰 교육을 해야 되는데, 그 당시 경찰 교육을 맡았던 분들이 인권 단체, 여성 단체, 이런 분들이에요. 그분들이 경찰관 교육 못하겠다고 두 손, 두 발 다 드는 겁니다. 반발에, 반론에.

지 엄청나게 자존심 강한 분들이잖아요. '누굴 가르치려고 그래?'했겠죠(웃음).

표   그래서 저한테 부탁을 하기에 제가 가서 경찰관의 인식과 문화와 관행에 맞춰서 인권 문제에 대해 이야기하기 시작했죠. 역지사지, 경찰관이 이랬으면 어떻게 하겠습니까. 그게 상당히 호응을 받았어요. 그렇게 연착륙을 했죠. 경찰관 분들은 저를 동료로 생각하고, 인권 단체, 여성 단체, 시민 단체 분들도 저를 조력자나 공감하는 사람으로 봐주시고, 가교 역할을 하면서 거기서 많은 자부심을 느꼈죠. 인권, 약자의 권리, 가정폭력, 성폭력, 경찰관들의 심리는 누구보다 잘 아니까, 누구나 경찰관이 약자를 보호하고 정의를 구현하는 사람이고 싶지, 경찰관 중에서 약자를 괴롭히고, 억압하고, 불의한 사람이고 싶은 사람은 없어요. 이것이 실제로 우리가 가정폭력이나 여성 관련, 아동 관련 범죄에 있어서 경찰이 충분한 정의의 수호자가 못되고 있다, 이런 접근이 먹혀들어간 거죠. 그런 부분들이 좋았고, 다만 그게 너무 수요가 많아지니까 제가 다 감당 못하고, 이런 부분들이 있었어요. 경찰뿐만 아니라 각종 정부 단체, 정부 기관, 지방자치단체에서도 계속 강의 요청을 해오고, 그러다 보니까 언론, 방송 쪽도 많이 나갔고, 범죄 분석이나 이쪽도 그렇고, 엄청나게 바빴죠.

고전에서 얻는 간접 경험과 감수성

지   본인의 전문적인 영역이 있으면서 다른 분야 사람들과 협업을 많이 하다 보니 균형 잡힌 관점들이 많이 생긴 것 같네요. 신창원 씨도 혼자 많이 고민을 했을 테니까 두 분이 작업을 하시면 굉장히 재미있는 책이 나오지 않을까 싶습니다. 그분은 범죄자 입장에서 생각을 많이 하셨을 테니까, 아무리 교수님이 공감을 하신다고 해도 범죄 당사자는 아니기도 해요. 주변의 범죄자들을 많이 관찰했을 테니까 그 범죄자들의 심리도 잘 알 테니까 협업을 하면 재밌는 결과물이 나올 것 같습니다.

표   그러게요.

지   책을 많이 읽으면서 공감 능력을 많이 키우신 것 같은데요. 특히 도스토예프스키의 《죄와 벌》이 범죄심리학적 측면에서 볼 때 고전적인 책이라고 하셨잖아요. 셜록 홈스도 좋아하시고, 문학작품을 보면서 범죄나 정의에 대한 감수성을 많이 키우신 것 같은데요.

표   범죄심리학이 사회과학이에요. 실험과 통계 등의 방법을 이용해서 사람의 행태, 행동, 동기, 욕구, 이런 것들을 연구하죠. 그런데 인간이란 존재가 그런 과학의 방법과 잣대만으로 이해되는 것은 아니거든요. 그러다 보니까 인문학에 상당한 의존을 할 수밖에 없어요. 제가 볼 때는 그래요. 특히 그런 고전 작품들은 한 인간에 대한 사회과학적인 탐구가 아니라 동시대의 사회 현상과 그 시대를 살아가는 인간 군상에 대한 작가의 치밀한 조사와 공감과 경험, 이런 것들이 모두 녹아 들어가 있거든요. 그렇기 때문에 그런 고전 작품 속에 묘사된 인간의 행동, 생각, 심리, 욕구, 동기, 이런 것들은 상당히 의미가 있죠. 그래서 일단 그런 인간을 이해한다는 차원, 제 직업적 차원에서도 고전은 많은 도움을 주고 있어요. 그다음에 말씀하신 것처럼 감수성이란 부분, 결국은 범죄 문제도 인간을 대상으로 하기 때문에 인간에 대해 내가 경험해보지 못한 것을 경험하게 해주는 거죠. 내가 살아온 삶이 60억 인구 중에 한 삶밖에 안 되잖아요. 주변에서 봤다고 하더라도 수십 명 이상의 삶을 구체적으로 들여다볼 순 없다고요. 결국 범죄를 통해서 맞닥뜨린 범죄자, 피해자, 목격자, 관계자, 참고인, 이런 사람들 중에 제가 직간접 경험을 통해서 접해 봤을 수 있는 숫자는 극히 한정된 거죠. 그러다 보면 아무래도 인간의 보편성, 본능적인 모습들, 그리고 각각의 상황에 처해 있을 때의 모습은 더욱 보기 힘듭니다. 범죄라는 것이 일상적인 상황에서는 거의 안 생기니까, 극적인 위기, 압박, 스트레스, 이런 상황에 처해 있을 때의 인간의 행동, 사고, 이런 것들은 고전 작품 속에서 감성을 많이 얻었죠. 그다음에 다른 사람을 이해하고 공감하는 능력, 그런 부분들도 역시 독서를 통해 고전을 통해서 많이 얻었습니다. 어떻게 살아야 될 것인가의 문제, 삶에 있어서 내가 취해야 될 원칙, 결코 타협의 대상이 아닌 기준, 가치, 이것은 무엇인가, 어느 정도 타협할 수 있는 것은 어떤 것이고, 쉽게 버릴 수 있는 것은 어떤 것인가 하는 것을 습득하는 데 있어서 위대한 작가들이 평생 걸쳐서 써낸 역작들, 고전들이 많은 도움을 줬습니다.

지 지난해에 대선으로 인해서 사람들이 멘붕이 되어 있을 때 프리허그도 하시면서 위로를 해주기도 하셨어요. 영화 〈레미제라블〉도 그런 역할을 했던 것 같습니다. 그래서 단체 관람도 하셨잖아요. 인터뷰 보니까 형사인 자베르적 관점에서 많이 보게 되더라고 하셨는데요.

표 장 발장적 관점도 많이 봐요.(웃음) 어린 시절의 모습은 장 발장적인 모습도 많았었기 때문에. 가장 중심적인 인물을 꼽자면 자베르가 되겠죠.

지　그가 가진 고뇌가.
표　너무 공감이 되는 거죠. 똑같진 않지만 유사한 형태의 고뇌를 많이 가져봤기 때문에.

지　자기 입장에서는 분명히 나쁜 놈인데, 자기를 구해준 장 발장을 보면서 저 사람을 잡는 게 옳은 거냐, 풀어주는 것은 직무상 옳지 않으니까 결국 자살을 하게 되잖아요. 영화 끝나고 다른 사람들하고 이야기를 하셨을 텐데, 다른 사람들과는 시각이 조금 다르셨을 것 같은데요.(웃음)
표　그렇죠. 저는 법 집행자의 고뇌라는 관점에서 많이 보다 보니까. 다른 분들은 전혀 그런 관점에서 접근하지 않거든요.

지　누굴 잡아야겠다는 생각은 별로 안 하잖아요.(웃음)
표　자베르에 대해서는 굉장히 단선적인 인상들을 가지고 계시더라고요.

지　심하게 이야기하면 로봇처럼 생각할 수도 있잖아요.
표　그렇죠. 감정 없는. 저는 자베르에게서 엄청나게 많은 감정적 굴곡을 봤거든요.

지　공감이라는 것이 이해를 바탕으로 하는 거잖아요. 자베르적인 입장에서 고민을 해본 적이 없을 테니까요. 시민과 경찰이 공감을 하려면 서로의 입장을 이해해야 되는 걸 텐데요. 그래서 영화를 통해서 이런 저런 이야기를 하는 것이 중요한 것 같습니다.

표 그럼요. 예를 들어서 학생운동들을 했던 분들은 어쨌든 〈레미제라블〉에서 혁명군 쪽에 감정이입을 많이 했겠죠. 저는 시위 과정에서도 그분들을 이해하려고 많은 노력을 했어요. 그 친구들하고 이야기를 많이 해봤기 때문에 그 분위기, 혁명군끼리의 '사랑이냐, 혁명이냐, 선택을 해라', 이런 것도 공감하려고 노력을 하지만, 여전히 저는 외부자로서 바라보는 한계가 있을 거예요. 그래서 자꾸 눈길을 자베르에게 주는 거죠. 어떤 분들은 코제트한테 감정이입을 하던데요. 보는 분들마다의 경험의 차이에 따른 다른 관점이 있다는 것을 알고, 그것을 접해보는 것은 의미가 있죠.

왜 전두환에게 나랏돈을 찾지 못하는가?

지 "대한민국이 법 앞의 평등, 법과 원칙이 지켜지는 사회, 정의로운 사회인지 알아볼 수 있는 가장 기본적이고 단순한 기준은 기네스북에 등재될 정도로 형집행정지 결정을 무한 반복해서 받고 있는 범죄자 전경환이 제자리인 교도소로 돌아가는지, 그리고 국가에 되돌려줘야 할 1,000억 원이 넘는 돈을 내지 않은 채 사치 호화 생활 및 정치와 사회 유린 행위를 하고 있는 전두환에게서 나랏돈을 되찾아오는지 여부일 것이다"는 글을 쓰셨는데요. 3개월간의 형집행정지 결정이 내렸는데, 이게 3년이 지났는데도 계속 갱신을 해주고 있다고 하셨는데, 이게 왜 문제가 안 되나요?

표　글쎄요. 왜 문제가 안 되죠?(웃음) 제가 글을 썼는데도 반응이 전혀 없어요. 여전히 지금 현재 5공이죠. 현실적으로. 그런 의심이 들어요.

지　워낙 절대 악이라고 생각해서인지 이런 사소한 일에는 관심이 없는 건가요? 분노도 하고, 왜 그러냐고 항의도 해야 할 텐데요. 추징금을 받아내기도 어려울 것 같아요. 노태우 대통령이 물러난 이후부터라고 봐야 하나요?

표　1994년 당시 김영삼 대통령 시절의 대법원 판결 그 이후로 봐야죠. 그러면 20년인데, 제 의심이죠. 그게 뭐냐 하면 1,000억의 돈 중에 상당수가 인터넷 등에서 전두환을 지지하고 응원하는 집단이나 개인들에게 공급되고 있는 것은 아닌가. 운영 비용이 상당히 소요될 극우적 사이트나 매체들이 별 수익 모델 없이 수많은 네티즌을 끌어 모으며 활동하고 있고 그곳에 거의 직업적으로 전두환이나 5공을 지지하는 글들을 올리는 사람들이 있다는 정황이 제기될 정도니까요.

지　한국에서 글 써서 먹고 사는 것이 힘들거든요. 그런데 그 사람들은 그걸로 어떻게 사는 것 같은데, 그런 의심도 해볼 수 있겠네요.

표　백수로 나와서 JTBC 방송 그만두고 나니까 글 써서 먹고 살아야 되는데요. 아시다시피 글 값이라는 것이 생계유지될 정도가 아니잖아요. 버젓이 아무런 직업도 없이 그냥 쓰레기 같은 말과 글만 내뱉고 사는 사람들이 버젓이 살고 있단 말이에요.

지　교수님이나 저나 독자가 어느 정도는 있는데, 그런데도 불구하

고 힘든데 말이죠.(웃음)

표 김대중 대통령의 아쉬운 점이 지역감정 해소, 국민 대통합, 명분은 좋지만, 그렇게 사면을 할 거면 추징금이라도 완전히 환수한 이후에 사면을 해줬어야죠. 무기징역형이 집행된 상태에서 전제조건으로 모든 추징금을 완납하게 되면 사면해주겠다, 이렇게 했었어야 한다고 봐요.

지 어떤 면에서는 대단히 오만했다고 생각하거든요. 김대중 대통령이 용서할 자격이 있나, 광주에 있던 사람들이 사과도 받기 전에 자기가 그 사람들의 마음을 받아서 대통령이 됐다고 해서 그럴 자격이 있나? 오히려 그렇기 때문에 그분들의 한을 풀어줄 필요가 있거든요. 정치 보복이 아니라 역사 바로 세우기일 수도 있어요. 착한 남자 콤플렉스도 아니고, 너무 나이브하지 않았나 싶습니다.

표 결국 DJ도 전두환의 돈으로부터 자유롭지 못하다는 이야기들이 있었죠.

지 저쪽 하고 비교하면 새 발의 피일 거고, 대통령이 됐을 때 충분히 딜을 할 수 있는 거잖아요.

표 그러니까 전두환과 그 일당들은 자신들이 잘못한 것을 받아들이지 않고 있는 거죠. 여전히 지금도 5.18은 북한 게릴라가 행한 폭동이라고 퍼뜨리고 다니고 있거든요. 너무나 잘못된 거죠.

지 주폭 이야기가 나오긴 했지만, MB 정권에서 대대적으로 주폭 단속을 해서 실적도 많이 올렸는데요. 감정적으로는 주폭 피해자가 있으니까 해결해야 된다고는 생각하는데요. 방식이 너무 처벌 위주의 방식이었다는 생각이 듭니다. 근본적인 해결이 아닌 것이 술 먹고 사고 치는 것을 처벌하고 나면 또 나가서 소소한 사건들을 계속 저지르는 건데요. 지난 정권에서는 매우 자랑스러운 업적으로 내세웠던 것 같은데요. 그것도 일종의 전시 행정이라고 볼 수 있지 않을까요?

표 그렇죠.

3

연쇄살인의 사회적 배경
_ 원혼을 위로하지 않는 국가의 비극

연쇄살인범은 어떻게 탄생하는가?

지 요즘 〈한겨레신문〉에 연재하는 '표창원의 죄와 벌'이 굉장히 재미있던데요. 연쇄살인범은 공통적인 특징 같은 것들이 있다고 봐야 하나요?

표 있죠. 다양하기는 한데요. 가장 큰 공통된 특징은 불행한 유년기를 보냈다는 것. 정두영 같은 경우는 두 번이나 고아원에 버려졌어요. 유영철은 아버지가 두 집 살림을 하면서 음주 폭행 등의 학대받는 아동기를 보냈고, 정남규는 어렸을 때 이웃집 아저씨에게 남자인데도 성폭행을 당했습니다. 그런데 문제는 그런 불행한 어린 시절을 보내면 다 연쇄살인범이 되느냐. 그건 아니란 말이에요. 그런 불행한 학대와 불운한 어린 시절을 보냈으면서도 본인이 극복을 하고, 훌륭한 사회인으로 성장한 사람도 꽤 많아요. 반대로 극복을 못한다고 해도 스스로가 견디지 못해서 자살을 하거나, 우울증에 걸린 사람들도 있어요. 그들 중 일부가 이런 식의 사회에 대한 분노와 반감을 범죄로 표출하는 거죠. 거기에는 그렇기 때문에 공통적 요소는 있으되, 그 자체가 필요충분조건은 아니라는 거죠. 거기에 덧붙여져서 각자가 자기에게 일어나는 일들을 어떻게 해석하느냐, 어떻게 반응하느냐, 그를 둘러싼 주변 사람들이 그에게 어떤 영향을 미치느냐, 이런 모든 것들이 작용을 하는 거죠.

지 중학생 때인가 친하게 지냈던 친구가 나중에 알고 보니 강간 살인범으로 사형당했다고 하셨잖아요. 그런 걸 보면서 어쩌면 나도 유년 시절을 잘못 보냈으면 그렇게 될 수 있었겠다는 생각을 하셨나요?
표 그렇죠. 누구나 그렇게 될 수 있는 거죠. 그 당시 그 친구가 남들과 달리 잔인하거나 범죄의 여지가 보였다든가, 그렇지는 않거든요. 다만 좀 터프하고 분노가 많았고, 거칠게 살아왔고, 이런 요소가 있었던 건데요. 그 이후에 서로 삶의 궤적이 달라진 거죠.

지 어떻게 보면 그런 일들을 주변에서 많이 겪으셨던 것 같아요. 젊었을 때 같이 남이섬에 놀러갔는데, 친구 분하고 커플이 됐던 여자분이 나중에 유괴 살인을 했던 일도 있으셨잖아요. 그분은 전혀 폭력적으로 보이진 않았는데, 거짓말을 하다가 그게 감당할 수 없을 정도가 돼서 그런 범죄를 저질렀다는 건데요.
표 사실 범죄자들은 우리 주변에 늘 있어요. 때로는 상황, 여건, 본인의 잘못된 선택, 충동, 여러 가지가 원인이 되기는 하겠지만, 범죄자가 나와 상관없는 어딘가 멀리 떨어져 있는 괴물은 아니라는 거죠. 다만 제 주변에 그런 친구들이 다른 일반적인 사람들보다 많았던 겁니다. 혹은 남들은 그랬다는 것조차 모르고 살아가지만 저는 알고 있는 거죠. 예를 들어 저와 같은 중학교를 다닌 친구들 중에서도 그 친구가 그런 범죄를 저지르고 사형당했다는 것을 아는 사람이 없거든요.

지 아무래도 직업적으로 알 수 있을 확률이 높은 것일 수도 있겠네요.

표 관심이 거기 있으니까요. 신문을 보더라도 늘 사건, 사고를 보는 거예요. 그 친구 이야기도 아주 작은 단신으로 나왔어요. 사건 자체는 보도도 안 됐기 때문에 저는 몰랐고, 사형당했다는 사실만 단신으로 나온 거죠. 많은 분들에게 범죄가 자기한테 닥치지 않은 이상 남의 일이라고 생각하시겠지만, 실제 그렇지 않다. 늘 주변에 머물러 있고, 그중에서 범죄자가 되기도 하고, 피해자가 되기도 하는 거죠. 그러다가 자기 자녀가 범죄자가 되거나 피해자가 되거나 하면 '어떻게 이런 일이!' 하면서 깜짝 놀라거든요. 그래서 우리 모두가 범죄에 대해서 관심을 가져야 한다고 생각합니다.

지 이상 성격을 드러내는 사람들도 있잖아요. 강력범죄자에게 이상 성격을 가리는 심리검사 실시가 필요하다고 하셨는데요.

표 요즘은 설문지 형태의 심리검사를 많이 실시해요. 과거에 비해서는 분명히 나아졌는데요. 설문지 형태의 심리검사의 한계가 분명히 있기 때문에 좀 더 많은 전문가를 양성해서 심층 인터뷰 형태로, 행적 조사를 포함한 다양한 조사를 통해서 전반적인 인성 평가를 해야 합니다. 지은 죄는 객관적으로 크지 않을지는 몰라도, 그의 범죄의도, 이상 성격이 앞으로 문제를 일으킬 수 있다면 반드시 치료 교육 등을 실시해야 된다는 겁니다. 특히 청소년 범죄의 경우 나중에 커서 흉악한 범죄자가 되지 않도록 해야겠죠.

지 폭력적인 성향이 좀 더 있을 수 있는 사람은 있다, 하지만 괴물은 아니라는 거죠.

표 아주 극히 일부는 선천적으로 그럴 수가 있어요. 세로토닌 분비 체계에 이상이 있는 사람들이 있고, 대뇌 전전두엽에 이상이 있는 사람들도 있지만, 그건 극히 일부분이에요. 그런 사람들은 오히려 일찍부터 포착이 되고, 알려지기 때문에 예측 가능하잖아요. 그래서 오히려 큰 문제는 아닙니다. 그것보다는 후천적인 문제가 더 심각한 거죠. 남들보다 더 폭력적이라는 것은 날 때부터 그런 것이 아니라 유아 아동기에 겪은 경험이 그렇게 만드는 거거든요. 분노를 통해, 폭력의 학습을 통해. 그런 부분들을 우리가 막으려면 가정에 대한 관심, 가정폭력, 아동 학대를 막는 제도, 피해 아동을 보호하고, 모든 아동이 부모의 경제적 지위나 특성과 상관없이 기본적인 관심과 애정과 보호를 받을 수 있도록 하는 아동 중심의 법과 제도가 필요하다는 거죠. 아직까지는 우리가 어린이는 부모의 소유물이라고 잘못 생각하고 있습니다. 그것도 사회가 인정을 해주고 있어요. 학대 아동에 대해서도 심각하게 드러나는 육체적 폭력이 아닌 한 아동 보호, 격리를 못하고 있어요. 학대 아동의 부모, 학대자에 대해서 본인 의사에 반해서 문제에 대한 진단과 교육, 치료를 못하고 있잖아요. 이런 것들이 바뀌지 않는 한, 그중에 일부는 계속적으로 자기가 받은 폭력을 똑같이 다른 사람들에게 행사하고, 그게 증폭, 악화되면서 연쇄살인 등의 흉악, 강력한 범죄자가 되는 거죠.

대문을 열지 못하는 한국 경찰

지   어린 시절 겪었던 경험들이 크게 작용한다고 말씀하셨는데요. 한국 사회가 아동 폭력이나 가정폭력 같은 것을 집안 문제라고 여기는 경우가 많은데요. 그래서 경찰이 개입하기 힘든 경우가 많아요. 심지어 신고한 사람에게 "이 아줌마가 덜 맞았구나" 하고 이야기한 경찰도 있었다고 해요. 오원춘 사건 때 신고를 받은 경찰관이 '부부싸움인가보다'라고 생각했다지 않습니까? 집안일에 개입을 하면 곤란해질 것이라는 인식도 문제인 것 같거든요. 법이나 제도도 마련돼 있지 않은 것 같아요.

표   그렇죠. 가장 큰 문제죠. 법, 제도, 인식, 관행, 문화, 이런 것이 맞물려 들어가니까 어느 것 하나만의 문제라고 볼 수 없어요. 제가 늘 그런 문제를 제기해왔어요. 경찰관 입장에서도 곤란한 점이 있을 수 있거든요. 신고받고 출동했는데 문을 안 열어준다, 외국에서는 어떻게 하나. 제가 가서 물어봤어요. 캐나다, 호주, 영국, 미국 다 가서 물어봤는데, 똑같은 답을 하는 겁니다. 폭력 신고를 받고 출동했는데 문을 안 열어준다, 예외 없이 "1초도 기다리지 않고, 문을 부수고 들어간다"고 답을 해요. "만약 들어갔을 때, 허위 신고이거나 오인 신고면 어떻게 합니까?"라고 하니까 "쏘리"라고 답을 한대요.(웃음)

지   하하하.

표   "그러면 돼요?" 하니까 "우리는 그다음엔 몰라요. 시에서 보상해줍니다"라고 합니다. '일반 시민에게 그런 폭력 신고를 받았을 때 경찰은 법 집행에 대해서 수행 의무가 있다. 데미지에 대해서는 손실보상을 하지만, 고의나 과실로 나쁘게 들어간 것이 아닌 한 법의 보호 하에 있다'는 건데요. 우리는 그렇지 않단 말이죠. 신고받고 갔을 때 문을 부수질 못합니다. '열어주세요' 하고 기다려야죠. 부수고 들어가면 경찰관에게 책임을 묻게 돼요. 손실보상 제도가 마련돼 있지 않으니까 경찰관이 형사·민사상의 소송을 당해요. 그러니까 안 들어가는 거예요. 가서 조사를 하고 입건을 하려고 하면 나중에 피해자가 '신고하지 않을래요'라고 말을 바꾸거나 폭력이 없었다고 하기도 합니다. 이런 것들 때문에 경찰이 지레 소극적으로 되는데요. 이제 바뀌었어요. 국정원 사건도 그런데요. 손실보상 제도도 마련됐고, 경찰관직무집행법이 완비되지는 않았지만, 가정폭력방지법상 경찰의 긴급 조치가 가능합니다.

지   그럴 경우 손실보상을 요즘은 해주나요?
표   예. 그런데도 여전히 귀찮고, 이후에 소명해야 되고, 아직 완비가 되진 않았죠.

지   제도는 마련돼 있지만, 운영하는 데 있어서 여러 가지 인식이나 이런 문제가 있는 거네요.
표   사법부의 판단도 문제예요. 민원이 제기되고, 경찰관의 법 집행에 대해서 불만이 제기되면, 판사들에게는 여전히 과거의 권위적인 경찰에 대한 인식이 남아 있어서 경찰관 개인의 패소율이 높아요.

그러니까 경찰관들이 한 건만 판례가 나와도 '거봐, 저렇게 될 수 있어. 내가 뭐 하러 굳이 나서? 대강 소극적으로 대응하면 별 일 없이 넘어갈 수 있는데' 하는 분위기가 만들어지는 거죠. 그런 분위기가 하나가 있구요. 또 하나는 어떤 사람이 경찰관이 되느냐 하는 문제도 있어요. 외국에서는 경찰 모집 광고도 그렇게 해요. '차를 타고 지나가는데 한 여자가 남자에게 매를 맞고 있다. 당신은 어떻게 할 것입니까?' 만약에 차를 멈추고 내려서 피해자를 보호하려고 하는 사람이라면 경찰관으로 채용한다는 거죠. 경찰관이 되려는 사람은 불의를 용납하지 않고, 피해자를 보호하고, 사건을 목격했을 때 방관하지 않는 사람이어야 한다는 겁니다. 그런 사람이라면 우리가 채용해서, 다른 결격 사유가 없다면 교육시키고 훈련시켜서 경찰관 업무를 할 수 있게 해준다는 거죠. 그런데 우리는 다릅니다. 시험만 봐서 성적순으로 뽑는 거죠. 경찰 업무에 필요한 일반인들과 다른 용기, 투철한 사명감, 이런 부분을 요구하기 어렵다는 거죠.

범죄자를 고립시키는 작전

지　87년 6월항쟁 때 경찰대에서 다섯 명을 파견해서 각계 원로들에게 의견을 들었다고 들었습니다. '민주화가 되면 그때 각자의 분야에서 자리를 지킬 사람이 필요할 테니 지금은 공부를 해라'라고 조언을 듣고, 그에 따른 결정을 했다고 하셨는데요. 그 동기들은 지금 그런 마음을 갖고 살고 계신가요?(웃음)

표　모르죠.(웃음) 경로가 달라졌으니까, 가끔씩 일부 동기들은 만나요. 만나서 식사도 하고, 이런 저런 이야기 나누고 하다 보면 그때 그 마음의 기본과 본질은 남아 있다는 것을 느낄 수 있습니다. 현실에 많이 찌들어 있다는 것도 발견하게 돼구요. 그때의 패기와 용기는 많이 없어졌고, 조직이라는 것의 특성, 자기가 갖고 있는 계급과 지위의 무게, 이런 것들을 크게 느끼고 있어요. 저에 대해서 미안함을 많이 느끼고, 부러움도 많이 느끼고, 일부는 철없다고 생각하기도 해요. 뭐, 그렇죠.(웃음)

지   그런 분들이 많아져야 세상이 좀 좋아질 텐데요.(웃음)

표   이번 일을 겪으면서 저한테 개인적으로 격려, 응원, 지지를 해주고, 같이 못 해서 미안하다, 이런 친구들이 꽤 있습니다.

지   전반적으로 범죄를 예방하는 시스템이 취약한 것 같은데요. 그것에 대한 경찰 내부에서의 고민도 좀 부족한 것 같아요. 민주화와 범죄의 관계에 대한 말씀도 많이 하셨잖아요. 시위 진압하는 인력을 다른 쪽으로, 예산, 이런 부분을 범죄 예방에 투입하면 줄어들 수 있는 범죄들이 있을 것 같은데요.

표   단순하게 그것만으로 되는 것은 아니에요. 일단은 범죄 예방이라는 것을 얼마나 중요하게 여기느냐, 실효성 있는 예방 대책을 얼마나 만들어가려고 하느냐, 이것이 가장 중요하겠죠. 가장 큰 문제는 경찰의 가치는 승진에 집중돼 있고, 승진을 하기 위해서 필요한 것이 실적이고, 실적은 검거했을 때 평가가 되지, 예방을 얼마나 많이 했는가는 실적에 들어가지 않는단 말이에요.

지 범죄가 발생하지 않았으니까.(웃음)

표 그렇다 보니까 말은 맨날 예방, 예방 하지만 범죄가 발생하면 언론에서는 뭐라고 하고, 대통령도 뭐라고 하니까, '예방해'라고 지시하지만, 지시한다고 예방이 되나요? 평상시에 경찰 활동이 예방을 위한 경찰 활동이 돼야죠. 그래서 나온 것이 지역사회 경찰 활동이라는 개념이죠.

지 그걸 보면 제주도에서 소대장을 하셨을 때의 경험, 그런 게 예방 활동일 것 같은데요. 주민들과 부대원들 사이의 갈등이 증폭되면 칼부림이 나고, 총기 사고가 나든지 할 텐데요. 부대원들 간의 갈등을 적극적으로 중재하고, 주민들과 어울리게 하려고 노력하시다 보니까 마을 원로 분들이 '1년 더 있게 해달라고 탄원서를 내겠다'는 이야기도 있었다면서요.

표 제주도 전체에서 유일하게 제가 무사고 표창을 받았잖아요. 물론 도경 관계자는 소대장이 사고 치고 돌아다니니까 대원들이 사고 칠 정신이 없었다고 얘길 하긴 했지만요.(웃음) 나중에 영국 가서 공부를 해보니까 커뮤니티 폴리싱community policing이 세계 경찰의 주류라는 거죠. 상식을 가진 건전한, 자기 이해관계 없이 무엇을 옳고 그른지 판단하는 경찰이라는 것이 세계적인 경찰학의 조류이고, 학문적인 연구 결과라는 겁니다. 1829년에 로버트 필Robert Peel이라는 영국 경찰의 아버지가 경찰을 창시할 때 내거는 것이 예방 중심 경찰 활동입니다. 주민과 소통하고, 함께 문제를 해결하고, 그게 1829년에 내놓은 원칙인데, 지금도 가장 중요한 경찰학의 조류인 거예요. 그런데 우리는 아직까지 경찰과 국민이 적대적인 관계로 놓이도록 자꾸 가고 있는 겁니다. 안타까운 거죠. 왜 그러냐. 아까 말씀드린 것처럼 정권이 국민의 신뢰를 받고, 정의롭고, 정당해야 경찰이 순수하게 범죄 예방을 위해서 고민을 하게 될 거고, 그러면 자연스럽게 답이 그렇게 나오는 거죠. 제가 외국에서 경험해봤듯이 경찰과 주민은 한편이에요. 제가 영국에서 범죄 예방 전략을 가장 단순화시키는 게 뭐냐고 물어봤더니 범죄자와 일부 범법 시민들을 고립시키는 작전인 거예요. 준법 시민과 경찰이 한편이 되는 겁니다. 그러면서 같이 감시하고, 범법자가 있으면 '쟤가 범법자예요' 하고 신고도 활성화되고, 너무나 소수가 드러나 보이니까 체포도 쉽고, 검거도 쉬운 거죠. 그런데 우리는 전 시민이 똘똘 뭉쳐서 경찰과 대치하고 있는 겁니다. 그러면서 경찰의 법 집행에 대해서 경계, 의심하고, 반발하는 겁니다. 이래서는 경찰력을 증강해도 안 되고, 신기술을 도입해도 안 되는 거거든요.

지 범죄 발생할 때 시민들의 신고도 많이 필요한 거죠. 신뢰 비용이라고 할까요? 서로 불신할 때 비용이 굉장히 많이 증가하는 부분이 있지 않습니까? 그런 부분에서 모두에게 불행한 일일 텐데요. 경찰 분들도 시위 진압할 때 굉장히 힘들 거예요.

표 그거 하고 싶은 사람이 누가 있겠어요. 시위 진압하면서 코뼈 부러져봤고, 남대문 네거리에서 앉아서 밥 먹고, 지나가는 시민 힐끗힐끗 쳐다보기도 해봤는데요. 그런 걸 누가 하고 싶겠어요. 하기 싫죠. 그것뿐만 아니라 고소 고발 같은 경우도 우리 인구가 일본의 1/3인가 정도밖에 안 되잖아요. 그런데 사기 등 고소 고발 건수가 일본의 10배에 가까워요. 그게 바로 신뢰 비용인 거죠. 그중 상당수는 단순 채권 채무예요. 돈 빌려줬는데 안 갚으면 사기죄로 신고하는 거예요. 그러면 겁먹어서 돈을 갚으니까. 이런 것을 포함해서, 신용카드 회사에서 연체자들을 사기죄로 고소하고, 불법 추심하고, 층간 소음 문제, 모든 게 다 그렇죠. 경찰이 몸살을 앓고 하면서 허비하는 모든 시간과 자원이 결국은 우리 사회의 불신과 의심, 신뢰 상실 때문이고, 경찰 업무의 방향성이 잘못 잡혀져 있기 때문이거든요. 민사적인 문제는 민사적으로 해결하도록 놔두고, 경찰이 개입하지 말고, 범죄라는 소수의 영역만 주민과 협력해서, 주민이 예방하고, 경찰은 도와주고, 주민이 신고하면 경찰이 수사하고, 그렇게 협력 관계를 만들어 나가야만, 경찰도 안 피곤하고, 힘도 덜 들고, 시민들은 안전하고, 이렇게 되는 거죠.

원인 치유 없이는 전과자만 늘어나

지 범죄라는 것이 사회의 문제와 떼려야 뗄 수 없잖아요. 층간 소음 문제도 스트레스 받을 수밖에 없는 일이지만, 그걸 가지고 싸우다가 사람 죽이고, 자기 인생 망치는 일이 수시로 벌어지잖아요. 한동안은 거의 매일 뉴스에 나오기도 했는데요. 그런 부분은 어떻게 예방해야 될까요?

표 결국 우리 사회가 너무 각박해서 그렇죠. 너무 경쟁적이고, 이웃사촌이라는 것이 무너졌어요. 옆집 사람조차 경쟁자나 적으로 돌리고, 자녀들도 똑같잖아요. 친구들을 경쟁자로 인식하게 만들고, 니가 앞서지 않으면 쟤한테 짓밟힌다는 식으로 교육하는데요. 그게 미쳐 돌아가는 사회를 만들고 있는 거죠.

지   어린 시절부터 범죄 예방 교육을 학교에서 해야 하지 않을까요?
표   범죄 예방 교육도 필요하겠지만, 그보다는 학교 자체가 바뀌어야 되는 거죠. 지금처럼 학생들을 성적으로 경쟁시키고, 공부로 줄 세우고, 그러다 보니까 뭐냐 하면 어린이들, 학생들이 가지고 있는 어려운 문제, 집안에서 부모에게 학대당하거나, 경제적인 곤란 때문에 생기는, 친구와의 비교 때문에 생기는 이런 것들을 교육이라는 이름으로 보듬어주거나, 발견하거나, 해결해주지 못하고 있습니다. 이런 것을 학교가 할 일이 아니라고 보는 거예요. 선생들은 그런 것을 어떻게 다뤄야 되는지 교수 연수 과정에서 배우지를 않아요. 그런 게 가장 큰 문제죠. 이런 상황에서 범죄 예방 교육을 해봐야 아무 소용이 없는 겁니다. 저는 그렇게 생각해요.

지   근본적인 학교, 교육의 변화가 필요하겠네요.
표   아까 이야기했던 가정에 대한 사회적, 복지적 개입이 전제가 돼야 해요. 학교 역시 제자리를 잡아야 합니다. 교육의 방향성 자체를 인성과 사회성 함양, 문제 해결을 위한 방향으로 잡아야 해요. 수월성에 대한 부분은 각자에게 맡기면 되는 거예요. 엘리트들은 그들의 지적 욕구에 걸맞은 것을 제공해주면 됩니다. 그걸 각자의 학력까지 국가가 책임지자는 형태로 나서고, 경쟁을 부추겨서 사교육을 부흥시키고, 지금 선행학습금지법을 만들고, 처벌하겠다고 하는데요. 근본적인 처방이 아니라고 생각합니다. 선행 학습이 필요 없도록 만들어야죠. 범죄 문제를 범죄라는 것으로만 보고 해결하려고 해서는 절대로 답이 안 나옵니다. 얼굴에 난 여드름을 손가락으로 짜려고만 하면 더 덧나잖아요. 여드름이 발생하게 된 배경, 내장의 문제, 소화 기능의 문제든, 분비물, 피지, 스트레스, 이런 다양한 문제들의 원인을 찾아서 접근해나가야 되듯이 범죄라는 것 역시 범죄 현상의 이면에 있는 원인을 살피고 환경과 심리의 문제를 살펴야지, 범죄로 드러난 것만 때려잡고, 범죄 예방 교육을 시키고, 이런 것으로 해결하겠다는 것은 정말 단세포적인 접근입니다. 그런 것을 지나치게 실적 경쟁을 시켜가면서 하다 보면 오히려 더 부작용만 일어나고, 범죄가 양산될 수밖에 없어요. 전과자만 늘어나는 거죠.

공소시효의 어두운 역사

지 〈나는 살인범이다〉라는 영화도 나왔는데요. 공소시효라는 것이 영화적 소재로 많이 이용되기도 해요. 사람들이 많은 관심을 가지고 있는 부분인데요. 우리는 살인죄의 경우 공소시효가 15년에서 25년으로 늘어난 것으로 알고 있습니다.

표 기본적으로 공소시효는 원래부터 있어왔거나, 있어야 되는 것은 아닙니다. 범죄라는 것은 당연히 시효가 없죠. 피해자의 고통이 시효가 없듯이. 피해자가 사망했다고 하더라도 그 유족에게 피해는 현재 진행 중인 거예요. 우리 사회가 범죄를 시간이 지났다고 해서 용납하는 것은 말이 안 되는 겁니다. 하지만 현실적으로 모든 범죄를, 수없이 많은 시간이 흘러서 시간과 함께 증거가 소멸되고, 기억이 변질, 왜곡, 멸실돼서 목격, 진술도 제대로 파악하지 못하는데, 다시 고소를 제기하거나 수사를 행한다, 이것은 문제가 있잖아요. 그러니까 예외적으로 행정 편의상 공소시효라는 제도를 도입한 거란 말이에요. 거기에 대해서 가장 중요한 것으로 법적 안정성이라는 것을 들거든요. 예를 들어서 우리 고조할아버지가 억울하게 돌아가신 것 같다, 살인이라고 생각한다, 범인이 옆집 사람이라고 생각한다, 공소시효가 없으면 고발이 있으면 수사를 해야 되잖아요. 어떻게 할 거예요. 증거도 없고, 시신도 없고. 그런 것들 때문에 법의 집행 자체가 흔들릴 수 있다, 그게 법적 안정성이란 얘깁니다.

지   그런 부분이 악용되거나 지나치게 자의적으로 해석한다고 하면.
표   시간의 흐름과 함께 자연적인 형벌 효과가 나온다는 시각도 있는 거죠. 예를 들어 절도를 했으면 3년형을 선고받을 죄다, 그런데 5년 동안 도망 다녔다, 그게 교도소에 있는 것만큼 고통스럽지 않겠느냐, 이런 거거든요. 그다음에 수사 행정력의 낭비라는 부분도 있어요. 또 하나 중요한 것은 시간의 경과에 따른 증거의 멸실, 이런 것들 때문에 도입이 된 건데요. 여기에 문제가 되는 것은 바로 아까 말씀드렸던 반인륜적 범죄, 살인, 아동 대상 범죄라든지, 성폭행이라든지 이런 부분에까지 공소시효를 적용하는 것은 사실은 법적 안정성이라는 미명 하에 범인 찾기를 포기한다는 것 자체가 말이 안 된다는 겁니다. 아까 이야기했던 고조할아버지 살인 같은 경우 극단적인 예외에 해당되는 거예요. 그런 사람이 어디 있겠어요. 그러면 '수사할 수 없음. 증거도 없고, 기소할 수 없음' 하고 종결시키면 되거든요. 또 하나는 증거의 부분인데, 과거에는 15년 정도 지나면 증거가 남아 있지 않을 수 있었겠죠. 지금은 과학기술의 발달로 예전에 검출하지 못했던 증거를 지금은 검출할 수 있게 됐거든요. 뼈에서도 검출을 할 수 있어요. 거기다 그런 반인륜적 범죄는 아무리 자기가 오랜 시간 동안 자책하고 고통받고 그랬다고 하더라도 죗값을 치렀다고 볼 수 없는 거잖아요. 그래서 많은 나라에서 인권유린적 범죄나 살인, 아동 대상 범죄나 성폭행 등은 공소시효를 안 두고 있는 겁니다. 그런데 우리는 그런 고민이 없었던 거죠. 이제까지 살아오면서 개개의 국민, 특히 범죄 피해자가 겪었던 고통과 그에게 안겨진 피해들에 대해서 국가 단위에서 고민을 하지 않았던 겁니다. 오직 행정 편의만 생각해 왔던 거죠. 일률적으로 그냥 형량별로 뚜루룩 공소시효를 정했는데요. 그것도 일본 것을 베낀 거예요. 식민 형법입니다. 우리나라의 법학과 법 제도는 여전히 식민 상태라고 봐도 과언이 아니에요. 처음에 일제가 우리를 침략, 복속하기 위해서 한일합방하기 전에 먼저 도입한 것이 근대 법제거든요. 그다음에 군인, 그다음에 경찰 세 가지가 들어왔어요. 왜 그렇게 했겠어요? 왕의 통치권을 무력화시키고, 자기들이 통치하기 쉬운 구조로 만들기 위한 건데요. 그게 통치에 유리하다 보니까 해방 이후에도 식민 법제를 그대로 가지고 들어온 겁니다. 그 이후에 법학자들도 일본의 새로운 판례, 새로운 논문, 일본의 새로운 법 개정 사항을 가져다가 소개를 해요. 입법자들도 '일본은 어떻게 하고 있어?' 하면서 따라서 법을 만들고 있는데요. 이게 식민이 아니고 뭔가요? 그런 상황에서 공소시효 역시 우리나라에서의 제대로 된 고민은 없었어요. 일본이 그렇게 하니까 받아온 거예요. 일본은 이미 25년으로 살인죄 공소시효를 바꿨는데, 우리는 모르고 있다가 알고 보니 일본이 바꿨거든요. 그러니까 25년으로 바꾼 거예요. 이게 주체성 있는 나라냐고요. 우리나라 법학자와 법조계는 정말 반성해야 합니다.

지 미국이나 유럽의 경우는 어떤가요?
표 미국은 일단 살인은 공소시효 자체가 없죠. 강간도 없어요. 과거에는 있었지만, DNA가 도입되면서.

지 사형 제도가 없으면 징역 80년씩 때리잖아요.(웃음)
표 주에 따라 다르긴 하지만, DNA 증거가 있는 경우에는 공소시효가 없어지는 경우라든지, 이렇게 바뀌었어요. 영국은 아예 살인과 성폭행은 공소시효가 없었어요. 경범죄에만 공소시효를 두고 있습니다. 독일 같은 경우도 살인 등 반인륜적 범죄는 공소시효가 없습니다. 이런 추세예요. 공소시효가 있느냐, 없느냐의 가장 큰 차이 중 하나는 그 자체가 이미 시간이 흘러가면 수사할 수 없다는 초기부터의 패배감을 불러일으키거든요. 초기에 사건이 해결이 안 되면 이후에는 무의미한 시간이 계속 흘러가는 거예요. 공소시효의 완성이라는 표현을 쓰는데, 완성될 때까지 기다리는 거예요. 15년에서 25년으로 연장시킨다 한들 개별적인 몇몇 사건을 제외하고는 의미가 없어요. 어차피 초반에 범인을 못 잡으면 팽개쳐지는 거예요. 미제 사건으로.

지 영화로 만들어지거나 새롭게 관심을 가질 계기가 생기지 않는 한 어렵죠.
표 공소시효가 없으면 반드시 해결해야 될 숙제거든요. 거기다 더 중요한 것은 뭐냐 하면 증거물, 현장에서 확보한 증거물을 공소시효가 없는 사건은 평생 보관해야 합니다. 보관 시설을 만들 수밖에 없죠. 그런데 공소시효가 있다는 것은 결국 이 증거물이 평생 보관될 게 아니라는 생각을 하게 만드는 거죠. 보관물 저장소를 만들 필요도 없는 거예요. 그러면 그게 악순환의 고리를 만들어서 나중에는 증거물도 없는 상태가 되는 겁니다. 과학기술이 발달한다고 한들 과거 증거물이 있어야 거기서 발달된 과학기술로 증거 채취를 할 수 있잖아요. 미국이나 유럽에서 30~40년 만에 성폭행 사건을 해결했다고 하는데, 증거물이 보존이 되어 있어야 가능한 거거든요.

지   우리가 일본을 식민지처럼 따라 하고 있다고 하셨는데요. 일본은 맥아더 군정 당시 검찰 권한은 조정하고 개혁해서 우리보다는 좀 낫지 않습니까?

표   그렇죠. 해방 이후의 일본의 변화를 그대로 우리가 따라 한 것도 아니에요. 현재 우리가 갖고 있는 것 중에 일부 고칠 것, 통치와 권력 유지에 해가 안 되는 것만 받아들인 거죠. 늘 그렇잖아요. 식민지에서의 법 제도가 본토랑 똑같습니까? 아니죠. 본토에 있는 것의 왜곡된 형태로 늘 식민지에서 나타나게 되어 있는 거예요. 그리고 형법학계, 형사소송법학계에서 이재상 교수라는 분이 문제의 근원이라고 볼 수 있습니다. 그분의 책이 교과서로 모든 법대에서 채택되었고, 사법 고시에 그분 문제가 나오거든요. 검사 출신이에요. 그분이 고유한 수사권이 기소의 전 단계이며, 기소에 부속되는 것이라는 논리를 내세우고 있습니다. 우리가 영미식의 당사자주의라는 것을 형사소송법의 기본 원칙으로 채택했거든요. 그런데 이분이 변칙적으로 해석하는 거예요. 당사자주의라는 것은 기소 이후에만 적용이 된다, 기소 이전 단계 수사에는 당사자주의가 적용되지 않는다. 무슨 말이냐 하면 검사가 무소불위의 능력을 갖게 되는 거죠. 경찰과의 문제는 차치하더라도 당사자주의라는 것이 뭐냐 하면 범죄 사건이 있으면 피의자, 피고인과 '이 사람이 범죄자야'라고 주장하는 검사가 두 당사자입니다. 두 당사자가 대등한 관계에서 증거를 다퉈서 누가 더 우위에 있는가를 따져서 유무죄를 가리는 것이 당사자주의거든요. 그러면 이 둘의 지위는 동등한 겁니다. 그래서 증거가 있다면 서로 나눠야 합니다. 수사 단계에서 경찰 수사 결과 나온 모든 증거는 피의자 쪽에도 제공이 돼야 하고, 검찰 측에도 제공이 돼야 합니다. 사실 경찰은 누구 편도 아니에요. 소송에 있어서는. 그런데 이걸 왜곡시켜 버리는 거죠. 당사자주의는 법정에서나 통하는 말이니까, 피고 측 변호사와 검찰이 서로 다투는 것이고, 수사 단계에서는 직권주의가 적용이 되니까 검사가 모든 것을 쥐고 피의자에게는 안 줘도 된다. 그 다음에 수사 결과를 공소장일본주의公訴狀一本主義라고 해서 모두 다 판사에게 제출할 필요가 없다는 겁니다. 용산 참사 수사 기록이 제공되지 않은 것이 그거예요. 다른 나라에서는 말도 안 되는 얘깁니다. 판사에게 모두 내놔야 합니다. 안 내놓으면 걸려요. 뉴욕시의 검사가 수사 기록 중의 일부를 일부러 누락시키고, 자기 기소에 유리한 것만 제출하고, 불리한 것을 제출하지 않은 것이 적발돼서 체포당했어요. 구속해서 실형 선고를 받았습니다. 우리는 그렇게 실형 선고 받아야 할 짓들을 늘 하고 있는 거예요. 이재상 교수의 주장은 분명히 비판적으로 검토가 돼야 한다고 봅니다. 이분이 학계에서 워낙 권력이 세니까 이분의 책에 반대되는 내용을 쓰면 사법 고시에 합격을 못해요. 법대에서 이분의 주장에 반하는 주장으로 글을 쓰면 학점을 못 받아요. 그러니까 우리나라 법조인이 양성되는 과정부터 이미 잘못 오염

되고, 인식이 왜곡된 상태로 커오게 되는 거죠.

지 사학계로 치면 예전에 내려오던 유교 전통에 맞지 않는 글을 쓰게 되면 학계에서 왕따당하는 것처럼 그런 건가요?
표 식민 사관에 반하는 민족 사관에 따른 사실을 주장하면 왕따당하고, 배척당하고 그런 적도 있죠.

지 공소시효가 지나도 어쨌든 수사해서 범인을 밝혀내야 한다고 하셨는데요. 그러면 그 범인을 어떻게 처리해야 하느냐 하는 문제도 제기될 것 같은데요. 결국은 사적인 복수밖에 안 될 테니까요.
표 공소시효가 지나서 범인이 밝혀진다는 것이 말이 안 되는 얘기죠. 그런 일도 없어요. 영화에서나 자기가 나서서 내가 범인이라고 하라는 건데요. 말이 안 되는 얘기죠. 공소시효 전에도 입증 못 했고, 공소시효 지나서 기소도 못 하는데 어떻게 입증을 하겠어요. 저한테도 자신이 화성 연쇄살인 사건 범인이라고 주장하는 사람이 몇 명 있었어요. 제가 가서 만나보고, 질문해보고, 실제 사건 현장의 특성과 비교해보고 다 제쳐놓아서 그렇지. '내가 살인범이다'라고 한다고 해서 입증이 되나요?

원혼을 위로하지 못하는 국가

지 미쳤거나 과대망상인 경우도 있겠죠. 〈살인의 추억〉의 박해일 캐릭터인 피고인의 경우 상당히 많은 사람이 여중생 사건은 그 사람이 범인이라고 추정했다고 하던데요. 일본 측의 검사 결과는 'DNA가 일치하지 않는다'는 것이 아니라 '분석이 불가능하다'라는 건데, 그때는 일치하지 않는다고 해석을 해서 풀어준 거라고 하던데요. 기술이 나아지면 시간이 지나서 밝혀질 수도 있다는 거잖아요.

표　문제는 그 당시의 현장 시료가 보관이 되지 않고 있다는 거죠. 공소시효 제도가 없고, 처음부터 강력 사건은 현장 증거물들이 냉장 상태에서 보관이 되어 있다면 당연히 지금은 검거가 되죠. 안타까운 거고, 말이 안 되는 거예요. 대통령도 빨리 검거하라고 난리를 치고, 치안본부장도 그랬지만, '빨리 검거하라'는 말 이외에 어떻게 하라는 것은 없는 거예요. 난리만 쳐대고, 밑에다가 지시하고 그렇게만 하니까 현장에서는 우왕좌왕하는 거죠.

지　그러다 보면 무리한 수사를 하고.

표　용의자만 추궁해서 빨리 자백만 받으려고 하게 돼요.

지　개구리 소년 사건, 이형호 군 유괴 살인 사건, 화성 연쇄살인 사건 같은 3대 미제 사건 말고도 김광석, 김성재 변사, 치과 의사 모녀 살해 사건 같이 아직 의혹이 남아 있는 사건들이 있는데요. 외국에는 미제 사건 전담반이 있는 경우도 있지 않습니까? 우리나라는 아무래도 공소시효 때문에 없는 건가요?

표　공소시효 때문이기도 하지만, 기본적으로 미제 사건에 대한 인식이 별로 없었죠. 시간이 지나면 미제 사건 철에 들어가고, 담당 형사는 다른 사건을 맡거나, 다른 데로 옮겨가거나 그렇게 되잖아요. 저는 기본적으로 국가와 사회가 한 사람의 생명을 얼마나 소중하게 여기느냐의 차이라고 봅니다. 우리는 살인이나 성폭행 같은 경우 그 한 사람이 중요하다고 여기지 않는 사회적 분위기인 거죠. 그러다 보니까 굳이 해결하기 어려운 사건을 전담반까지 꾸려서 특별하게 수사를 할 필요가 있느냐, 그런 분위기 탓이라고 생각해요. 하지만 우리가 흔히 얘기하는 선진국에서는 한 사람의 생명조차 제대로 지켜내지 못하고 억울하게 사망한 사람의 진실을 밝혀내지 못하면서 어떻게 국가로서의 역할을 다하고 있다고 할 수 있으며, 세금을 받고, 국민들에게 국방의 의무 같은 것을 요구할 수 있느냐, 그런 철학이 담겨 있는 거죠. 그러다 보니까 비용이 얼마가 들건, 우리가 할 수 있는 여력만 된다면 모든 역량을 다 동원해서 이 사건의 진실을 밝히고, 나쁜 짓을 행한 범죄자들을 처벌하고, 피해자의 원혼을 달래주겠다는 노력이 미제 사건 전담반, 콜드 케이스cold case라는 미제 사건 수사 기법의 발달을 가져오게 되는 것입니다. 증거물의 보관 등등 일반적인 사건과는 별도의 방법으로 수사하는 거죠. 한두 가지의 법과 제도 문제가 아니라 국가 철학의 문제, 사회 전반의 인식의 문제라고 생각해요.

지 그래야 애국도 요구할 수 있을 것이고, 사람들이 내가 이런 일을 당했을 때 살리기 위해서 노력하거나, 억울함을 풀어주는 나라라면 좀 더 나라를 사랑하게 될 것 같습니다. 심지어 그런 일을 겪으셨죠? 영국에 유학 갔다가 돌아오신 후에 한국으로 영국 경찰이 전화해서 'DNA가 필요하다'고 했을 때 기분은 나빴지만, '이 사람들은 범인 하나 잡기 위해서 이렇게까지 노력하는구나' 하는 생각을 하셨다고 하셨는데요. 여고생의 죽음 하나를 밝히려고 한국까지 연락을 해서 찾아오겠다는 건데, 그게 국가 철학의 문제라는 거죠.

표 그럼요. 대통령이 자기 측근을 사면시키기 위해서 국가권력을 사용하는 국가에서 그걸 요구할 수 없는 거죠. 절대로 별도의 문제가 아니에요. 이 사람들은 정의가 우습다는 거잖아요. 그까짓 것, 그 정의 지킨다고 비용이 얼마나 들 것이며 이익이 얼마나 될 것이냐, 이런 차원에서 들여다보니까요. 정의에 비용이 있는 것이 아니거든요. 이 사회에서 어쨌든 정의에 관한 문제가 심각하게 다뤄지지 않고, 묻힐 수 있다는 자체가 얼마나 엄중한 문제이고, 신뢰의 위기를 자초하고, 그 이후의 비용만 해도 얼마나 많은 비용이 추가로 들어가는데요. 참 안타까워요.

지 결국 왜 자신을 믿지 않느냐고 하면서 국민들의 불신 때문에 비용이 들어간다고 하는데요. 국민들 입장에서는 믿기 어렵게 하는 장면들을 많이 봤기 때문에 그럴 수밖에 없는 거잖아요.

표 참 안타까운 것이 조금 더 크게 보자면, 제가 보수 문제를 자꾸 이야기하는 것이 가진 자, 권력자들이 자기 주변의 친인척이든 동료 중에 범법 행위자가 있다. 그러면 자기 손가락을 깨무는 아픔을 가지고 그들을 응징해야 합니다. 그런데 재벌 총수들 보세요. 한화 김승연 회장이며, SK 최태원 회장이며, 불법 저지르고 비리 저지른 자들을 감싸 안잖아요. 왜 우리 재벌만 그러느냐, 이런 식으로 나오는 거예요. 일반 국민들에게 이 나라는 정의가 없는 나라다, 있는 놈들이 모든 것들을 다 좌지우지하고, 결국은 정의라는 것은 이긴 자들의 논리구나, 이런 생각을 가지게 되는 거죠. 그런데 어떻게 일반 서민들에게 법 지키고, 도덕 지키고, 윤리 지키라고 하겠냐고요.

지　영국의 경우 전쟁을 하면 왕실 구성원이 전쟁에 나가지 않으면 국민들이 안 따르는 그런 문화가 있잖아요. 한국은 욕만 하지, '니들이 안 가면 우리도 안 갈 거야'라는 저항도 없었던 것 같은데요. 인터넷에서는 다 죽일 듯하면서 말이죠.(웃음)

표　너무 착해서 그렇죠. '원래 그런데' 하는 패배주의가 있어요. '우리가 한다고 바뀔까? 있는 놈, 가진 놈들은 원래 저런 놈들이지' 하는 패배주의가 있는 거죠.

지　'그렇다고 만만해 보이는 연예인들 두들겨 패면 바뀔까?' 하는 생각을 하면서 한심하다 싶을 때도 있지만, 또 생각해보면 짠하더라고요. 얼마나 당했으면.

표　엉뚱한 데서 정의를 찾으려고 하는 거죠. 약한 자에게서 정의를 찾으려고 하는 거예요.

왜 연쇄살인범은 남자인가?

지　개똥녀, 이런 것을 보면 울분을 못 참고 신상을 털기도 해요. 연쇄살인범들도 어릴 때 피해를 당했다고 하지만, 여자들의 경우와는 다르지 않습니까? 여자들의 경우 자살을 하거나, 자기를 가해한 사람을 찾아가서 죽이는데요. 왜 남자들은 불특정 다수에게 복수를 하는 방법을 택하는 경우가 많을까요?

표　남성의 문제이기도 하지만, 남성의 문제 중 어떤 부분이냐는 거죠. 생물학적 특성은 있다고 하더라도 큰 것은 아니라고 봐요. 남성 성호르몬보다는 사회적인 부분이라고 봐요. 남성성의 문제, 남성성이라는 것 자체가 어렸을 때부터 '남자는 강해야 해, 지면 안 돼'.

지   그런 강박관념으로 키워지죠.
표   그런데 현실은 그런가요? 밖에 나와서 친구들과 놀면서부터 무시당하고, 지고, 남성성의 손상을 입는 거예요.

지   그 분노가 공격적으로 표출된다는 건가요?
표   사회가 울고, 약한 모습을 보이는 것을 용납하지 않으니까요. 그걸 이겨내는 사람도 있고, 그렇지 못한 사람도 있단 말이에요. 그걸 계속 안으로 안으로 쟁여놓고 있다가, 그걸 터뜨려야 되는데 정작 자기한테 직접 가해를 한 사람에게는 무서워서 못해요. 자기보다 강하다고 느끼니까요. 지나가면서 말 한마디 던지고, 무시하고, 냉대하고 하는 것을 무수한 사람들로부터 당했기 때문에 정확하게 자기의 적이 누구인지 분별을 못해요. 세상 모두가 나의 적, 사람들 모두가 나의 적이라는 생각을 하는 거죠. 여성들은 여성성이라는 것 자체를 보호받는 캐릭터로, 약자로 받아들이고 참는 수인, 이런 것들로 상정해놓다 보니까 그런 사회 전반에 대한 분노와 불만을 키워내지 않는 거죠. 또 자기 탓을 자꾸 하게 돼요. 사회적으로 그렇게 길러내니까. 두려움이 많고, 그러니까 남들을 향해서 복수를 벌이고 나가려는 생각을 못하는 거죠. 강자가 있고, 가해당할 수 있으면 그들 곁으로 안 가려고 하는 거예요. 그런데 자기가 견디지 못할 특별한 가해행위를 한 대상자는 계속 떠오르고, 그것 때문에 인생 망가지고 하니까 찾아가서 복수를 하는 경우가 있는 거죠.

2부
연쇄살인을 복제하는 사회의 어두운 고리

4

불법 도박과 스포츠 승부 조작

_ 인생역전의 망상에 중독되다

시사돌직구를 하차하면서

지 '표창원의 시사돌직구' 마지막 방송을 하셨는데요. 기분이 어떠세요?

표 섭섭하죠. 뭐, 아쉽고. 일단 저한테는 좋은 경험이었고, 많은 것을 배웠습니다. 제작진들이 헌신하면서 만들어가는 과정을 통해 방송이 어떤 것이라는 것을 상당히 많이 알게 됐어요. 다음에 다른 기회가 주어졌을 때 좀 더 잘할 수 있는 계기가 될 것 같아요.

지 하차하시면서 쓰신 글을 보니까 여러 가지 생각이 많이 드셨던 것 같은데요. 헌신하면서 방송을 같이 했던 분들을 생각하면 멘토단을 그만두고 방송을 하셔야 되지 않나 하는 고민도 하셨던 것 같은데, 결국은 그동안 말씀하셨던 정의라는 관점에서 김지선 후보를 돕겠다고 한 약속을 지키는 것이 옳다고 판단하신 것 같습니다. 그러면서도 이 이후에는 어떤 정치 세력을 지지하는 일을 하지 않겠다고 하셨잖아요.

표 일단은 제가 방송인이 되겠다고 선언을 했지만, 방송이라는 세계에서는 신인이잖아요. 아마추어로 처음 들어와서 배우는 상황이라서 독불장군도 아니에요. 제가 옳다고 무조건 남들을 무시하고 할 수 있는 일은 아닌데요. 이번 일을 겪으면서 저는 여전히 제가 잘못했다고 생각하지는 않아요. 방송인이라고 해서 정치적 자유를 포기해서도 안 된다고 생각해요. 어떤 법이나 규정에도 금지돼 있지 않잖아요. 더 중요한 것은 방송을 진행하고 제작하면서 공정성을 유지하는 것이지, 그가 사생활에서 어떤 정치적 태도를 갖는가는 전혀 상관없다고 생각하거든요. 그럼에도 불구하고 멘토단 합류라는 자체가 그 전에 어떤 방송 진행자도 하지 않았던 일이기 때문에 방송 문화 관행상 받아들여질 수 없다는 의견을 접했을 때, 제가 그것을 수용하기로 했습니다. 다만 선택에 있어서 무엇을 선택해야 할까. 역시 방송 관계자 분들이 그런 이야기들을 많이 하시더라고요. 기본적으로 방송인이라면 자기의 방송을 위해서 다른 것들을 희생할 줄 알아야 되는 것 아닌가. 하지만 저는 아직까지는 옳고 그름에 있어서 양보하고 싶지는 않았어요. 특히 그것이 타인에게 영향을 줄 수 있는 선택이라면 더욱이나 이익보다는 옳음을 선택해야 한다는 신념이 있기 때문에 그랬습니다. 제가 이념적으로는 진보정의당과 다른 보수적인 이념을 가지고 있는데요. 하지만 이 사회의 정의라는 차원에서 노회찬 의원의 유죄판결과 의원직 상실은 부당하다고 생각해요. 그로 인해서 이루어지게 된 노원 병 보궐선거에서는 당연히 노회찬 전 의원의 뜻, 그분과 신념을 같이하는 후보의 당선이 정의에 부합한다고 믿었습니다. 개인적으로도 김지선 후보를 믿고 신뢰하고, 그분이 훌륭한 사람이라는 것을 잘 아는데요. 세간에 너무 안 알려져 있고, 단지 노회찬 의원의 부인이라는 이유만으로 세습 논란도 있어요. 그런 차에 제 지원이 필요하다고 요청이 들어왔을 때 거절할 수가 없었죠. 그 이후에 방송인이냐, 멘토단이냐를 선택할 수밖에 없는 기로에 서 있을 때, 멘토단 선택을 그대로 유지함으로써 김지선 후보 쪽에 불의의 피해를 입히지 않는 방향, 그것이 옳은 것이라는 판단을 내린 겁니다. 그렇지만 그 판단이 쉬운 것도 아니고, 부담이 느껴지기도 하는데요. 처음에 경찰대학 교수직을 버리고 나왔을 때와 똑같이 표현의 자유, 정치적 자유를 누리고 싶어서 한 선택이지만, 습관적으로 자신의 임무나 역할을 버리는 모습으로 비치고 싶지는 않거든요. 그러기 때문에 4.24 재보궐 선거 이후 제가 본격적으로 정치를 하겠다는 마음을 먹기 전까지는 절대로 정치적인 지지나 반대, 특정 정파나 후보에 대한 견해를 공식화해서 발표하지 않겠다는 생각을 했습니다. 그것이 제가 아직 잘은 모르겠지만, 전문 방송인으로서 한국적인 상황에서 일단 받아들여야할 문화와 관행이라는 거죠. 하지만 그러면서도 한편으로는 한국 방송의 문화와 관행의 변화를 원하는 건데요. 이경재 방송통신위원장도 친박이라는 이유 때문에 얼마나 많은 공격을 받고, 방송의 공정성, 중립성 논란이 일고 있습니까? 그 전에 최시중 씨는 더 심했어요. 그 이외에도 각종 방송이나 종편 등의 시사 관련 진행자나 출연자들이 누가 봐도 편파성이 있다는 것을 사람들이 알고 있는데요. 하지만 그들은 마음 놓고 방송에 출연하고, 방송 관련 일들을 하잖아요? 이런 부분들을 생각한다면 차라리, 우리가 방송인이 그야말로 무색무취하기를 기대하는 것은 옳지 않다, 그리고 특히나 시사 문제를 다루는 사람이 정치적 색깔이 없다는 것은 정치적 관심이 없다고 봐야 된다. 관심이 없는 사람이 진행하는 시사 프로가 무슨 의미가 있고 맛이 있겠는가 하는 거죠. 차라리 각자가 가지고 있는 소신이나 지지가 자유롭게 발표될 수 있도록 하는, 그러고 나서 그가 진행하거나 출연하는 방송에서 어떤 사적, 정치적 견해가 개입되는지, 편파적인지, 이런 부분을 공정하게 감시하고, 문제 제기하고, 비판하는 것이 더 바람직한 것이 아니냐는 것입니다. 그런 문제 제기는 하지만, 그런 방송 문화 관행이 이루어지기 전까지는 현재의 방송 문화 관행은 따르겠다는 거죠.

영구 제명만이 해답일까?

지 마지막 편이 불법 도박과 스포츠계의 승부 조작 편이었는데요. 그것도 논란이 많이 될 수 있는 소재잖아요. 이번 방송에 나온 전 LG 투수 박현준 같은 선수는 조작에 가담한 사안에 비해서 과도한 징계를 받았다는 생각도 듭니다. 20대긴 하지만 그동안 야구만 한 사람인데, 자기가 해온 일을 평생 못하게 됐는데요. 다른 범죄자들에 비해서 가혹한 부분도 있다는 생각도 들어요. 반면 스포츠는 가장 깨끗해야 되기 때문에 거기서 승부 조작은 있을 수 없는 일이다, 어떤 나라든 거기 가담한 사람은 영구 제명을 하는 것이 옳다는 의견도 있어서 견해들이 양쪽으로 갈리는데요.

표 정답이 있는 이야기는 아니죠. 어려운 문제라고 생각합니다. 말씀하신 것처럼 정치나 경제계에 비교해본다면 말이 안 되잖아요.

재벌 총수들은 수도 없이 유죄판결을 받고, 도덕적, 윤리적, 경제적인 범죄 행위를 저질렀어도 다시 바로 복귀를 해서 경영을 해나가고요. 김승연 회장 같은 경우도 그래요. 정치 지도자들, 사회 지도자들도 마찬가지죠. 그런데 유독 스포츠 스타들에 대해서만 다시 재기할 기회조차 주지 않는 것은 너무 과하지 않나 하는 생각은 분명히 들어요. 다만 스포츠라는 것이 다른 분야들에 비해서 공정한 경쟁, 땀의 대가, 이것이 상징하는 것이 크다 보니까 '그 근본을 어긴 선수가 계속 그러한 스포츠 무대에 설 수 있느냐'라는 지적도 일리가 있죠. 그래서 저는 절충적인 대안이 필요하다고 봅니다. 이런 흐름은 K리그 파동부터 이어진 거라고 보는데요. 모든 스포츠는 다 그런 문제가 있다고 보거든요. 프로 스포츠의 경우, 게임이 있고 도박이 있는 곳에 승부 조작의 유혹이 없을 수가 없어요.

지 얼마 전에도 프로 농구 동부의 강동희 감독이 승부 조작 혐의로 구속됐죠.

표 한 번 걸리면 완전 제명이고, 했어도 안 걸리면 끝까지 살아남고. 이것도 정의는 아니잖아요. 어떻게 보면 공식적으로 문제 제기는 처음 된 거니까 이번에 적발당한 선수들, 감독, 관계자들은 있는 그대로의 진실을 철저하게 내놓는다는 것을 전제조건으로, 그리고 그들만이 아닌 다른 누군가가 있다면 완전히 다 밝혀내고, 그러고 나서 그들에게 사회가 납득할 만한 징계 처분을 내리고, 그 이후에는 복귀할 수 있는 기회를 주는 것이 옳지 않나 하는 생각이 들어요. 그리고 이것을 계기로 해서 어린 유소년 시절부터 운동 기술만이 아니라 스포츠 윤리, 철학, 정신, 매너, 이런 것들을 포함한 전인적인 교육이 이루어졌으면 해요. 승리를 위해서 시스템적으로 선수들이 이용당하거나, 선수들 스스로 어렸을 때부터 더 유리한 대진을 만들기 위해서 일부러 져주는 일도 있단 말이에요. 그런 것들을 배워오면서 윤리 의식들이 흐려지는데, 나중에 결과적으로 적발된 승부 조작 행위 하나로 영구 제명시킨다는 것은 너무 불공평하고 정의롭지 않다고 보여요. 전반의 체계를 개선한 이후, 그다음에 적발당하면 그때 영구 제명을 하는 것은 말이 된다고 생각합니다.

지 말씀하신 대로 어릴 때부터 4강에 들면 대학 진학이 되니까 이미 4강에 들었던 팀은 다른 팀에게 잔인하게 할 수 없으니까 슬슬 한다거나, 아는 팀한테 져주는 사례도 있다고 하잖아요. 이것도 큰 의미에서는 승부 조작일 텐데요.
표 그럼요. 승부 조작이죠.

지 그게 어떻게 보면 인간적인 것으로 받아들여지니까요. '친구들도 대학 가야지', 이렇게 되잖아요.
표 그렇게 되면 기준이 모호해지는 거거든요. 명분만 있다면, 정당화시킬 수만 있다면 조작은 괜찮은 것이 되는 거죠.

국가가 운영하는 도박장

지 불법 도박 사이트 같은 것들이 성행을 하니까 문제가 되는 걸 텐데요. 경마 같은 경우 기수들을 매수하거나 협박하잖아요. 야쿠자나 조직폭력배가 협박을 하면 돈 욕심이 없어도 끌려들어가는 경우도 많을 텐데요. 그래서 사이트 자체를 단속하는 것이 급선무일 텐데, 어렵지 않습니까? 해외 서버를 이용하고, 바로 옮기니까요. 요즘은 초등학생도 핸드폰만 있으면 도박 사이트의 계좌를 개설할 수 있다고 하던데요. 어떻게 보면 적발할 수 있는 인력이나 시스템이 범죄 행위를 못 따라가는 상황인데요.

표 그렇죠. 상당히 심각한 문제예요. 도박이라는 자체가 인류 역사와 함께 해오긴 했지만, 과거에는 물리적으로 사람들이 만나고, 모여서 할 수밖에 없기 때문에 범위도 제한돼 있고, 대상자도 제한돼 있었거든요. 그런데 이게 온라인, IT와 만나면서, 더구나 스마트폰이라는 것이 도입되기 시작하면서 완전히 연령이고, 장소고, 시간이고 필요 없이 누구나 언제든 어디서든 접속해서 도박을 할 수 있는 사회가 됐습니다. 그러니까 대책도 완전히 달라져야 해요. 규모도 지금 1년에 24조 7,000억이라는 이야기가 나오니까요. 그렇다면 뒤쫓아가는 방식이 아니라 기본적으로 미성년자 보유 스마트폰에서는 도박 사이트는 원천적으로 접근하지 못하도록 기술적인 의무화를 시키는 것도 필요해요. 그리고 유해 사이트 지정해서 접속 차단하는 것도 상당히 제한적으로 까다로운 심의를 거쳐서 이루어지고 있거든요. 일단은 도박 자체는 합법적인 사이트가 없단 말이에요. 도박에 대해서는 좀 더 과감하고 적극적으로 접근 차단을 실시하는 것이 필요할 것 같아요. 그다음에 단속과 처벌을 피하기 위해서 대부분 관리나 감독이 허술한 제3세계 쪽에 서버를 두고 운용을 하고 있기 때문에, 그곳 정부나 기관과의 긴밀한 공조가 필요합니다. 그다음에 그들을 적발한 뒤에는 범죄 수익, 도박으로 인해서 얻은 수익은 철저하게 추적해서 몰수를 하는 전방위적인 대책이 필요합니다. 도박에 빠진 사람들, 베팅하는 사람들, 이번에 경기 도경에서 단속을 했는데요. 1,000여 명이 단속되었습니다. 그들을 범죄자로 보고 있어요. 이들을 처벌한다고 해서 다시 하지 않는 것이 아니거든요. 오히려 이들을 환자로 봐야 될 필요가 있는 거죠. 돈도 잃었고, 도박 중독에 걸려 있고, 이들을 처벌만 하고 다시 내보내면 또 도박을 할 수밖에 없는 상황인데요. 국가적인 도박 중독, 치료 프로그램의 가동이 전방위적으로 필요하죠. 교육에 있어서도 도박을 아예 금기시하는데, 명절 때 만나면 고스톱을 치고 하잖아요. 차라리 베팅, 도박, 사행, 이런 것들의 위험성을 교육과정 내에서 학생들에게 알려주고, 결코 그것을 통해서 돈을 따고 돈을 벌수는 없다는 것, 하나의 제한된 오락 행위로 그쳐야 된다는 교육까지 이루어져야만 대책이 될 수 있을 것 같습니다.

지 강원랜드 같은 경우 지자체에서 합법적으로 운영하지만, 그 폐해도 상당히 크지 않습니까?

표 강원랜드뿐만 아니라 경정, 경마, 경륜 등 7개 사행성 게임을 국가에서 관장하고 거기서 세수를 올리고 있단 말이에요. 그러면서 불법은 처벌한다는 거죠. 국가가 관리하는 공공 사행성 산업이 있고, 민간에서는 불법이 있어서 공급자 측면에서는 나뉠지 모르지만, 수요자, 소비자, 유저, 도박 행위자 입장에서는 똑같다는 것이 문제죠.

지 그렇죠.
표 국가에서 하는 것에 제한과 제약이 있고 프로그램이나 시스템 상에 불편이 있다면, 언제든지 민간 불법 인터넷 도박으로 갈 수가 있다는 거죠. 결국은 국가가 사행성 산업에 대한 입장과 정책을 정말 신중하게 고려할 필요가 있다는 겁니다. 로또도 사실 마찬가지거든요. 로또 중독도 대단히 심각한 현상으로 나타나고 있는데요. 일확천금, 대박, 인생 역전, 그런데 확률적으로는 불가능한 일이거든요. 여기에 어렵게 번 돈을 전부 쏟아붓고, 그렇게 해서 잃은 것만큼 같은 방법으로 되찾으려고 하는 중독 현상을 국가가 부추기고 있지 않나 하는 생각이 들어요.

5

프로파일링과 수사지휘관의 책임
_ 면담 기법에서 면책 범위까지

범죄 영화를 구속하지 말라

지   '영화 속의 연쇄살인범은 현실과 다르다. 현실과 드라마 〈CSI〉는 다르다'고 하셨는데요. 범죄 관련 프로그램들이 많이 방영되는데, 거기에 대해서는 어떻게 생각하세요? 범죄에 대한 경각심을 심어주고, 과학수사에 대한 필요성을 알린다는 긍정적인 효과가 있다는 이야기도 있고, 모방 범죄 가능성에 대한 우려를 제기하기도 하는데요.

표   모든 것에는 양면이 있죠. 장단점이 있습니다. 특히 미디어상의 범죄는 더욱이나 그렇죠. 긍정적인 측면이라면 일단 범죄에 대한 경각심을 심어주고, 그래서 예방 효과가 있다는 거예요. 특히 리얼리티를 담을 경우 범죄에 대한 정보 제공, 어떠한 상황과 어떠한 경우가 위험하니 여기에 대해서 어떻게 대비해야겠다는 생각을 할 수 있습니다. 그다음에 경찰이나 사법기관들을 자극하고, 경종을 울리고, 변화와 발전을 도모하도록 만드는 효과도 있겠죠. 반면에 부작용과 문제점도 당연히 있습니다. 일단은 불필요한, 불합리한 공포감을 확산시키는 부분이 있어요. 저 영화처럼, 저 드라마처럼 맨날 맨날 강력범죄가 발생하는 것이 아닌가. 그래서 불필요하게 보안 산업, 무인 경비 시스템에 가입한다든지, 호신용품을 구입한다든지 하게 되기도 합니다. 여성이나 노인들은 위축돼서 야간 활동에 제약이 온다든지, 그리고 말씀하신 것처럼 모방 범죄의 문제, 범죄를 저지를 때 영화에서 봤던 수단과 방법들, 더욱 더 잔혹한 행위들을 하게 되는 측면도 있어요. 그런 부분들이 균형을 이뤄야죠. 또 하나 표현의 자유 문제를 짚어볼 필요가 있습니다. 표현의 자유가 범죄 프로그램의 부작용들 때문에 위축된다고 하면 그것도 옳지 않아요. 예를 들어 과거 미국 1930년대에 헤이즈 코드Hays Code라는 게 있었어요. 영화나 TV 방송의 지침이죠. 우리의 방송통신위원회 격의 영화산업위원회에서 제정한 건데요. 권선징악을 담아야 한다, 악이 승리하면 안 된다, 범죄자가 성공하는 모습을 보여주면 안 된다, 경찰이나 법 집행자가 악한 모습을 보여주면 안 된다, 이런 내용들을 담고 있어요. 그러다 보니까 창의력과 창작력이 위축돼버리고, 뻔한 스토리만 나오고, 그래서 감독들 중 일부가 헤이즈 코드 자체가 위헌이라며 연방대법원에 제소하게 되면서 위헌판결이 내려지고, 헤이즈 코드는 더 이상 작동하지 못하게 됐는데요. 범죄 관련 프로그램이 우리 사회에 주는 긍정적인 영향, 부정적인 영향과 함께 표현의 자유라는 영역도 저는 무시할 수는 없다고 봐요. 그렇기 때문에 작품들 속에서 다루는 범죄 문제를 탓하기 전에 소비자 교육이 더 중요한 것 같아요. 어렸을 때부터 학교에서 미디어라는 것이 어떤 것인지, 어떤 과정을 거쳐서 어떻게 만들어지고, 사실과 어떻게 다르고, 미디어상에서 시청자들의 관심을 끌기 위해 어떠한 과장과 왜곡이 일어나는지, 이런 것들이 준비가 되면 예방주사를 맞은 것처럼 되겠죠. 사실 그런 드라마들은 연출된 것이고, 가짜잖아요. 그게 사람에게 줄 수 있는 영향은 제한적일 수밖에 없거든요. 그런 준비가 안 되어 있을 경우 사실인 것처럼 느껴져서 영향을 줄 수 있는 거죠. 이제부터 우리가 접근을 바꿀 필요가 있다. 표현의 자유는 폭넓게 허용을 하되 다만 연령별 등급 제한 같은 것은 꼭 준수를 해야겠죠. 그리고 미디어 소비자 교육 부분을 좀 더 폭넓게 강조할 필요가 있다. 제가 영국에서 유학할 때 많이 느낀 거예요. 미디어상의 범죄도 범죄학의 중요한 분야라서 들어봤더니 그쪽은 초중고등 과정 내에서 미디어에 대한 교육이 실시되는 거예요. 학생들이 매일매일 접하는 만화, 드라마, 아이돌 스타들이 나오는 공연, 이런 것들이 어떻게 제작되며, 어떤 유의 사항이 있으며, 어떻게 해석해야 되는지 어린 시절부터 공부하고 올라온다는 거죠. 그러니까 우리나라처럼 프로그램 하나에 휩쓸리고, 그것 하나 때문에 좌지우지되는 현상이 없다는 거예요. 그런 부분들이 우리가 많이 취약한 상태예요. 그래서 더욱이나 방송을 장악하려고 나서고 있는 것 같습니다.

CSI 신드롬, CSI 이펙트

지   CSI 효과라는 것도 있잖아요. 현실하고는 다른 부분이 있지 않습니까? 특히 한국의 현실과는 다를 텐데요. 드라마에서는 법의관이 수사도 하지만, 우리는 그런 권한이 전혀 없어요. 법정에서 배심원

제도를 할 때 화려하게 프레젠테이션을 해야 유죄를 입증할 수 있는 가능성이 높아지는 부분도 긍정적인 영향과 부정적인 영향이 있을 텐데요.

표 그것도 똑같죠. CSI 신드롬이라는 말이 있고, CSI 이펙트라는 말도 있거든요. CSI 신드롬이라는 것은 〈CSI〉 드라마 때문에 선풍적인 과학수사의 열풍이 일었단 말이죠. 대학에도 과학수사와 관련된 학과가 개설이 되고, 지망생도 늘고, 현실에서도 좀 더 과학기술을 CSI 수준에 맞게 향상시키자, 이런 것들이 긍정적인 의미고요. 이펙트는 주로 부정적으로 사용이 되죠. 특히 법정에서. 우리도 국민 참여 재판 제도가 시범적으로 시행 중인데요, 미국은 배심제잖아요. 일반인들이 유무죄 판결을 한단 말이에요. 그런데 이 배심원이 된 분들이 CSI를 기대하는 거죠. 법정에서 드라마 〈CSI〉만큼의 현란한, 분명하고 멋진 증거 제시가 이루어지길 기대하고, 검찰 주장이 제대로 납득되지 않으면 뭔가 미흡하다고 느끼고, 무죄판결이 이루어진다는 겁니다. 거꾸로 실제로는 증거가 충분치 않은데, 포장을 그럴듯하게 해서 잘 제시하고, 그래픽 효과를 사용을 하면 확실한 유죄인 것 같은 느낌을 받게 되는 등의 현실이 왜곡되는 현상. 이것이 CSI 이펙트라고 할 수 있어요. 그러다 보니까 경찰, 검찰 일선에서도 실제로 수사를 어떻게 잘해서 증거를 잘 찾느냐보다 어떻게 법정에서 배심원들에게 멋지게 보일 것인가, 포장할 것인가에 집중하게 되는 문제가 발생한다는 거죠. 이것 역시 어떻게 보면 장점이 될 수 있습니다. 〈CSI〉 같은 드라마의 리얼리티를 줄이라고 이야기하는 것은 말이 안 되는 거예요. 오히려 준비가 덜 된 사법제도가 그런 드라마의 부정적 영향이 크지 않도록 장치를 마련하고, 기술 개발도 하고, 법조인들이

나 경찰도 배심원들의 눈높이에 맞춰서 증거를 제시하고, 준비하는 노력들이 이루어져야 하고, 그게 이루어지고 있어요. CSI 이펙트 역시 부정적인 것 못지않게 긍정적인 측면도 있습니다.

지 드라마 〈싸인〉 같은 경우도 국과수 요원들이 수사를 하는데요. 현실과는 다르지만, 그걸 통해서 사람들이 저런 방향으로 나가야 되지 않나 하는 생각을 하게 되는 효과를 갖지 않을까 싶네요.

표 〈싸인〉도 CSI 이펙트와 유사한 효과고, 유사한 현상을 불러일으키고 있어요. 말씀하신 것처럼 〈CSI〉든 〈싸인〉이든, 사실상 현실성을 많이 담보하는 것은 아니거든요. 두세 달, 1년 넘게 지속될 수 있는 수사 기간을 45분에 한 사건이 해결되는 것처럼 보이기도 해요. 실험실에만 있어야 될 법의관이나 법과학 분석관이 현장에 가서 수사하는 모습을 보이는 것은 미국도 그렇고, 우리나라도 그렇고 현실적이지 않거든요. 그럼에도 불구하고 그런 시청자들의 기대, '과학수사라는 게 이 정도는 돼야 하지 않겠어?' 하는 부분을 충분히 제시해주고 있고, 실제 수사기관과 과학수사연구소에서 그 눈높이에 맞추려고 노력하는 견인 역할을 분명히 해주고 있죠. 특히 법의학 같은 경우에는 지망자가 너무 없어서 맨날 미달 사태를 겪었었는데요. 그나마 〈싸인〉 같은 드라마가 나오면서 '아, 의미가 있구나. 사회에서도 존중받는구나' 하는 인식이 생겨서 법의관 지망자들이 늘었거든요. 그것도 대단히 긍정적인 효과라고 봐야죠.

7,000켤레의 구두를 훔친 남자

지 일선에서 프로파일링을 하실 때 몇 명 정도나 만났는지 혹시 기억하세요?

표 숫자는 정확히 기억을 못하고, 꽤 많이 만났죠. 연쇄살인범도 만나고, 연쇄 성폭행범도 만나고, 묻지 마 살인범, 존속살인범, 자기 아이 살해범, 영아 살해범, 상습절도범, 상습 사기범, 다양한 종류의 범죄자들을 만났죠.

지 절도범도 프로파일러가 만나야 하나요? 프로파일러 하면 주로 강력범이 연상되거든요.

표 상습 절도범 같은 경우는 이상심리가 있었기 때문인데요. 어느 신문에 난 사건이 있어요. 장례식장에 가서 구두만 훔치는 경우가 있었습니다. 거기서는 누구나 조문이 우선이니까 신발 같은 것은 신경 안 쓰잖아요. 신발이 없어지면 누군가가 바꿔갔겠구나, 하고 대개 포기하고 말거든요. 그런 일이 계속 반복됐는데요. 절도범이 한 특정 장례식장에서 계속해서 범행을 저지른 거예요. 그래서 자꾸 신발에 대한 항의나 문의를 하는 사람의 숫자가 늘어나니까 장례식장 측에서 CCTV 녹화된 것을 본 거예요. 그랬더니 똑같은 사람이 전혀 상관 없을 것 같은 장례식장에 똑같이 출몰한 것이 보인 거죠. 그 사람이 들어올 때 신고 온 신발과 나갈 때 신고 간 신발이 다르다는 것을 확인하고, 경찰에 수사를 요청했는데요. 그 사람 집에서 7,000여 켤레, 엄청난 양의 신발이 발견된 거죠. 자기 발에 맞는 것만이 아니에요. 여자 신발도 있어요. 그리고 새 것만 있는 것도 아니고, 팔기 위해서 훔친 것도 아니에요. 신발 자체에 대한 비정상적인 집착이 있었던 거죠.

지 속옷에 대한 도착이랑 비슷한 거겠네요.
표 예. 페티시즘적인 집착이죠. 그 원인이 무엇일까를 알아내기 위해서 만났는데요. 쭉 면담을 하면서 그분이 살아온 인생을 들어보니까 참 기구하더라고요. 건설업자로 성공가도를 달리다가 사업이 잘 안 되고, 실패하고, 그러면서 정체성의 혼란도 느끼고, 이유는 잘 모르겠지만 어느 순간부터인가 진열장에 있는 멋진 구두가 너무나 자기를 끌고, 그래서 한 번 구두를 훔쳤었는데 거기서 너무나 큰 쾌감을 느껴서, 그 뒤로 거기에 중독됐다는 거예요. 그래서 그 내용을 재판부에 제출하면서 선처를 호소했죠. '이 사람은 자신의 이익이나 재산적인, 경제적인 영달을 위해서 행한 절도가 아니고, 본인 스스로가 주체하지 못하는 병적인 충동에 의해서 행한 습관성 도벽으로 보인다. 그래서 이 사람에게는 처벌보다는 치료가 필요하다.' 나이도 환갑이 넘은 분이고 해서 법정에 나가서 증언도 해드렸죠. 다른 사례들도 있어요. 다른 마을에서 전혀 소용없는 기구, 장비, 이런 것들을 훔쳐다가 창고에 쌓아놓는 사람들도 있었어요. 그런 경우에는 만나죠.

프로파일링은 라포 형성부터

지 강력범죄자들을 만날 때는 다른 사람들과 만날 때와 다르게 긴장된다거나 하지는 않나요?

표　그런 것은 전혀 없어요. 그들이 범죄를 저지른 순간에 만났다면 대단히 긴장했겠죠. 그런데 검거된 이후고, 대부분 기가 꺾인 상태거든요. 다른 사람이랑 똑같아요. 오히려 대부분 다른 사람들의 관심이나 애정을 못 받아온 사람들이다 보니까 조금만 관심을 보여줘도 마음이 쉽게 열리는 특성을 가지고 있어요. 그래서 시시콜콜한 어린 시절 이야기, 본인이 살아왔던 것, 이런 것을 줄줄줄 다 이야기하거든요. 그래서 긴장한다든지, 일반인과 달리 느낀다든지 하는 것은 없어요.

지　프로파일링을 할 때 접근하는 특별한 기법이 있습니까?
표　몇몇 경우 형사들이 수갑을 채워서 데려오는 경우도 있고, 옆에 있는 경우도 있습니다. 위험하다고. 범행이 워낙 잔혹하니까요. 그때마다 저는 '괜찮아요. 혹시 위급하면 부를 테니까 수갑 풀어주고 나가 계세요.'라고 해요. 그러면 형사들이 대단히 미심쩍어하기도 하고, 불안해하기도 하면서 나가죠. 제가 범죄 분석에는 전문가일지는 몰라도 무력, 완력에는 전문가가 아니라고 생각하니까요. 혹시 사고라도 생기면 그분들이 곤란에 처하게 되잖아요. 저는 기본적으로 그들을 잘 알고, 그들의 심리에 대해서 파악하고 있기 때문에 결코 위험한 상황에 처하지 않으리라는 것을 알고 있습니다. 기법 자체가 기본적으로 라포rapport 형성이라는 것에서 출발을 해요. 상대방과 나 사이에 심리적 공감대를 쌓아나가는 거죠. 그러면 위험이 형성되지 않습니다. 왜 강력범죄가 생기느냐, 왜 피해자와 가해자간의 무력적, 폭력적 충돌이 생기느냐. 긴장이라는 것이 유발하거든요. 두려움. 저는 범죄자들과 맞대응하는 순간에는 일단 그들에 대해서 이해, 공감 같은 것들로 접근을 합니다. 그러면 그들은 공격을 하고 싶은 욕구가 생기지 않아요. 그게 중요한 첫 출발이에요. 그리고 단계별로 범죄심리학적 면담 기법이 있죠. 사실은 강력 흉악범들은 면담하기가 별로 어렵지 않아요. 제일 어려운 것이 여성 범죄자 중에 자기의 지인, 가족, 특히 자기 아이를 살해한 경우, 이런 경우에는 말을 안 하니까, 입을 안 여니까 어렵죠. '죽여주세요', 이것밖에는 없거든요. 그런 사람의 입을 열게 하는 것이 제일 힘들어요.

지 라포 형성하는 것부터 출발한다고 말씀하셨는데요. 그런 부분을 잘 하시는 것 같은데요. 선천적인 부분이 있는 건가요? 사모님을 세 번 만나시고 청혼을 하셨고, 심지어 장인어른께서 가장 싫어하는 경상도 출신에 경찰관이었는데요. 처음 뵌 날 허락 받았다는 얘길 책에서 읽었거든요.(웃음)

표 글쎄요. 선천적인 부분인지는 잘 모르겠어요. 저는 그렇지 않다고 생각합니다. 그보다는 제가 살아온 과정에서 어렸을 때부터 친구들이든 이웃 어른이든 누구한테든 붙임성이 좋다는 얘길 많이 들었어요. 이야기하는 것을 대단히 좋아했고, 상대방을 알고 싶어 했습니다. 친구들 같은 경우도 예를 들어서 잘 씻지도 않고, 냄새가 나고, 옷이 남루하고, 이런 친구들도 저는 전혀 거부한 적이 없어요. 가서 이야기 나누고, 그들이 누구인지도 궁금했어요. 집에도 찾아가보고. 그렇게 살아가다 보니까 다른 것은 몰라도 사람을 대하는 것에 있어서만큼은 줄곧 누구보다 자신이 있었어요. 중고등학교에서도 언제든 친구들 사이에서 문제가 있을 때 상담하고 싶은 친구였고, 상담을 청해오면 제가 답을 제시해주진 못해도 잘 들어줬고, 그래서 친구들이 서로 충돌이 있거나 갈등이 있거나 어려움이 있을 때, 언제든 중재하는 역할이 필요할 때 꼭 저를 찾아오곤 했었거든요. 그게 저한테는 가장 큰 자산이었던 것 같아요. 가장 잘하는 거였고. 그리고 나서 범죄심리학 공부를 하면서 훨씬 이론적으로, 기법적으로 다듬어졌다고 볼 수 있겠죠.

지   프로파일러 역시 일단 상대방의 이야기를 듣는 게 가장 중요한 거겠네요.

표   그럼요. 저는 그렇게 청소년기를 살아왔는데, 범죄심리학을 공부하다 보니 그런 이야기가 나오는 거예요. '듣는 것이 대화의 가장 중요한 요소다.' 그게 너무 와 닿는 거죠. 그게 옳은지 그른지도 모르고 그렇게 해오고 살아왔는데요. 학문적으로 그렇더라고 하니까 다른 사람들보다 훨씬 더 잘 받아들여지고, 실천하기도 더 쉬웠죠.

열창 노래방의 히든카드

지   듣는 것 이외에 기술적인 부분도 많이 배우셨을 텐데, 기법적으로는 어떤 것들이 있나요?

표   수도 없죠. 《숨겨진 심리학》이라는 책에 여러 가지를 적어놓긴 했지만, 기법이라는 것도 하나하나를 외워서 쓰는 것은 아니에요. 연구하고 책을 쓸 때는 그렇게 할 수 있을지는 몰라도, 실제로 사람을 대하고, 대화하고, 설득하고, 협상하고, 면담하고, 조사하고, 이러한 실제 상황에서 그 기법을 사용하려면 완전히 내 것으로 체화돼야 하거든요. 때로는 일선 베테랑 형사들이 전혀 범죄심리학 훈련이나 학습을 받지 않아도 정말 잘 하는 경우들이 있어요. 자기한테 체화돼 있기 때문에 그런 거죠. 그런데 오히려 범죄심리학 박사 학위를 받거나, 우리나라의 유명한 심리학자. 이런 사람들이 방송 환경에서도 그렇고, 그 외에 환경에서도 그렇고, 누군가 하고 이야기를 하다가 막 화를 내고, 일방적으로 자기주장을 하는 모습을 많이 봤어요. 그러니까 책에 써 있는 기법과 현실에 적용하는 기법 사이에는 분명한 차이가 있다, 그래서 저 같은 경우에는 배운 것보다는 먼저 삶을 통해서 체득한 대인관계의 기법이 있어요. 그게 학습과 연구를 통해서 확인되고 강화된 것이죠. 그중에 어떤 것들이 사용되느냐. 백트래킹 등 여러 가지 기법이 있는데, 하나하나 설명하긴 그래요. 이런 결과가 어떻게 본다면 없는 새로운 기법을 만들어서 가르쳐주기보다는 우리가 살아가면서, 지 작가님도 인터뷰어니까 잘 아실 거예요. 어떨 때 어떤 식으로 대하니까 저 사람 답이 술술 나오더라. 그게 사실은 범죄심리학에서 이야기하는 면담 기법이더라고요. 그걸 조금 정리하고 순서대로 체계화한 것뿐이죠. 그걸 인지 면담 기법이라고 하는데, 기본적으로 우리가 최근에 많이 사용하는 범죄심리학적 심문 기법입니다. 제가 국정원에서도 교육을 해봤고, 형사들도 교육을 해보고, 대기업의 감사 전문가들도 교육을 해봤는데요. 그걸 쭉 강의하고 알려주면 때로는 오래 근무한 분들은 '그게 무슨 기법이냐, 다 아는 거지', 그렇게 이야기하는데요. '아, 그렇습니까?' 하고 실습시켜보면 못해요. 그런 거죠. 하나하나 이야기해보면 당연한 것 같고 별 문제 아닌 것 같은데, 실제로 대화할 때 사용하는 것은 별개인 겁니다. 우리가 부모 자식 간에 대화가 제일 안 되거든요. '자기감정을 중화시켜라'라고 하는데요. 내가 상대방에게 호감을 갖고 있으면 그 사람이 하는 이야기가 잘못됐는데도 믿게 됩니다. 반대로 상대방에 대한 경계심, 의심, 혐오감 같은 것을 갖고 있으면 그 사람이 중요한 이야기를 하는데도 불구하고 '저건 개뻥이야' 하고 무시하게 되거든요. 감정을 중화시켜라, 이게 어려운 말이 아니잖아요. 그런데 실제로 적용하기에는 너무 어려운 거죠.

지 이론과 실제의 괴리는 늘 크죠.(웃음) 듣는다는 것 중에서 제일 중요한 것이 인내심을 가지고 참고 듣는 것인 것 같은데요.《숨겨진 심리학》보니까 열창 노래방 라이터 에피소드가 재미있더라고요. 범죄 현장에서 열창 노래방 라이터를 주운 경우 범인을 심문할 때 바로 '너, 열창 노래방 갔었지?' 하는 것은 하수라는 거잖아요. 부인하면 그걸로 끝나는 것이고, 다음에 써먹을 수 없는 카드가 된다는 건데요. 이런 저런 이야기를 쭉 하다가 '너 놀 땐 뭐하고 놀아?', '친구들이랑 노래방도 가요'라는 이야기가 나오는 타이밍에서 '아, 열창 노래방'이라고 하면 상대방은 '어, 나에 대해서 얼마나 알고 있는 거지? 다 알고 있나?'라고 생각하면서 긴장하게 된다는 거잖아요. 예전 형사분들 이미지는 증거가 나오면 그것을 가지고 윽박지르는 모습이 연상되는데요. 차곡차곡 쌓아놓았다가 필요할 때 요소 요소에서 꺼내라는 건데, 인터뷰할 때도 중요하게 써먹을 수 있는 기법인 것 같습니다.(웃음)

표 그럼요. 인내심 말씀하셨지만, 어떻게 보면 가장 중요하죠. 언제까지 참느냐. 조급한 성격의 사람들은 증거를 꺼내놓고 싶어서 안달을 하는 거죠.

지 빨리 이걸 꺼내서 자백을 받아야지.(웃음)

표 그게 만약에 예상하지 못한 합리화, 변명 같은 것들로 무력화 돼버리면 나는 더 이상 쓸 수 있는 카드가 없는 거잖아요.

지 히든카드를 어떻게 잘 활용하느냐가 관건이네요.(웃음)

표 그렇죠.

연쇄살인의 사회적 징후들

지 "연쇄살인의 징후가 뚜렷하다면 지진, 태풍 대비에 맞먹는 사회적 대응이 필요하다"라는 말씀을 하셨잖아요. 어떤 대응이 필요한가요?

표 예를 들어 피해를 보면, 태풍이 났을 때 평균 몇 명 정도의 사망자가 나느냐. 10여 명이 사망할 때도 있고, 20여 명을 넘어서 엄청난 피해가 오기도 하잖아요. 재산은 별도로 치고요. 유영철이 몇 명을 죽였나요? 22명. 강호순 7명. 정남규 10여 명. 이렇게 태풍 한 번 부는 것 이상의 사망자가 나오잖아요. 그만큼 인간이 만들어낸 재해라고 볼 수 있어요. 지진과 태풍, 홍수는 피해에 대한 조짐 징후를 관찰하고, 나타나면 재방을 쌓는다든지 대책을 세우잖아요. 똑같다는 거죠. 2000년대 들어와서 그 전보다 연쇄살인이 증가하고 있어요. 한 명 한 명이 별도의 괴물들이라기보다는 사회병리 현상이 이렇게 해서 돌출하는 것이라는 시각이 맞다고 보여요. 그렇다면 연쇄살인이 더 나올 수 있는 사회적 징후들이 포착되고 있는 것 아닌가. 징후들이 여러 가지가 있잖아요. 권력형 비리가 많아서 사회 내 불신과 분노가 커진다, 빈부 격차가 심각해지고 있다, 취업률이 낮아진다, 학교 폭력과 가정폭력이 증가한다, 이런 것들을 연쇄살인의 사전적 인덱스로 볼 수 있는 거죠. 그렇다면 여기에 대해서 태풍이 오는 사전 징후가 포착될 때처럼 우리가 대응해야 할 필요가 있다는 겁니다. 그러면 서둘러 성장보다는 복지와 분배 쪽에 초점을 맞추고, 분노 조절을 못하는 이상 성격자가 있는지 찾아보고, 그들을 미연에 발견해서 상담·치료하고, 교육제도, 가정에서의 폭력, 아동 학대 같은 부분에서 대비책을 빨리 찾아나가자는 것이죠.

지   총체적으로 사회적인 불평등을 해소해야 그런 것이 줄어들 수 있다는 이야기네요. 교육도 중요하구요. 도박도 자기 개인의 선택이기 때문에 사회가 간섭하는 것이 옳지 않은 거 아니냐는 시각도 있는데요. 문제가 되는 게 한 개인이 피폐화되는 것으로 끝나는 것이 아니고, 범죄로 연결될 가능성이 높기 때문에 관리를 해야 되는 걸 텐데요. 돈을 잃고 나면 회복하기 위해서 범죄를 저지른다든지 할 가능성이 높아지니까, 잘 관리를 해야 된단 말씀 같습니다.

표   그렇죠.

공개수사 원칙으로 바뀌는 유괴 사건

지   유괴 사건이 일어났을 때도 논란이 있지 않습니까? 공개수사를 원칙으로 해야 한다, 피해자의 안전을 보장하기 위해서 신중해야 한다. 연쇄살인의 경우 너무 자세히 보도해서 공포감을 조장하는 것도 문제잖아요. "섣부른 보도로 불필요한 공포심 확산시키는 것도 사회적 해악"이라는 말씀도 하셨어요. 때로는 청와대에서 정권 위기를 탈출하기 위해 연쇄살인 검거에 대해 과잉 보도를 하라는 지시를 한 적도 있었어요.

표 강호순 사건 때 그랬죠. 결국은 얼마나 합리적이고 순수한 접근을 하느냐의 차이인 것 같아요. 범죄적 상황, 범죄적 피해를 이용하겠다는 생각을 갖는 것 자체가 결코 용납될 수 없는 거예요. 해서는 안 되는 일이죠. 당시 청와대 행정관의 행동은 그가 정말 단독으로 결정한 것인지, 윗선의 지시가 있었는지 모르겠지만, 그건 범죄입니다. 그 자리에서 물러난다고 해서 되는 것이 아니에요. 업무 방해를 포함한 가능한 모든 법 조항을 적용해서 형사 처벌을 했어야 합니다. 엄청난 사안이에요. 그런 부분 이외에 어린이 실종에 있어서 공개냐, 비공개냐, 정답은 없습니다. 하지만 그동안의 범죄심리학의 연구에 따르면 아동 실종의 경우에 사망으로 귀결된 경우 사망 시점이 실종 직후 세 시간 이내, 그다음에 24시간 이내, 이 순서로 일어난다고 해요. 크리티컬 아워critical hours, 가장 중요하고 핵심적인 시간은 실종 직후 세 시간 이내죠. 일단 아동 실종은 무조건 공개가 원칙이라고 기준이 바뀌고 있어요. 그게 앰버 경보 시스템으로 들어온 겁니다. 다만 명백하게 유괴임이 확인될 경우가 있죠. 유괴범이 전화를 걸어왔다, 신고하면 죽인다고 할 경우 공개되면 유괴범으로서는 성공 가능성이 없고, 아동이 자신을 봤으면 신고할 수도 있으니까 살해할 수도 있잖아요. 그런 예외적인 상황에서는 비공개 수사가 원칙이죠. 비공개를 통해서 위치 확인을 하고, 협상을 하고, 그러다가 저쪽에서 아동의 생존 신호를 보여주지 않고, 시간만 끌고 그럴 경우에 공개로 전환할 시점을 놓쳐서는 안 되는 거예요. 대단히 전문적인 영역인 거죠.

지 여러 가지 경험을 바탕으로 해서 판단해야 할 텐데, 그때그때의 감도 필요하겠네요.
표 그럼요. 직관이라는 영역에서의 감도 필요한 거죠. 합리적이고 통계적인 것도 필요하고. 결코 쉬운 결정은 아닙니다. 늘 똑같은 답이 있는 것도 아니에요.

수사 지휘관은 고독한 자리다

지 생명하고 직결된 거니까 쉽지 않은 결정이겠죠. 그 결정으로 인해서 피해자가 사망할 경우가 있을 수도 있구요.
표 그럼요. 거기서 어려운 것이 뭐냐 하면 수사 지휘관의 문제거든요. 수사 지휘관은 고독할 수밖에 없고, 선택의 순간에서 과감해야만 하는 직업적인 의무를 가지고 있어요. 자신의 선택 때문에 큰 피해, 또는 생명 손상이 일어날 수도 있죠. 그렇다고 해서 방어적이 되면 안 됩니다. 그야말로 한 것이 아무것도 없기 때문에, 자신의 무책임한 직무 유기 때문에 죽음이 일어날 수도 있거든요. 그때는 자기의 감과 경험, 전문적인 교육 훈련의 결과, 이런 모든 것들을 종합해서 결정을 내려야 합니다. 지금 우리나라 지휘관들이 그런 부분들에 있어서 과감성이 떨어진다는 거죠. 책임지기를 싫어한다는 겁니다. 책임을 무서워해요. 어떻게 본다면 대상자인 피해자의 안위나 생사 여부보다 자신의 직업적인 안정을 더 중시하는 분위기가 일부에서는 있는 거죠. 그것은 결코 옳지 않다고 생각해요. 특히 수사 간부, 수사 지휘관은 교육 훈련을 통해서 반드시 그런 결정의 순간에 후퇴하지 않게 훈련되어야 합니다. 전장에서도 똑같잖아요. 지휘관이 공격할지, 후퇴할지를 머뭇거린다면 그 머뭇거림 때문에 수많은 병사들이 죽을 수도 있거든요.

지   그런 보신주의로 빠지는 이유가 어떻게 보면 신상필벌이 명확하지 않아서일 것 같은데요. 어떤 일이 생기면 책임지지 않아야 될 일이거나, 책임을 묻기 어려운 일에도 책임을 묻는 경우가 있다 보니 '일을 저질렀다가 나중에 징계를 받느니 하지 말자', 이런 경우도 있을 것 같습니다. 이것도 중요한 문제인 것 같은데요.

표   중요하죠. 중요하지만 제도적으로 결과가 나쁘더라도 과정에 있어서 문제가 없다면 면책을 해주는 것도 필요합니다. 하지만 직업적 윤리로서, 일단 전문가잖아요. 형사나 수사 지휘관은 전문가이기 때문에, 전문가로서 그 결과로 인해 어떤 불이익을 본다고 하더라도 그 순간 필요한 결정이라면 해야 합니다. 매 순간마다 과정상의 문제가 있는지 없는지는 확인하기 어렵습니다. 용산 참사 같은 경우에 진입과 대기, 협상, 그 사이에 어느 시점이 진입 시점이냐, 그건 답이 없어요. 그런데 결과가 나빴잖아요. 결과가 나빴지만 과정에 문제가 없다고 지휘관들에 대해서 면책을 해줘야 된다, 이건 또 아니거든요. 어떤 경우에는 운명처럼 그 순간이 왔을 때 결과가 나쁘다면 자기가 아무리 최선을 다해서 문제없이 했다고 하더라도 결과를 받아들일 준비가 되어 있어야 한다고 생각해요. 그게 법 집행자로서의 숙명이라고 생각합니다. 물론 최선을 다해 제도를 만들어서 선의의 피해자가 나오지 않도록 해야겠지만, 무조건적으로 면책 범위를 확대해버리면 그런 순간에 나쁜 결과가 일어날 가능성이 많음에도 불구하고 최선을 다해서 막지 못하는 문제가 생기게 되거든요.

6

정의로운 경찰관의 고독한 딜레마
_ 총기 사용에서 경찰대학 문제까지

총기 사용의 딜레마

지 　경찰관들이 선택을 하는 데 있어서 딜레마에 빠지는 것 중 하나가 위급한 상황에서의 총기 사용 문제잖아요. 총기를 잘못 사용하면 시민이 다칠 수도 있고, 위급한 상황을 어느 정도로 규정할 것이냐는 문제도 있어요. 반면 강력범죄를 제압하기 위해서 필요한 것 아니냐는 주장도 있잖아요. 경찰이 다쳐서도 안 되구요.

표 　마찬가지죠. 과연 어떠한 상황에서 경찰관이 자신 있게 총기를 사용할 수 있는지, 그런 기준과 절차만 준수한다면 예기치 않게 나쁜 결과가 나타나더라도 경찰의 책임이 면해지느냐, 그런 부분들이 확립이 안 되어 있어요. 또 다른 측면의 문제도 있지요. 경찰관이 직업적인 특성상 위험을 감수하고서도 필요하다면 과감하게 총기 사용을 하고, 불필요하다고 느낀다면 총기 사용을 자제하는 것은 해당 경찰관의 현장 판단일 수밖에 없거든요. 경찰관의 판단이 올바르기 위해서는 그 경찰관이 제대로 된 교육 훈련을 받았어야 되는 겁니다. 그 모든 것, 교육 훈련, 제도 부분, 경찰관의 전문가적인 윤리와 자질, 이 세 가지가 같이 돌아가야 되는 것이고, 여기에 덧붙여서 사법부의 판례와 판단의 엄정성, 여론도 보호해줄 것은 보호해주고, 잘못이 있다면 엄정하게 묻는 것이 같이 돌아가야 제대로 풀릴 문제입니다. 우리 사회는 그 모든 부분이 사실은 조금 원칙이 없고, 일관성이 없고, 감정적이고, 결과에 따라서 달라지거든요. 결과가 나쁘면 잘못된 것이고, 결과가 좋으면 다 괜찮고, 이런 결과지상주의에 빠져 있다 보니까 현장에서 경찰관들이 과감해지지 못하는 거죠. 자신을 갖지 못하고, 결과만 예상하는 거예요. 그 피해는 고스란히 시민들이 보게 됩니다. 위험한 범죄자가 도주를 해도 총기를 사용하지 못하니까, 그가 추가적인 범죄를 저지를 수 있는 문제가 생기는 거예요. 반대로 총기 사용할 만한 상황이 아닌데도 잘못해서 총기를 사용하는 경우가 생기는, 이런 불균형한 부분이 많다는 거죠.

지 미국에서도 경찰의 총기 사용이 논란이 되는 경우가 많던데요. 인종적 편견으로 인해서 발생하는 경우도 있는 것 같아요. 백인 경찰이 흑인에게 과도하게 총기를 사용해서 문제가 된 경우들이 있잖아요.
표 미국도 모범적인 경찰 제도를 운용하고 있다고 볼 수는 없죠. 워낙에 산발적 자치 경찰제다 보니까 불균형도 심각하고, 말씀하신 것처럼 경찰관 내부에서의 하위문화, 그게 백인 중심이 되다 보니 인종적 차별도 있고, 특히 하층민, 노동자 계층에 대한 편견도 있죠. 경찰학에서 폴리스 프로퍼티Police Property라는 개념이 있어요. 경찰의 자산이라는 개념이죠. 가서 때려도 신고하거나 민원 제기를 못할 만한 사람들, 그들 스스로가 불법적 활동을 하니까. 성매매 종사 여성, 불법 영업 업주, 노점상, 청소년 갱, 이런 친구들이 대개 폴리스 프로퍼티라고 지칭되거든요. 그런 부분에서는 미국 경찰도 분명히 문제가 있죠. 우리보다 그런 부분에서 낫다고 볼 수 없어요.

황하를 건너면 귤이 탱자가 된다

지 유럽에 가서 공부하시면서 다른 나라 경찰 제도도 많이 공부하셨잖아요. 우리가 본받고, 도입할 만한 제도는 어떤 게 있을까요?
표 제일 어려운 게 뭐냐 하면 귤이 황하를 건너면 탱자가 된다고 하잖아요. 그동안 제가 무수한 제도를 우리나라에 소개했습니다. 경찰청의 요청에 따라서 제출을 하고 국무총리실, 청와대, 감사원, 부패방지위원회, 인권위원회에 엄청나게 외국 제도를 소개했습니다. 그러면서 느낀 것이 귤이 탱자가 되는구나 하는 것이었습니다. 그 제도 하나를 따온다는 것은 무의미하다는 것을 느꼈죠.

지 사회적인 여러 가지 조건과 제도가 맞아떨어져야 하는 거군요. 그 사회의 인식, 역사성과 다 연관이 있겠네요.
표 그럼요. 그 제도가 탄생하게 된 배경이 있잖아요. 맥락이 있고, 그 과정에서 사회적 합의가 이루어지고요.

지 어느 나라의 복지 제도가 좋다고 해도 바로 우리한테 이식할 수는 없을 테니까요.

표 그렇죠.

지 제도개선기획단에 계시면서 그런 일들을 많이 하셨잖아요. 어떤 게 제일 걸림돌이 됐습니까?

표 도구로 이용된다는 거죠. 제도 개혁을 추진하는 쪽에서는 이미 답을 가지고 있습니다. 예를 들어 자치 경찰이라고 하면 이미 '자치 경찰 제도는 나쁘다, 안 좋다'는 생각을 가지고 있어요. 자치 경찰을 하라는 사회적, 정치적 요구가 있으니까 그런 흉내를 내면서 어떻게 하면 하지 않을까 생각을 하는 겁니다. 그걸 위해서 각국에 있는 제도 중에서 그 목적에 사용될 만한 것을 뽑는 거죠. 경찰 수사 제도 개선, 이것도 마찬가지인데요. 수사의 관행과 문화의 근간은 그대로 두고 싶은 거예요. 수사 경력이 짧은 간부도 얼마든지 수사 간부가 돼서 활동할 수 있는 상황에서 큰 근간의 변화 없이 새로운 프로그램을 제시하는 그런 느낌, 그런 식으로 다른 나라 것들을 샘플링해서 도입을 하니 제대로 될 리가 있냐는 거죠. 지난 정권에서 경찰혁신단 위원으로 오라고 해서 첫 회의에서 다소 과격한 발언을 했습니다. '도대체 경찰혁신단의 목적이 무엇입니까? 어느 정도까지 혁신을 할 자신이 있습니까? 모든 것을 다 뜯어고칠 준비가 되어 있습니까?' 그걸 물어봤어요. '그동안 수없이 많은 혁신을 시도했고, 저도 참여했지만 제대로 바뀐 것이 없는 것 같다. 정말 혁신을 하고 싶다면, 예를 들어 완전한 자치 경찰, 청장 직선제, 이런 것을 포함한 모든 것들을 받아들일 만한 각오가 되어 있지 않으면 나는 참여하고 싶지 않다'고 했습니다. 그랬더니 '좋습니다'라고 해서 참여했는데요. '결론이 정해져 있고, 가고자 하는 방향이 있고, 거기에 맞는 것들을 원하는구나'

하는 느낌을 받고 나서는 안 갔거든요. 그런 거예요. 초반에는 제가 외국 제도를 소개 공급하는 테크노크라트적인 역할을 하다가 오히려 경찰을 망치고, 국민들에게 나쁜 제도를 공급하는 공장 같은 역할을 하고 있다는 것을 깨달으면서 환멸을 느꼈어요. 그다음부터는 방향을 많이 바꿨죠. 제도를 요구할 때 '어떤 제도가 있다, 있긴 있는데 좀 잘 들어라, 이 제도는 이 나라에서는 이런 이유 때문에 이런 과정을 통해서 생겨왔다, 우리나라 같은 경우에 만약 이걸 원한다면 지금 우리나라에 있는 현상과 문제를 분석해야 된다, 현상과 문제의 원인을 찾으면 답은 나온다, 그러면 그 답을 실행하면 되는 거다, 다른 나라의 현상과 문제에 대해서 분석해서 나온 원인, 그 원인에 대한 대책으로 나온 것을 우리가 가져다 쓴다는 것은 몸에 맞지 않는 옷을 입는 것이다', 그런 이야기를 많이 하는데요. 그다음부터 사람들이 별로 안 좋아하죠. 지금 당장 쓸 수 있는 뭔가를 바라는 건데.

지 개혁이 잘 안 되는 이유가 조급하기 때문인 것 같아요. 개선할 의지가 없으면서 전시 행정 같이 하는 것도 있겠지만, 너무 빨리 성과를 거두려고 하니까. 개혁이라는 것은 인내심을 가지고 지난한 과정을 거쳐서 몇 년, 몇십 년에 걸쳐 해야 되는 걸 텐데요. 공사를 하더라도 환경 영향 평가, 이런 것을 해야 되는데, 그런 것도 없이 하려고 하니까 나중에 문제가 되잖아요. 그래도 개혁을 해내려면 그 사람들을 설득해야 될 텐데요, 거기서 회의감을 느끼셨던 것 같아요. 내가 하는 일이 이용만 당하고 있구나, 하고.

표 회의감을 많이 느꼈죠. 제가 아무리 설득과 협상의 달인이라고 하더라도 그쪽에서 가지고 있는 근본적인 것이 있으니까.

지 벽을 느끼셨군요.(웃음)

표 만나는 상대방을 설득한다고 해서 해결될 문제가 아니라는 거죠. 그 뒤에, 그 뒤에, 그 뒤에 사람들이 있으니까. 많은 회의를 느꼈죠. 그다음부터는 안에서 외국 제도나 대책들, 프로그램의 공급 역할은 안 하기로 하고, 피해 다녔죠. 차라리 언론과 방송 등을 통해서 대중과 만나는 방향을 많이 찾게 된 거예요. 그래서 국민들에게 직접, 예를 들어 전자 발찌라고 하면 장점은 뭐고, 단점은 뭐고, 어떻게 해서 도입이 된 것이고, 어떤 유의사항이 있는지 알려드리는 게 더 낫겠다는 생각을 한 거죠.

지 사람들의 인식이 바뀌고, 필요하다는 생각이 들어서 대중들이 요구하면 법이나 제도가 바뀔 가능성이 있으니까요. 대중들을 설득하는 일이 필요하다고 생각하셨군요.

표 정보를 드린다는 차원이겠죠.

지 계몽, 그러면 안 좋아하니까.(웃음)

표 학회도 경찰 관련 학회보다는 일반 형사법학회, 형사정책학회, 일반 사회학이나 심리학회, 이런 곳에 가서 발표도 하고, 토론도 하고, 그러면서 좀 더 차분하고, 분석적이고 이런 이야기들을 많이 하기 시작했죠.

지 그런 회의감이나 이런 것 때문에 제도개선기획단을 그만두셨군요.

표 그렇죠. 너무 큰 한계를 느꼈으니까.

지 격무에 시달리시고.

표 격무라도 의미만 있다면 괜찮은데요. 특정한 일부 목적에 이용당하는, 재료만 자꾸 공급하는 하청업자 같은 느낌을 받았거든요. 하청업체의 직원 같은 느낌을 받다 보니까, 이건 아닌 것 같다는 생각을 했죠. 내 완제품을 만들고 싶다, 그런 욕심이 생겼던 거예요.

경찰대학의 존재 이유

지 경찰대 교수로 14년 근무하셨죠? 어떤 보람이 있으셨나요?

표 보람이 많이 있었죠. 학생들을 직접 대하니까요. 학생들은 다르잖아요. 조직이라는 것이 가지고 있는 벽 같은 느낌과는 다르게 아주 유연해요. 주고받고 대화를 나누고.

지 그분들이 나중에 경찰 간부가 돼서 경찰을 개혁하고 좋게 만들 수 있는 교육을 하신 거니까요.

표 씨앗을 뿌린다는 느낌, 농사를 짓는다는 느낌. 지금 당장은 그게 안 보이지만, 이게 계속 지나고 지나서 나중에 꽃을 피울 것이라는 느낌이 강했죠.

지 '내 생각에 경찰대학과 경찰대 학생들은 경찰의 주류가 돼서는 안 된다'라고 하셨는데요. 경찰대 내부에서는 싫어했을 것 같은데요.

표 싫어하겠죠. 하지만 필요한 이야기라고 생각했어요.

지 　경찰대학 제도에 대해서 논란이 있지 않습니까? 경찰 간부 양성을 위한 고급 기관이니까 필요하다는 시각도 있어요. 관료화되고, 경찰대학 출신들이 계급이 올라갈수록 뭉쳐서 정치적 기동을 한다는 비판도 있는 것 같습니다. 승진 문제에 있어서 비경찰대 출신 일선 경찰들의 소외감이나 불만도 큰 것 같구요.
표 　그렇죠.

지 　개선이 필요하다고 생각하시나요?
표 　당연히 필요하죠. 저는 다른 것도 그렇지만, 그렇게 생각하도록 노력했어요. 저 자신이 경찰대학 출신이고 경찰대학 교수지만 경찰대학보다는 경찰을 먼저 생각하고 이 문제에 접근하자, 제가 경찰 쪽에 있지만 경찰보다는 국가와 국민을 먼저 생각하자, 그다음에 우리 국가와 국민들보다는 세계 인류를 먼저 생각하자, 이런 거죠. 내가 속한 것에 집착하고, 그 집단의 이익을 추구하다 보면 옳지 못한 생각을 하게 되고, 편향된 생각을 갖게 되잖아요. 그걸 깨고 싶었어요. 그릇된 사람이 되고 싶지 않으니까요. 그래서 들여다보니까, 다른 어떤 곳과 마찬가지로 경찰대학도 좋은 것만 있지는 않잖아요. 부작용이 분명히 있어요. 다만 부작용의 크기가 그 존재 자체를 없앨 정도로 크냐, 여기에 대해서는 확신이 안 들더라고요. 여전히 긍정적인 측면과 요소가 있어요. 부정적 측면을 줄여나갈 수만 있다면 괜찮겠다는 생각이 들었습니다. 한국적인 시스템이니까, 경찰대학 제도도 의미가 있겠다는 판단을 아직도 해요. 그래서 경찰대학 제도에 대한 개혁이라는 것을 계속 주장하는 거죠. 경찰대학이 존재하는 이유는 무엇일까, 경찰대학이 있기 때문에 없는 것보다 경찰이 좀 더 발전하고 합리적이 된다면 필요하다. 그보다 더 중요한 것은 무엇일까. 경찰만 발전하면 될까. 경찰대학이 있음으로 해서 국민이 더 편해져야 되는 거죠. 더 안전하고, 더 좋은 치안 서비스를 받고, 국가가 더 안정이 되고, 그런 차원에서 봤을 때 지금 경찰대학이 똑똑한 인재를 유입하는 기능은 상당히 의미가 있습니다. 하지만 조직 내의 위화감과 불평등성, 그래서 화합이 저해되는 요소, 특정 인맥이 상층부를 독점하는 것에 대한 우려, 이런 부분들이 모두 결국 전체 경찰 조직에 마이너스적인 영향을 줄 거예요. 국민과 국가에도 마이너스적인 요인이 될 것인데, 이 부분을 어떻게 할 것인가. 그래서 내부에서 무수한 개혁안을 제시했습니다. 2000년부터 경찰대 문호를 개방하자, 지금처럼 고등학교 졸업자만이 아니라 편입도 받아들이고, 연령 제한 풀고, 장애 같은 요소가 있는 사람들도 일부 받아들이고, 좀 더 열린 모습을 보여야 한다는 주장을 했죠. 치안에 중추적인 역할을 하는 순경이나 간부 같은 분들은 기존의 경찰에 요구되는 부분들이 다 충족되는 사람이 온다고 하더라도, 경찰대학은 경찰의 다른 요소로는 들어올 수 없는, 하지만 대단히 유용할 수 있는 인재 양성의 통로로 작용할 때 존재할 수 있지 않나 싶어요. 단지 학력고사 성적이 높고, 똑똑하다는 이유만으로 뽑는 것은 아니라는 것이죠. 다른 일반 대학 출신들에게 경위, 경감 계급 붙여주면 더 점수 높은 사람들이 경찰에 들어올 수도 있는 거예요. 그것보다는 4년간의 교육이라는 자체가 더 중요하다는 겁니다. 여기 들어올 수 있는 사람들은 조금 더 폭넓게 하되, 4년 동안 경찰 치안 분야의 전문성을 함양하면서 국민을 존중하고, 인권을 존중하고, 혜안과 철학을 가지고, 일개 정권에 휩쓸리지 않는 대단히 소중하고, 부정부패에 휩쓸리지 않을 고도의 윤리

의식을 갖출 인재를 양성할 수 있다면 존재할 필요가 있습니다. 하지만 그게 아니라 단지 똑똑한 사람들이 모여서 그들이 집단적인 공간을 형성하고, 자기들끼리 세력화를 도모한다면 있을 필요가 없는 겁니다. 지금 현재는 그런 장단점이 상당히 공존하면서 충돌하는 상황인 것 같아요. 저는 사적으로는 경찰대학이 부디 문제점들을 해소하고 줄여나가는 개혁을 과감하게 해주기를 바라고, 그래서 필요한 존재가 돼주기를 바랍니다. 하지만 그런 것을 해내지 못하고, 부작용이 크다고 생각되면 과감하게 폐지해야 한다고 봅니다. 그렇다고 하면 제가 먼저 폐지를 제안할 거예요.

지 간부 양성을 하는 기관이니까 자부심을 심어주는 것도 필요할 텐데요. 제가 볼 때 경찰 간부 분들이 자신이 하는 일에 대한 자부심이 크다고 보이지 않거든요. 참여정부 때 수사 구조 개혁과 관련해서 검사들과 토론을 할 때도 좀 더 당당하게 이야기했었으면 하는 생각이 들 때가 있었는데, 자조적인 말씀들을 많이 하시더라고요. '검사들 앞에 앉으면 할 이야기도 못하고, 쫄더라. 검사들 입장에 휘말리고, 나오고 나니까 그 얘길 했어야 했는데 못했다는 생각이 들더라. 내가 왜 그 자리에 가면 그런 이야기를 못할까?' 하고 말씀하시기도 했어요.(웃음) 국민만 보고, 정치인에게든 누구에게든 당당하게 자기주장을 할 수 있으면 좋을 것 같은데요.

표 당당하지 못하죠. 자신 있지 못하고. 경찰대학이 어느 정도 그런 자신감과 당당함을 길러준 부분이 있는데요. 그런데 오히려 그게 대외적으로는 그렇지만, 대내적으로는 건방지게 비쳐지는 것이 딜레마입니다.

언제까지 강자에게 약할 것인가?

지   상투적인 이야기일지는 몰라도 아직 국민들한테는 고압적으로 보이는 면이 있죠.

표   제가 우리 학생들하고, 경찰 교육을 하는 분들한테 강조하는 거였거든요. 국민들한테는 한없이 부드럽고 천사 같은 모습, 강하지만 악한 자들에게는 결코 물러서지 않을 단호하고 용감한 모습을 보여주자. 제가 국정원 사건 때 나오게 된 것도 그것 때문이잖아요. 왜 그러지 못하냐는 거죠. 왜 강한 자에게 자꾸 약한 모습을 보이고.

지   경찰의 위상에 대해서 자괴감을 느끼신 거잖아요. 왜 경찰이 당당하지 못하고, 배울 만큼 배우고, 높은 직위에 있는 사람이 애처로운 모습으로 오피스텔 앞에 서 있으니까.

표   조금 심하게 이야기하면 거지같다는 느낌이 들었어요. 강자들에게 구걸하고 있다. 전두환 사저 앞에서 충성을 다 바치면서 접근하는 사람들에게 무리하게 완력을 사용하는 그 모습들이나, 대통령이든 뭐든 힘만 있다면 옳지 않아도 무조건 따르는 모습들이 있죠. 특히 경찰 승진 구조에서 그게 나타납니다. 총경이 되기 위해서 줄을 잡아야 되고, 간이고 쓸개고 내다 바치고, 여야가 똑같거든요. 여당 지향적인 것만도 아니에요. 야당 국회의원들 몫도 있고 하니까요. 최재천 전 의원한테 모 전 경찰청장이 술 들고 갔던 것이 드러났었죠. 그런 것들처럼 당당하지 못하다는 거예요. 그게 결국은 법 집행 현장에서도 나타나는 거죠. 쌍용차 천막 농성장, 이런 데는 과감하게 새벽에 집행하면서 수천억을 해쳐먹은 권력형 부정부패자 앞에서는 꼼

짝도 못하잖아요. 영화 〈노리개〉가 개봉 됐지만, 장자연 사건 같은 사건에서 진실을 밝혀낸 적이 있나요? 그게 계속 쌓이고 있다가 국정원 사건에서 터진 거죠. '또 이러는구나, 그만 좀 거지 노릇해라', 이런 심정이었습니다. '이번에라도 제대로 해봐라', 그랬는데 여전히.

지 이번에도 쌍용 농성장 천막을 철거하고, 이정우 전 노조위원장에 대한 구속영장을 신청했는데, 기각이 됐지 않습니까? 박근혜 정부가 쌍용 문제를 해결하겠다고 대선에서 공약했으면서도 그 문제를 어떻게 풀어갈지를 보여준 사건이었던 것 같은데요. 중구청장은 대통령의 트윗(엉뚱한 곳에 보내긴 했지만)에 충성 맹세를 한다고 '나라를 들어올려주시고, 구청장까지 들어올려주셨다'고 한 분이었어요. 그분이 그걸 강행했잖아요. 그런 분을 유권자들이 뽑아왔었어요.

표 결국은 옳고 그름보다 이익을 앞세우는 우리 사회의 비겁한 관행 때문이라고 보거든요. 그분들이, 저 사람이 훌륭해서라기보다는 저 사람이 별로 도덕적이고 윤리적이지 않은 것을 알고 있지만, 저 사람이 돼야 우리한테 유리한 것을 알고 있는 거죠. 결국은 그것이 자기를 망치고 자녀를 망친다는 것을 왜 생각을 못하는지 너무 안타까워요. 그것 때문에 제가 '한국 사회에서 정의란 무엇인가?'라는 주제를 가지고 계속 강의를 하려고 하는 거예요.

7

오원춘 사건이 보여준 일그러진 초상

_ 단지 그가 악마일 뿐인가?

오원춘 사건이 드러낸 치명적 폐부

지 오원춘 사건에 대해서 이야기를 좀 해볼까요? 범죄에 관해 많은 것을 이야기할 수 있는 상징적 사건인 것 같은데요. 112 신고 시스템에 우려를 나타낼 만한 큰 사건이었잖아요. 그 사건만 가지고 30분 동안 방송 인터뷰도 하셨더라고요. 신고를 하고 7분 동안이나 비명 소리를 내는데도 '부부싸움인 줄 알았다'는 이야기도 나왔어요. 결국 그 사건으로 조현오 전 경찰청장이 사임을 했습니다.

표 112 시스템 자체는 바뀌었죠. 인원수도 늘리고, 교육도 강화를 했고, 여러 가지가 개선이 됐습니다. 그래서 과거보다는 나아졌으리라고 기대를 해요. 보다 근본적인 변화, 제가 계속 누누이 말씀드리지만, 경찰이 과연 왜 존재하느냐, 무엇을 가장 중요하게 여길 것이냐, 이런 부분에 있어서 오원춘 사건이 보여주고 상징하는 의미는 엄청나게 크거든요. 피해자가 지금 성폭행을 당하고 있다, '살려주세

요'라는 112 신고를 계속하고 있는 상황에서 전화가 계속 연결되고 있는데도, 그 경찰이 현장에 가지 못했다는 그 자체죠. 쉽게 말하면. 여러 가지 이유, 변명, 합리화가 있을 수 있겠지만, 어쨌든 결과적으로 국가와 경찰이 국민들에게 '믿어주십시오, 신고만 해주십시오'라고 맨날 이야기하다가 정작 신고했는데, 구해주지 못했다는 건데요. 이 부분은 112 신고 제도 시스템의 근본적 개선 정도에 그쳐서는 안 된다고 봐요. 국가 치안 시스템의 근본을 다시 한 번 돌아볼 필요가 있습니다. 뿐만 아니라 일선 지구대에 있는 경찰관들은 어떤 상태에서 근무하고 있는지, 형사들은 어떤지, 유사한 사건이 또 발생한다면 이번에는 해결할 수 있는지, 구해낼 수 있는지, 그런 부분들을 가지고 끝없이 시뮬레이션을 해보고, 이 정도로 충분한 건지 고민을 해봐야 합니다. 그렇게 힘들고, 어렵고, 고통스럽게 고쳐나가려는 작업은 하지 않았거든요. 그러다 보니까 여전히 불안한 거죠. 똑같은 일이 또 발생하지 않을까 하는 생각이 드는 거예요.

지   공권력은 '우리를 지켜줄 것'이라는 믿음을 줘야 되잖아요. 그래서 다른 사람들보다 더 정직해야 될 텐데요. 그걸 처음에는 숨기려고 했지 않습니까? 녹음 파일이 공개되지 않았으면 무마하고 덮으려고 했던 시도가 있었는데요. 공개가 안 됐으면 유야무야 넘어갔을 사안 아닙니까?

표   그렇죠. 여전히 똑같은 일이 반복되면서도 아동 같은 심리를 가지고 있는 거죠. 벌 받을 것이 두려워서 숨기고, 거짓말하고, 모면하려고 하고, 그러다 결국은 드러날 수밖에 없고, 그러면 더 불신을 초래하고, 그다음부터는 진심을 이야기해도 의심을 받고. 이런 문화와 관행 자체가 바뀌어야 해요. 실수나 잘못을 인정하고, 그것을 바탕으로 해서 고쳐나가는 그런 분위기를 만들어야죠. 자꾸 쓴소리, 싫은 소리, 문제 제기, 이런 것들을 귀찮아하고 불편해하면 안 돼요. 자꾸 드러내야 합니다. 거기에 대해서 오해가 있다면 사실을 보여주면 되는 거예요. 문제가 있다면 개선하면 되는 거거든요.

지 신고를 받고 있었던 경찰 분들은 어떤 징계를 받았나요?
표 징계를 받았죠. 정확하게 기억은 못하는데, 그 당시 징계를 많이 받았죠. 그런 일이 발생하면 늘 현장 근무자들은 다 징계를 받게 되니까요. 제가 제기하는 문제는 과연 그 사람들의 개인적인 과오, 과실이었겠느냐, 다른 곳에서 발생했으면 그런 문제가 없었겠느냐, 그런 질문을 던지는 거예요. 그들을 징계하게 되면 마치 근본적인 문제가 없는 것처럼, 해당되는 경찰관들 몇 명을 희생양으로 내세워서 조직적인, 본질적인 문제를 감추는 것이 아닌가 하는 문제 제기를 제가 한 거죠. 저도 당연히 징계를 받아야 한다고 생각하지만, 그것으로 그쳐서는 안 되는 것이고, 그들에게 어떠한 잘못이 있었는지는 따져보고 징계를 해야 합니다. 현재 시스템상 교육 훈련 받은 대로 하라는 대로 한 것이라면 결과적으로 그들의 잘못만은 아니라는 거예요. 경찰관 채용부터 시작해서, 어떤 사람들이 경찰에 들어와야 하느냐, 무엇을 요구하느냐, 이것부터 잘못됐다고 제가 계속 이야기하잖아요. 성적순으로 뽑는 것도 잘못됐고, 그다음에 교육 훈련 자체도 잘못된 것이 많다고 봐요. 교육 훈련 방식이 사례 중심, 행정 중심으로 조금씩 바뀌고 있는데요. 하지만 여전히 강의실에서 대부분의 시간을 보내고 있죠. 그다음에 일선에 배치되었을 때도 경찰관들이 오로지 매일 매일 벌어지는 사건 사고에만 대응하고, 주민들의 안전에 대한 불안, 여기에만 집중할 수 있도록 해주느냐 하면 그렇지 않거든요. 승진 못 하면 인간 대접 못 받고, 승진하려면 몰래 몰래 시간 내서 승진 시험공부를 하든지, 다른 좋은 보직을 찾아가야 돼요. 이런 여건 하에서 빵 터지니까 그런 근본적인 것들은 아무런 상관이 없는 것처럼 여기고, 해당되는 경찰 몇 명의 잘못인 것처럼 하면 안 되는 거죠.

경찰 시스템, 원점부터 뜯어고쳐야

지   신고에 대한 대응이 늦었던 것도 문제지만, 몇 시간 동안 찾지 못했던 것도 문제였지 않습니까? 오원춘 주장으로는 새벽에 살해했다니까, 좀 빨리 찾았으면 살릴 수 있었다는 이야기잖아요.

표   그렇죠. 전화기 위치 추적 이야기를 하는데 근본적인 것은 아니라고 봅니다. GPS를 사용해도 오차 범위가 있고, 실내에서는 안 잡히는 경우도 있습니다. 결국은 수색, 서치라는 부분이죠. 이걸 우리는 아직까지 전문적인 영역으로 생각하고 있지 않아요. 기본도 없고. 신고 접수해서 신고 내용에 대한 분석 기법도 없잖아요. 그 말이 뭘 의미하냐 하면, 어떤 초등학교부터 공원 방향이다, 그러면 뭐가 보인다, 112 요원이 무엇을 물어야 되는지도 모르는 상황이라는 거죠. 그것부터 시작해서 신고자가 신고한 내용을 중심으로 해서 어디서부터 수색을 시작할 것인가, 몇 명이 어떻게 나눠서 어떠한 방향으로 몰아갈 것이냐, 어떤 지점들을 중심으로 할 것인가, 이런 것이 전혀 없었단 말이죠. 매뉴얼도 없고, 훈련도 안 되어 있고. 그냥 돌아다니는 겁니다. 예를 들어 여기서 광화문 방향이라고 이야기했다면, 광화문 가서 찾고 있는 격이거든요. '화자의 중심이 어디고, 그 방향을 짚은 것이 어디냐, 출발 지점이 어디냐, 무엇이 보여요? 안이에요? 밖이에요?', 이런 질문들을 통해서 집 안을 수색해야 될지, 골목을 수색해야 될지 판단해야 되는데, 전혀 그런 것이 없었단 말이죠. 우리 경찰은 최첨단 기기, 장비가 있고, 순경들의 학력도 세계 최고거든요. 대학 졸업자가 90% 이상이에요. 스펙 면에서는 세계 최고죠. 그런데 정작 112 신고 접수를 받아서 물어보는 질문, 그 질문을 바탕으로 수색이 이루어지는 방법은 완전 원시적입니다. 경찰대학 제도도 마찬가지죠. 도대체 4년 동안 뭘 가르치느냐. 그걸 14년 내내 싸우다 나온 거예요. 경찰대 이게 뭐냐, 맨날 앉아서 민법에 해양법까지 상법에 중재법까지, 왜 그러고 앉아 있냐 말이죠. 이 아이들이 나가서 국민들이 위험에 처해 있는 상황을 어떻게 하면 더 잘 파악하고, 더 전문적으로 경찰관들과 함께 노력해서 범죄를 예방할 수 있느냐, 여기에 집중을 해야지, 왜 저 공해상에서의 문제에 대해서 법적인 논쟁을 이야기하고 있냐는 겁니다. 경찰대학 내에서도 기득권이 있거든요. 교수들의 다수가 자기들의 이익, 자기가 가르치는 것을 고집하느라고 학생들의 수업 시간만 늘고, 제대로 된 경찰관으로 양성될 기회를 빼앗기고 있는 겁니다. 경찰의 승진 시험 등등 이런 모든 것들이 다 그렇죠. 국민 입장에서 봤을 때 절도 신고, 스토커의 위협, 협박, 가정폭력의 고통, 아동 학대에 처해 있는 사람들의 심정과 입장에서 봤을 때 현재 우리 경찰은 무엇이 문제인가, 어떻게 해야 될 것인가, 그 문제를 초래하고 있는 원인은 무엇인가, 이것을 고민해서 원점부터 뜯어고쳐야 되는 겁니다. 필요하다면 조직 전체를 해체할 필요도 있는 거죠. 경찰이 왜 존재하는 건가요? 국민을 위해서 존재하는 거지, 경찰을 위해서 존재하는 것은 아니란 말이에요. 한 번도 그런 시각으로 들여다 본 적이 없다는 거죠. 제가 14년 동안 '괜찮다, 지금 조직이나 구조가 큰 문제가 없으니까 안심하시고, 조금의 문제가 있는 것만 고치겠다'는 방어막 역할만 해온 거예요. 그래서 늘 기분이 좋지는 않았죠. 찝찝하고, 이게 아닌데 하는 생각이 들고. 내부에서야 계속 뜯어고쳐야 된다고 이야기해도 맘대로 떠들라고 하고, 거기에 대해서 조처하지는 않거든요.

지 수색이나, 신고 받는 상황에서 매뉴얼이 없었다고 말씀하셨는데요. 계속 '주소를 대라'고 하지 않았습니까? 자기가 어디로 끌려갔는지 모르는 상황에서 주소를 댈 수 없는 것이 상식인데요. 7분이면 차분하게 유도하면 여러 가지 정보를 유출해낼 수 있었을 것 같다는, 아니 당연히 그랬어야 되는 거란 생각이 드는데요. 체크리스트를 작성해서 앞에다 붙여놓으면 좀 더 차분하게 대응할 수 있지 않았을까요? 신고 접수 13시간여 만인 다음 날 오전 11시 50분에 시체를 발견했고, 새벽까지 살아 있었다는 범인의 주장도 생각하면 더더욱 아쉬운 대응이었어요.

표 그 뒤에 매뉴얼을 만든 것으로 알고 있습니다. 그런데 매뉴얼만으로 해결될 문제는 아니죠. 모든 상황들이 똑같지는 않으니까.

지 핵심적인 내용을 적어놓고, 상황에 맞춰 응용을 할 수 있어야 되겠죠.

표 응용할 수 있도록 훈련이 돼야 하고, 전문성이 있어야 됩니다. 그러려면 그 일만 해야 되는 겁니다. 제가 112 센터의 근본적인 개혁이 필요하다고 한 것이 뭐냐 하면 경찰관이 하지 말라는 겁니다. 경찰관은 감독 내지는 중요한 조정 역할을 하면 돼요. 접수하고 대화하는 것은 민간인을 고용해서 하라는 겁니다. 평생 그것만 하는 사람으로 생각하고, 적임자를 뽑으라는 겁니다. 그러면 이 사람은 다른 생각을 안 하는 거죠. 112 접수 들어왔을 때 그게 경험이 쌓이고, 훈련이 되면, 이게 납치 상황인지, 화재 상황인지, 각각의 상황별로 꼭 물어야 될 것들이 체화돼 있을 것 아닙니까? 경찰관을 앉힌다는 것은 경찰관을 보고 평생 112만 하라고 할 수 있나요? 승진도 하고, 다른 보직도 가야 되잖아요. 그런데 여전히 112 시스템의 접수를 경찰관이 하는 상황은 바뀌지 않고 있는 겁니다. 그 당시 제가 제기한 문제가 뭐냐 하면, 예를 들어 112 접수 요원을 경험 있는 베테랑 형사 출신으로 바꾼다, 그것 역시 문제가 되는 것이 형사는 기본적으로 육하원칙에 의해서 취조하는 것이 몸에 배어 있어요. 다급한 피해자들을 대상으로 '언제, 어디서, 누가, 어떻게'라고 말하는 것은 아니라는 거죠. 형사의 전문성이 있고, 112 접수의 전문성이 따로 있는 거란 말이죠. 그렇게 하자면 직제 개정이며, 인사 채용 문제, 예산 문제 등등 복잡해지니까 가장 크게 비용이 안 들고 변화 없이 고칠 수 있는 것만 하는 겁니다. 매뉴얼 만들고, 직원 교체 하고, 이런 식인 거죠.

왜 119와 112는 통합되지 못할까?

지 급박한 위험으로 인정될 경우 핸드폰 위치 추적이 가능하게 법이 바뀌었는데, 현장에서는 급박한 위험을 무슨 기준으로 판단하느냐며 난색을 표하고 있다던데요.

표 이 사건이 있기 훨씬 전에 국회에서 위치 정보에 관한 법률 개정안 공청회 때 제가 이야기를 했었어요. 제대로 하려면 119와 112로 통합해야 된다, 시민이 위급한 상황에서 전화를 할 때, 119에 신고할 사안인지, 112에 신고할 사안인지 어떻게 구분을 하라고 요구를 할 것이냐는 겁니다. 어린이 같은 경우는 더 그래요. 112에 신고해서 이야기하는데, '미안하지만 끊고 119에 다시 해요', 이게 말이 되냐는 겁니다. 119는 위치 추적이 가능하고, 112는 못하고. 그것 자체가 바보 같은 이야기인 거죠. 그러면 통합해야 될 텐데, 통합의 필요성은 다 인정합니다. 그런데 왜 안 되냐. 소방방재청과 경찰청의 이해관계 때문에 안 되는 겁니다. 우리가 주도를 해야 된다, 그게 무슨 바보 같은 짓인가요? 자기들이 주도하는 것이 뭐가 중요하기에 거리에서 사람이 죽어나가는데 그러고 있냐는 거예요. 미국도 영국도 다 통합이거든요. 911, 999 전화하면 되거든요. 민간인들이 앉아 있어요. 노련한 아줌마들이 앉아서 차분하게 '어떤 상황인가요? 무엇이 필요하죠? 알겠습니다. 경찰에 연결해드릴게요' 하는 거죠. 저도 이번에 영국에 가서도 해봤어요. 황무지에 차가 빠져서 999 연락을 했어요. 저도 사실 전문가인데도, 경찰이 빠를까, 소방이 빠를까 판단이 안 서더라고요. 오퍼레이터하고 통화를 하면서 저는 먼저 경찰을 요구했습니다. 경찰에 연락을 해달라, 그랬더니 자기 판단으로는 소방이 빠를 것 같대요. 그런데 제가 고집을 했죠. 제가 경찰이니까. 그런데 안 오는 거예요. 연결을 했는데, 휴일이고, 어찌고 저찌고, 긴급 차량이 없고, 911로 연결을 해주겠다고 해서 소방으로 연결해줬어요. 그래서 소방에서 와서 구조를 해줬는데요. 어쨌든 하나만 누르면 됩니다. 하나만 알면 됩니다. 그 안에서 상황을 판단해서 관련 부서랑 연결시켜주고, 그 오퍼레이터는 수도 없는 전화를 그것만 받느라고 훈련받은 사람이기 때문에 어떤 질문을 어떻게 던져야 될지 다 알고 있는 거죠. 우리는 그게 아니라 119 따로 112 따로 자기 소관 아니면 아니라고 떠넘겨버리고, 이게 무슨 말도 안 되는 짓거리냐 말이에요.

인육설, 그리고 1심 재판부의 과오

지 인육이 목적인 것으로 의심되는 정황이 상당히 많았습니다. 피해자 동생 분이 라디오 인터뷰 등을 통해 그렇게 주장을 했고, 초기에 재판부에서도 그런 언급을 했거든요. 그런데 나중에 그 이야기가 없어졌는데요. 좋게 해석하면 민심이 동요될까봐 그럴 수도 있다고 생각할 수도 있는데요. 만약 그럴 가능성이 있다면 제대로 수사를 해서 밝혀야 되는 것 아닌가요? 시체를 짧은 시간에 그렇게 훼손했다면 한두 번 해본 솜씨가 아니지 않겠느냐, 그래서 유언비어들이 나오고 있는 것 같아요. 심지어 그 일대에서 사람들이 많이 실종됐다는 이야기도 나오는데요. 그런 의혹을 풀어줄려면 '유언비어 유포하지 말라'고 할 게 아니라 수사를 제대로 해야 될 것 같습니다.

표   오원춘 사건이 정말 많은 문제를 드러냈는데요. 인육 관련 부분은 사실은 오원춘의 범죄의 경중을 따지는 데 있어서 핵심은 아니거든요. 제가 볼 때는. 인육이 목적이건 아니건 간에 이미 오원춘의 행동은 의도적, 계획적이었고, 살인을 목적으로 했던 것으로 봐야 합니다.

지   그것 자체가 목적이었다면 여러 가지 추가적인 문제들이 발생하는 건데요. 어떤 조직에 연루됐을 가능성도 있구요.

표   그렇죠. 상당히 중요하고 심각한 사회적인 범죄로 보고, 확대 수사를 해나가야 될 사안인 거죠. 그런데 묘하게 가십거리로 흘러버렸는데요. 저는 1심 재판부의 판사가 정말 잘못했다고 생각합니다. 정말 나쁜 행동을 했다고 생각해요. 1심 판결이 오원춘에게 사형선고를 하면서 그 이유를 경찰과 검찰이 인육 목적 등 다른 목적에 대해서 충분히 소명하지 못했다, 그런 부분이 있어 보인다고 하면서도 사형 판결을 내린 거죠. 판사가 인정을 하니까 난리가 난 거죠. 검찰, 경찰 뭐했느냐, 판사가 인정했다, 기정사실이라고 한 겁니다. 그 과정에서 나타난 상당히 의심스러운 정황이 뭐냐 하면 피해 유가족에게 접근을 한 사람들이 있었어요. 외국인 노동자 반대 운동을 하는 단체들이 피해자 유족들에게 접근을 해서 인육설을 주입시키고, 외국인 노동자들 전체, 특히 중국 출신 노동자들에 대한 사회적 반감을 불러일으킬 수 있는 정보들을 제공한 흔적들이 발견되는데요. 여기 놀아난 측면이 강한 거죠. 그런 부분들을 유족은 당연히 받아들이죠. 억울하고, 의심스럽고, 이해가 안 되니까, 그 유족의 입을 통해서 그들은 자신의 정치적 목적을 달성한 거예요. 거기 1심 판결 판사는 놀아난 거죠. 이게 부메랑으로 작용해서 항소심에서는 인육 목적에 대해서 소명이 안 됐다, 거기에 기반해서 사형선고를 하는 것은 부당하다고 해서 무기징역으로 감형이 된 겁니다. 재판부가 어린애 장난하는 것도 아니고, 사회 전체의 여론을 선동했다가 반대로 불신을 조장하고, 유언비어를 유포시킨 진원지가 이번 사건에서는 재판부, 사법부가 된 거죠.

지　굉장히 경솔한 행동을 한 거네요.
표　엄청나게 경솔하고, 무책임했던 거죠.

지　인육이든 아니든 재판부에서는 확실한 증거를 가지고 판결문을 작성했어야 됐었다는 생각이 듭니다.
표　거기다 검찰이 기소하지도 않은 내용인데, 기소하지도 않은 내용을 끌어들여서 판결문을 작성하는 판사가 어디 있어요? 스타가 되고 싶다는 영웅심리가 아니면. 그런 부분들이 너무나 경솔했던 거예요. 다른 측면에서는 말씀하신 것처럼 범죄 수법, 시신 훼손 정도가 일상적이지 않거든요.

사건 축소 시도가 증폭시킨 논란과 의문

지　토막 살인범이 그동안 있었어도 이런 식은 처음이었잖아요.
표　일상적인 토막 살인은 관절 중심이거든요. 큰 토막으로 분리해서 유기하기에 편리할 정도로 훼손합니다. 왜냐하면 시신 훼손 작업이라는 것이 결코 하고 싶거나 쉬운 작업이 아니거든요. 엄청나게 힘들고 어렵습니다. 연쇄살인범 유영철마저도 밤새도록 너무 힘들어서 음악을 틀어놓고, 그 힘든 노동을 해나가면서 해부학 책을 들여다보고 관절 중심으로 한 것이란 말이에요. 오원춘이 한 것은 일상적인 시신 유기 목적만으로 볼 수 있는 방법은 아니에요. 그러다 보니까 당연히 수사상에 있어서 관심을 가질 사안인 거죠. 법정에서 소명되지 않는 것을 가지고 죄상의 경중을 따질 대상은 아닌 거예요. 그런데 경찰은 가급적이면 사건의 규모를 축소하려는 모습을 보였습니다. 거기에 대해서 유언비어가 불신의 바람을 타고 더 흘러넘친 거죠. 오원춘이 지나쳐온 장소들이 제주도부터 시작해서 경상남북도 등 해서 전국에 걸쳐서 수십 군데고, 언론에서 조사해서 내놓은 것을 보니까 실종 여성이 그 장소에서 여러 명이 나온 거죠. 우리나라에 워낙 실종된 사람이 많으니까.

지 그 지역에서 실종된 사람이 없을 수가 없겠네요.

표 그렇죠. 그중에서 아직까지 밝혀지지 않은 미제 실종 사건이 몇 건이 나오고 하니까. 그런 부분들에 있어서도 워낙 우리나라에서 성인 실종에 대해서 수사가 제대로 이루어지지 않고 미진하니까, 그게 오원춘 사건을 통해 다 드러난 거예요. 어떻게 할 거냐. 답이 없잖아요. 그러니까 사람들은 믿는 거예요. 오원춘이 다 죽였겠구나, 하고. 그런 의심을 입증할 만한 증거는 전혀 없는 거죠. 여기서 사실은 이 사건 하나에서도 치안과 경찰, 법 집행, 사법, 수사, 이 부분의 모든 문제들을 재점검할 기회로 삼았어야 되는 거죠. 다 드러내놓고. 이게 문제였다, 하고.

지 영화 〈황해〉를 봐도 그렇고, 중국에서는 인육을 먹는다더라, 이런 루머가 있어요. 어마어마한 사건 같은데 시원하게 수사가 되지 않는 것 같으니까 의혹은 깊어지고, 말씀하신 대로 재판부에서 부추기기도 했어요. 얼마 전에 유족이 경찰과 국가를 상대로 제기한 손해배상 청구 소송에서 청구 금액의 절반 정도만 받는 선에서 화해하라고 법원이 지난 1월 9일 권고했습니다. 언론 보도에 의하면 재판부에서 "예민한 사안이라 자꾸 파헤치면 서로 상처만 입는다"고 이야기한 것으로 알려졌는데요. 이런 이야기들도 국가기관이 해서는 안 될 말 아닙니까?

표 그렇죠. 해서는 안 될 말이죠.

지 예민한 사안일수록 더 파헤쳐서 의혹을 해소하고, 유사한 범죄가 발생하지 않도록 해야 될 텐데요. 계속 말씀하신 대로 우리나라의 조직들은 문제를 이야기하면 많은 사람들이 다치니까 일단 덮고 좋은 게 좋은 거라는 식으로 넘어가자고 하는 태도를 보이는 것 같습니다. 그래서 문제는 더 커지는 거예요.

표 법조인들의 자질과 전문성의 문제인 거죠. 대한민국은 법조인들을 어떻게 선발하고 있고, 그들에게 무엇을 가르치고 있고, 훈련시키고, 요구하고 있는가에 대한 근본적인 질문을 던질 수밖에 없는 거죠. 똑똑하고, 공부 잘하고, 시험 성적 좋은 사람들을 모아놓은 것 이상이 아니라는 겁니다. 아주 냉혹하게 이야기하자면 당신들이 왜 사느냐, 왜 그 일을 하고 있으며, 당신들이 존재하는 이유가 무엇이냐는 질문을 법조인 전체에게 던지고 싶은 겁니다. 어울렁 더울렁 사회 저간에서 하는 것을 따라서 '대강 합의하시오. 너무 많이 알려 하면 다칩니다. 혼자 세상을 바꿀 수 있나요?', 이런 패배주의적인 인습과 잘못된 관행을 그대로 가져와서 법원 내에서 풀어내는 거예요. 법조 3륜 연결돼서 전관예우 다 받아주고. 사법부는 다른 것은 몰라도 정의 수호 기관이거든요. 마지막 보루란 말이에요. 이 땅에 정의가 있느냐, 이 사회가 정의가 지켜지고 있느냐, 이런 질문에 대해서 다른 곳은 '자기 이익이다, 한계다', 이런 것들 때문에 어쩔 수 없다고 하더라도 사법부에서만큼은 오직 한 가지 '무엇이 정의고 무엇이 진실이냐', 이것만을 봐야 하는 거예요. 여기서도 이미 정치적인 거래가 이루어지고 있고, 타협이 이루어지고 있고, 협상이 이루어지고 있잖아요. 정의를 구하는 민원인들에게 고소인이든, 피고소인이든 그들에게 대강 여기서 합의하라, 타협하라고 요구하는 것을 보면 자신이 누구인지 알고 있는 법조인들인가 하는 강한 의문이 드는 거죠.

텔레마케터로 전락해버린 경찰

지 비약인지 모르겠지만, 인권 의식이나 상대방에 대한 공감이 있다면 그런 표현을 할 수 없었을 것 같아요. 112 신고를 받았던 분도 상대방에 대한 공감이 있었다면, 내가 폭행당하고 있다면, 이런 생각을 했으면 그렇게 반응하지 않았을 것 같은데요. 대화를 들어 보면 너무나 기계적이고, 사무적인 느낌도 들거든요. 경찰관한테는 그런 교육도 필요하지 않을까 하는 생각이 듭니다.

표 그렇죠. 교육도 교육이지만, 기본적인 자질도 그렇고, 이 직업이 무엇을 하는 것인지에 대한 기본적인 생각, 이것에 대한 감수성,

그 부분이 대단히 중요하죠. 제가 인권위원회와 함께 경찰 인권 교육 프로그램을 만든 적이 있었어요. 인권이라는 것이 강의로 이루어지는 것이 아니라는 것은 기본이죠. UN과 국제 인권 사회의 합의예요. 인권은 감수성의 문제라는 겁니다. 느낌, 공감. 말씀하신 것처럼 상대방이 나와 다르다고 해서 그들을 깔보고 무시하는 것은 감수성의 문제지, 지식의 문제는 아니라는 거죠. 그런 감수성을 키우려면 적어도 2박 3일 이상의 프로그램이 필요한 거예요. '나는 누구인가, 다르다는 것은 무엇인가, 틀린 것과 다른 것의 차이는 무엇인가', 내가 소수자의 입장에 서 보는 것, 이런 것들을 겪어봐야만 나중에 자기가 경찰관이지만, 피해자 입장, 피의자 입장, 참고인 입장, 성폭력 피해자 입장, 각각 자기가 겪어보지 못한 다른 입장에 대해 공감할 수 있는 힘이 생기거든요. 경찰 교육 과정 중에서 그런 교육을 받을 기회가 전혀 없는 거예요. 일반인과 똑같은 거죠. 예를 들어서 텔레마케터가 전화했을 때 '급해서 아파서 병원에 가고 있는 중이에요', '아, 그러십니까? 얼마나 힘드십니까? 그런데 고객님, 좋은 금리의 상품이 나왔는데요', 이런 식의 기계적인 것이 나오는 거예요. '우리 아이가 아프다니까요', '아이 그러십니까? 얼마나 마음이 아프십니까? 그런데 말이죠', 이런 식인 거죠. 공감 능력은 전혀 없는, 자기 눈앞의 목표, 실적을 달성해서 이 고객 한 명을 잡아서 해야만 된다는 그것과 똑같은 것이 아니겠는가. 그런 부분에서 경찰은 일반 직업과 달라야 합니다. 법조계도 마찬가지지만, 사람의 생명과 생사를 다루는 부분이고, 운명에 관련된 부분이라서 더욱이나 상처를 입은 사람들, 피해 입은 사람들, 억울한 사람들, 그 사람들의 심리 상태는 일반인들과 다르거든요. 그러면 상대방의 입장이 똑같이 돼보지는 못해도 그러려고 노력하는 공감 능력을 가질 수 있는 감수성 훈련이 되어 있어야 한다는 거죠.

외국인 노동자에 대한 혐오의 확산

지   외국인 노동자를 반대하는 단체에서 유족을 부추긴 부분도 있다고 하셨는데요. 외국인 노동자에 대한 혐오감이 꽤 확산되기도 했지 않습니까? 시설 좋은 외국인 교도소에 수용을 하는 것이 옳으냐는 문제 제기도 있었어요. 일반인들의 시각으로 볼 때는 국내에서 일어나지 않았던 유형의 범죄를 외국인이 저질렀으니 중국 사람들은 그런 면이 있구나, 하고 생각할 수 있는 요소도 있었을 것 같아요.

표   그런 부분에 있어서 정부와 사회 지식인층, 오피니언 리더, 언론의 역할이 대단히 중요하거든요. 조승희 사건을 예로 들어보죠. 한국에서 이민 간, 문제가 한국에서부터 생겨난 사람이란 말이에요. 자기가 다니던 버지니아 공대에서 32명을 살해하고, 자살을 했는데요. 오원춘이 저지른 범죄와 조승희가 저지른 범죄가 어느 것이 더 심각하고 큽니까? 그러면 미국 사회는 한국인 전체를 미워하고, 혐오하고, 축출해야 될 것 아닙니까? 미국이 보인 태도는 뭡니까? 당시 양성철 주미 대사가 유감을 표명하니까 '저 사람 이상한 사람이다. 왜 지가 우리나라에서 발생한 범죄에 유감을 표명해?'라고 했었거든요.

지   일부 기독교인들이 사죄의 기도를 드리기도 했죠.

표   미친 짓이라는 거죠. 미국이란 사회는 다양성을 존중하는 사회고, 한 사람의 범죄 행위로 소속 집단 전체를 매도하는 사회는 아니란 말이죠. 그걸 깨달아야 합니다. 그러면 우리는 어떻게 해야 될 것인가. 우리 사회에서 일어난 외국인 범죄에 대해서 그 한 명 때문에 그 국가나 민족 전체를 매도하는 것이 말이 되느냐는 겁니다. 우리는 용서받고, 남은 그렇게 매도하고, 그게 인간이 취할 태도는 아닌 거죠.

지   외국인 노동자들의 범죄율이 높은지 실제로 따져봐야 할 텐데, 실제 통계를 보면 내국인의 범죄율보다 높지 않다고 나오기도 해요. 조승희 사건의 경우 미국의 문제이기도 하지 않습니까? 거기서 다반사로 총기 사건이 벌어지잖아요.

표   우리도 유영철은 어떤가요? 강호순도 그렇고. 물론 유기 방법이 그렇기는 하지만. 피해자의 숫자나 살인 방법의 잔혹성에서 본다면 오원춘이 최악은 아니죠.

지   사람들 입장에서는 오원춘의 범죄가 저거 한 건뿐이었을까 하는 의심을 할 수밖에 없잖아요.

표   그건 밝혀내야죠. 밝혀내지도 못하는 한국의 수사 능력에 대해 욕을 해야죠. 오원춘이 그렇게 뛰어난 범죄자가 아니잖아요. 얼마나 멍청했으면 밤새도록 시신을 유기하고, 경찰이 들이닥칠 때까지 그러고 있다가 현장에서 붙잡혔겠어요.

지   신고했다는 사실도 분명히 알고 있었을 텐데요.

표   그러면 다른 범죄에서 흔적도 안 남기고 할 수 있었을까요. 의심이 나면 입증을 해야죠. 인종주의적 내지는 민족 차별적 접근에 대해서는 저는 절대로 반대를 해요. 오원춘도 중국에서 범행을 한 것은 밝혀지지 않았잖아요. 우리나라에 와서 우리나라 사회 시스템 내에서 여러 가지를 겪고 하다 보니까 그런 범죄를 저질렀다고도 볼 수 있는 거거든요. 민족의 문제가 아닌 거죠. 범죄는 누구나 저지를 수 있는 거예요. 다만 그럼에도 불구하고 우리나라 외국인 불법 체류자 관리 시스템에 문제가 있다면 고쳐야 되는 거죠. 범죄 전력이 있거나, 의심이 있거나, 불법적인 방법으로 입국하는 것은 가려내야죠. 오원춘이 중국과 한국을 수시로 들락날락했고, 의심나는 정황은 무척 많아요. 특별한 고수익이 아닌데도 여러 차례 항공 여행을 하고, 휴대폰을 여러 개 사용하고, 그 부분은 밝혀내야죠. 그런데 밝혀내지 못했잖아요. 외국인 관리 시스템에도 문제가 있는 거예요. 그런 제도와 시스템을 개선해야지, 마구잡이로, 홍위병식으로 마녀사냥 하는 식으로 하면 안 되는 거죠.

지 수상한 점이 많긴 하네요. 일용직 노동자인데.
표 의심 가는 점이 많죠.

경찰의 트라우마는 어떻게 할 것인가?

지 그 신고 전화를 접수한 경찰관 역시 심리적인 데미지를 크게 입었을 것 같은데요. 자신의 미숙함으로 인해서 사람이 죽었다는 생각이 들 수도 있어요. 엄청난 비난에 직면했을 것 아닙니까? 그래서 심리적인 치료를 해줘야 될 것 같은데, 그런 프로그램이 있나요? 개인의 문제라기보다는 시스템의 미비일 수 있는 건데, 개인에게 주어진 비난이 워낙 컸잖아요. 그런 부분에 대한 인식도 부족한 것 같아요. 그걸로 인해 더 좋은 경찰관이 될 수 있도록 교육도 하고, 심리치료도 해줘야 될 것 같은데요.

표 전혀 없죠. 지금도 없습니다. 트라우마라고 하죠. 충격적인 외상을 겪은 사람에게는 누구이든지 간에 상담, 치료가 있어야 되거든요. 특히 경찰관들 같은 경우는 대단히 심각한 경우들을 겪게 돼요. 그 과정에서 자기가 자책할 수 있는 요소들이 심하게 있거든요. 이 부분은 반드시 상담 치료를 해줘야 하는데요. 경찰들은 철인이라고 생각해요. 경찰관은 상처를 입지 않는다고 보는 거죠. 전혀 그렇지 않거든요. 경찰관 중에서 자살하는 사람이 있어요. 총기로 자살을 하기도 하고, 가정불화가 있는 사람들도 상당히 많아요. 심각한 문제죠.

지 근무 환경 자체가 힘들고, 가정에 충실할 수 없는 여건이고, 영화에서도 보면 맨날 잠복근무하다가 이혼당하는 형사들도 많이 나오잖아요.

표 외형적인 부분도 있지만, 직업에서 받은 스트레스에 관해 가족과 대화하지 못하거든요. 내가 오늘 이런 일이 있었는데, 사실 이게 원인은 이런 거라고 생각하고, 남들은 이렇게 생각한다, 이런 게 가족이 이해할 수 있는 내용이 아니거든요. 가족한테 이런 이야기는 못 하는데, 가족은 경제적인 문제, 아이들 교육문제, 가장이니까 들어오면 이야기하고 싶어 하니까 거기서 불화가 터지는 거예요. 스트레스 관리라든지, 특히나 충격적인 경험을 한 경찰관들은 상담 치료를 해주고, 가족 내부에서도 문제가 야기되지 않도록 가족도 이해할 수 있도록 도와주고, 그래서 다시 정상적으로 회복이 되면 근무할 수 있도록 해줘야 되는 거죠. 그런데 우리나라는 경찰관이 인간이라는 것을 인정하지 않는 거예요.

지 경찰관이 그런 것을 가지고 교육받고 하는 것이 나약하다고 생각하는 거네요.

표 제일 큰 문제가 경찰의 상층부, 고위 경찰관들이 자기만 생각한다는 거예요. 이기적인 거죠. 자기가 최고 권력자에게 어떻게 보이고 있는가, 이 상황, 이 사건 때문에 나의 불이익은 없을 것인가. 자기 밑의 부하 직원은 보이지 않는 거예요. 그 고충과 그 어려움과 충격과 고통은 전혀 관심이 없는 겁니다. 오히려 저 새끼들 때문에 내가 곤란한 입장에 처했다는 미움까지 토로하는 사람이 있어요. 그러니 해당 경찰관들은 자신이 겪은 트라우마는 하소연할 생각조차 못 갖는 거예요. 거기서 심리적으로 본다면 억압과 부인이라는 과정이 일어납니다. 자기는 엄청난 충격을 받았는데, 자기 스스로 방어기제를 만들어서 충격받지 않은 것처럼 생각하는 거죠. 인지 부조화 상태가 되는 거예요.

지 그게 쌓이면 나중에는 자기도 감당할 수 없을 정도로 커질 수 있을 텐데요.

표 어디선가 터지죠. 계속 쌓여서 정신적인 문제가 생기든지, 성격이 이상해지든지, 아니면 발작을 해서 터져나오든지. 그런 부분들을 경찰 전체 차원에서 고민해야 됩니다. 그래서 몇 가지 프로그램을 도입하거나 제도를 고칠 게 아니라 근본으로 돌아가서 일단은 우리 국민을 먼저 생각하고, 그다음에 국민들을 대하는 경찰관들이 어떤 사람인가, 어떤 문제가 있나, 어떤 어려움에 처해 있나, 거기서부터 문제를 풀어나가야죠. 다른 것들은 그다음 문제인 거예요.

경찰 내부에서 문제 해법을 찾아야

지 박봉에 시달리고, 위험한 일을 하는 경찰관의 처우 개선은 어떻게 해야 할까요? 영화 같은 것을 보면 '힘든 일을 하니까 작은 돈은 좀 먹어도 돼' 하는 캐릭터들이 꼭 나오는데요.(웃음) 일선 경찰관들의 처우를 개선해줘야 그런 일들도 발생하지 않고, 자부심들도 가질 수 있게 될 텐데요.

표 가장 큰 문제가 역시 경찰 고위 간부들의 문제인데요. 이들의 태도를 보면 경찰관들의 사기 저하와 낮은 처우의 원인이 밖에 있다고 생각해요. 국민들이 너무 우리 경찰을 무시한다, 국민들이 경찰의 어려움을 이해하지 못한다, 언론에서 자꾸 경찰의 나쁜 것만 비춘다, 그러니까 일선 경찰관들 같은 경우에도 그렇다고 받아들여요. 자꾸 외부에 대한 문제 제기를 하고, 자기들끼리 똘똘 뭉치고, 조직 보호 심리가 형성되는 거죠. 그런데 정말 그럴까, 저도 경찰관 생활을 해봤지만, 제일 우리를 괴롭히는 것은 내부에서 상사들의 불합리한 대우, 그리고 부하 직원을 마치 노예나 몸종처럼 부리려는 태도, 인격 무시, 이런 것들이 가장 근본적인 문제거든요. 그리고 실제로 위험 상황이라든지, 어려움에 노출되었을 때 내가 실수했거나, 잘못은 아니지만 결과가 나빴을 때 상급자들이 자기를 보호해주지 않고 내치는 겁니다. 그런 것들이 가장 중심적인 문제임에도 불구하고, 국민과 사회와 언론의 잘못인 것처럼 자꾸 이야기가 되니까 근본적인 해결책이 안 나오는 거죠. 경찰이 국민을 어떻게 바꿀 것이고, 언론을 어떻게 바꿀 겁니까? 그런 부분들에서 문제 인식이 출발해야 해요. 그 다음에 처우의 문제 역시 과거에는 박봉이라는 이야기가 많이 나왔죠. 지금은 오히려 정리 해고 당한 사람들과 88만원 세대 젊은이들의 어려움에 비한다면 경찰의 보수가 과거보다는 많이 향상되었단 말이에요. 수당도 그래요. 만족할 수준은 아니지만, 무조건적으로 보수만 가지고 이야기할 수 있는 상황은 아닌 겁니다. 그것보다는 그러한 희생과 어려움에 걸맞은, 그리고 미래에 대한 보장이 되는, 그런 경제적인 곤란이나 자녀에 대한 불안, 이런 것에 얽매이지 않고 오로지 경찰에만 전념할 수 있느냐, 이런 것들로 접근을 해야겠죠. 그래서 노후 대책이라든지, 복지, 그리고 업무를 수행하다 발생할 수 있는 부상이나 사고에 대한 책임, 이런 것들로부터 얼마나 보호되는지 이런 것들이 더 근본적인 문제입니다. 초과근무수당이라든지, 출장비라든지, 수사비라든지, 실제 경찰 업무의 특성상 발생하는 비용이 다 커버가 되는지, 이게 더 중요하다고 봐요. 경찰관의 보수 수준은 그 사회의 어떤 기준점이 있어야겠죠. 교사와 경찰관의 보수를 연동시키든지, 그중에 가장 큰 숙제는 뭐냐 하면 경찰관의 보수 체계가 공안직에 들어가 있지 않아요. 일반 행정직에서 특수직으로 분류되다 보니까 검찰, 이런 관련된 다른 공안직에 소속돼 있는 유사한 직급의 공무에 비해서 보수 수준이 낮아요. 그건 분명합니다. 그래서 사기가 저하되겠고, 이런 부분들은 좀 현실화시켜서 공안직이라는 것의 기준을 맞춰서 하든지, 이런 문제는 해결이 필요한데요. 그것보다 더 중요한 것이 경찰관들 한 명 한 명이 인간으로서 대접받고, 계급이 어떻든지에 관계없이 인권을 존중받고, 인격을 존중받고, 자기실현할 수 있는 기회를 부여받고, 자기 발전을 할 수 있고, 자기가 행하는 어떤 업무와 관련해서 발생할 수 있는 불의의 사고와 피해로부터 얼마나 보호받고, 보장받을 수 있는지 이런 부분이 더 중요하다는 겁니다.

지 이를테면 경찰의 인권 의식이 부족하지 않느냐 하는 이야기가 스스로도 존중받지 못하기 때문에 다른 사람들도 배려하지 못하는 상황이 되어 있다는 이야기네요.

표 그럼요. 무수한 나라의 경찰서를 방문하고, 면담을 해봤는데요. 참 다른 것이, 유럽이나 호주, 캐나다, 미국 이런 나라들의 경찰들은 상하간의 질서는 분명히 있어요. 그리고 업무상 지시와 그에 대한 순응 의무는 분명히 있습니다. 그런데 그 이외의 사적인 공간에서는 동등한 인격으로 존중받아요. 서로 이름 부르고, 농담하고. 계급이 낮은 전문직 경관이 서장에 대해서 조언자 역할로 지정이 되어 있단 말이에요. 그 조언을 선생님, 멘토로 생각하고 받아들여야 돼요. 계급만이 아닌 전문성이 인정이 되고, 그런 직장 분위기, 업무 분위기가 경찰들로 하여금 짓눌려 있다는 인식을 갖게 하지 않고, 하층부에 깔려 있는 존재라는 느낌을 안 가지게 하는 거죠. 내가 주인이고 주체다. 내가 책임진다, 내가 전문가다, 이런 느낌을 주기 때문에 그것은 꼭 경제적인 것과는 다른 의미에 있어서의 자주성이고, 자기 확신이고, 자기의 존엄성이거든요. 그게 있는 사람이 다른 사람의 권리와 인격과 존엄성도 존중해줄 줄 아는 거예요. 그런데 우리는 본인들 스스로가 조직 내에서 피라미드의 맨하층부에 짓눌려 있는 듯한 느낌이 있거든요. 언제든 높은 사람이 '김순경, 이순경' 하고 부르면 '네', 하고 달려가야 되는 환경, 자기가 아무리 옳다고 생각해도 회의석상에서 이야기했다가 상관이 '그건 그렇지 않잖아, 무슨 그딴 소리를 해' 하면 '맞습니다' 하고 자기 의견을 접어야 되는 상황, 그런 비인격적인 상황이 그들이 나가서 국민들을 대할 때 역시 국민들을 존중하지 못하게 만드는 요소인 거죠.

지 외부적인 요소도 어느 정도 있을 수는 있겠지만, 외부 탓만 하는 것은 잘못된 것 같습니다. 이를테면 소방관 같은 경우 국민들의 존경심 같은 것이 꽤 크고요. 소방관의 처우를 개선해줘야 한다는 국민들의 공감대가 상당히 있지 않습니까? 국민들의 존경심도 크고, 그분들이 분명히 위험한 환경에서 불을 끄고, 사람을 구하는 것에 자부심을 느끼고 있는데요. 그걸 힘들게 만드는 것은 내부적인 요인도 꽤 있는 것 같거든요. 이를테면 신고받고 가서 고양이를 구하다가 다쳤는데, 업무 연관성이 적다고 업무상 재해 판정을 안 해준다는 기사를 본 적도 있는데요. 그러면 그걸 법으로 안 하게 하든지 해야 되잖아요. '그건 소방관이 할 일이 아니다'라고 해주지도 않고, 신고를 받고 출동 안 하면 동물 단체 같은 데서 항의가 들어오기도 하니까 나갈 수밖에 없어요. 경찰 조직도 마찬가지일 것 같은데요.

표 그럼요. 외부에서의 평가와 존중이라는 것도 내부에서 어떻게 하느냐에 따라 많이 좌우되거든요. 똑같은 얘긴데, 결국은 경찰 지휘관들이 일부러라도 국민들의 관심거리인 사안에 있어서 정말 엄정하게, 강한 자 편이 아니라 진실과 정의의 편에 있다는 것을 보여주면 국민들이 경찰관들을 사랑할 수밖에 없어요. 그런데 늘 보여주는 모습이 그렇지 않잖아요. 그래놓고 외부에서 경찰에게 잘해주기를 바라는 것은 잘못된 생각인 거죠. 경찰관들이 아무리 밖에서 국민들을 존중하고 국민들에게 잘 하려고 해도 국민들의 싸늘한 시선 앞에서 팍팍 사기가 꺾여버리는 거예요. 그러면 인간이 다 그렇잖아요. 남들이 나를 미워하는데, 그 사람을 계속 좋아할 수 있겠어요. 그런 시선을 보는 순간 나도 저들을 적으로 돌리게 되고, 적대적으로 되고, 충돌이 잦아지는 거죠.

실패학이 부재한 우리 사회

지   오원춘 사건으로 인해서 우리가 어떤 교훈을 얻고, 어쨌든 그런 사건을 통해서 뭔가 사회가 좀 나아져야 되지 않겠습니까? 그 사건이 경찰도 마찬가지고, 국민들에게 엄청난 상처를 줬고, '공권력은 역시 믿지 못한다'는 불신감을 심어준 것 같은데요.

표   참 안타깝죠. '실패학'이라는 학문이 있어요. 어떻게 하면 실패로부터 교훈을 얻고, 개선책을 찾고, 더 나아가는가가 중요하거든요. 또 하나는 위기관리 능력이라는 거죠. 위기관리 시스템. 우리에게는 이 두 가지가 없어요. 경찰만의 문제는 아니죠. 오원춘 사건이라고 하면 바로 그 실패학이 적용이 되서 이 실패를 인정하고 받아들이고, 왜 이런 일이 생겼는가를 철저하게 분석하고, 그래서 고쳐나간다면 오히려 희생자의 아픔, 고통, 피해, 이런 것을 통해서 우리가 선물을 받을 수 있고, 그러면 희생자도 본인의 희생이 헛된 것이 아니었구나, 유족들도 그렇게 느낄 수 있거든요. 희생자를 위해서도 그렇게 해야 되는데, 우리는 그렇지 않습니다. 그러면서 희생자와 유족들 보고 입 닫으라고 하거든요. 당신들 그만큼 피해를 봤으니까 자꾸 이야기하지 말라는 거죠. '관심 갖지 마세요'라고 하고 사회에도 '다 잊읍시다, 이걸로 만족합시다', 이런 것이거든요. 실패로부터 배울 수 있는 기회를 놓치는 거죠. 그만큼 비용을 치렀잖아요. 이 사건으로 인해 엄청난 비난을 듣고, 경찰청장 물러나고, 수도 없는 경찰들이 징계를 당하고, 유족들은 천추의 한을 남기고, 국민들은 불신하고, 그랬으면 거기에 대한 대가라도 얻어야 될 거 아니겠어요? 그러기 위해서라도 '좋다. 이렇게 된 김에, 이미 신뢰를 잃었고, 욕먹은 김에 그동안 꺼내놓지 못했던 구조적, 조직적 문제를 꺼내놓고 해결하자'고 했었어야죠.

지 승부 조작, 이런 것이 났으면 철저하게 조사하고 파헤치고, '잘못했습니다' 할 때 다음 경기부터는 '승부 조작이 없겠구나' 하고 믿고 볼 텐데, 그렇지 못하고 뭔가 미진하게 하면 경기를 편한 마음으로 못 보게 되거든요. 컨디션이 나빠서 부진하면 '쟤 도박하는구나' 하게 돼요.(웃음)

표 사회적 불신 비용이 자꾸 커져 가는 거죠. 영국에 있으면서 정말 놀랐던 것이 뭐냐 하면 썰소라는 스코틀랜드 위쪽의 작은 촌마을이 있어요. 제가 직접 가봤어요. 진짜 촌이에요. 완전 깡촌이에요. 우리로 친다면 함경북도의 이름도 모를 작은 촌마을, 바닷가 마을인 셈이죠. 거기서 1960년대에 경찰관이 어린애를 때렸어요. 그 사건이 알려지기 시작하면서 '어떻게 경찰관이 아이를 때리느냐'고 하면서 그 사건에 대해서 국회에서 진상조사위원회가 구성이 돼서 1년 동안 조사한 거예요. 이게 개인의 문제인가, 조직의 문제인가, 교육의 문제인가, 훈련의 문제인가. 1년 동안 그 사건을 조사해가지고, 1964년에 1차 경찰 개혁 보고서가 나와요. 그 사건 하나를 가지고, 아니 그것만은 아니겠지만, 그걸 계기로 해서 그동안 여기저기서 제기됐던 경찰의 가혹 행위, 묻혀 지나갔던 불신의 대상이 됐던 것들을 다 드러내서, 경찰의 문화, 관행, 제도, 교육 다 뜯어고쳐요. 완전히 조직 개혁이 일어난 거죠. 그다음에 90년대 또 한 번 그래요. 〈아버지의 이름으로〉로 영화화된 사건인데요. 다니엘 데이 루이스라는 배우가 나왔던. 버밍엄 식스 사건이라고요. 1975년 버밍엄 펍 폭파 사건으로 6명이 체포돼서 무기징역을 선고받았는데요. 1991년 억울한 옥살이를 했다는 것이 밝혀졌습니다. 그 사건을 계기로 또 한 번 국회진상규명위원회가 설치돼서 1년 동안 조사를 해요. 그렇게 해서 완전히 틀을 바꾸고 제도를 개혁해냈거든요. 저는 너무나 놀라운 거예요. 그 정도 사건은 우리는 그동안 너무나 많았던 거예요. 오원춘뿐만 아니라 정원섭 사건, 72년도에 파출소장 딸 강간 살해범 누명을 써서 〈7번방에 선물〉에 나왔던 것 같은 사건 등등 해서 얼마나 많아요. 사실 영국식으로 접근했다면 국회진상조사위원회 1년짜리가 벌써 수십 개는 만들어졌었어야 하고, 경찰 조직은 수십 번은 혁파되고, 새로 만들어졌어야 하거든요. 그런 면에서 오원춘 사건이 참 안타까운 거죠. 이런 기회에 경찰청장이 물러날 것이 아니라 자기가 그런 부분을 받아들여서 외부 전문가가 포함된 위원회를 만들든지, 국회 차원에서 하든지, '다 조사해주시오.' 해서 다 수용하고, 받아들이고, 그다음에 물러났으면 더 좋았겠죠.

한국의 고위층은 공감 능력이 없는가?

지　합의금을 받고, 합의를 봐줄 건지, 아닌지는 피해자의 권리잖아요. 그런데 우리 사회에서는 '이미 사건은 벌어졌으니 다른 사람은 살아야 되지 않겠냐?' 하고 압박을 가하잖아요. 강간이나 이런 사건이 벌어지면 합의를 안 해주면 합의를 안 해주는 사람들이 나쁜 것처럼 압력을 가하고, 이것도 그거 아닙니까? '몇 억 받았으면 됐지. 그만하자'는 건데, 피해자 유족들 입장에서 굉장히 모욕적인 이야기일 수도 있을 것 같습니다. 사실 피해자 부모들이 돈 액수에 관심이 있겠습니까? 우리 사회가 인권, 피해자의 권리에 대해서 너무 무관심한 것 같아요. 말로는 사형 이야기 나오면 피해자의 권리 이야기하지만, 실제로 말만 그렇게 하지 피해자 권리를 제대로 챙겨주는 사회 같지도 않거든요.

표　그런 인식이 바뀌어야죠. 결국은 유신 시대의 잔재라고 봅니다. 대를 위해서 소를 희생해야 된다, 당신의 피해는 안타깝지만, 당신 한 사람 때문에 우리 사회가 시끄러우면 되겠냐는 거죠. 그거는 민주 사회에서 용납될 수 없는 전체주의적인, 독재적인 발상이거든요. 한 사람 한 사람의 아픔이 중요한 거죠.

지　그게 모여서 사회가 되는 거예요.
표　아프지 않은 다수의 약간의 불편함이 뭐가 중요해요. 자식 잃은 고통보다 심한 것이 어디 있다고. 그러니까 우리 사회가 얼마나 비인간적이에요. 자꾸 제가 제시하는 것이 왜 사느냐 하는 부분들을 우리는 너무 생각하지 않고 산다는 겁니다. 인간은 왜 사는가, 특히 정치인들, 법조인들 이 사람들이 '인간이 왜 사는가?'에 대해서 생각하지 않는 것 같아요. 당신 자녀들이 끔찍하게 사망했다면 여러 사람을 위해서 더 이상 문제 제기하지 말라는 이야기가 나오겠느냐는 말이죠.

지 지난번에 영국 CEO 이야기했던 것처럼 우리 사회에서 높이 올라가는 사람들일수록 공감 능력이 떨어지는 것 같습니다. 정치인이야말로 국민들의 아픔에 제일 잘 공감해야 되는 사람일 것 같은데, 공감하는 사람은 손으로 꼽을 수 있을 것 같아요. 예전에 조현오 전 경찰청장은 천안함 유족들에게 '짐승처럼 울부짖는다'면서 슬픔도 선진국 사람들처럼 표현해야 된다는 이야기를 해서 사람들이 분노하기도 했는데요. 그것도 굉장히 오만한 태도였지 않습니까?

표 영국에서는 CEO들만 그렇지만, 우리나라는 모든 분야가 다 그렇다는 거죠. 각 직역의 특수성보다는 어떻게 높이 올라가느냐에만 관심이 있다는 점에서 똑같은 거죠.

지 공감 능력이 없어야 출세할 수 있는 이상한 사회가 된 거죠.
표 그러다 보니까 부도덕한 경제인이 대통령이 되는 거죠. 부도덕하더라도 경제는 할 수 있잖아요. 감시 기구도 다 있고, 한계가 정해져 있으니까요. 그런데 정치는 그게 아니란 말이에요. 그리고 무조건 주가 올리고 이게 선은 아니란 말이죠. 더군다나 사법이나 치안은 더 그래요. 그런데 우리나라 경찰만 보더라도 경찰 간부에게 필요한 자질이 뭘까, 그들이 어떤 능력을 보여야 더 올라갈 수 있을까, 이게 완전히 잘못돼 있는 거죠. 국민들 앞에 심판받지 못하고 있는 거예요.

그가 공감 능력을 가지고 주민들, 피해자들의 아픔을 공감하면서 같이 느끼면서 할 수 있는가, 다른 사람은 그러지 않아도 되잖아요. 회사 CEO가 뭐하려 피해자 아픔을 공감하겠어요. 바쁜데. 하지만 경찰서장은 그러면 안 되거든요. 자기 관내에서 일어난 범죄 사건 피해자의 부모 같은 생각을 가지고 접근을 해야 됩니다. 그런 게 요구돼야 하는 거죠. 언론에서 검증을 받아야 돼요. 공개적으로 나와야 되고, 우리는 그게 아니에요. 안 나와. 구중궁궐에 처박혀 있으면서 부하 직원들에게 지시만 하거든요. 그런 상태에서 피해자에 대한 공감보다는 '이 사람아, 그게 밖에 나가면 어떻게 하자는 이야기냐', 이런 이야기만 하는 거죠. 공개되지 않는 것만 중시하고, 상부에서의 지시가 있으면 '아무 문제 없습니다', 이런 상황에서 자꾸 자꾸 위로 올라가니까 그런 괴물 같은 인간들이 경찰청장을 하고, 그런 인식과 태도를 가진 사람들이 자꾸 위로 올라가는 거예요.

무장을 포기한 경찰들이 준 감동

지   어떻게 보면 사소한 사건일 수 있는 것을 가지고 철저하게 개혁을 해서 영국 경찰들은 국민들의 신뢰를 얻었는데요. 그러다 보니까 정당한 공권력의 행사가 국민들에게 인정을 받는 것 같습니다. 우리는 경찰이 그런 노력은 등한시하는 것 같은데요. 이를테면 '주폭'을 이야기하면서 우리나라 경찰들은 국민들한테 무시당한다, 더 강력한 공권력이 필요하다고 이야기하는 것 같습니다. 정당한 공권력 행사는 보장돼야 하겠지만, 잘못 행사될 경우에는 국민들이 피해를 보기 때문에 조심스럽게 행사해야 하는 부분이 있지 않습니까?

표 　또 영국 이야기를 할 수밖에 없는데요. 영국에 있을 때 또 놀란 이야기는 뭐냐 하면 총기 소유 문제를 가지고 영국 경찰 내부에서 격론이 벌어져요. 폴리스 페더레이션Police Federation이라고 해서 경감 이하 경찰관 단체가 있고, 그다음에 슈퍼인텐던스 어소시에이션 Superintendence Association이라고 해서 경정 이상의 경찰관 단체가 있고, 액포(ACPO, Association of Chief Police Officers)라고 해서 경무관 이상의 경찰관 단체, 이렇게 세 개의 경찰관 단체가 있거든요. 그 당시에 하도 무장 강도, 이런 놈들이 경찰관들에게 총을 쏘고, 칼을 휘둘러서 죽는 경찰관들이 늘어나는 거예요. 그래서 여론이 일어나서 '이대로는 안 된다, 경찰관 무장해라'라고 했습니다. 영국 경찰들은 무장 안 하거든요. 특수 경찰관들을 빼놓고는 일선에서는 국민들이 불안해한다고 총을 안 가지고 다녀요. 그러니까 이제는 아니다, 1829년부터 유지돼오던 낡은 관행을 유지하려고 하느냐, 국민과 언론에서 나서서 경찰 무장하라고 한 거예요. 그런데 폴리스 페더레이션에서 격론을 거친 후 나온 결론이 그거예요. 자기들이 사망하고, 자기 동료들이 찔려서 죽었는데도, 눈물과 아픔을 무릅쓰고, '무장하지 않는 영국 경찰의 전통을 지키겠습니다'라고 결론을 내고 발표를 해요. 국민들이 감동하지 않을 수가 없잖아요. 국민이 불안할까봐 자기들의 희생을 감수하겠다는 거예요. 대신 방검복을 더 고성능으로 교체할 것을 요구하고, 2인 1조를 반드시 지키고, 언제든지 위험 상황에서는 진입하지 않고, 특수 무장 경찰에 요청을 하고, 이런 변화를 하겠습니다, 이렇게 된 거예요. 그다음에 CS 스프레이, 쌍용에서 문제가 됐잖아요. 그거 도입을 놓고 영국에서 격론이 일어난 거예요. 훌리건이나 이런 친구들에 대해서는 사용해야 되지 않느냐, 그랬더니 액포에서 실험을 합니다. 경무관부터 지방경찰청장까지 자원해서 자기들이 먼저 맞아봐요. 그걸 TV에서 다 보여줍니다. 어떤 사람들은 '도저히 안 된다', 어떤 사람들은 '맞아도 괜찮다'고 하고, 거기다가 다른 과학자들의 실험 결과를 덧붙여서 안전장치, 제한 장치 갖춰서 도입하는 겁니다. 그다음에 CCTV의 문제가 불거졌어요. 정부에서 그 당시 보수당 정권이랑 CCTV 설치해야 된다고 하니까, 경찰청장협의회장이 고민을 하더니 공개적으로 반대한다는 표시를 하는 거예요. 우리나라는 정반대잖아요. 우리로 치면 경찰청장인데, 경찰청장이 CCTV가 범죄 예방 효과도 있지만, 사생활 침해, 인권침해 요소도 있으니까 신중하게 도입해야 한다, 무분별한 확산에 반대한다고 해요. 그런 경찰을 국민들이 사랑하지 않고, 신뢰하지 않을 수가 있나요? 우리 경찰은 너무나 단순 무식하게 권력에서 원하는 것을 다 하고, 무조건 경찰관 힘이 세져야 되고, 권한을 줘야 한다고 하니 누가 믿겠어요. 경찰 지휘 그룹의 수준 자체가 다른 거죠. 그렇다고 영국의 경찰들이 고시 출신이거나 최고의 엘리트인줄 아세요? 아닙니다. 순경부터 올라온 사람들이에요. 다만 경찰 조직 내에서 그동안 그들에 대한 교육, 그들에 대한 파견 교육, 내부적인 연수를 지속적으로 한 거죠. 그들이 뭐라고 이야기했냐 하면 인베스트 인 피플 오가니제이션invest in people organization이라고 해요. 사람에게 투자하는 조직이라는 거죠. 사람을 제일 중시하고, 한 명 한 명의 자기 발전을 중시하고, 그런 사람들이 커나가는 거예요. 올라가면서 겪고 깨닫고 사회와 부딪히고, 각종 치안 현안이 얼마나 복잡합니까? 의약 분업 때문에 시위를 할 때도 누가 옳은지 어떻게 압니까? 그 첨예한 상황들에서, 정부와 농민들의 부딪힘 속에서 과연 우리는 어떻게 해야 하나 하는 철학적 갈등을 겪고, 그렇게 올라간 사람들이 결국은 그렇게 멋진 행동들을 하고, 국민들의 신뢰를 받는 거죠.

지   경찰이 그런 모습을 보여주면 국민들이 자연히 경찰을 신뢰할 수 있을 것 같은데요. 사실 국민들이 경찰을 미워하거나 그렇지는 않거든요. 경찰에 대한 이미지가 국회나 다른 기관에 비해 나쁘지는 않다고 봅니다. 일선 경찰들에 대해서는 국민감정이 그다지 나쁘진 않은 것 같거든요. 일부 정치 성향이 있는 지휘부가 문제인거지, 그분들을 정신 차리게 하면 될 것 같은데요.(웃음)

표   그러니까요. 결국은 지휘자 그룹의 문제인 거지, 일선 경찰의 문제가 아니에요. 자꾸 일선 경찰의 문제인 것처럼 하잖아요. 회의하고 이런 것을 보면 고위 경찰관들은 자기는 얼마나 노력하고, 잠도 안 자고 고민하는데, 저놈들 맨날 사고치고, 미치겠다고 이야기해요. 그 사람들은 인식을 제대로 못하고 있는 거죠.

지   어느 조직이나 내부에 범죄자들은 있을 수밖에 없잖아요.
표   있을 수밖에 없죠. 완벽한 조직이 어디 있겠어요?

지   그런데 경찰 비리는 검찰이 적발해서 처벌하잖아요.
표   국민한테 오히려 그걸 있는 대로 드러내야죠. '이렇습니다. 1년에 발생 비율이 어느 정도고, 국제적으로 봐서 높은 것은 아니지만, 계속 줄이도록 노력하겠습니다' 하면 되는 거죠. '저놈 왜 저러냐? 미치겠네', 이건 말이 안 되는 인식인 거죠.

대구 지하철 사건에서 불거진 인격 문제

지 오원춘 사건도 그렇고, 우리 시스템이 여러 가지 문제를 안고 있다는 것을 보여주는 상징적인 사건들이 많은데요. 예전에 대구 지하철 방화 사건으로 192명이나 사망했는데요. 경비를 아낀다고, 운전자 두 명 있던 것을 한 명으로 줄이고, 무인을 도입하자는 이야기도 나오는데요. 이를테면 배 같으면 함장이 승객을 다 대피시키고 마지막에 탈출해야 된다는 책임감을 심어주고, 교육을 많이 시키는데요. 그 사건에서는 기관사가 도망가면서 그냥 도망갔으면 되는데, 본능적으로 키를 뽑아서 도망가는 바람에 방화가 일어났던 전동차가 아니라 그다음에 승강장에 진입한 전동차 승객들이 탈출하지 못하고, 더 많은 사람들이 질식사한 어처구니없는 일이 벌어지지 않았습니까? 실수인데, 사소한 실수인지는 모르겠지만, 그 결과가 너무 참혹했지 않습니까?

표 그 사람 같은 경우에는 인격적인 문제가 있었죠. 그다음에도 반성하는 태도보다는 거짓으로 회피하려고 했어요. 물론 그 기관사라는 직종이 가지는 위기 상황에 대한 대응 훈련을 안 시킨 지하철공사의 문제가 더 크긴 하겠지만, 일반인이라고 하더라도 그 상황에서 키를 뽑고 나간다는 것은 있어서는 안 될 일이죠. 자기 혼자서 산다는 것은. 버스 운전사도 사고가 나면 자기 먼저 사는 것이 아니라 승객 먼저 살피게 되어 있잖아요. 그게 직업의식이라는 거죠. 식당 주인이라면 주방에서 가스 사고가 났을 때 자기 혼자 뒷문으로 도망가면 되나요? '손님들 빨리 피하십시오', 이게 기본적으로 식당 주인으로서 가져야 될 태도인 거죠. 안 그런 사람들이 있죠. 그건 민간에서의 자영업이나 이런 사람들에게 요구하기 어렵지만, 공공의 직무를 수행하는 공무원과 공공적인 위치에 있는 사람들에게는 다른 것보다 그런 자세와 태도를 요구해야 되는 거죠. 그게 전혀 검증되지도 않았고, 이 사람도 그런 사람이 아니었고, 그게 너무나 불행했던 거죠. 제도적으로 그런 훈련과 교육을 시키는 것도 아니었구요.

지   항공 사고가 나도 스튜어디스나 승무원이 승객들을 먼저 대피시켜야 되잖아요.
표   가장 기본적이죠.

지   그런데 본인이 먼저 열쇠까지 뽑아서 튀었다는 거니까. 업무상 과실치사죄로 보이는데, 사람들이 너무 많이 죽었으니까.
표   징역형을 받았는데요. 제가 〈시사저널〉에 쓴 글에 나옵니다.

성년의 기준도 외국에서 베끼는 풍토

지   형사상 미성년의 나이 가지고 논란이 있지 않습니까? 얼마 전 초등학생들이 강간을 저지르기도 해요. 요즘 애들이 너무 커서 열몇 살, 이런 애들이 어른 같은 애들도 있잖아요. 범죄에 대한 인지가 있는 나이로 보이거든요. 그래서 14세에서 낮춰야 된다는 이야기가 나오기도 해요. 반면 애들이니까 선도하는 것이 옳지, 무조건 소년원에 보내는 것이 능사가 아니라는 의견도 있는데요.
표   정답이 있는 것은 아니죠. 사회적 합의의 문제인데요. 국제적으로 봐도 영국은 8세예요. 보통법, 커먼 로Common Low라고 하죠. 한 사람이 자기 행동에 대한 판단, 인식, 책임져야 할 나이가 몇 살이냐고 할 때 영국 사회의 오래된 관행은 8세 정도면 말도 알고, 올바르고, 그른 것도 구분할 수 있는 연령이라고 보는 거예요. 그때부터 책임을 져야 한다는 건데, 행위 능력과 판단 능력이 있다는 거죠. 미국 같은 경우 각 주마다 달라요. 어떤 곳은 7세, 어떤 곳은 10세인데요. 14세 연령은 어디서 온 거냐 하면 대륙법계, 독일에서 정한 연령이 일본을 거쳐 우리한테 들어온 겁니다. 나름대로 사춘기, 2차 성징이 나타나는 때부터 본인 행위에 대한 책임이 있지 않느냐, 그 전까지는 부모의 책임이 아니냐고 보는 거예요. 무엇이 옳으냐에 대한 정답은 없죠. 우리 사회가 불행한 것이 뭐냐 하면 일제 36년간의 단절과 외침으로 해서 우리의 전통, 이념, 사회 규칙, 이것이 무엇인지를 우리가 스스로 정할 수 있는 기회를 상실해버린 거예요. 일본이 강제로 이식한, 그것도 식민지 통치 목적상 필요한 것을 이식하면 우리가 다 받아들여오다 보니까 우리한테 맞지 않은 것도 생기고, 결국 이런 논란거리도 우리가 해결할 능력이 없는 겁니다. 우리가 처음부터 그것을 만들었다면 낮춰가는 것도 만들 때와 유사 과정을 거쳐 낮출 수 있었을 거예요. 그런데 우리가 정한 게 아니거든요. 그래서 우리한테는 낮출 수 있는 능력도 없는 거예요. 정답이 뭐지, 하고 자꾸 외국만 바라보는 겁니다. 이게 너무 큰 불행인 거죠. 누가 이걸 알겠어요. 몇 살이 정확한 자기 책임 능력이 있는 시기인지, 다 장단점이 있는데. 이 부분에 있어서는 역사적 정의가 올바로 서지 않는데 따른 문제라는 것을 받아들이면서도, 결국은 이 문제에 있어서도 역시 공론이라는 것을 통해서 해결할 수밖에 없지 않느냐 하는 생각이 들어요. 사회적 합의를 이끌어내는 과정. 무조건적으로 덮어놓고 일방적인 주장만 할 것도 아니고, 국회에서 일방적으로 법을 만들어서 국민들에게 강요하는 것도 옳지 않은 것 같아요. 발달심리학회라든지, 소아정신의학회, 형법학회, 각종 관련 학회들이 공동으로 이 문제를 논의하면서 과거와는 다른 발달 과정의 변화, 청소년 심리와 정신 능력의 변화, 이런 것들을 고민해야죠. 범죄심리학 쪽에서는 어린 연령대의 범죄자에 대해서 형사 처벌 내지는 소년 보호 처분을 내렸을 경우에 이후에 어떤 결과가 나타나는지에 관한 것들을 종합적으로 고려해서 국민들이 가장 이해하기 쉬운 방법으로 정보를 제공해야 합니다. 그런 후에 TV 토론 등의 공론화를 거쳐서 여론 수렴을 한 후 우리 사회에서 적합한 형사 미성년자의 연령은 몇 세인지를 논의해서 정하는 절차를 거쳐야죠. 그다음에 밑에 촉법 소년이라는 게 또 있잖아요. 형사 처벌은 아니지만, 보호관찰 처분을 내릴 수 있는. 그건 10세로 낮춰졌단 말이에요. 그 부분에 있어서도 일방적으로 정하는 것이 아니라 우리 사회의 합의를 거치면 결국은 최선은 아닐지 몰라도 차선책은 된단 말이에요. 그다음에 또다시 사회적 변화가 일어나서 논의가 필요하다면 우리에게 익숙한 과정이니까 또 하면 되는 겁니다. 우리는 그런 과정이 없는 것이 아쉬운 거예요. 우리가 합의를 도출할 수 있는 절차와 과정을 겪어본 적이 없이 일방적으로 도입된 것을 받아들이는 것에 익숙해 있다 보니까 누군가 정해주기를 바라는 거예요.

지 다들 미루고.

표 그러니까 자꾸 독재가 우리에게 맞는 것처럼 오해하는 거죠. 민주주의 자체는 복잡하고 머리가 아프다는 거예요.

지　박정희 같은 사람이 나타나서 '10세로 하자'.(웃음)

표　그게 편하다고 생각하는 거죠. 그 뿌리를 저는 식민 시절로 보거든요. 왕조는 어느 사회나 다 겪었잖아요. 봉건주의는 무너질 수밖에 없고, 현재 입헌군주를 유지하고 있는 영국에서조차 왕조가 유지되고는 있지만 통치는 안 한단 말이에요. 그 사회들은 시민혁명, 문화혁명에 의해서 민주화로 들어섰고, 복잡하고 귀찮기는 하지만, 그런 공론화 과정을 거쳐서 사회적 합의를 이끌어내는 것들에 익숙해져 있단 말이에요. 우리는 그게 안 되다 보니까 나와 의견이 다르면 이해하지 못하고, 미워하고, '미친 놈, 너는 그딴 생각을 하고 있냐'고 하면서 서로 적대적이 되는 건데요. 이 문제에서도 똑같이 적용이 되는 거죠.

사형제를 폐지해야 하는 근본적 이유

지　이 문제보다 더 적대적으로 나뉘는 부분이 사형 제도잖아요. 보통 찬성하면 보수 쪽이고, 반대하면 진보 쪽으로 러프하게 구분이 되는데요. 사실 사형 제도를 찬성하고 반대하는 지점에도 굉장히 여러 가지 맥락이 있잖아요. 그걸 무 자르듯이 하니까요.

표　저는 보수주의자지만 사형 제도 반대하거든요. 폐지를 주장해요. 사실은 그게 보수주의 범죄학의 뿌리예요. 사람들이 그걸 잘 모르고 있는 거죠. 베카리아C. Beccaria라는 이탈리아의 형법학자가《범죄의 형벌》이라는 책을 낸 것이 보수주의 범죄학의 시초거든요. 그 사람이 거기서 사형 제도는 전근대적, 봉건주의의 잔재다, 인간의 존엄성을 해친다고 했습니다. 근대의 보수가 뭔가요? 사회계약론이 바탕인 국가론이잖아요. 절대주의, 신성시 국가론이 아니란 말이에요. 국가권력, 주권이라는 것은 각각의 국민이 양보한 자유의 한도 내에서만 그 개인의 권리를 침해할 수 있는 거예요. 그게 헌법 제37조 2항에 나와 있는 거거든요. 그러면 '내 목숨을 국가가 가져가도 좋소'라고 우리가 과연 사회적 합의를 하고 계약을 한 것이냐, 아니라는 이야기죠. 그래서 감정으로야 찢어죽이고 싶지만, 진정한 보수주의자라면 사형 제도를 반대하는 게 맞아요. 오히려 공산주의 국가에서 가장 사형을 많이 시키거든요. 중국이 세계 최고의 사형 집행 국가고, 그다음이 북한이고, 쿠바고 그래요. 그런데 어떻게 보수가 사형 집행을 주장하고, 진보는 사형 폐지를 주장한다고 할 수 있나요? 말이 안 되는 이야기고, 엄청난 착각이고, 오해고, 무식인 거죠. 그건 보수와 진보의 개념이 아니라, 전통적인 우리 인류 사회가 과거 복수 감정에 의해서 행해오던 것을 지켜나갈 것이냐, 아니면 새로운 인본주의적인 입장, 혹은 종교주의적인 입장을 택할 것이냐. 이 차이인 거죠.

지 보통 한국의 보수주의자들은 사형 제도 폐지를 이야기하면 '저런 흉악한 놈들을 살려줄 거냐?'고 이야기하고, '피해자 인권은 생각하지 않고 왜 가해자 인권만 생각하냐, 그런 사람들에게 국민의 세금으로 밥을 먹여야 되냐'라는 주장을 하고 있지 않습니까? 그게 감정적으로 국민들에게 받아들여지기 때문에 사형 제도를 폐지하지 말자는 의견이 여론 조사를 해보면 더 높게 나오는 걸 텐데요.

표 제가 지난 대선 때 박근혜, 문재인 두 후보의 공약을 비교하면서 사형제에 대해 글을 쓴 적이 있거든요.

지 박근혜 후보는 사형을 집행하겠다고 했죠.

표 제가 절대로 못할 거라고 장담을 했죠. 포퓰리즘적인 공약이다, 표를 생각하면 유리한 공약이다. 국제적인 조류도 사형 제도 폐지가 늘고 있고, UN이나 EU 같은 국제 사회에서는 사형 제도 폐지를 권유하고 권고하고 있습니다. 미국도 사형 제도 폐지 주가 늘고 있잖아요. 범죄학에서도 사형 제도가 범죄 예방 효과를 거두지 못한다는 것이 입증이 됐어요. 그런데 여론조사 하면 우리나라뿐만 아니고 전 세계가 다 그래요.

지 프랑스도 사형 제도 폐지하기 전 여론조사 결과를 보면 폐지 반대 쪽이 높았는데요. 정치권에서 결단을 내리고 나니까 오히려 사형 제도를 폐지한 것을 찬성하는 여론이 높아졌다고 하더라고요.

표 하고 나니까 자기가 살고 있는 이 사회가 좀 더 인간적이라는 것을 느끼는 거죠. 내가 그 입장이 될 수도 있는 것이고, 내 자녀가 그럴 수도 있는 거예요. 인간의 존엄성이라는 것을 다시 생각하는 거죠. 복수 감정도 중요하지만, 어쨌든 우리는 그들과는 다르다, 살인을 한 사람들은 자기들의 이유와 명분이 있잖아요. '우리도 우리의 이유와 명분 때문에 저들을 죽이면 마찬가지가 아니겠는가' 하는 그런 자괴감, 이런 것들로부터 '뭔가 내가 살고 있는 사회가 조금 나아진 것 같다', 그런 효과라고 저는 보거든요.

지 저도 그런 범죄자들을 보면 저런 놈들을 살려둬야 되나 하는 생각이 들 때도 있는데요. 노르웨이에서 블레이비크라는 극우주의자가 72명의 아이들을 죽였는데요. 징역 22년을 받았거든요. 저런 사람을 22년 후에 내보내야 되느냐, 지금 나이로 봐서 70세 전에 나올 것 같은데요. 그때 노르웨이 총리는 "우리는 더 큰 민주주의와 더 큰 사랑으로 이런 것들을 방어할 것이다. 당신이 원하듯 증오로 막지 않을 것"이라고 했다는데요. 말은 멋있지만, 우리나라에서 그런 판결이 났다면 '이게 제대로 된 국가냐?' 하면서 큰 난리가 났을 것 같거든요.(웃음)

표　그렇죠.

지　저는 사형 제도 폐지를 반대하는 국민들의 태도도 약간은 모순적인 데가 있다고 보거든요. 폐지는 반대하면서 사형 집행을 하라고 요구하는 사람들은 별로 없거든요.

표　그렇죠.

지　복수든 뭐든 사형 제도가 필요하다고 생각하면.(웃음)

표　집행하라고 그 많은 사람들이 시위를 해야죠.(웃음)

지　사형이 집행이 안 된 지 16년인데, 사실상 사형 폐지 국가가 된 지 6년이나 더 지난 셈인데요. 사람들이 사실 사형 제도에 대해서 그다지 효율적이라고 생각하지는 않는 것 같습니다. 감형 없는 종신형이라든지 여러 가지 대안이 있을 수 있지 않습니까?

표　그래서 그런 게 아쉬운 거죠. 대통령 선거 같은 경우가 좋은 기회잖아요.

지　사형을 집행하는 것은 국제사회의 눈도 있고, 엄청난 부담이 있을 텐데요.

표 절대로 못해요. 장담합니다. 절대로 못해요.

지 그런데 토론에서는 그렇게 해야 표를 얻거든요. 문재인 후보가 사형 제도 폐지 이야기를 해서 표를 조금 잃은 게 아닌가 하는 평가도 있었어요. 보수주의자들의 '친노 종북' 프레임이 강화되는 측면이 있었던 것 같아요.

표 한국 정치가 이익만이 아니라 정의라는 것을 중요한 가치로 두고 있다고 한다면 그 부분에 있어서 양 후보가 사형 제도 폐지를 주장하면 얼마나 좋았을까요.

지 그렇다고 토론 때문에 문재인 후보가 사형 제도 찬성한다고 할 수도 없는 거예요.

표 그때 제가 그런 분석을 한 거죠. 문재인 후보는 옳은 정책을 내놨지만, 인기 있는 정책은 아니다. 표는 잃을 것이라고 한 거죠. 그런 것들이 지금 예를 들어서 민주당 내에서 대선 책임론이 제기되면서 거기까지는 모르는 것 같아요. 전혀 모르면서도, 일반적인 것들을 가지고 문재인 후보 책임론을 이야기하는 것 같은데요. 그런 게 제가 정치가 안 맞다는 거죠. 제가 봤을 때는 아닌 것 같다, 옳고 그름의 문제는 완전히 도외시하고, 이익이라는 차원에서만 이야기를 하고 있는 것 같다는 생각이 드는 겁니다. 그것만 해도 우리나라를 어디로 끌고 갈 것인가, 불리하더라도 옳은 것을 주장하는, 의를 내세우는 정치인이 외면받는 건데요. 결국은 사형 제도며 모든 우리나라 정책, 법과 제도가 포퓰리즘만 쫓을 수밖에 없게 되는 것이 아닌가 하는 생각이 듭니다. 매번 국민 투표를 못하니까 여론조사든 샘플링한 일부의 의견만 보는 거예요. 목소리 큰 인간들이 떠들고 다니면 반대되는 것은 못하고, 결국은 중우정치로 가는 것밖에는 안 되는 거거든요. 지금 남북관계도 똑같은 거잖아요. '대화 안 하겠다'는 것이 인기를 끄니까. 참 너무 안타까워요.

지 한국에서 정의라는 것이.
표 괄시, 멸시당하고 있죠.

난치병이 되어버린 연쇄살인
_ 연쇄살인범은 어떻게 만들어지는가?

두려움을 느끼지 않는 연쇄살인범

지   연쇄살인과 연속살인은 어떻게 다른 건가요? '몇 명을 죽여야 연쇄살인인가' 하는 질문에 '2명이 적절'하다고 하셨잖아요. 예를 들어 오원춘이 만약 그게 첫 범행이라면 그다음 사건이 발생하는 순간부터 연쇄살인이 시작된 걸로 볼 수 있다는 건데요.
표   오원춘 같은 경우가 잠재적 연쇄살인범이라고 저는 보고 있는 거죠.

지   만약 안 잡혔으면 그걸 시작으로 비슷한 유형의 범죄를 저질렀을 가능성이 높다는 거죠.
표   그렇죠.

지   '연쇄살인은 사회적 난치병'이라는 말씀도 하셨잖아요. 치유는 가능하지만, 치유가 어렵다는 얘길 텐데요.

표 일반 살인범과 연쇄살인범의 구분은요, 일반 살인은 대개 이유가 있어서 살인을 저지르잖아요. 대개 원한, 금품, 치정, 이 세 가지가 거의 대부분의 이유예요. 그러면 원한에 사무쳐서 누군가를 죽였다고 하면 그 이후의 심리는 그냥 두려움입니다. 두려움과 죄책감과 후회, 미안함, 두려움의 감정이 생기는데요. 가장 큰 부분은 잡히지 않을까 하는 두려움이죠. 시체를 없애서 증거를 인멸하고 도주를 하지만, 그 두려움이 너무 크기 때문에 이후에 추가 살인을 할 엄두를 못 내요. 그래서 그들에게는 공소시효가 적용이 되도, 저는 반대하긴 하지만, 그 기간 동안 두려움 속에서 살기 때문에 잡히지 않더라도 썩어들어가는 거죠. 그래서 암에 걸려서 죽기도 합니다. 그런데 연쇄살인범은 달라요. 살인을 하고 나서의 순간적인 두려움은 느껴요. 잡히지 않을까 하는 두려움. 하지만 원천적 두려움, 피해자가 꿈에 나타나고, 제가 만나보니까 그런 것을 느끼는 연쇄살인범도 있긴 합니다. 하지만 그게 일반적 살인범처럼 강하지는 않아요. 그래서 추가 살인을 중단시킬 정도의 힘은 못 가지는 거예요. 다른 요인이 더 강하니까.

지 살인에 대한 욕구 같은 게.

표 욕망이나 욕구, 분노, 각각의 범죄자에 따라서 살인에서 쾌감을 느끼는 경우도 있어요. 쾌감에 대한 중독, 각각의 경우에 따라서 그것들이 불안과 두려움, 미안함, 죄책감, 이런 것들을 훨씬 넘어설 정도로 강하다 보니까 또 다른 범죄를 하게 되는 거죠. 오원춘의 경우가 행동의 특성과 이후의 진술 태도 등을 본다면 자신의 범죄로 인해서 발생하는 두려움과 미안함, 죄책감 같은 것들이 크지 않아 보였다는 거죠. 그것보다 오히려 그 범죄를 하기까지 이르게 된 욕구, 분노, '이 여자가 날 무시했어?', 이런 것들에 대한 자동적인 폭력 반응, 이런 것들이 여전히 그대로 강하게 남아 있다. 그래서 이 친구는 그 사건으로 잡히지 않았으면 유사한 상황에서 또다시 범죄를 저질렀을 거라는 거죠.

지   일반인에 비해서 죄책감이 크지 않다는 것은 공감 능력이 크지 않다는 것이고, 사이코패스 성향이 있다는 거잖아요.
표   어떻게 규정하느냐의 문제인데요. 사이코패스가 없다고 주장하는 정신의학자도 많으니까요. 공감 능력이 떨어진다는 것에는 동의하고, 그것이 원인인 것은 맞는데요. 선천적으로 없는 사람이냐, 성장 과정에서 살아오면서 스스로 의도적으로 그것을 말살시켜온 것이냐의 차이인 거죠. 저는 후자 쪽이라고 보여요. 편리하니까 사이코패스라는 용어를 사용하기는 하지만, 원래부터 사이코패스는 없다고 봅니다.

지   《범인은 바로 뇌다》, 이런 책도 있는 것처럼 사이코패스를 뇌 일부분이 손상된 환자로 보는 경우도 있잖습니까? 교수님이 쓰신 글에도 굉장히 온순한 사람이었는데, 사고로 머리를 다친 후에 굉장히 난폭한 사람이 된 경우가 있다고 하셨는데요.
표   그런 경우가 있죠.

지   그러면 뇌의 어떤 영역을 다쳤을 때 그렇게 될 수 있다는 거잖아요. 그런 연구들도 하는 것 같더라고요. 화학물질을 통해서 사람의 성향을 바꿀 수 있다.

표   그렇죠. 사이코패스와 연쇄살인범은 조금 다른 면이 있어요. 뇌 손상으로 인한 폭력 충동은 대개 절제가 안 되거든요. 그래서 위장한 채 냉혈하게 행해지기보다는 대개는 발작 형태로 그들의 폭력성이 돌출이 돼버리거든요. 드러나고 알려지고. 연쇄살인범들은 그게 제어되죠.

지   안 잡히기 위해서 굉장히 치밀하고 이성적으로 범죄를 저지른다는 거잖아요.

표   다만 그들이 공감 능력이 떨어지는 부분이 전전두엽의 손상 때문일 수 있는 가능성은 일부 있습니다. 다 그런 것은 아니에요. 그렇다 보니까 한 가지 설명만으로는 모든 연쇄살인범에 대한 이해가 될 순 없는 거죠. 거기에 어려움이 있는 거예요. 뇌 손상이라는 것만 연쇄살인범들의 원인이라고 확실하게 확인하게 된다면 너무나 좋죠. 신생아들을 검사해보면 되고, 학교에서 검사해보면 되고, 그래서 치료하거나 관찰하면 되잖아요. 그런데 그게 아니란 말이죠.

지   연쇄살인범들이 잡히고 나면 주변 사람들을 통해 '평소에는 온순하고, 얌전했다'는 증언이 나오는 경우가 많다고 하잖아요. 강호순 같은 경우에는 잘 생기고, 고급차를 타고 다니니까 의심 없이 차를 탔는데, 연쇄살인범이었던 거예요.

표   제가 주장하는 것은 그 인간들이 대개 청소년기에 일탈이든 범죄 행동을 저지르거든요. 반사회적 성향이란 게 그래요. 자신의 목적을 위해서 규칙은 전혀 개의치 않고, 남에게 어떤 피해를 끼치는지 개의치 않는 거죠. 그때 전문가가 심층 면담을 하면 그가 가진 그런 성격적인 이상 패턴을 발견할 수가 있는 거죠. 그러면 그에 대한 조치를 취할 필요가 있습니다. 그중 일부가 뇌 손상 때문일 수도 있고, 어떤 경우는 후천적인 학습의 결과일 수도 있어요. 애정의 결핍 때문일 수도 있고, 각각의 경우가 다르거든요.

문제는 공감 능력과 사회화다

지 강력범죄자들의 경우 불우한 어린 시절, 학대를 당했다든지, 강간을 당했다든지 이런 경우가 있지만, 유형이 다르지 않습니까? 연쇄살인범이 되는 경우도 있고, 신창원처럼 절대 사람은 해치지 않겠다는 원칙을 세운다든지, 강호순 같은 경우는 비교적 유복하게 자랐다고 들었거든요. 여러 가지 환경도 다른 것 같은데요. 환경 요인이 범죄를 규정짓지는 않는다는 얘긴데요.

표 인간이라는 존재가 너무나 복잡한 존재고 미묘한 존재이다 보니까, 섣불리 유형화시키고 예단할 수가 없어요. 어떤 외형적인 조건으로 인해서 그 사람이 그 행동을 했다고 단정할 수 없는 거예요. 거기에는 수많은 다른 우연적 요소, 변수, 본인의 반응, 생각, 사고, 이런 것들이 너무나 다양하게 작용하는 거죠. 퍼지이론이라고 하잖아요. 불확실성이론이라고도 해요. 공기 중에 수없이 많은 불규칙적인 행동을 하는 것끼리 만났을 때 만들어지는 화학작용, 반응들이 전혀 예측 불가능하다는 거죠. 그런 것처럼 한 인간이 사실은 임신할 때부터, 아니면 임신 전부터 그 부모가 가지고 있는 특성들이 있어요. 임신 중에 산모가 겪는 스트레스, 섭취하는 음식, 안정된 환경의 정도, 이런 것들과 출산 과정, 출산 이후에 영아 때의 영양 섭취나 기온, 얼마나 애정을 베풀어주는지 이런 것들, 그 이후에 유아기, 아동기, 수없이 많은 변수가 작용하잖아요. 모든 것이 똑같을 수가 없거든요. 그 많은 것들이 어떻게 미묘하게, 이 아이의 정서에, 행동에, 인식에 반영이 되는지 우리는 알 수가 없어요. 어떤 슈퍼컴퓨터를 동원한다고 하더라도 60억 인구가 처음 태어나서 이후에 겪는 모든 것들을 프로그래밍화해서 한 인간이 어떻게 될지 예측할 수 없는 거예요. 그런 어려움이 있다 보니까 우리가 늘 최선의 노력을 다하긴 하지만, 단지 가난하다는 이유, 또는 아동 학대를 당했다는 이유, 가정폭력이 있었다는 이유, 이런 몇 가지 눈에 띄는 이유만 가지고 연쇄살인의 원인이라고 단정할 수 없는 거죠. 하지만 그럼에도 불구하고, 결과적으로 연쇄살인범이 된 사람들을 보면, 그들의 대부분은 아동기의 학대 경험이 있고, 부모의 불화나 폭력을 거쳤다는 겁니다. 이런 것들은 확인이 되는 거죠.

지 여러 범죄자를 만나보고 하면서 어떤 사람을 보게 되면 이 사람이 범죄를 저지를 수 있는 유형의 사람인 것 같다는 판단이 가능한가요?
표 그런 위험성은 느껴지죠.

지 아무래도 폭력성이 강하다든가, 분노가 느껴진다든지.(웃음)
표 그런 것도 있지만, 핵심은 결국 공감 능력인 거예요. 이 사람이 과연 타인과 교감하느냐, 타인의 인격을 존중하느냐, 타인의 감정에 대해서 민감한 반응을 보이는가, 타인의 감정과 정서를 고려하느냐, 이런 것들이 가장 중요합니다. 다른 사람은 지금 엄청나게 힘들고 어렵고 괴로운데도 자기 기쁨과 즐거움만 추구하는 사람이 있거든요. 이런 사람들은 조건이 늘 양호하게 형성이 되면 범죄를 하지 않겠지만, 그렇지 않을 때는 범죄를 서슴없이 저지를 여지가 분명히 있는 거죠. 그다음에 내면에 얼마만큼 분노가 자리 잡고 있느냐, 자신의 감정을 얼마나 조절할 줄 아느냐, 대화라는 방법을 통해서 문제를 해결할 수 있는 능력이 있느냐, 그렇지 않느냐, 이런 몇 가지 요인을 보면 이 사람이 가지고 있는 심리 성격적 위험성, 그게 어느 정도는 가늠이 되죠.

지 어떻게 보면 예술가들도 일반인들이 보기에는 비정상적인 행동을 많이 하잖아요. 그걸 자기 예술혼이랄지 이런 것을 통해서 강한 에너지를 표출하니까 범죄자가 안 되고 그럴 수 있을 텐데요. 유영철 같은 경우에 예술적인 재능이 있다고 들었습니다. 그 사람이 좋은 경로를 통해 작품 활동을 할 수 있었다면 범죄자가 되지 않았을까요?

표 가능성은 있죠. 확답은 못해요. 그가 가졌던 예술적 재능이라는 것도, 예를 들어 일반인 이상이냐, 그건 우리가 확신할 수 없는 거예요. 본인이 좋아했다 뿐이죠. 음악을 좋아했고, 그림을 좋아했는데, 색맹이어서 미대는 갈 수 없었고. 그가 그린 그림을 언뜻 보면 되게 잘 그린 것 같지만 다 보고 베낀 그림이에요. 창의적으로 예술적인 것은 아닌 것 같습니다. 공감 능력이 없고 정서가 결여돼 있기 때문에. 다른 사람의 기술적인 면만 모사하고 있는 거죠. 어린 시절 그

욕구를 바람직한 방향으로 인도하고, 살려줬더라면 달라질 수 있었을지 몰라요. 그런데 확답은 못하는 거죠. 그러다가 성공을 하지 못했을 경우에는 좌절을 하고, 자신의 재능을 알아주지 못하는 사회를 비난을 하지, 자기 탓을 하지는 않거든요. 단순히 재능을 인정받았느냐, 안 받았느냐의 문제는 아니다, 일반인 같은 경우도 우리가 모든 사람들에게 다 원하는 것을 시켜줘야 하느냐, 그건 아니란 말이죠. 그게 가능하지도 않아요.

지 수요와 공급의 차이가 있으니까요.(웃음)
표 근본은 그것보다는 자기가 원하는 것이 달성되지 못해도 현실을 받아들이고 다른 활로를 모색하려는 태도, 적응하려는 태도, 다른 사람을 존중하고 인정하는 태도, 사회 규칙을 지키려는 태도, 이런 것들을 갖출 수 있느냐의 문제인 거죠. 그게 선천적으로 안 갖춰져서 태어나느냐보다는, 제가 볼 때는 후천적으로 그것이 가정교육을 통해, 주변과의 관계를 통해, 학교에서의 학습을 통해서 형성돼가는 것을 사회화라고 부르잖아요. 사회화 과정에서 문제가 생기는 사람들이 있는 거죠. 우리가 눈에 보이는 강압적인 폭력과 이런 게 있어서 삐뚤어지는 사람도 있겠지만, 눈에는 안 보이지만, 강호순 같은 경우에 은근하게 장기적으로 올바른 사회화가 안 되고, 이상한 방향으로 행동이 이루어지는 경우가 있단 말이에요.

화성 연쇄살인은 없다

지 화성에서만 일어난 살인 사건이 아니고, 더 넓은 광범위한 지역에서 이루어졌기 때문에 "화성 연쇄살인은 없다"는 표현을 하셨는데, 사실 그렇게 네이밍을 하게 되면 그 지역 사람들에게 엄청난 스트레스와 피해를 주지 않습니까? 위험하고 무서운 동네라고 인식되니까 집값도 떨어지어요.(웃음)

표 그런 부분도 있어요. 하지만 사실이라면 어쩔 수 없이 감수해야 될 부분도 있어요. 화성이라는 지역 자체가 중요하다면 사건 수사에 있어서나, 그 사건의 예방에 있어서 피할 수는 없거든요. 하지만 제가 그렇게 주장한 이유에는 그것 못지않게 그렇게 네이밍함으로써 화성 밖에서 발생한 사건들을 배제시키는 효과가 나기 때문이었죠. 그렇게 되면 사건 해결에도 지장을 초래하고, 예방 조치를 취하는 데 있어서도 잘못된 정보를 제공할 수 있게 되는 거잖아요. 예를 들면 오산, 평택, 수원, 이런 곳에서 유사한 사건이 발생했는데, 배제되는 효과가 나타나는 거죠. 언론에서도 화성이 아니니까 신경을 안 써요. 예를 들어 다른 지역에서 나는 범죄 사건은 어떻게 할 건가요? 얘는 이동을 못 하나? 이동할 수 있잖아요. 그런 부분이죠. 화성이라는 이름 자체가 초기에 잘못 붙은 건데요. 이름 자체가 강한 뉘앙스를 주잖아요. 지구 밖에 있는 별인 화성을 떠올릴 수도 있어요. 경기 남부 정도로 확대해서 부르는 것이 낫지 않았겠나 하는 거죠.

지 고속도로 가다 보면 '지구보다 큰 도시 화성'이라는 입간판도 있더라고요.(웃음) 경기 서남부 지역에서 그런 사건들이 많이 발생하는 것 같은데요. 특별히 그쪽에서 사건이 많은 건가요? 몇 건의 대표적인 사건 때문에 그렇게 느껴지는 건가요?

표　대표적인 사건이 발생해서 그렇죠. 그럼에도 불구하고 그쪽의 문제가 없는 것은 아닙니다. 급격하게 도농 복합 지역으로 변모되었단 말이죠. 기존의 커뮤니티가 깨어지고, 수도권에 인접해 있고, 광활하고, 초기에 토지 값이 싸다 보니까 공장도 많이 이전을 했어요. 그래서 유동인구도 많고요.

지　이를테면 영화 〈살인의 추억〉에서 보이는 광경이네요.
표　공장이 있고, 도로도 발달하고, 접근성은 뛰어나고, 이동성도 뛰어나고, 범행하고 도주하기도 쉽고, 야산이 많아서 시신 유기하고, 은닉하고, 이럴 수 있는 입지적 조건적인 문제도 분명히 있어요.

지　사람도 많이 살고.
표　거기에 대비해서 경찰서의 신설이나 치안 대비는 충분히 이루어지지 못했어요. 사회 기반 시설이라든지. 결국은 범죄 사건이라는 것 자체가 범죄 문제만이 아니라……

지　사회적인 원인이 있는 거네요.
표　그게 가장 폭발적으로 두드러지는 것이 범죄라고 보면 될 것 같아요. 〈보더타운Bordertown〉이라는 영화 보셨어요? 그 영화가 실제 사건인데, 후아레즈라는 미국과 멕시코의 접경 도시에서 일어난 연쇄 살인 사건을 다룬 건데요. 실제 일어난 일이에요. 300명이 넘는 여성들이 실종, 사망했어요. 범인이 한 명이라고 보긴 어렵죠. 미국, 멕시코, 캐나다 간의 NAFTA가 체결된 이후에 후아레즈라는 도시가 접경에 있다 보니까 공장이 들어서고, 여성 인력이 시골에서 올라왔죠. 우리 옛날에 무작정 상경해서 공장에 오듯이요. 치안은 열악하고, 낙후돼 있고, 남성 중심적인 문화가 팽배해 보니까 그런 많은 여성들을 한 인격으로 보는 것이 아니라 성의 도구로 보는 분위기가 많고, 지나가다 보이면 납치해서 성폭행하고, 살해하고, 그게 자행된 겁니다. 수사와 치안적인 입장으로만 본다면 '이 괴물 범죄자가 누구야, 한 명만 잡으면 돼' 하고 접근을 하겠지만요. 그게 아니라 좀 더 다각적으로 분석해보면 도시 자체가 범죄를 잉태하는 요인이 있는 거죠. 그 기반에 대한 조치를 취하지 못하면 해결되지 못하는 그런 문제인 겁니다. 경기 서남부 지역에서 집중 발생하는 엽기적인 범죄들에는 사회적인 요인도 있다고 봐야 되지 않겠나 싶어요. 지나치게 무계획적인 급격한 도시화, 기존 커뮤니티의 파괴, 환경을 고려하지 않는 개발, 이런 것들이 어우러지면서 치안 인프라는 부족하고, 결국은 다른 우연적 요소와 맞물려서 그런 사건들이 발생하는 거죠.

강남을 위해 강북을 감시한다?

지 그러다 보니까 가난한 사람들이 표적이 되는 건데요. 김길태 사건만 해도 재개발 지역에서 다들 이사 가고, 남아 있을 수밖에 없는 집안의 아이가 희생이 된 거잖아요. 예전에 안양에서 두 어린이를 납치해서 토막 살인했던 경우도 그런 경우예요. 부자들은 세콤도 설치하고 할 수 있겠지만, 국가가 가난한 집도 범죄로부터 보호를 받을 수 있게 해야 될 텐데, 그게 많이 부족한 것 같은데요.

표   그러니까요. 치안은 공공재잖아요. 시장 논리에 맡길 수 없다는 것이 바로 그것 때문인 건데요. 부자들은 돈이 많으니까 예를 들어 경찰관을 자기 동네에 많이 배치시키고, 안전하게 살고, CCTV 다 달고, 가난한 동네에서는 마음껏 살인, 강도, 강간이 횡행한다면 세상 사는 게 아니잖아요. 그런 모습이 아니도록 하려면 열악한 지역, 조금 더 낙후된 장소에 가급적이면 조금 더 많은 경찰이 있어야 되고, 치안 투자가 있어야 되는 거죠. 그런데 오히려 CCTV도 강남에 집중 설치되고 경찰도 유능한 사람은 주로 대도시에 집중이 돼요. 경찰의 숫자도 인구 비례나 지역 대비, 면적 대비로 본다면 도시 집중이 되어 있는 그런 것들이 좀 안타깝죠. 치안의 콘셉트, 개념 자체도 바꿔서 접근을 해야 된다, 수요가 있는 곳, 필요가 있는 곳에 가야지, 공급자 위주여서는 안 되지 않겠나 싶어요. 특히 우리가 집단 시위, 민원, 80년대 이후에 아직까지도 해소되지 않고 있는 그런 부분들 때문에 대도시에 집중된 효과도 크거든요. 이 부분을 어떤 식으로든 해소를 해서 치안의 도농 불균형, 이것은 좀 해결을 해야죠.

지   지방자치제도가 발달해야겠지만, 그런 문제도 발생하니까 서초, 강남구 같은 데는 부자니까 CCTV 설치라든지, 여러 가지 범죄 예방책들을 쓸 수 있는데요. 가난한 지역은 그걸 할 수 없는 경우가 생기니까 중앙정부가 조정할 필요가 있는 게 아닐까요?

표   너무 많은 CCTV 때문에 문제이긴 한데요. 영국 정부에서 접근했던 것은 CCTV가 필요하다는 합의가 이루어진 다음에는 이렇게 하더라고요. 제임스 벌저 사건 때문에 생긴 건데요. 각 지방자치단체

중에서 CCTV를 원하는 지역은 신청을 하라고 해서 신청 사유를 제출하고, 거기에 따라서 중앙정부에서 보조금을 내려줘서 CCTV를 설치해주게 됐어요. 그러니까 부자 동네는 주민들이 자기 돈을 내서 설치하고, 공공 CCTV는 낙후된 지역, 주민들이 원하고 이런 곳에 중앙정부의 예산 지원을 받아서 설치하게 된 거죠. 우리는 자치단체가 자체 예산으로 하라고 하니까 재정 자립도가 높은 곳만 하게 되는 거예요. 강남에서는 자기들이 막 설치하고 나서 그런 이야기를 했잖아요. 강북에 있는 자치구들이 원하면 우리가 돈을 보조해주겠다, 강북에 있는 사람들이 얼마나 자존심이 상해요. 그 이면에는 뭐냐 하면 강남에서 범죄를 저지른 사람들이 강북에서 오는 것 아니냐, 말은 안 하지만 그런 오만한 측면도 깔려 있지 않느냐는 거죠. 강북에 설치해주겠다는 것은 강남의 범죄 예방을 위해서 강북 사람들을 감시하겠다, 이렇게 볼 수 있는 거예요. 참 가슴 아픈 일인 거죠. 그렇게 되지 않게 하려면 그런 부분을 할 거냐, 말거냐에 대한 공론화부터 국가에서 해야겠지만, 하기로 했다면 지역 간 격차가 나지 않도록 국가에서 해줘야 되는 거죠.

범죄와 사회 발전 속도에 대한 연구가 전무하다

지 아까 말씀하시기를 범죄가 사회의 발전 속도와 관계가 깊다고 하셨는데요. 그런 것을 연구하는 학문이 있나요? 경찰대학이나 이런 차원에서.
표 없다고 봐야죠. 형사정책연구원, 그다음에 경찰대학 치안정책

연구소, 이 두 개가 유일한 국책 연구 기관인데요. 형사정책연구원 같은 경우, 원래 그 역할을 수행해야죠. 해야 되는데, 태생부터 법무부 산하 연구소로 생겨서, 지금은 총리실 산하로 옮겨지긴 했지만. 부장 검사들이 파견이 돼서 상당 부분에 대한 관장을 하고, 의사 결정을 하고, 주로 법에 대한 연구가 집중이 되어 있어요. 형법이라든지, 형사 정책 자체에 대한 접근법은 없어요. 범죄의 사회적 원인에 대한 탐구가 과거보다 늘기는 했지만, 여전히 주류는 아니에요. 그리고 역시 실적주의로 운영되다 보니까, 각 국책 연구 기관들이 자생 능력을 찾는다고 해서 외주 연구, 각기 다른 정부 부처에서 원하는 연구를 맡아서 수행해주는 용역 연구 기관 형태를 유지하고 있어요. 그러다 보니까 국가가 필요로 하는 것을 위주로 연구하는 거예요. 도대체 우리 사회에서는 어떤 범죄가 일어나고, 그 원인은 무엇이고, 사회적인 변화는 어떻게 해야 되고, 그것을 받아들여서 결국은 국가 정책에 반영하고, 법에 반영하는 선순환 구조를 못 가지고 가는 거죠. 연구소는 연구소대로 따로 돈벌이하고 살아가고 있고, 국가에서는 그냥 정치적인 타협안으로 이익을 쫓아서 법안 만들어서 시행하고, 그러니까 나라가 엉망인 겁니다. 법과 정책 입안이라는 것을 전제로 해서 국가에서 운영하는 연구소라면 전혀 어떤 치우침 없이 있는 그대로의 사실을 조사하고 연구를 해서 내놓고, 그것을 바탕으로 해서 국가의 정책을 만드는 창구로 가야죠. 경찰대학 치안정책연구소는 자체 연구가 거의 없어요. 예산을 받아서 외부 연구 교수들한테 나눠주는, 그래서 경찰에 우호적인 학자들을 만든다는 그런 삐뚤어진 목적으로 주로 이용되고 있는 것처럼 보이죠. 제가 자체 연구를 하라고 내부에서 계속 제안을 해왔는데요. 또 하나의 문제가 최근 종북 논란이 일어났는데요. 과거에 보안연구소라는 것이 있었어요. 주로 이념, 종북이냐, 국가보안법 위반에 해당되느냐, 여기에 대한 판단을 내리는 사람들이 시대에 맞지 않는 냉전 논리라고 해서 없애버렸는데, 그 사람들이 그대로 치안정책연구소로 들어왔어요. 그래서 원래는 범죄의 원인과 경찰의 개발 개선을 연구해야 될 연구소가 여전히 이념에 대한 종북 논란에 대한 것들을 연구해서, 지난번에 크게 문제가 됐었죠. 자체적으로 치안 문제, 범죄 문제 전문가들, 박사 학위를 취득하고 계속해서 그런 연구를 행하는 그런 기능은 아닙니다.

지 결국은 이 부분도 범죄를 예방하는 데도 민주화가 도움이 된다는 것과 같은 건데요. 민주화가 되면 이런 연구를 실질적으로, 범죄 예방을 위한 연구를 하게 될 텐데요. 종북 연구하는 그런 사람들보다는 범죄 예방을 위한 연구관들이 지금은 더 많이 필요한 것 같은데요.
표 안타깝죠. 경찰청 내부에도 그런 연구 기능이 전혀 없어요.

범죄는 인권의 바로미터다

지 사회하고 범죄하고 관계가 없을 수 없는 것이 얼마 전에도 뉴스를 보니까 파키스탄 여성인데, 십대 초반에 시집을 가서 남편한테 7년 동안 매일 맞고 살다가 아프가니스탄 남자의 도움으로 탈출했다고 합니다. 그런데 오빠가 '집안 망신을 시켰다'면서 찾아가서 남자는 돌로 찍어 죽이고, 동생은 도끼로 수십 차례 찍었는데, 수술 끝에 구사일생으로 목숨은 건졌다고 하거든요. 그리고 인도 같은 경우 성

범죄들이 많잖아요. 범죄가 사회의 인식이나 수준과 관련도 크고, 사회와 떼려야 뗄 수 없는 관계인 것 같습니다.

표   그럼요. 일단은 범죄냐, 아니냐부터 문제가 되잖아요.

지   심지어는 남자가 그럴 수 있지 하는 태도를 보이는 경우도 있잖아요.

표   범죄라는 것은 인권의 대표적인 바로미터인 거죠. 어떤 범죄가 지속적으로 발생하는데도 거기에 대한 대책이 안 세워지고 있다, 그 사회가 얼마나 인권에 무감한지, 한 사람의 신체와 생명, 안전, 성적 자기 결정권, 이런 것들이 짓밟히고 있는데도 방치되고 있다, 무시되고 있다면 그야말로 그 사회는 인권이 존재하지 않는 사회라고 봐야 하는 거죠. 우리 사회가 과거에는 그런 사회적 약자, 소수자에 대한 탄압과 폭력, 이런 것들이 범죄로 인식되지 않았거든요. 그런데도 다행스럽게도 많은 사회적인 노력들, 투쟁들, 이런 것들을 통해서 결국 범죄화시켰습니다. 성범죄 같은 경우도 그래요. 그럼에도 불구하고, 법과 괴리된 관행이 여전히 남아 있죠. 가정폭력이 특히 그렇습니다. '내가 내 마누라 때리는데 니들이 무슨 상관이야'라는 것이 여전히 용인되고 있고, 경찰에서도 여전히 그런 문제에 개입하는 것 자체를 꺼리고 있어요. '집안 문제인데 우리가 왜 나서'라는 것이고, 아동 학대도 여전히 그렇습니다.

지   나이든 남자 경찰관 입장에서는 아버지나 남편과 비슷한 정서를 가지고 있을 가능성이 높잖아요. 평생 맞고 살다가 황혼 이혼 소송을 낸 할머니에게 '평생 맞고 사셨으니, 계속 그렇게 사시라'는 취지의 판결을 한 판사도 있었어요.

표 국제적인 기준이라는 것이 있고, 과거와는 달리 열린 사회에서 사니까 바로 대비가 되잖아요. 우리나라가 외국과 비교해서 말이 안 되지 않냐, 그러면 법을 바꿀 수는 있어요. 그런데 그 법이 실제로 집행되는 실무에서는 법보다 더 무서운 관행이라는 것이 있고, 사회적 인식이라는 게 있고 문화란 게 있단 말이에요. 인도나 아프가니스탄에서의 이야기를 접하면서 깔보고 저 나라 저 수준밖에 안 된다고 하지만, 우리를 들여다보면 부끄럽거든요. 지금도 사실 집안에서 행해지는 아버지의 딸에 대한 성폭행 같은 경우, 그리고 심각한 가정폭력이 방치되고, 방관되는 모습들, 스토킹 같은 것들.

지 8만 원만 내면 되잖아요.(웃음)
표 특히 그런 고용 관계나 상하 권력 관계, 대학에서는 선배가 후배를 무지하게 패면서도 죄의식을 못 느끼는 사회잖아요. 여전히 우리 사회가 안고 있는 문제죠.

미니스커트 단속의 멘탈리티

지 스토킹 이야기가 나왔으니까 말인데, 심각한 스토킹은 그것보다 더 큰 중형에 처해져야 돼요. 그런 것을 벌금으로 일일이 규정해 놓으려고 하니까 이런 비아냥이 나오는 건데요. 이 정부의 첫 국무회의에서 나온 것이 그 경범죄 처벌 법안인 것을 보면 여전히 70년대 방식으로 사회를 관리하려고 하는 것이 아닌가 하는 생각이 들거든요. 다른 법으로도 충분히 경범죄를 처벌할 수 있을 것 같은데요. 규정 다 정해서 암표 얼마 하는 것도 그래요.

표 그러게요. 제가 아까 말씀드린 것처럼 사회적 합의 도출 능력이 없는 거죠. 정답이 없는데, 정답을 찾으려는 바보 같은 노력을 하니까요. 자기들이 정답이라고 생각하면서 옛날 문제 풀이, 대입 시험 하던 방식대로 하는 거예요. 범생이들이 앉아서. 그래서 8만 원 이야기가 나오는 거예요. 사회적인 문제 해결 과정을 절차화시키고, 과정화시켜서 늘 상식적으로 이루어지도록 하면 그게 도출이 되죠. 시행되고 문제가 생기면 또 고치면 되는 거예요. 우리 사회는 새로운 현상이 나타났을 때는 어쩔 줄을 몰라 하는 거예요. 스토킹, 이게 뭐야, 하면서 주저하는 거죠.

지 나쁜 거니까 벌금이나 범칙금을 때리자.(웃음)
표 그런 기계적인 합의, 중간, 타협, 이걸로만 모든 것을 해결하려고 하니까요.

지 이를테면 예전의 장발 단속과 미니스커트 단속하는 멘탈리티가 아닌가 하는 생각이 들더라고요. 뭔가 불편해 보이는 것은 사회의 미풍양속을 저해한다고 규제하는 손쉬운 방법을 택하는 것 같습니다.
표 그러게요.

3부
과학수사를 파괴한 사법 시스템의 죄악

9

한국의 CSI는 없다
_ 왜 과학수사는 실패할 수밖에 없는가?

과학수사는 기술이 아니라 절차

지 보통 과학수사 이야기하면 그 나라의 인권 수준이나 민주화 수준과 굉장히 연관이 있지 않습니까?

표 그렇죠.

지 고문이나 이런 것을 빼고도 한 사람의 억울한 죽음을 풀어줘야겠다고 생각하는 자체가 민주화가 됐다, 한 사람의 인권을 챙기는 사회가 됐다는 반증인데요. 국립과학수사연구소가 1955년도에 개설됐더라고요. 그러면 과학수사 자체가 우리 사회 전반적인 수준에 비해 늦게 시작된 것은 아닌 것 같은데요. 발전 속도는 생각보다 더딘 감이 있는 것 같습니다. 교수님께서 계속 이런 문제를 제기하시기 전에도 문국진 교수님께서 한참 전부터 그런 문제를 제기해왔었는데요. 한국에서는 돌연변이 같은 빠른 이야기였잖아요. 과학수사의 중요성을 오래전부터 이야기해오신 분들이 있었음에도 불구하고 그 이후에도 고문 같은 것들이 많았어요. 지금 상황을 보면 답답하신 부분도 있을 것 같습니다.

표 과학수사라는 것이 가지고 있는 두 개의 얼굴이 있죠. 그야말로 순수한 과학기술로서 얼마나 빨리 발전했느냐의 측면이 있어요. 또 하나의 측면은 수사의 절차와 체계 자체가 얼마나 과학적인가, 이런 또 하나의 얼굴이 있습니다. 지금 발전 속도가 빠르다, 늦다는 부분에 있어서 늦다는 쪽의 문제는 아마도 그러한 수사의 과학적 체계, 절차 문제인 것 같아요. 예를 들어서 우리가 기술적인 측면에서는 그다지 뒤쳐져 있다고 보기가 어렵죠.

지 그렇죠.

표 DNA 판독 기술이라든지, 각종 최첨단 기기는 개발되는 즉시 우리는 사오고 있으니까요. 내부에서 개발은 못한다고 하더라도요. 그런데 여전히 우리 과학수사 수준이 국민들 눈높이에 미치지 못하는 것은 일상생활에서 벌어지는 국민들 개개인, 민초들 개개인의 민생 범죄에 과학수사가 동원돼서 깔끔하고 깨끗하게 잘 해결되고 있다는 느낌을 주지 않고 있기 때문이거든요. 예를 들어 지금 박시후 사건이라든지, 예전 김훈 중위, 자살이냐 타살이냐 하는 의문사라든지. 천안함 문제도 그래요. 그런 사건이 발생하고, 의문이 제기될 때마다 속 시원하게 답이 안 나온단 말이에요. 그러니까 우리나라 과학수사 수준이 제대로 된 거냐는 의문이 제기돼요. 예를 들어 북한이 해킹을 했다고 하면 시간이 오래 걸려도 밝혀내거든요. 그리고 정권이 타깃으로 삼은 기업체의 분식 회계 같은 것들은 또 다 드러나고 밝혀지고, 시시콜콜히 나타납니다. 반면 그렇지 못한 사건이 많거든요. 이런 부분에 있어서 아마도 우리 사회나 국민이 대한민국의 과학수사 수준이 선진국 수준에 도달하지 못한 것이 아닌가 하는 의심과 비판을 하는 것 같아요. 김연아라는 선수 한 명이 역사상 남을 정도의 세계 최고의 피겨스케이터지만, 그렇다고 해서 대한민국의 피겨 수준이 전반적으로 세계 정상급이냐고 하면 누구도 동의할 수 없겠죠. 우리나라의 과학수사 연구원이라든지, 각 분야의 최고 전문가들을 보면 세계 어디에 내놔도 뒤처지지 않을 정도입니다. 하지만 전반적인 수사의 절차나 체계, 교통사고가 나든 절도 피해를 당하든 억울한 죽음을 당한 가족이 있어서 당연히 과학수사가 밝혀주겠지 믿었던 분들은 뒤통수를 맞고 있는데요. 이런 것들이 안타까운 거죠.

지 문제는 국민들이 한국의 과학수사 수준을 의심하는 것이 아니라 아까 말씀드린 것처럼 사회적인 문제와 엮여서 불신이 팽배해 있는 문제 같은데요. 천안함이나 해킹도 말씀하셨지만, 못 밝혀낼 것이란 문제가 아니라 처음부터 북한의 소행이라고 단정해서 정치적으로 이용하려한 것이 아닌가 하는 의구심을 갖는 사람들이 많지 않습니까? 교수님이 나오셔서 활동하시는 것도 범죄 수사가 이 사회와 동떨어져 있을 수 없다는 고민 때문에 그런 선택을 하신 걸 텐데요. 이게 경찰에서만 고민한다고 해서 되는 것도 아니지 않습니까?
표 그렇죠. 정치 사회적인 합의가 있어야겠죠. 제가 계속 주장하는 것이 뭐냐 하면 정치권력들이 범죄 수사 과정을 지배하려는 욕심을 빨리 버려야 한다, 그래야만 사회도 살고, 나라도 살고, 자기들 보수 세력과 집단도 산다고 저는 믿고 있거든요. 지금 이 순간 당장 눈앞에 있는 불이익을 피하려고, 또는 위험을 피하려고 수사 권력을 틀어쥐고 있으려고 하는 것 때문에 전반적인 불신이 깔려 있습니다. 이런 상황에서는 아무리 열심히 제대로 잘해도 안 믿는단 말이에요. 천안함의 진실도 그런 거죠. 정말 억울할 수도 있을 거예요. 국방부 관계자나 정부 측에서는 정말 폭침이고 북한도 인정하고 있는 상태인데, 왜 우리나라 국민은 못 믿느냐? 하지만 못 믿는 국민을 적이라고 돌릴 것이 아니라 이런 상황이 초래된 배경을 봐야 된다는 거예요. 김훈 중위 사건도 마찬가지예요. 저는 이제 정말 자신이 없어요. 많은 사람들이 의혹을 제기할 만한 사건이 발생했을 때 진짜 진실을 밝힐 수 있을지 과학적 진실은 드러냈지만, 사회적으로는 용인되지 않을 수 있는 상황이 계속 만들어지고 있단 말이에요. 수개표 논란도 마찬가지잖아요. 현재까지 수사 단계라고는 볼 수 없지만, 유사한 현상이라는 말이죠. 과연 개표가 제대로 이루어졌느냐 하는 과학적 사안이란 말이에요. 여기서 진실은 하나지만 이 진실을 보는 눈은 크게 둘이거든요. 그 사이에 여러 층위가 있겠지만요. 어느 한쪽에서 완전히 다 밝혀서 수검표를 해서 드러내본들 그걸 믿겠느냐는 말이죠. 그래서 계속 우리는 불행을 향해서 나아가고 있다, 이게 단지 경찰이나 범죄 수사 차원의 문제만이 아니라 정치적 갈등, 역사적 갈등, 모든 것의 근원이 되고 있다는 겁니다. 그래서 어떤 사안이든 사건이든 발생하면, 정치적인 권력이든 금력이든 모든 영향과 압력이 배제되고 있고, 또 그런 여지가 있다면 감시돼서 확인될 수 있고, 언론도 들여다보고 있고, 그런 의도나 시도는 반드시 파악된다, 알려진다는 신뢰를 줘야 된단 말이에요. 그렇게 되면 지금 우리가 가지고 있는 기술적, 과학적인 수준만 가지고도 얼마든지 대부분의 사건이나 사고의 진실은 밝혀낼 수 있다는 겁니다.

지　그런 것을 제도화하기 위해서는 정치권에서 관심을 가지고, 문제 제기를 해주는 사람들이 있어야 될 텐데요. 그동안 별로 없었지 않습니까? 검찰 출신들은 국회의원도 많이 되고, 정치권에 많이 가서 자기네들의 권리를 지킬 필요도 없는 분들이지만, 어쨌든 그 권력과 카르텔을 더 공고히 하고 있는데요. 경찰 출신들 중에서도 이런 문제에 대해 국회 차원에서 법제화하고, 문제 제기를 할 필요성이 있었을 텐데요. 그런 부분에 대해서 관심이 크지 않았던 것 같습니다.

표　저는 꼭 그게 경찰 출신이 해야 될 일이라고 생각하지는 않습니다.

지　아무래도 잘 알 테니까요.

표　경찰 출신이라고 하더라도 정치권에 발을 들여놓을 수 있는 경찰 출신들은 고위 행정직 출신이고, 정말 안된 이야기고 미안한 이야기고 하지만, 이 사람들은 그런 사명감을 가지고 있다고 보기는 어려워요. 고위직에 올라가면서 이미 눈앞의 이익을 위해서, 자신의 승진을 위해서 많은 타협을 해온 사람이거든요. 내가 한 몸 바쳐서 대한민국의 과학수사의 틀을 바로 잡겠다든지, 잘못된 제도를 고쳐가겠다든지, 이런 뜻을 가지고 관철시키기 위해서 노력할 사람이라고 믿기 어려운 거죠. 그동안 없진 않았어요. 경찰관 출신으로서 과거 유정회 시절부터 시작해서 권력자의 총애를 받아서 전국구 의원, 비례대표 의원, 선출직 의원을 한 사람들이 있었습니다. 내무부 장관도 있었어요. 하지만 그들이 결코 그런 역할들을 했던 것은 아니거든요.

경찰 출신이어야 할 수 있는 것도 아니고, 오히려 그것보다는 국회의원들 중에서, 변호사 출신도 좋고, 법조인 출신도 좋고, 아니면 과학기술 계통 출신도 좋고, 대한민국의 사법 정의 구현 과정이 제대로 돼야겠다고 느끼는 분들, 이런 분들이 자신의 이익이나 소속, 집단과 상관없이 제도 개혁을 이뤄낼 수 있지 않을까 저는 생각을 해요. 아쉬운 것은 그럴 수 있는 분들은 자기가 이 분야의 전문가가 아니라는 생각, 혹은 다른 더 중요한 현안이 있다는 생각들 때문에 방치하는 거죠.

지 예전에 업무상 만났던 국정원 분도 언급을 하셨지만, 전문성 있고 자기 일을 열심히 하시는 분들은 한국에서 늘 소외돼왔고, 한직으로 밀려나는 경우들이 많았잖아요. 그런 게 좋아서 하시는 분들한테 다른 꿈을 가지라고 할 수도 없는 상황인 것 같은데요.

표 정치인들만 할 수 있는 것은 아닌 것 같아요. 그나마 이제 사회적인 관심이 이 분야로 점점 옮겨오고 있다는 느낌을 받아요. 시민단체들 역시 과거에는 그저 권력의 비리, 독재 반대, 민주화, 이런 식의 큰 단위들의 이야기만 해오다가 최근 들어서 사법제도, 또는 수사제도 부분에 대해서 관심을 많이 가지고 주장들을 많이 하고 있거든요. 학자들도 그렇고, 언론도 그래요. 이게 어느 한 분야나 몇몇 사람들이 아니라 사회 전반의 관심과 인식이 모아지고, 더 이상은 안 되겠다, 모두를 위해서 불행하다는 공감대 형성이 되면 변화가 이루어지지 않을까 하는 생각을 합니다. 저는 개인적으로 작지만 이런 저런 계기를 통해서, 방송이든, 제가 쓰는 책이든, 그걸 통해서 관심을 좀 더 촉발시키고, 그런 관심을 갖고 있는 분들에게 좀 더 정보를 제공하는 역할을 하려고 하는 거죠.

죽음에 대한 판단은 검시관에게

지 국립과학수사연구소가 아직도 예산, 인력이 부족하다는 이야기가 늘 나오는데요. 〈싸인〉 같은 드라마가 나오면서 주위가 환기되고, 조금은 나아졌다고 하더라고요. 그 전에는 지원하는 사람이 없어서 결원이 되기도 하고 했는데, 처음으로 정원을 채웠다는 뉴스가 나오기도 했습니다.

표 핵심은 과학수사 기능의 독립성과 중립성이라고 봐야겠죠. 그 분야의 기술적 발전과 충원, 이런 부분도 중요하겠지만, 독립성과 중립성이 갖춰졌을 때 비로소 자체 예산 투쟁도 할 수 있고, 필요한 권한이라든지 법제에 관한 이야기도 할 수 있을 텐데, 지금은 종속돼 있단 말이에요. 그런 부분들이 이제는 해결되기 위해서도 많은 관심이 필요합니다. 그동안은 문국진 선생님 말씀하셨지만, 법의학자들 몇몇이 개별적인 소리만 내왔던 거죠. 그리고 정치권에 호소하고, 관심을 가져주십시오, 이러 이러한 문제가 있으니 법안 마련이나 법 개정을 해주십시오, 이런 식의 형태였단 말이에요. 그러다 보니까 국회의원들은 자신들의 의정 실적을 위해서 '그거 괜찮네요' 하고 받아들여서 법안 제출만 하고, 그러면 의정 실적은 쌓이니까 실제로 통과시키기 위한 당 차원의 노력 같은 것은 없었던 거죠. 그러다 보니까 가장 큰 문제가 뭐냐 하면 하나는 검시에 대한 권한의 문제입니다. 누가 과연 죽음에 대해서 최종 판단을 내릴 것이고, 그 판단을 내리기 위해서 필요한 부검 결정권을 누가 가질 것이며, 그리고 그 부검뿐만 아니라 사망의 원인을 조사할 수 있는 권한은 어디까지 줄 것인가, 이게 쭉 엮어지는데요. 그동안 그 모든 것이 검사한테 있었다는 말이죠. 검사는 의학 전문가도 아니고 부검 전문가는 더욱 아닌데, 검사가 부검을 할 것인지 말 것인지를 결정했습니다. 그리고 이게 변사라고, 사람이 죽은 상태에서 발견이 됐는데 자살인지, 타살인지, 사고사인지, 병사인지, 그 구분에 대한 최종 판단을 하기 위해서 어떤 조사를 어떻게 할 것인지, 이것에 대한 권한 역시 의학 전문가에게 없었단 말입니다. 행정 관료인 검사가 판단하다 보니까, 대통령과 일직선으로 연결돼 있는 권력의 작용이 있을 텐데, 과연 공정하게 이루어질 수 있을까 하는 의심이 계속 있었던 거죠. 검시라는 것, 사람의 죽음과 관련된 판단 권한을 전문가에게 주자는 이야기를 저는 법의학자도 아니고, 의학자도 아니지만, 그분들이 옳다고 해서 계속 말씀을 드려왔던 거예요. 검찰 쪽에 속한 분들의 이익, 집단적인 목소리에 의존하려 해서는 안 된다는 거죠. 제 생각에는 다른 쪽에 있는 분들이 들어보고 살펴보고 그래서 '아, 이게 일리가 있구나' 하고 판단되면 잘못됐다고 이야기해줘야 이게 힘이 받거든요. 우리나라에서는 그동안 정의라는 것에 대해서 대단한 오해가 있어서 강하고 이기는 게 정의다, 우리 편이 무조건 정의다, 그러므로 우리가 무조건 이겨야 한다, 그런 것들이 맞붙다 보니까, 결국 어느 정도 패배주의가 팽배해서 '우리가 강해야 돼. 일단 이기고 봐야 해. 우리 편은 좋은 것, 남의 편은 무조건 나쁜 것', 이렇게 흘러온 것 같아요. 그래서 과학수사의 생활화라고 할까, 수사 정책의 과학적인 절차와 제도의 확립, 이런 부분들이 너무 더디게 진행돼온 거죠.

지 말씀하신 대로 검시관 제도를 확대하고, 권한을 더 줄 필요가 있지 않습니까? 검시관이 현장에 나가서 이 사람이 어떻게 죽었는지, 타살의 가능성은 없는지, 이런 것을 확실하게 검시를 하고, 그 사람의 의견을 존중할 필요가 있을 것 같습니다. 검사가 현장에 나가보지도 않고, 서류만 본다고 하면 별 것 아닌 사안이라고 판단될 경우 자연사나 자살로 쉽게 판정할 가능성도 높은 것 같아요. 검시관이 강력하게 주장해서 수사를 해봤더니 타살인 경우도 있었다고 하던데요. 그런데 현장에서 일선 경찰관이 '니가 뭘 알아' 하고 검시관의 이야기를 무시해버리면 그만이고, 그걸 결정할 수 있는 권한도 검사한테 있잖아요. 민주화, 인권, 이런 것까지 감안하고, 한 사람의 억울한 죽음이라도 없어야 된다고 생각한다면 검시관을 더 많이 확충하고, 권한을 줘야 할 것 같습니다. 한국이 세계 십몇 위의 경제 강국이고 어느 정도 민주화가 이루어진 나라라고 한다면, 그런 게 당연히 이루어졌어야 하는데요. 그런 것을 요구하는 목소리가 크지 않아서 아직 안 이뤄지고 있다고 볼 수도 있을 것 같거든요. 그런 것을 만들어가기 위해서는 어떤 것들을 해야 할까요?

표 이번에 장준하 선생님 유골과 관련된 논쟁을 봐도 그렇잖아요. 이정빈 교수가 존경받는 법의학자긴 하지만, 민간인이란 말이에요. 어떤 권한도 없어요. 유족의 의뢰로 개인 의견을 제시한 것밖에는 없단 말이에요. 타살 가능성이 대단히 높다는 감정 결과가 바로 수사를 촉발시키지는 않는다는 말이죠. 그러한 부분들이 역사적, 정치적 사건 말고도 일반인들에게도 그대로 적용될 수 있단 말입니다. 나나 내 가족이 살해를 당해도 똑같은 일이 발생할 수 있다는 거죠. 얼마 전에 부산에서 쉼터에 있는 여성 노숙자를 유인해서 그 여성을 살해하고 갑자기 심장마비로 죽었다고 응급실에 이야기한 뒤에 바로 화장을 시켜버리고, 화장한 사람의 신원을 위장해서 자기가 죽은 것처럼 했던 사람이 있었어요. 자기가 져야 하는 채무들을 탕감하고, 거액의 보험금을 타기 위해서 그런 범죄를 저질렀던 겁니다. 그 사건에서도 사람이 죽었잖아요. 응급실에서는 사인에 약간의 의문을 가지지만, 자기들은 범죄 수사 관련해서는 권한도 없고, 귀찮은 일에 휘말리기도 싫고 하니까, 어머니라고 하면서 와서 내 딸이 맞다고 하니까 바로 시신 처리가 돼버렸단 말이죠. 이런 엄청난 문제들도 결국 우리나라의 허술한 사망 판정의 권한 문제에서 비롯되는 것이죠. 검시에 있어서도 검사가 주체가 되다 보니까 처음에 범죄 혐의가 포착되지 않는 이상은 전혀 수사를 하지 않는 문제로 귀결된다는 겁니다. 이런 것들이 대단히 심각한 문제인데, 국가와 정부가 왜 나서서 바꾸려고 하지 않는가. 여전히 국가와 정부는 두려워하고 있는 것 같아요. 독립적이고 객관적인 과학자, 의학자가 죽음에 대한 판정을 하고, 그 원인과 과정을 조사할 수 있도록 해주면, 혹시라도 군이나 권력 기관과 관련된 의문사가 있을 때 정말 눈치 없이 있는 그대로의 사실을 다 드러내서 정권을 위태롭게 하지 않을까. 사회를 혼란스럽게 하지 않을까. 이런 두려움 때문에 검시에 대한 독립성 확보 노력을 과감하게 하지 않고 있다고 생각해요. 반대로 국민들은 잘 모르고 있습니다. 이게 도대체 어떤 의미를 갖고 있는 건지, 뭐가 문제인지. 설마 21세기의 경제 강국인 우리나라에서 한 사람의 죽음이 그렇게 엉터리로 처리될 수 있으리라는 의심을 대다수 국민들은 안 가지고 있단 말이에요. 학계가 가장 큰 문제죠, 학계는 알 수밖에 없고, 알고 있죠. 그런데도 그들은 침묵하고 있는 거예요. 자기에게 실익이 없으니까. 그런 문제를 제기한다고 해서 연구 용역을 주는 것도 아니고, 누가 연구비를 주는 것도 아니란 말이죠.

지　그런 문제를 제기하면 연구비를 줄 수 있는 세력에게 미운 털이 박힐 수 있겠죠.

표　비겁한 거죠. 학계가 가장 비겁하다고 생각해요. 오로지 소수의 이 분야에 관련된 분들만 떠들어대는데, 자신들은 이미 원로급에 있어서 흔들릴 위험이 없는 분들, 은퇴하셨거나 이런 몇몇 분이 하기 때문에 별로 파장이 크지 않단 말이에요. 그래서 예를 들어 〈그것이 알고 싶다〉 같은 프로그램에서 문제가 제기돼도 그 당시에 그 방송 프로그램에 대한 반응은 개별 그 사건 자체에 대한 관심이고 안타까움이고 의혹일 뿐, 제도와 시스템 전반에 대한 사회적 불신은 아니란 말이에요. 그러다 보니까 계속 흘러나오고 있다고 볼 수 있죠.

지　방금도 지적하셨지만, 〈SOS24〉 같은 프로그램을 보면 평생 노예로 살던 할아버지나 집에서 매 맞는 아이들, 여자들, 이런 게 나와도 가해자 그놈만 나쁜 놈이라고 분개하고 끝나지 구조적인 문제가 뭘까, 이런 구조적인 문제를 해결할 수 있는 방법이 뭘까 하는 고민까지는 안 가는 것 같습니다. 가해자 하나만 악마 만들고, 문제가 해결됐다고 편하게 생각하는 것 같은데요. 구조가 바뀌지 않으면 계속 어디선가는 그런 일이 일어날 것이고, 계속 찾아다니면서 '어떻게 이런 일이!'라는 상황이 반복될 텐데요.

표　제가 방송을 하면서 느낀 안타까움과 한계가 있어요. 방송을 하는 사람들이 사명감과 열의를 가지고, 탐사 추적을 많이 합니다.

그 과정을 보면서 놀랍고, 존경스럽기도 하고 그런데요. 그러한 방송 프로그램이 결국 시청률 확보라든지, 한 회의 방송거리 확보 이상의 실질적인 변화를 이끌어내기에는 방송만으로는 한계가 있다는 말이죠. 거기에다가 관련자들이 있어요. 문제를 알고 있고, 몸담고 있고, 이것은 더 이상 안 된다고 느끼는 분들이 나서지 않는다는 거죠. 인터뷰를 요청해도 '제가 비공개로 말씀은 드릴 수 있지만, 인터뷰는 못 해드립니다. 음성 변조와 모자이크를 해도 아는 사람들은 다 알아봅니다' 하면서 두려움에 떨고 있는 거예요. 나는 노출하지 않겠다는 거죠. 국정원 사건도 똑같은 거거든요. 결국은 나중에 국정원에서 찾아내잖아요. 찾아내서 파면시키고 고발하고, 완전히 인간쓰레기라고 표현하면서 매도하는 상황이 나타났거든요. 그 전에 신문, 언론에서 취재하고 보도할 때 예견돼 있는 상태였어요. 그들이 나서준다면, '내가 누구고 어떤 일을 해왔고, 이건 잘못됐다고 느끼고, 이건 바뀌어야 됩니다'라고 해준다면, 언론이나 방송 취재와 직접 관계자의 양심선언과 피해자들의 주장이 맞아 떨어지면, 큰 폭발력을 가지고 근본적인 변화를 만들어낼 수 있어요. 그런데 그게 안 되더란 말이죠. 그게 우리 사회 전반에 여전히 깔려 있는 비겁함과 두려움과 시민 의식의 결여, 자신이 아니면 안 되는, 자신이 꼭 문제를 제기하고 밝혀야 되는 사안에서 발을 빼는 그런 문화와 관행, 이것이 자리 잡고 있다 보니까 결국 방송은 방송대로 따로 한 회분 분량으로 끝나버리는 거예요. 문제는 여전히 잔존해 있는 상황인 거겠죠.

과연 고문이 사라졌을까?

지   국정원 사건 이야기도 하셨지만, 한국 사회에 여전히 조폭 문화가 남아 있는 것 같습니다. 내부의 문제를 제기하면 배신자 취급을 받는 문화도 있어요. 그러다 보니까 내부 고발자들을 제대로 보호할 수 있는 프로그램도 없는 것 같습니다. 공익 제보자나 내부 고발자들에 대한 보상도 필요할 것 같은데, 이런 게 전혀 없다 보니까 어떤 사람의 선의나 정의감에만 기댈 수밖에 없는 상황인데요. 그동안 '이런 것은 못 참겠다'고 해서 내부 고발한 사람들의 삶을 보면 '내가 이걸 하면 가족들한테 못할 짓이겠다', 이런 생각을 하고 포기하게 되잖아요.

표   그게 가장 근본적인 거죠. 그래서 결국은 정치권력으로 또 돌아가게 되는 겁니다. 정치권력이 지금 눈앞에 것만 보고. 자기들이 영원히 집권할 건가요? 아니잖아요. 자기들이 권력을 내줬을 때 상대방 측에서 또 반칙을 할 수 있다는 것을 알아야 될 거예요. 서로를 위해서 공정한 게임의 법칙을 만들자고 해야 할 것 같은데요. 바보들인 것 같아요. 지능 수준이 5세에 머물고 있는 건지, 자기들이 집권을 하고 그 순간 모든 것들을 덮고, 감추고 마음대로 하기 위해서 제도를 제대로 안 만들고 있는 거예요. 공익 제보자 보호도 국민권익위원회라는 곳에서 맡고 있고, 공익제보자보호법도 만들었거든요. 그런데 국정원 같은 국가 기관은 보호 대상도 아니고 민간 기업 중심으로 운용되고 있고, 실제로는 거의 작동하지 못하고 있다 보니까 유명무실하다고 볼 수 있는 거죠. 인권위원회, 유사한 기관들이 다 마찬가지인 거예요. 처음에 출발할 때는 '잘해보자. 투명하게, 권력에 의한 비리, 한 개인이 힘이 없기 때문에 보호받지 못해서 올바른 소리를 내지 못하는 것을 막자'라고 해서 제도를 만들지만, 그런 첫 출발 이후에 실질적으로 운용할 수 있는 시스템을 만드는 과정에서 또다시 로비가 일어난단 말이에요. 강자들이 구체적인 것들을 물고 늘어지고, 로비하고, 그러면 국회의원들도 하나하나 거기에 얽혀 들어가서 두루뭉술, 나중에는 용두사미가 되고, 시행령, 시행 규칙, 실질적인 권한은 안 주고, 이게 결국은 우리가 허수아비 껍데기 같이 되는 일들이었죠.

지 박종철 군 고문치사 사건이 6월항쟁을 촉발시켰잖아요. 말씀 들어보니까, 지금 권력을 잡고 있던 분들도 그때부터 정치를 하던 분들이라 민주화됐다고 해서 이런 문제를 풀어놓으면 자기들한테 부메랑이 될 수도 있다고 생각할 것 같기도 하네요. 그들로서는 굳이 만들어줄 필요가 없고, 혹시 만약에 잘못돼서 일이 밝혀지면 그들에게 치명타가 될 수도 있을 거예요. 실제로 그때 정치를 했던 사람이라면 그런 일에 어떤 형태로든 연루되었을 가능성이 높은 사람들이잖아요. 결국은 시간이 많이 걸릴 수밖에 없는 문제인 것 같습니다.

표 그렇죠. 분명히 나아지고는 있는데요. 국민이 알고 있듯이 80년대보다야 지금은 감시 체계도 되어 있고, 그때처럼 고문하고, 사람 죽이고, 데려가고 하는 엉터리 짓은 못하니까요. 저도 그런 확신이 있으니까 이야기를 할 수 있었을 텐데요. 여전히 답답하죠. 조금 더 잘할 수 있는데, 조금 더 제대로 된 규칙을 가지고 멋지게 할 수 있는데, 왜 저렇게 찌질하게 하고 있을까, 그런 답답함인 거죠.

지 요즘은 진짜 고문은 없다고 봐야 되는 건가요? 고문이라는 게 형태가 예전처럼 물고문하고, 칠성판에 올려놓는 것만이 아니라 가혹행위라는 것은 폭넓게 볼 수 있는 거잖아요. 며칠 동안 잠을 안 재운다든지, 변호사를 선임할 수 있는 사람에게는 못 그러겠지만, 사회적 약자나 조폭, 양아치, 이런 사람들에게는 좀 가혹하게 수사할 수 있을 것 같거든요. 노무현 정권 때까지만 해도 양천경찰서의 가혹 행위가 밝혀져서 여러 명이 해임되기도 했잖아요.

표 그게 결국은, 제가 제일 싫어하는 말이 그거예요. 부패 방지나 성추행 방지 교육을 과거에 많이 했었거든요. 가면 지방자치단체나 국가기관장, 이런 분들이 차 한 잔 하자고 하면서 그분들 중 일부가 그래요. "우리는 절대로 그런 일이 없습니다. 그런데 꼭 해야 된다고 하고, 오셨으니까 편하게 이야기하고 가세요"라고 해요. 그러면 제가 그런 말을 드리죠. "물론 그러시겠죠. 그런데 제 경험에 의하면 사람 사는 세상에서는 언제나 어디서나 문제가 발생할 수 있습니다. 그런데 기관장께서 '우리 조직에는 절대로 그런 문제가 없습니다'라고 말씀하시는 순간, 그런 문제가 있더라도 절대 드러낼 수 없게 됩니다. 감춰지게 되고, 속이게 되고, 숨기게 되고, 문제를 더 키우게 됩니다. 반드시 우리에게도 그런 일이 있을 수 있다고 생각하시는 것이 좋습니다." 이런 말씀을 드리고 오는데요. 어떤 정권이든, 민주주의가 발달한 어떤 곳이든 문제가 생길 수는 있죠. 미국은 안 그런가요? 꼬투리를 잡아서 경미한 범죄를 저지른 흑인 용의자에게 총을 40여 발을 쏴서 죽이기도 하거든요. 어디서든, 언제든 개별적인 위반 행위는 발생할 수 있다고 봐야 되는 거예요. 다만 그것이 관행적으로 용인되고 있느냐, 조장되느냐, 덮어지고 무마되느냐, 이게 중요한 거거든요. 지금도 국정원 사건을 겪으면서 경찰 간부들이 저한테 무수하게 연락을 해오면서 똑같은 이야기를 해요. '지금 세상이 어떤 세상인데', 이런 이야기를 하는 거예요. '지금 경찰이 정치적 영향을 받는다는 것은 상상할 수가 없다, 당신 잘못 생각하고 있다', 경찰대학 선배들이 이런 이야기를 하는 거예요. 저는 대응을 안 하지만, 그게 얼마나 위험한 사고방식인지 그들은 모르고 있어요. 80년대 고위 간부들은 그런 생각을 안 했겠어요. '지금이 60년대야?', 이렇게 이야기했겠죠. 60년대 경찰 간부들은 '지금이 일제시대야?'라고 하고, 일제시대 경찰 간부들은 '지금이 조선시대야?'라고 했을 거잖아요. 지금은 그런 문제가 있을 수 없다고 생각하는 자체가 대단히 위험하다는 생각을 가져야 돼요. 그렇기 때문에 예상이 가능한 부분이 발생한다면 이후에 어떻게 처리해야 될지 절차가 확립돼 있어야 한다는 거죠. 의혹이 일었을 때, 잘못된 오해라면 그 오해가 밝혀지고 드러나서 '오해였구나' 하고 수긍할 수 있게 해줘야 합니다. 그런데 의혹이 제기되자마자, '그런 일이 있을 수 없는데, 당신 무슨 소리야. 말도 안 돼'라고 나서는 태도 자체가 계속적으로 의혹을 부풀릴 수 있습니다. '지금은 없다', 사실은 해서는 안 될 말입니다. 왜냐하면 수사라는 게 저도 해봤지만 심리가 그래요. '심증은 가나 물증은 없다'는 유명한 말이 있잖아요. '저놈 범죄자 같아, 의심스럽고, 딱 떨어지는데, 물증을 못 찾겠다'고 하면 답답하죠. 거기서 물러서면 형사로서 정의감이 없는 사람이고, 집념이 없는 사람이죠. 밝히고 싶거든요. 그런 데서 유혹이 오는 겁니다. '저놈 입에서 나오면 정말 쉬운데, 흉기를 어디다 감췄는지, 저놈이 이야기해주면 금방 찾는데, 저놈 혼자 어디 숨겼는데.' 모래사장에서 바늘 찾기니까 당연히 그렇게 된다고요. 과거에는 법정에서도 고문을 했건 안 했건 결과로 나오는 증거만 실체적으로 옳다면 공식적으로 다 받아들여줬단 말이에요. 그러한 판례 자체가 고문을 조장하는 거예요. '결과만 가져와라. 그러면 그 과정에서 어떤 일이 있었건 인정해줄게'라는 거죠. 지금은 아니란 말이에요. 그런데 판례는 그렇지 않지만, 그 과정에서 고문이 있었다는 것을 들키지 않으면 똑같단 말이에요. 자백이 있고, 이것을 보강할 수 있는 증거만 좀 덧붙여지면 유죄 인정이 되거든요. 그렇기 때문에 여전히 지금도 기회만 만들어지고, 흔적만 남지 않고, 걸리지만 않는다면 있을 수 있는 거예요. 영국도, 미국도 어디도 마찬가지예요. 그런 생각을 해야 되는 거죠. 그렇기 때문에 가장 중요한 것은 대통령을 중심으로 한 정치권력이 사법과 경찰을 틀어쥐고 지배하겠다는 생각을 버려야 해요. 생각을 버리는 것만이 아니라 그렇게 하지 못하는 제도를 만들어놔야 하는 거예요. 그래서 검찰 역시 법무부 밑의 조직으로 둘 것이 아니라 별도의 위원회로 독립시켜버리든지, 아니면 미국처럼 선출직으로 해서 지방 검사 제도로 하든지, 경찰 역시 마찬가지란 말이죠. 민주적 통제 장치를 갖추고, 거기에 대해서 정치권력이 마음대로 좌지우지해서는 안 돼요. 인사도 마찬가지에요. 예를 들어서 현 정부의 장차관급 인사 중에 유일하게 야당에서 전적으로 찬성, 찬동을 해준 사람이 있어요. 여야 합의로 깔끔하게 통과됐는데요. 채동욱 검찰총장 후보자입니다. 왜 그렇게 됐느냐? 대통령이 찍고 싶었지만, 못 찍게 만드는 구조가 되어 있었거든요. 검찰인사추천위원회라는 것이 시민 대표와 학계 대표들로 구성돼 있었단 말이죠. 그 사람들이 이런 저런 사안을 검토하다 보니까, 전력이 문제가 되거나 편파적인 사람들은 시민위원회에서 걸러졌어요. 3배수가 올라갔는데, 자기한테 충성을 바칠 사람을 고르려고 했지만 고를 수가 없었던 거예요. 이 사람이 나중에 어떻게 할지 모르겠지만, 지금으로 봐서는 그러한 제도 때문에 결국은 야당에서도 인정할 만한 인사가 후보자가 된 거죠. 나머지 공직자 후보들, 대통령이 마음대로 비밀 봉투에 넣어 뽑아서 준 사람들은 100% 문제가 있잖아요. 가까스로 장관 임명이 됐는지는 모르겠지만, 부동산 투기, 세금 포탈, 병역 면제, 위장 전입, 자녀에 대한 문제, 논문 표절이든 어떤 것이든 안 걸린 사람들이 없잖아요. 내 입맛에 맞는, 내게 충성을 다하는 사람들을 뽑아서 내 맘대로 하겠다는 것을 버리고, 그렇게 되지 않도록 하는 제도를 갖춰주는 것이 유일한 방법이라는 거죠.

지 자기가 정권을 잡았을 땐 불편할지 몰라도 인사 청문회 같은 제도를 만들어놓으니까 결국 어느 정도는 걸러낼 수 있게 된 건데요. 이걸 안 하겠다고 하면 국민적 반발이 심해질 테니까요. 이런 제도를 하나하나 만들어가는 방법밖에 없겠네요.

표 그렇죠.

지 얼마 전에 신문을 보니까 경찰관들의 뇌물 수수나 비리가 몇 년 전에 비해서 몇 배 늘었다는 보도가 나오던데요. 비리가 진짜 늘어난 건가요? 아니면 적발이 많아졌다는 게 좀 나아지는 거라고 봐야 할까요?

표 두 가지가 다 있겠죠. 엄정하게 감찰 활동을 하고, 신고나 민원 제기가 더 많아졌다고 볼 수 있어요. 경찰관에게 돈을 주고 이익을 바랬는데, 잘 안 되니까 옛날 같으면 돈을 줬다는 사실이 켕겨서 그냥 물러섰던 사람들이 적극적으로 신고를 하고 있다고 볼 수도 있는 거거든요.

지 투서를 하든지.
표 특히 언론들이 지금 당장 눈앞에 기사거리를 하나 던지는 것에 휩쓸리지 말고, 한 번만 더 생각해주면 좋겠어요. 차라리 경찰 자체 내의 징계 건수와 비리 경찰관 적발이 많아졌다는 것을 오히려 칭찬해줄 필요도 있다는 거예요. '잘한다. 우리는 경찰이 100% 투명 청렴하리라고 기대하지 않는다. 세계 어느 나라 경찰도 마찬가지다. 100% 청렴한 경찰은 없다. 직업의 특성상 그럴 수 있다. 하지만 그것이 감춰지고 덮여지느냐, 그런 비리를 저지르게 되면 반드시 밝혀지느냐, 이게 더 중요하다', 그런 태도를 가져줘야 된다는 거죠.

지 그렇게 사안의 이면을 파악해서 심층 취재를 해서 문제점을 파악하고, 대안을 제시하는 기능이 우리 언론에게는 부족한 것 같습니다. 성폭행이 증가했다고 하면 정말 그런 범죄가 늘고 있는지, 신고율이 높아졌는지, 이런 다각적인 분석도 필요할 것 같은데요.
표 그렇죠.

국가를 뒤흔드는 범죄, 전관예우

지 영국이나 미국은 항소할 이유가 뚜렷하지 않으면 항소하지 않는다고 하셨는데요. 우리는 1심에서의 무죄율이 너무 낮고, 거의 검사가 원하는 대로 재판이 된다는 거잖아요. 그러면 결국 사회적 낭비가 엄청 늘어나는데, 이것 역시 불신 비용일 것 같습니다. 2, 3심 가야 되니까 소송 관련 비용도 들어갈 거고, 몇 년 동안 시달려야 되는데다가 전관예우 변호사를 찾을 수밖에 없으니 비용이 천문학적으로 증가하지 않습니까?

표   검찰 개혁을 넘어서 사법 개혁이 필요한 거죠. 김대중·노무현 정권 10년간 의욕적으로 사법개혁추진위원회를 구성해서 연구도 많이 하고, 토론도 많이 하고, 안도 많이 내놨지만, 결국은 화룡점정, 마지막 결말을 맺지 못했죠. 조금의 진전만 있었던 거예요. 핵심은 공판중심주의라는 형사소송법의 기본 원칙이거든요. 모든 범죄 사건과 관련된 이야기와 증거들은 공판정에 다 내놔지고, 공판정에서 다뤄져야 한다는 원칙인데요. 너무나 단순하고 간단하고 문제가 없잖아요. 우리 학계나 법조계에서도 늘 공판중심주의가 옳다고 이야기해왔어요. 그런데 실제로는 공판정이 아닌 검사의 수사 단계에서 모든 것들이 끝나고, 검사가 추려서 자기가 필요한 것만 법정에 내놓고 있단 말이에요. 이번 용산 참사 관련된 수사 기록도 안 내놓고 있잖아요. 말이 안 되는 거거든요. 공판중심주의가 있는 국가에서 법원에서 판사가 내놓으라는데 왜 안 내놔요? 안 내놓으면 그건 사법방해죄로 검사가 구속이 돼야 하는 거예요. 그런데 우린 그렇지 않거든요.

지   그렇죠.
표   사법제도가 어떤 것이 바람직한 모습인지에 대한 답은 나와 있는데, 그쪽으로 가지 않고 있는 거죠. 왜 불편하니까. 그렇게 되면 결국 검찰이 가진 권한이 위축되고, 전관예우 같은 것이 불가능해집니다. 공판중심주의가 되면 어떻게 되느냐 하면 정말로 프로가 되죠. 재판정이 프로 리그가 되는 것이고, 실력에 따라서 나뉘게 됩니다. 변호인의 실력과 검사의 실력이 정면 대결하는 거죠. 그렇게 되면 승소율도 비슷하게 맞물릴 테고, 그렇게 되면 피곤한 거죠. 사건 하나에 전력을 다 쏟아부어야 되는 것이고, 지금은 쉽게 가자는 이야기예요. '어떻게 해서 우리가 법조인이 됐는데, 왜 그렇게 피곤하게 매번 해야 되냐'라는 공감대가 법조 3륜에 형성돼 있는 겁니다. 판사나 검사나 변호사나 쉽게 가자는 거죠. '검사 니들이 경찰 지휘하고 해서 좍 다 해. 그래서 결론을 다 내봐. 우리는 법정에서 뭘 할까? 검찰 수사 단계에서 혹시 문제가 있었느냐, 이것만 보자'는 거예요. 아주 심각한 문제나 의심이 없다면 그대로 가는 거예요. 그다음에 논의할 것은 형량을 가지고 정상참작을 해줄 거냐, 작량 감경을 해줄 거냐. 여기에 또 전관예우가 들어가는 거죠. 부장 판사, 부장 검사, 법원장 출신 다 붙어버리면 구형하는 검사나 판결 내리는 판사나 영향을 받지 않을 수가 없죠. 그러면 유무죄 부분은 검사 쪽에서 다 끝나니까, 재판정은 아주 추악한 흥정의 장이 되는 거예요. 어떤 걸로 해줄까. 김승연 회장 보복 폭행 같은 경우에 결국 징역 1년 6개월에 집행유예 3년이란 말이에요. 10여 명의 조폭으로 의심되는 사람들을 동원해서 쇠파이프, 전자 충격기 동원해서 무자비한, 야간 집단 폭행을 저질렀는데, 이게 말이 되냐는 거예요. 사법제도가 권력자든 돈 많은 사람들이든 자기나 자기 주변의 사람이 관련될 수 있다는 생각을 지우지 못한 채, 사법제도를 완전히 진검 승부를 하는 프로의 장으로 놔두고 싶지 않은 거예요. 탁 쥐고, 상관없는 것은 가혹하게 사형을 때리고 하더라도 우리와 상관있는 것은 조절 통제 가능하도록 하자는 거죠.

로펌은 전관들 수억을 주면서 데려가는데요. 그들에게 왜 수억의 돈을 주겠어요? 재직 기간도 몇 달 안 되는 것 같은데요. 그게 아무런 해악이 없겠냐는 말이죠. 모든 소송 건에는 당사자가 있단 말이에요. 피고일 수도 있고, 원고일 수도 있어요. 전관들에게 수억을 주면서 어떤 것인가를 했다면, 전관을 살 수 없었던 상대방에게는 엄청난 불이익이 가해졌을 거란 거죠. 이게 우리 사회의 정의의 수준이라고 볼 수 있어요.

지 지난번 쓰신 글 보니까 1심에서의 무죄율이 엄청 낮던데요.
표 유죄율이 99.8%에서 99.3% 정도까지 내려왔어요. 0.4~5%가 수년간 떨어진 거거든요. 그것 가지고 전직 법무부 장관이라는 사람이 '큰일 났다'고 해서 언론에 크게 난 적이 있었어요.

지 0.5% 떨어진 것을 가지고.(웃음)
표 '검찰의 위기다'라고 하면서. 그걸 용납할 수 없다는 거죠. 그게 말이 되느냐는 거죠. 정말 우리나라 검찰들은 신인가요? 오로지 기소 가능한 유죄 판결될 것만 기소를 해왔나요? 우리가 그동안 접한 사건들의 예를 보면 너무나 엉터리 같은 기소가 있었고, 누명 쓰고, 나중에 항소심에서 뒤집어진 사례를 많이 보거든요. 그런데 1심에서는 안 그렇단 말이에요. 1심 판결 자체가 엉터리로, 형식적으로 진행되다 보니까 대부분의 경우 '항소심에서 붙자', 이렇게 되는 거예요. 1심에서는 돈이 없고 가난해서 국선 변호인을 썼던 사람도 항소심에서는 국선 변호인에게 의뢰를 못해요. 땡빚을 얻어서라도 전관을 찾아가는 거죠. 그러니 범죄 사건에 연루가 된 서민들은 몽땅

제3부

가진 놈들에게 다 빨아먹히는 구조라고 해도 과언이 아니에요. 전관들은 대부분 로펌에 소속이 되어 있어요. 경찰 일선에서도 그런 하소연 같은 이야기가 나와요. 아무리 봐도 이것은 합의 보고 끝난다든지 또는 뻔하게 집행유예나 벌금형이 나올 것 같은데, 갑자기 구속이 되고 1심에서 실형이 떨어지더라. 그건 뭘까? 이 사람이 주변 이야기를 들어보면 자기와 유사한 범죄를 저질렀는데, 결국은 집행유예 판결로 나오더라. 전직 판사나 전직 검사 출신 변호사를 사니까 나오더라. 이게 퍼져 있는 거예요. 유치장에 들어가서 자기들끼리 맨날 그런 이야기 나누고, 그럼 결국은 전관이 아닌, 정말 열심히 실력 있게 뛰어다니는 변호사들은 굶을 수밖에 없는 거예요. 이런 전반적인 구조가 너무나 잘못돼 있다는 겁니다. 전관예우를 몇몇 사람들에게 의례적으로 주는 것으로, 도덕적 비난을 하고 말 문제가 아니라는 거죠. 국가 사회의 뿌리를 뒤흔들고 개인이나 가정을 완전히 말살시키는 패악적인 범죄입니다.

지 결국 그런 것 때문에 사법부를 못 믿게 되는 건데요. 그래서 사회적 비용도 커지고요. 어떻게 보면 국민들에게 법을 지키고, 정의로우라고 하려면 위에서 더 잘 지켜야 될 것이고, 제일 잘 지켜야 될 사람들이 법조계 분들인데, 그분들이 가장 불법, 편법적인 방법을 쓰고 있는 셈입니다. 이 구조를 바꾸고, 법조계를 견제할 수 있는 것은 정치권일 텐데, 정치인들이 이걸 하기 힘든 이유가 뭘까요?
표 다 연관이 되어 있어서 그렇죠.

지 검찰은 정치인의 비리를 쥐고, 털어서 먼저 안 나는 사람 없다고 하고, 정치자금과 불법 자금이 미묘한 경계에 있기 때문에 그걸 흔들기도 하는 것 같은데요. '우리가 니들 흔들 수 있는데, 맛배기 요 정도만 보여줄 테니까 검찰 개혁이나 사법 개혁 들어오지 마라. 살살해.' 이러면 정치인들도 어느 정도 하다가 '이번에는 중수부만 폐지하고 끝내지 뭐' 하는 것 같거든요. 그래서 정치인한테만 맡겨놓으면 부지하세월일 것 같아요.

표   그게 너무 슬프고 아픈 거예요. 지난 대선에서 제가 울부짖었던 것은 그나마 사법 분야, 경찰 분야에서 일하다 보니까 한 번은 확 뒤흔들어서 기존 권력을 전부 몰아내고 법과 제도의 새 판을 짜야만 물갈이가 되고, 유착이 이루어지지 않은 상태에서 제도의 확립이 가능하다는 판단이 들었는데요. 국민의 반 이상은 그 부분에 대해서 공감을 못하신 거죠. 그런 부분보다는 안정, 경제, 성장, 이런 것이 더 중요한 것이 아닌가 하는 생각을 하신 것 같습니다.

지   국민들이 관심을 가지도록 이런 이야기를 해주는 데가 없잖아요.
표   언론의 문제죠.

지   이 문제를 어떤 언론이 지속적으로 캠페인을 한다면 이게 '성장이냐, 분배냐'의 공허한 개념이 아니라 '내가 만약 범죄 피해자가 된다면', 이런 부분은 피부에 와 닿는 이야기 아닙니까? 이건 좌우의 문제도 아니에요. 범죄 피해자에 좌우가 있는 것은 아닐 테니까요.
표   특히 보수 세력, 조중동과 새누리당, 그 사람들한테도 너무 안타깝고 불만스러운 거예요. 자기들이 김대중, 노무현 10년을 '잃어버린 10년'이라고 하고 핍박받았다고 이야기했잖아요. 노무현 대통령은 조중동을 죽이겠다고 선언까지 하고, 그 과정에서 결국 보수 세력은 검찰, 경찰에도 불만이 많았거든요. '왜 우리만 갖고 그래?'라는 식으로. 그랬다면 자기들이 집권을 한 이명박 정권에서 제도 개선을 했었어야 해요. '이제는 더 이상 그러지 말자.' 그런데 이 사람들이 '이제는 우리가 잡았으니까 이 기회에 우리가 쥐고 해야 돼', 이런 바보가 된 거죠. 그러다 보니까 정권 말기에 '어어, 지지율 흔들린다. 정권 넘어가면 우리가 또 죽겠네'. 그러니까 무슨 수를 써서라도 넘어가지 않게 해야 되잖아요. 그래서 국정원 사건 터지고, 십알단 사건 터진 거잖아요. 누가 모르나요. 알잖아요. 알면서도 이야기하면 근거 있느냐, 증거 있느냐, 좌빨 종북이냐, 이러는 게 너무 한심한 거예요. 제가 정치를 안 하겠다는 것도 마찬가지예요. '선수들끼리 그러지 말자, 다 아는데 왜 그래', 그런 소아적인 입장을 버리고 '제대로 된 게임을 룰을 잡아서 공정하게 해보자. 질 수 있다는 생각을 가지고'. 그걸 못하는 게 안타까운 거죠. 물론 그 이면에는 이명박 대통령의 BBK 문제며, 개인적으로 얽히고 설킨 것이 있어서 공정한 사법 제도를 두려워하는 측면이 있었으니까 그랬겠지만, 참 안타까워요.

경찰은 슬픈 조직이 되었다

지   이번 검찰총장 후보는 국정원 사건을 제대로 수사하겠다고 했는데, 제대로 할 수 있을 거라고 생각하십니까?

표   검찰총장 후보는 그랬어요. 경찰청장 후보는 인사 청문회 때 '난 잘 모른다. 그 사건에 대해서 보고받은 것이 없다'고 했죠.(웃음)

안타깝죠. 이번 두 인사를 보더라도 경찰 조직이 정말 슬픈 조직이다. 다수의 성실하게 열심히 일하는 경찰관들에게 늘 그 위에 앉혀지는 조직의 수장이라는 사람들이 참 그런 자부심을 느끼게 해주는, 그런 당당한 자부심을 느끼게 해주는 사람들이 없잖아요. 이성한 경찰청장 후보자는 '국회의원님들, 잘 좀 봐주십시오', 이런 태도라는 말이에요. 위장 전입 문제나 이런 저런 것이 터졌을 때도 '그땐 잘 몰랐습니다. 잘 하겠습니다'고 하고, 그러면서 국정원 사건에 대해서 물어보니까 '아, 저는 그 사건에 대해서 보고를 받은 바 없기 때문에 모릅니다', 이런 태도를 보인단 말이에요. 경찰은 이미 끝난 거죠. 앞으로 공명정대하게, 권력으로부터 자유롭게 국민 편에서 제대로 수사를 하고, 치안을 맡아 할 수 있을 것이라는 그런 자신감은 포기한 거예요. 반면 채동욱 검찰총장 후보자는 검찰 조직이 가지고 있는 무소불위의 권력, 집중된 권력 때문에 생기는 숱한 문제들을 안고 있기 때문에 검찰 조직에 대한 국민적 공분이 크긴 하지만, 이 사람은 개인적으로 당당하고 떳떳하게, 국가정보원 사건, 게이트에 대해서 철저하게 모든 진상을 파헤치겠다고 자신만만하게 이야기하잖아요. 결과가 어떻게 될지는 모르겠지만요. 그리고 과거에 대해서 '검찰은 이제까지 한 번도 반성한 적이 없다. 그걸 통감하고 철저하게 확인한 후에 조치를 취하겠다', 이런 자세란 말이에요. 거기서 이미 경찰, 검찰의 승부는 끝났다고 봅니다. 적어도 수년 내에는. 참 경찰은 슬픈 조직인 것 같아요. 이성한 경찰청장 후보자와 그 후보자의 인사 청문회를 준비한 사람들이 경찰 수뇌부란 말이에요. 경찰대학 출신들이 대부분 들어가 있어요. 이 사람들이 갖고 있는 집단적인 사고방식이 대통령에 대한 눈치 보기밖에 없는 거예요. 어떻게 해야만 심려를 끼치지 않고, 부담을 주지 않으면서 경찰청장 후보자에 대해서 기대를 가지고 총애할 수 있게 만들까, 이것밖에는 없었다는 생각이 들어요. 국민을 향해서 지금 경찰에 쏟아지는 불신과 불만과 이런 부분들을 당당하게 해소해보겠다, 그런 모습들은 보이지 않는 거죠. 그러면 결국은 누구한테 돌아가느냐. 박근혜 대통령과 정부의 부담으로 돌아갈 수밖에 없어요. 앞으로 경찰과 시민의 충돌, 경찰 내에서 문제가 생길 수밖에 없죠. 안 생길까요? 거기에 대해서 국민들, 시민들은 믿지 않아요. '어차피 정권에 충성하겠다는 모습으로 출범한 경찰청장인데, 당신들이 국민을 위해서 제대로 했겠어?' 아무리 경찰에서 문제가 없고, 그런 문제를 제기하는 사람 쪽에서 오해가 있었다고 하더라도 이미 그런 문제가 제기된 순간 국민들의 인식은 경찰에 대한 반발과 불신으로 남아 있을 수밖에 없는 거죠. 그런 것들이 너무 슬픈 거예요.

한국의 CSI는 없다

지   국과수 이야기로 돌아가보면, 정치적 중립은 어느 정도 유지가 되고 있나요? 드라마 〈싸인〉을 보면 거기서 증거 조작하는 장면도 나오는데요. 문국진 박사님은 그런 일은 있을 수 없다고 이야기하시더라고요. 그런데 안에서 마음먹자면 충분히 가능할 것 같기도 하고. 그걸 일일이 막을 수도 없고, 내가 살인자인데 결정적인 증거를 다루는 사람들을 깡패를 사서 협박을 하든, 돈을 줘서 매수를 하든 그것이 전혀 불가능하다고 볼 수는 없을 것 같거든요. 예전에 유서 대필 의혹 사건이 있었지 않습니까? 그때 국과수에서 감정을 했던 분의 감정이 외부 감정가들의 감정과 전혀 다른 어이없는 감정이었기 때문에 국과수에 정치적인 압력이 있었지 않느냐 하는 의구심도 있었어요. 또 그분이 다른 개인적인 비리로 사법처리를 받았던 것으로 알고 있는데요. 그러다 보니까 민감한 사안에 있어서 정치권의 외압이 가능할 수도 있겠다는 시각들이 있거든요.

표 결국은 역시 제도거든요. 국과수라는 한 기관이 독점한다는 것은 본인들이 아무리 윤리, 도덕성을 중시하고, 유지하고, 노력한다고 하더라도 정말 중요한 문제, 그 사건 하나에 정권의 운명이 걸려 있다면 가만히 놔두겠느냐는 거예요. 그렇기 때문에 제도의 문제로 접근해야 된다, 당사자주의라고 하잖아요. 과학수사 부분도 검사와 변호사가 똑같은 법률가인데, 양쪽으로 나뉘어서 서로 싸우듯이 과학수사의 전문가도 민간 전문가가 있어야 해요. 민간 영역이 키워지고, 보장되고, 확장돼야 합니다. 그래서 필적 감정이든, DNA 검사든, 지문 감식이든, 국과수에서 검찰, 경찰 편에서 감정 결과를 내놓는다면, 피고 측 변호인이 국과수 감정가 못지않은 신뢰 있는 민간 전문가를 위촉해서 양자가 법정에서 다투도록 해야 된다고요. 그래서 과연 문제가 없었는지, 조작이거나 절차 위반이 있었는지 이것은 전문가만 알 수 있기 때문에, 그래야 '이것을 잘 아는 전문가가 반대편에서 우리를 공격할 수 있겠구나' 하는 두려움과 경계심이 있기 때문에 함부로 조작 못 하는 거예요. 이분들도 혹시라도 있을 수 있는 권력적, 정치적, 금전적인 회유와 압력으로부터 자신을 지킬 수 있는 거예요. '그렇게 해봐야 저쪽에서 전문가 고용해서 하면 다 드러날 건데, 어떻게 할 거냐', 이렇게 돼야만 조작을 막을 수 있는 거죠. 지금은 국과원이죠.

지　2년 전에 국립과학수사연구원으로 바뀌었죠.
표　국과원과 해당되는 감정가만 어떻게 구워삶든지, 그 사람이 마음만 잘못 먹으면. 판사가 한 명만 감정인을 불러서 의견 듣고 끝나는 구조거든요. 그러다 보니 변호인 측에서 탄핵하고 싶어도 어려운 거예요. 가끔 그런 일이 있었잖아요. 국과수의 증거에 대해서 변호인 측에서, 치과 의사 모녀 살인 사건 같은 경우에도 외국의 법의학자를 불러다가 탄핵시켜버렸단 말이에요. 우리나라는 없는 거예요. 그것만 보더라도, 그렇게 중요한 사건에서야 외국 법의학자, 법과학자 불러다가 재판을 하기도 하는데요. 예를 들어 한국의 과학수사 과정, 국과수에서의 감정 절차나 과정, 결과에 대해서 의문이 제기되면 얼마나 국가적으로 창피한 일입니까? 그럼에도 불구하고 그런 일이 반복돼왔단 말입니다. 나머지 외국의 법의학자, 법학자를 부를 수 없는 사람들은 그냥 당할 수밖에 없고, 오로지 국과수 한쪽의 이야기에 의존할 수밖에 없는 현재의 상황은 잘못된 거죠.

지　그래서 "법과학을 국가가 독점해서는 안 된다"고 하셨을 텐데요. 다양한 길이 열려 있어야 서로 감시도 하고, 비판도 하고, 발전도 할 수 있다는 거예요.
표　그렇죠. 그리고 시장도 열리니까요. 갈 곳이 많아야 대학에도 전공이 생기잖아요. 대학에 법과학 전공이라고는 없어요. 지방대학 하나에서 만들고 있지만요. 그런데 어떻게 세계 최고 수준으로 법의학 수준이 올라갈 수 있겠습니까. 의대에서도 지금 법의학과는 없어요. 법의학 교실이라고 해서 해부병리학 쪽을 가르치긴 하지만, 그 분야도 매력적이지 않으니까 〈싸인〉 드라마 전에는 매번 결원이고, 아무리 모집 공고를 내도 안 온단 말이에요. 그런 부분들을 없애려면 그 분야 자체가 활성화되고, 시장 형성이 돼야 합니다. 멋지고 재밌고, 할 만하고, 보수도 충분하고, 이렇게 돼야만 사람들이 '나도 저거 하고 싶어', 이렇게 되는 거죠.

지 〈CSI〉 나오고 이러면서 젊은 친구들한테는 일정하게 동경하는 직업이 되지 않았나요?

표 동경만 하죠. 그런데 될 수 있는 길이 없잖아요. 'CSI 되고 싶어요'. 어떻게? 답이 없어요. 지금 경찰 내에 있는 과학수사 요원 중에 과학수사 교육을 대학 수준에서 받아본 사람이 있느냐 하면 아무도 없어요. 왜냐하면 그런 과정이 없거든요. 화학, 생물, 물리학 등 과학 학위를 가진 사람들도 극히 일부에 불과해요. 주먹구구식으로 선배한테 배운 걸로 하고 있단 말이죠. 수사연수원에서 과학수사 양성 교육을 주로 하고 있지만, 그런 기반과 저변이 없는 상태에서 이루어지고 있다 보니까 문제가 많은 겁니다.

10

피해자의 이름으로 불러야 하는 이유
_ 아동 성폭력 사건의 경우

아동 성폭력이 살인보다 가벼운가?

지 아동 성폭력 문제에 대한 글도 많이 쓰셨는데요. "아동 성폭력은 '영혼 살인'입니다. 막지 못하는 국가는 역사 앞에 당당할 수 없습니다!"라고 하셨어요. 조두순 사건도 논란이 많이 됐지 않습니까? 12년이라는 형량이 다른 사건과의 형평성으로 볼 때 너무 높다는 의견도 있었지만, 대부분의 사람들은 형량이 너무 낮다고 분노하기도 했어요. 살인죄의 최소 형량보다 아동 성폭력의 최소 형량이 높은 것도 논란이 있잖아요.

표 그런 취지로 글도 많이 썼어요. 어떻게 보면 단순히 살인죄보다 최저 형량이 높아서 안 된다는 일부 법학자와 법조계의 반발은 형식주의, 현실을 직시하지 못하는 기계적인 법교조주의라고 저는 비판하고 있거든요. 살인, 물론 생명이 가장 소중하다, 결과적으로 생명의 침해를 가져온 살인죄가 가장 무거운 죄는 맞죠. 하지만 개별적으로 현실을 들여다보면, 예를 들어 평생 가정폭력 내지는 성폭력을 당해오던 피해자가 더 이상 견디지 못하고, 어느 날 그 가해자를 살해하는 경우가 있잖아요. 살인은 살인이지만, 그 범죄와 저항하지 못하는 어린이를 자신의 지배 통제 하에 있기 때문에 성폭행하고, 유린하고, 그럼으로써 그 어린이가 가져야 할, 성인으로 성장함에 있어서 필요한 인격 성장의 기회, 감수성, 행복감, 이런 것들을 모두 빼앗은 범죄와 어느 것이 무거운 거냐는 거죠. 그래서 영혼 살인이라고 하거든요. 그 행위를 비교해서 어떤 것이 더 크냐, 거기에 대해서 당당하게 '어쨌든 사람을 죽였으니 더 무겁다'고 할 수 있으면 누구든지 나오라는 겁니다. 아무도 안 나온단 말이에요. 그런 식으로 하면 다른 것도 똑같지 않느냐, 법의 근간을 뒤흔드는 게 아니냐는 막연한 두려움인 것입니다. 이번에 아동 성폭력이면, 다음에 또 다른 거, 다음에 또 다른 게 나오지 않겠느냐 하는 건데요. 그렇지 않다, 매번 다르게 나온다면 그때마다 정면 대응하면 될 게 아니냐는 거예요. 그게 제 생각입니다. 아동 성폭력 문제만큼은 다른 것과의 형평성 문제라든지, 일반적인 법 논리 속에서 문제를 풀려고 하지 말자는 건데요. 다만 전제는 있죠. 아동 성폭력이 가해자에 대한 형량 강화만으로는 결코 예방되지는 않습니다. 그건 전적으로 동의해요. 그것만으로 그치는 것은 잘못이다, 하지만 확인된 아동 폭력 가해행위조차 충분한 형벌을 내리지 못한다면 다른 건 논할 가치조차 없다는 겁니다. 일단 확인된 아동 폭력 가해자에게 충분한 형량을 내리고 그다음에 예방을 할 수 있는 실질적인 대책, 잠재적인 가해자들이 가해행위를 하지 않도록 그 전에 치료를 해주든 교육을 해주든 하는 것들이 필요하겠죠. 위기에 처한 어린이들을 보호하기 위한 아동 보호 대책이라든지 이런 것들을 폭넓게 해야 한다고 봅니다.

지 예방이라는 것이 굉장히 어렵지 않습니까? 외국의 일부 나라는 아동 포르노를 소지한 것만으로도 징역을 살리는 경우가 있더라고요. 그건 너무 가혹하지 않느냐 하는 논란들도 있는 것 같구요. 그게 아동 대상 성범죄의 특성을 이야기해주는 것 같기도 합니다. 그런 것을 가지고 있는 사람이 어떤 범죄 행위로 발전할 확률이 높다든지, 성도착적인 그런 것들이 많다는 결과가 있으니까 그런 조치를 취하게 되는 걸 텐데요.

표 잠재적인 피해자 보호, 잠재적인 가해자에 대한 감시, 감독, 방지책, 위험한 환경의 개선, 이 세 가지 갈래죠. 제대로 된 예방책을 구축하려면 이런 통찰을 해야 됩니다. 거기가 어디든지 여성가족부든 경찰이든 법무부든 국무총리실이든 청와대든 책임을 지고, 아동 대상 성범죄에 대해서 근본적이고, 본질적이고, 체계적이고, 종합적이며, 장기적이고, 실효성 있는 대책을 실시하겠다는 분명한 인식 하에서 해야 합니다. 그러면 잠재적인 아동 보호는 어떻게 할 것인가. 여러 가지가 있습니다. 학교나 보육 시설, 취약 시설에 있는 아동, 보호받지 못하는 아동, 학대 흔적이 있는 아동이 있습니다. 잠재적인 가해자는 눈에 보이지는 않죠. 하지만 그들 중 다수는 프로파일이 나온단 말이에요. 가해자들이 가지고 있는 하나의 군은 뭐냐 하면, 가정이나 시설 내에서 보호 하에 있는 아동을 대상으로 행하는 성범죄자들이 가장 많은 형태예요. 그들에 대해서 관리 감독을 하기 위해서는 가정폭력과 아동 학대에 대한 적극적인 개입 대책을 마련해야 되는 거죠. 징후가 포착되면 들어가서 개입하고 확인하고 조사하고, 완벽하게 확증을 잡지 못해도 징후가 발견되면 거기에 대해서 가해자에 대한 상담, 교육, 치료, 그래도 안 되면 그다음에 증거 확보를 해서 체포해야죠. 그다음에 사회 환경적 개선, 주로 발생하는 장소가 있잖아요. 그런 환경이 있고, 여건이 있고, 취약성을 노출시키는 법 제도의 문제가 있어요. 그걸 고쳐나가야 되는데, 그중 하나가 아동 대상 음란물인 거죠. 인과관계는 아직 확립되지 않았지만 상관관계는 많이 확인되고 있단 말이에요. 아동 대상 성범죄자들을 조사해봤더니 그들 중 대다수가 아동 대상 음란물을 소지하고 있거나, 상당히 많이 봐서 탐닉할 정도에 이르렀다. 이런 것들이 있기 때문에 미국이나 유럽 같은 곳에서 아동 대상 음란물에 대해서만큼은 철저하게 단속을 하고 있습니다. 그런 부분들에서 종합적으로 접근을 해야 되는데, 우리나라의 문제는 지금 당장 인기를 끌 수 있는 어느 한 가지를 탁 내세운다는 겁니다. 형량 때는 형량을 내세우고 전자 발찌, 화학적 거세, 지금은 온라인상 음란물 단속, 이렇게 된다는 거죠. 그건 반짝 흥행 효과 이외에는 없어요. 실질적인 예방책은 안 된다는 거죠. 경찰도 문제라는 것이 아까 이성한 경찰청장 후보자의 태도에서 드러나듯이 대통령이 4대악 척결을 내걸었단 말이에요. 가정폭력, 성폭력, 불량식품, 학교 폭력. 그러니까 난리가 난 거예요. 어떻게든지 우리가 해야 되는데 어떻게 해야 되지, 빨리 빨리 해야 돼, 실적을 보여드려야 돼, 숫자로 보여드려야 해, 이렇게 되는 거예요. 그러면 단속에만 치중하는 거죠. 지금부터 얼마 동안 집중 단속을 해서 '이렇게 했습니다' 하는 것을 보여주고 싶은 거예요. 그러다 보니까 1,000명의 경찰관을 인터넷 음란물 단속에 투입하겠다, 그래서 빨리 결과를 보여주고 싶은 건데요. 그런 과정에서 늘 부작용이 생길 수밖에 없어요. 실제로 아동 범죄나 성범죄를 일으킬 만한 사람들을 못 잡고, 네티즌 중에서 경미한 과오를 저지른 사람들을 잡아서 그들에게 엄중한 처벌을 내리는 거죠. 그런 부분들을 이제는 정말 진지하게 생각해야 됩니다. 윗사람들한테 욕먹어도 괜찮다는 거죠. 잘 한다는 칭찬 안 듣더라도. 경찰이 애기입니까? 정말 본질을 보고, 제대로 해나가자는 거죠. 아동을 보호할 수 있는 대책, 잠재적 가해자들이 범죄를 저지르지 않도록 하는 대책, 전반적인 예방, 다른 부처와의 협력, 이런 노력들을 해나가야 된다는 겁니다.

지　불량식품 단속 이야기 나오고 하니까, 무슨 70년대 느낌이 나는데요.(웃음)

표　문방구가 난리 난 거예요. 문방구업자들, 노점상들, 거기 생계를 유지하고 있는 사람들이 갑자기 날벼락을 맞았죠. 안 그래도 살기 힘든데. 원칙은 좋다 이거예요. 식품 가지고 장난치는 사람들은 안되죠. 그런데 선의의 피해자를 양산하거나 정말 나쁜 놈들이 아닌, 자기들도 어쩔 수 없이 거기 생계를 유지하고 있는 사람들이 타깃이 돼서, 마치 그들이 사회악인 것처럼 오인되는 상황은 반드시 피해야 되는 거죠.

지　아까 전자 발찌 말씀하셨는데요. 거기에 대해서도 논란이 있지 않습니까? 실효성에 관한 논란도 있어요. 재범 가능성이 높기 때문에 어떤 대책을 고민해봐야 된다는 것은 맞는데요. 전자 발찌를 차고 범죄를 저지른 경우도 있었잖아요. 본인의 주장이겠지만, 그것 때문에 스트레스를 받아서 자포자기의 심정으로 했다고 하기도 했어요.

표 어느 것이나 똑같죠. 어느 것 하나에 의존해서 마법적인 효과를 일으킬 것으로 기대한다면 출발 자체가 잘못된 거예요. 반대로 그 하나만 가지고 효과가 없으니까 버리겠다고 하는 것도 잘못된 거거든요. 전자 발찌라는 것은 분명히 한계가 있고, 반대로 효용도 있습니다. 그 사람이 어디 있는지 늘 위치 확인이 된다. 이것은 대단히 강하고 효과적인 억제책이 될 수도 있습니다. 반대로 보면 인권침해 여지도 강하고, 다른 측면은 위치만 알 뿐이지 그 사람의 충동이나 행동이나 생각을 통제할 수 없다, 이런 요소들이 다 있다는 말이죠. 이것을 다 감안을 한 상태에서 효과를 발휘할 수 있는 대상을 적정하게 선발을 하고, 전자 발찌만 채우는 것이 아니라 보호관찰이라든지 예방 교육이라든지 치료 같은 것들이 함께 이루어지면 대단히 유용한 도구가 될 수 있는 것이죠. 그런데 그거 하나만 채워두고 아무것도 안 하고 방치를 하니까, 그걸 차고 범죄를 저지르는 경우도 생기는 거예요. 적정 대상이 아닌 사람에게 채워놓으니까, 발작을 하고 광란을 하는 거죠. 도입 초기부터 예견됐던 거거든요. TV 토론 때도 제가 그런 이야기를 했습니다. 안타까울 뿐이죠. 그 똑똑한 사람들이 정책 결정 과정에서 왜 그렇게 우매한 짓들을 반복하고 있는지. 그 이유는 오직 한 가지입니다. 위만 바라보는 해바라기들이니까. 올바른 소리를 했을 경우 복잡해지고, 예산 많이 들어서 당장 시행을 못한다거나 가시적인 성과를 못 낼 수 있다는 두려움이 있는 것이고, 위에서 화내는 것을 받기 싫은 거죠.

지 일정하게 성과주의가 있는 건가요? 일단 채워놓으면 가시적으로 뭔가 했다는 건 보이니까요. '전자 발찌를 1,000명한테 채웠습니다', 그런 게 되잖아요.

표 '그리고 6개월 동안 조사해봤더니 이 중에서 재범자가 한 명에 불과합니다. 엄청난 재범 방지 효과입니다', 이런 거죠.

지 안 채워놨을 경우의 범죄율도 조사해서 비교를 해봐야겠죠.(웃음) 예전에 부천경찰서 계실 때 범죄율에 관한 프레젠테이션을 멋지게 해서 보여줬는데, 범죄율 올라가는 것을 보여줘서 혼나셨잖아요.

표 그랬었죠.(웃음)

왜 피해자 이름으로 불러야 하는가?

지 조두순 사건의 경우 처음에는 가명이긴 하지만 피해 아동의 이름으로 사건이 불리다가 옳지 않다고 해서 가해자 이름으로 불리게 된 사건인데요. 미국 같은 경우 메건법 같이 피해자 이름을 그대로 사용하는 경우가 많잖아요. 우리가 때로는 범죄 피해자를 무슨 범죄 피의자 취급을 하는 건 아닐까, 이런 생각도 들더라고요.

표 태도가 다른 거죠. 사회적 태도도 다르고요. 일단 크게 보면 두 가지 측면이죠. 하나는 피해자임을 부끄러워해야 하는 우리 사회의 슬픈 현실이죠. 피해자라는 것을 드러내는 순간, 주변으로부터 이상한 시선, 눈초리, 손상당하고 더럽혀진 사람, 그런 멍에가 씌워지기 때문에 피해자를 노출시키지 말자는 거거든요. 그러나 범죄심리학적, 또는 피해자심리학적으로 봤을 때 그런 상처를 당한 피해자에게 가장 좋은 치유책은 점진적 노출입니다. 점진적 노출. 무슨 말이냐

하면 감추고 덮는 것은 절대로 안 된다는 거예요. 상처를 더 키우고, 억압하고, 결국은 나중에 더 큰 문제로 비화될 수밖에 없거든요. 조금씩, 조금씩 피해자가 당한 것이 어떤 것인지를 알게 해주고, 스스로가 받아들이고, 직면하고, 그다음에 그것을 극복할 수 있도록 해줘야 된다는 것입니다. 이런 사회적인, 학문적인 고려와 판단 때문에 미국이나 영국 같은 곳에서는 피해자임을 전면에 내세웁니다. 피해자를 위해서 모든 사회 구성원들이 피해자에게 응원과 지지와 격려를 보내고, 당신은 아무것도 잘못한 것이 없다고 이야기해주는 거죠.

지 범죄 피해자가 범죄를 당하는 게 본인의 잘못이 아니니까요.
표 부끄러워할 이름이 아냐, 하고 확인해주는 거거든요. 또 하나는 그 피해자의 피해로 인해서 오히려 법도 생기고, 제도도 생겨서 제2, 제3의 피해를 막을 수 있었다. 그러므로 당신은 어떤 의미에서는 우리의 영웅이다. 점진적 노출을 하게 되면서 자기 스스로도 자기가 당한 피해에 대해서 받아들이고, 직면하고, 이겨낼 수 있게 해주는 거거든요. 그런데 우리는 그렇지 못한 거죠. 일단은 피해자라는 이름 자체가 부끄러울 수밖에 없는 사회 환경을 극복하지 못하는 거죠.

지 이를테면 지방 도시의 경우 아직도 강간 피해자가 이사를 가야 되고, 가해자들은 멀쩡한 경우들이 있잖아요.
표 지방만이 아니라 서울도 그래요. 똑같아요.

지 '꼬리를 쳤겠지'서부터, 그게 아니더라도 '당한 거지만 순결을 잃었다, 더럽혀졌다', 이런 시각으로 보니까 범죄 피해자가 자기를 내세울 수도 없고, 이사를 가야 되고, 숨어 지내게 되는 것 같은데요. 말씀하신 대로 상처를 조금씩 드러내야 치유가 될 수 있잖아요. 그렇지 못한 문화가 범죄 피해자들을 더 힘들게 하는 부분이 있는 것 같은데요.

표 그렇죠. 그것도 우리 사회에 만연한 비겁함의 연속이라고 봐요. 비겁함이라는 것은, 있는 그대로 정면 대응하지 않는 습관이 우리에게 길들여져 있는 거예요. 우리가 불편한 진실이라는 말을 하잖아요. 있는 그대로를 드러내게 되면 왠지 불편해진다, 복잡해진다, 그러니까 가장 문제가 없을 타협안을 내놓자는 것이 우리 모두에게 습관화돼 있는 거예요. 그 피해자 문제도 그대로 문제를 정면으로 대응해버리면 그 뒤에 숨어 있는 불편함이 나오거든요. 우리가 피해자에게 갖고 있는 인식, 잘못된 태도를 고쳐야 되는데 어떻게 고칠 것인가 하는 문제. 그렇게 하기 위해서는 피해자를 위한 제도적 확충이 있어야 되고, 예산이 뒤따르고, 복잡한 문제가 뒤따른단 말이에요. 거기 정면 대응하기 싫으니까 '피해자 이름 부르지 마', 이렇게 되는 거예요. 이러한 이야기를 하는 많은 네티즌이나 일반 시민들은 순수한 마음에서 하죠. 그렇게 알고 있으니까. 왜 자꾸 피해자를 거론하느냐는 건데요. 그들이 가지고 있는 순수함의 이면에는, 문제를 둘러싸고 있는 불편한 진실을 알아보고자 하는 적극적 시민 의식의 부재가 있기도 해요.

지 이런 문제까지 치고 들어가면 여러 가지로 불편하고, 시간이 걸리니까 차라리 범죄자 이름을 붙여서 쟤를 악마로 보고, 문제가 해결된 것처럼 넘어가자?

표　저한테도 그런 의견이 자꾸 와요. '왜 피해자 이름으로 부릅니까?' 그 부분에 대해서 잘 이해를 못해요. 그래서 저도 이런 문제를 책에서는 제기하지만, 계속해서 피해자 이름을 부르거나 하는 행동을 하지 않는 거죠.

지　아직까지 우리 정서가 그렇다면, 쉽게 할 수 있는 부분은 아니기 때문에 피해자를 보호하기 위해서 어느 정도의 조치를 취하는 걸 텐데요.

표　그래서 논의가 필요한 거예요. 그런 인식을 갖게 된 배경들 중에는 과거 제 책에도 있는 최인구 사건이라든지 아동 대상 범죄 피해자들, 부모님들이 겪고 있는 참혹한 현실들이 있어요. 그분들은 치료를 받지 못합니다. 드러내지도 못해요. 무조건 숨기고 감춰야 돼요. 자기들이 죄인이라는 죄의식과 죄책감에 시달려야 합니다. 그런 사건의 피해 부모들이 잘 살아가는 예가 별로 없어요. 결국 이혼을 하게 됩니다. 그런데 세상은 모른 체하죠. 모르고 있어요. 덮고 감춰져야 한다고 생각하고, 잊어버리게 되니까요. 이제는 그래서는 안 된단 말이죠. 우리 편하라고, 전혀 아무런 사건과 관련 없는 대다수 시민들이 마음 편하라고 '피해자 이름 부르지 마', 이건 이제는 걷어치우자는 겁니다. 차라리 이름 부르고, 어떤 상황인지, 어떤 환경인지, 그들을 위해서 우리가 해야 할 것을 왜 못하고 있는지, 그들이 왜 범죄 피해자가 됐는지, 이것을 직시하고 문제를 해결하자. 이게 올바른 방법이라고 이야기하고 싶은 거죠.

지　실제로 아무리 아내를 사랑한다고 해도 그런 장면을 보게 되면 자꾸 그 생각이 나서 힘들어서 이혼하게 되는 경우도 있는 것 같아요. 자녀가 범죄의 대상이 되면 부모끼리 서로 원망을 하고, 자책을 하게 되잖아요. '니가 좀 더 잘 챙겼으면 이런 일 안 당했지 않냐?'고 하면서 이혼하게 되고, 가정이 파괴되는데요. 범죄 피해자들에 대해서 국가가 심리 치료라든지, 카운슬링이라든지 이런 치유가 필요하지 않을까요? 두 사람을 붙잡고 '서로 원망할 일이 아닙니다'라고 사회가 이야기해줘야 될 텐데, 우리한테는 그런 게 없었지 않습니까?

표　없고, 만들 생각도 안 하면서 '피해자 이름 부르지 마', 이걸로 끝내버리는 거거든요. 그게 얼마나 잔인한 짓입니까? 우리 사회 전체가 대단히 잔인해요.

보상받아야 하는 마땅한 이유

지　그것뿐만 아니라 범죄 피해자에 대한 지원 시스템이 거의 없지 않습니까?
표　거의 없죠.

지　서구의 경우 완벽에 가까운 피해자 지원 시스템이 있다고 하던데요. 심리적, 정신적 치유 위한 정기 상담도 지속적으로 해주고, 범죄 피해에 대한 보상을 하는 것으로 알고 있는데요. 우리는 소송을 해야만 보상을 해주는 걸로 알고 있습니다.
표　국가보상 제도가 있긴 있죠. 하지만 재정이 너무 취약하고, 선별 심사 과정이 있어서 피해자 스스로가 요청을 해야 되고, 보상금

지금 제한 사유도 많아요. 많은 문제가 있죠.

지 지난번에 말씀하셨지만, 경찰관의 직무 집행상에 있었던 일에 대한 보상도 잘 안 되어 있기 때문에 그것까지 이야기하기에는 갈 길이 먼 것 같기도 한데요. 실제로 그건 어떻게 보면 세금으로 해결돼야 하는 것 아닌가요? 홍수처럼 재해를 당하는 것이기도 하잖아요.

표 재원 확보 방안들이 있죠. 세금으로 하는 것은 한계가 있을 수밖에 없어요. 예산 배정이라는 것은 그렇게 접근하면 당연히 줄이려고 할 수밖에 없죠. 다른 나라들에서 접근하는 방식은 대개 가해자들에게서 받은 벌금이 있잖아요. 벌금의 일부를 바로 피해자 지원 기금으로 넣고 있어요. 우리는 지금 어떻게 하느냐. 합의라는 제도, 1:1로 가해자가 피해자에게 돈을 줘서 합의를 보고 대신에 형을 탕감받거나, 반의사불벌죄나 친고죄의 경우에는 아예 합의만 보면 벌을 받지 않게 함으로써 알아서 해결하게 하는 거죠. 이건 국가의 의무 방치예요. 직무 유기예요. 로또죠. 복불복이죠. 돈 많은 가해자 만나면 엄청 많이 받아낼 수 있는 것이고, 대개 강력 사건은 돈 없는 사람들이 저지르잖아요. 대개 강력 사건 피해자들은 합의금을 받을 수 없는 것이죠. 그게 아니고 다른 나라들은 성폭행 사건 같은 경우는 가해자가 피해자에게 접촉을 못하도록 해요. 가해자가 피해자에게 연락하려는 시도를 가중처벌 하거든요. 그러면 어떻게 하느냐. 가해자가 합의금을 내는 것이 아니라 국가에서 피해자에게 필요한 모든 보상과 치료를 해주는 겁니다. 그 기금은 어디서 나오느냐. 예산에서 나오는 것이 아니라 범죄자들에게서 거두는 벌금 중 일부를 범죄 피해자 기금으로 넣는 거죠. 예를 들어 우리 사회에서도 현대 그룹 정몽구 회장이 배임횡령죄에 걸려서 엄청난 벌금액을 선고받았잖아요. 그러면 그 엄청난 벌금이 어디로 가갈까요. 전부 국가로 갑니다. 그래서 법원 건물 세우고, 검찰청 세우는 데 씁니다. 국가가 도둑놈이죠. 그럴 것이 아니라 그런 벌금 중 상당수를 피해자 기금으로 넣으면 되는 거죠. 그 외에도 돈 많은 가해자들이 저지르는 수많은 범죄들이 대부분 벌금형으로 처벌이 되는데요. 그들이 내는 벌금의 상당수를 피해자 지원 기금으로 돌려야 합니다. 그렇게 지원하게 되면 피해자도 떳떳합니다. 누군가가 나에게 시혜로 베풀어주는 것이 아니라 죄지은 놈들이 낸 돈으로 당당하게 피해자들이 보상받는다면, 피해자들도 어디 가서 미안해하거나 고맙게 여길 필요가 없는 거죠. 왜 피해자가 고맙게 여겨야 해요?

지 예산의 우선순위일 수도 있는데요. 범죄 피해를 홍수 피해 같은 재난이라고 해석한다면, 갑자기 그런 일을 당하면 국가가 일정하게 지원해줄 수도 있을 것 같은데요.

표 일종의 복지적인 접근이에요. 국가가 책임은 없지만 피해당한 국민에게 국가의 가부장적인 시혜로서, 배려로서 재난 구호금을 준다, 그렇게 되면 어떻게 되느냐 하면 얼마를 줄지는 국가 마음대로 정하게 되는 겁니다. 저는 그 방식이라도 있으면 물론 좋다고 생각하는데요. 그게 궁극적인 해결책은 되지 않는다는 거예요. 재난 역시 예를 들어서 인재일 경우, 4대강 때문에 피해가 났다, 제방 공사를 잘못했다, 우면산 같은 경우 그 문제가 대두가 됐잖아요. 그런 경우는 그런 재난에 따른 관리법상의 구호기금 문제가 아니고, 잘못을 한 자치단체든, 군이든, 국가든 배상의 측면에서 거액을 물어줘야 되는 거거든요. 범죄 피해 역시 마찬가지인 거예요. 범죄 피해에 대한 국가적인 지원의 이론적인 근거가 여러 가지가 있지만, 그중 하나가 국가 책임론이에요. 국가가 기본적으로 국민들로부터 세금을 받고, 국방, 노동, 교육 등의 4대 의무를 부가하는 근본적인 이유가 뭡니까. 국가가 옛날처럼 신성 국가입니까? 절대 국가입니까? 아니잖아요. 우리는 사회계약론에 바탕을 둔 국가이기 때문에 주는 게 있으니까 받는 것이 있는 계약 관계예요. 그러면 그런 의무를 부과하는 대신에 안전을 제공해준다는 묵시적 계약이 있는 겁니다. 그 안전은 크게 두 가지죠. 하나는 범죄, 다른 하나는 전쟁입니다. 물론 재난도 있긴 하지만. 범죄 피해를 당했다는 것은 국가가 치안을 통해서 확보해줘야 할 범죄 예방의 의무를 소홀히 했다고 볼 수 있는 거예요. 그것이 개별적으로 고의와 과실이 입증이 되면 국가배상 문제로 들어가는 겁니다. 고의, 과실 입증이 어려운 상황에서는 국가가 범죄 피해가 발생하지 않도록 해야 되는데, 발생했다, 그래서 직접적인 법적 배상 책임은 아닐지 몰라도 국가가 그 책임에 근거해서 피해자에 대한 피해 보상을 해준다는 것이 국가 책임론이에요. 그다음에 사회 책임론이라는 것도 있어요. 범죄자가 뚝 떨어져서 나타난 괴물이냐. 아니란 말이에요. 성장 과정에서 가정의 문제, 학교의 문제, 이웃의 문제, 빈부 격차, 이런 것들이 다 범죄의 원인이 아니냐는 거죠. 그렇다면 가해자가 직접 피해자에게 공격을 했지만 그런 가해자가 만들어지게 된 사회 문제가 배경으로 있다. 그러므로 사회 체계가 피해자에게 피해를 보상할 책임이 있다, 이렇게 되는 겁니다. 또 가해자 피해자 형평론이 있어요. 가해자에게 교도소 지어줘, 국선 변호인 붙여줘, 범죄자를 위해서 쓰는 돈이 얼마나 많아요. 그러면 적어도 당사자니까 그 정도는 피해자에게 써야 된다는 거죠. 그게 가해자 피해자 형평론이예요. 그다음에 마지막이 복지론이에요. 장애를 입으신 분이나, 환자이시거나, 국가가 보살펴드려야 할 긍휼한 처지에 있는 국민의 한 사람에게 최소한의 지원을 해준다는 차원에서 하는 국가보상. 지금 우리나라가 택하고 있는 것이 복지 정책하고 비슷한 거예요. 그러다 보니까 어떻게 합니까? 예산 배정을 최소한으로 할 수밖에 없는 거죠. 책임은 없는데, 남는 여유 돈으로 도와준다는 자세를 갖고 피해자들을 도와주는 겁니다. 그래서 까다롭게 '줄 서', 이러고, 선별하는 거예요. 지방검찰청에 설치된 범죄피해자구조심의위원회라는 곳에서 '당신은 내가 봤을 때는 별로 돈 줘야 될 것 같지 않아. 가요' 하면 끝이에요. 항의해도 소용이 없어요. 그런 부분들이 현재 우리가 가지고 있는 가장 큰 문제인 거죠.

지   살인 사건이 났을 때 경찰들이 가고 나면 집 안의 피도 본인들이 닦아야 한다고 하던데, 맞나요?
표   현재는 그렇죠. 보도가 나니까 대신 닦아주겠다고 민간단체에서 자원봉사 신청을 했다가 너무 힘드니까 중단되고 없어졌어요. 외국에서는 그런 것들을 전문으로 하는 용역 회사가 있어요. 국가에서 범죄 현장 치우는 것을 전문으로 하는 회사에 비용을 주는 거죠.

지   까다로운 것을 둘째 치고, 범죄 피해자 가족이 그 피를 닦고 치운다는 것이 그냥 치우는 청소의 의미가 아닐 텐데요.
표   아니죠. 범죄 사건이 났을 때 본인이 피해자나 가족일 수도 있고 그 장소의 소유주인 제3의 관리자일 수도 있잖아요. 첫째로 범죄 사건이 나서 피해, 손해를 입습니다. 둘째로 그 사건 수사 과정 중에 현장을 보존해야 되니까 또 피해를 입잖아요. 세 번째로 수사가 다 끝나서 어질러지고, 완전히 망가진 현장으로 방치되는 것이 또 다른 피해거든요. 첫 번째로 범죄가 일어나서 일어난 피해는 어쩔 수 없었고 두 번째로 수사 과정에서 협조하는 것은 시민 의식이다, 어쩔 수 없다고 해도, 세 번째로 수사가 종료된 이후에 현장이 어지럽혀져 방치돼 있는 상황은, 이것만이라도 치워줘야 될 것 아니냐는 거죠. 범죄로 인해서 받은 피해를 '운이 없었으니까'라고 받아들인다 하더라도, 수사가 다 끝났으면 치워주는 것만이라도 국가가 해야 된다는 거예요. 직접 피해자일 수도 있고 제3자일 수도 있단 말이에요. 예를 들어 길거리에서 범죄가 일어났다면 시청에서 와서 치우죠. 그런데 집에서 일어나면 왜 안 치워줍니까.

지 범죄 현장 같은 경우에는 보존해야 되는데, 호텔 같은 곳에서는 치워버리기도 하잖아요.
표 거기는 비용 문제는 아무렇지도 않으니까요. 영업이 더 중요하고, 이미지가 더 중요하니까요.

지 법적으로 문제가 되지 않나요?
표 문제가 돼야 하죠. 그게 우리나라에 있는 법으로서는 공무집행방해죄밖에는 안 될 텐데요. 공무집행방해죄의 구성 요건이라는 것이 고의로, 공무에 대한 적극적인 방해 행위를 했을 때 적용된단 말이에요. 자기의 영업장에 대한 청소 행위나 이익 보장 행위를 한다고 했을 때 '우리는 몰랐다, 이미 수사가 끝난 줄 알았다, 보존할 필요가 없다고 느꼈다, 범죄가 아닌 줄 알았다'라고 하면 끝이란 말이에요. 그런 부분에 대해서 외국에서는 사법방해죄를 별도로 적용합니다. 사법 절차에 대해서 방해한 것이 되어 버리기 때문인데요. 미리 경찰에서 적극적으로 고지를 하죠. 그다음 문제는 그로 인해 발생하는 손상에 대해 보상을 해주는 것이고, '거기서 사건이 일어났대' 하는 사회적 인식으로 그 업장이 장기적으로 피해를 입지 않는 분위기거든요. 그런데 우리는 '재수 없어, 집값 떨어져', 이렇게 되고, 큰 호텔이나 해당 업장뿐만 아니라 동네에서도 연립 주택이나 아파트 같은 경우는 주민들이 땅값 떨어진다고 빨리 치우라는 비인간적인 모습들이 나온단 말이에요.

지　강남에 있는 모 아파트 이야기도 뉴스에 많이 나오던데요. 청소하시는 분이 돌아가셨는데, 돈을 걷어주자는 이야기가 나오니까 주민들이 회의를 해서 '걷어주지 말자'고 결정했다던데요.
표　잔혹하고 비인간적인 좀비들 세상이 되어가는 것 같아요. 양식이나 생각이란 것이 없이 오직 남은 건 이해관계인 것 같아요. 나에게 이익이 되냐, 이익이 되지 않느냐.

장자연 사건은 못 밝히는 것일까?

지　어제 '한국은 성에 미친 사회'라는 칼럼도 쓰셨는데요. 미성년자를 대상으로 하는 성 매수를 한다든지 할 경우 신상 공개를 하기도 하지 않습니까? 고위층의 성 스캔들에 대한 수사가 지지부진하거나 수사 의지가 없어 보이다 보니까 형평성에 어긋난다는 생각이 들 수도 있을 것 같은데요.

표　법 앞에 평등만 지켜진다면 누구나 수긍을 하죠. 자기만 이렇게 중형을 받는다, 자기만 억울하다, 이러니까 못 견디는 거잖아요. 고故 장자연 사건의 가해자가 도대체 어디 있느냐는 겁니다. 어떤 사람은 성매매, 성 강요, 성 상납, 성 착취에 내몰려서 배우로서의 꿈도 사라지고, 자신이 성매매 종사자가 된 듯한 치욕감을 견디지 못해서 결국은 스스로 목숨을 끊었는데요. 그렇게 만든 사람은 도대체 누구냐. 밝혀지지 않고 있거든요. 못 밝히는 것이냐.

지　사람들은 대충 아는 것 같은데요.(웃음)

표　대한민국의 과학수사, 대한민국의 경찰 수사라는 것이 그것밖에 안 되는 것인가, 그러면 일반 서민들의 가해행위도 못 밝혀야죠. 권력이나 돈과 연관될수록 사건은 흐지부지, 지지부진, 용두사미, 솜방망이 처벌, 이렇게 돼요. 힘없고 돈 없는 서민이 관련된 사건, 이를테면 신창원 같은 경우 괘씸죄 걸려서 무기징역 더하기 22년, 지강헌 같은 경우도 500만 원 훔쳤는데 17년, 이러니까 사람들이 신뢰하지 않는 거죠. 음란물 문제건 무엇이든 간에 자기가 걸렸을 때는 '왜 나한테만 이래?', 이렇게 되는 거예요. 교통법규 위반으로 교통순경이 적발하면 순응하는 사람이 별로 없어요. '왜 나만 잡느냐?'는 거죠

지　낚시터에서 물고기 다 잡을 수 없기 때문에.(웃음)

표　경찰관만 힘든 거예요. 경찰관이 무슨 잘못이 있나요? 당연히 모두 다 못 잡고, 그때그때 걸리는 사람만 잡는 건데, 일반 시민들은

그러한 단속 행위 자체가 아니라 사회 전반을 보고 비판하는 거란 말이에요. 니들은 왜 권력 있고 힘 있는 놈들한테는 꼼짝도 못하면서 나 같이 약하고, 힘든 사람들만 교통법규 같은 걸로 잡느냐는 심리란 말이죠.

지 그런 사회 전반적인 것 때문에 일선 경찰들도 피해를 보잖아요. 정당한 공무 집행을 해도 자꾸 항의를 받기도 해요. 이럴 때 일일이 공무집행방해죄를 적용하기도 애매하잖아요. 또 사고는 계속 위에서 치고요.(웃음)

표 그러면 위라고 해서 이익을 보느냐. 삼성 이건희 회장, 제가 직접 《보수의 품격》이라는 책에서 썼잖아요. 당신은 당신 아들 이재용이 국민들로부터 지탄받는 더러운 재벌로 인식되기를 원하느냐, 아니면 당당하고 능력 있는 청년 경영인으로 인정받기를 원하느냐, 그런 질문을 던진 거거든요. 이러한 잘못된 구조, 돈으로, 권력으로 틀어막고 왜곡시켜서 결국 얻는 것이 뭐냔 말이에요. 재벌이든, 권력자든, 정부든, 이명박 정권 내내 국민 저항에 시달리면서 의심, 경계, 아무것도 안 믿고, 촛불 시위에, 그게 좋으냐는 겁니다. 그런 상황은 앞으로도 영원하거든요. 좀 그러지 말자. 재벌들도 똑같아요. 김승연 회장, 최태원 회장, 사건 터질 때마다 자기들끼리 감싸 안거든요. 새누리당은 뭐예요. 찍소리도 못해요. 국정원 사건에도 함구하고, 무슨 사건이 나도 입 다물고. 그러려고 국회의원이 됐나요. 국회의원이 국민을 대변해서 언제든지 할 소리를 해야 되잖아요. 그런 부분들은 자기들한테 부메랑으로 돌아온단 말이죠. 그러니까 좀 제대로 하자는 거예요. 자기 당 국회의원들이 비리를 저지르면 자기들이 먼저 단죄하고 내몰고 엄정 처벌하고, 검찰이나 경찰이 정치적 압박을 안 당하게끔 하고, 읍참마속으로 팔다리 잘라내는 심정으로 해야 되는 거예요. 재벌 경영인들도 똑같은 거예요. 대통령도 그렇게 해야죠. 그렇게 하지 않으니까 대통령이 마지막 자기 권한을 병리적으로 사용하잖아요. 자기 수족 같았던 사람들을 특별사면으로 내보내잖아요. 국가가, 정권이 자기만으로 끝납니까? 새누리당이나 박근혜 대통령은 이명박을 가장 강도 높게 비난하고 처단해야 됩니다. 왜? 자기들한테 그 부담을 지운 거거든요. 국민은 연결되는 새누리당과 박근혜 정권을 결국 법과 권력을 좌지우지하는 사법 망나니로 볼 수밖에 없는 거거든요. 그러면서 자기 조직이나 집단에 대해서 문제를 제기하면 배반자로 내몰고, '어디 하나만 걸려봐라, 털어서 먼지 안 나는 놈 없다, 뭐 하나 걸리나 보자' 하는 거죠.(웃음)

11

미제 의혹 사건들의
헝클어진 맥락

_ 장준하 선생 사건에서 김성재 변사 사건까지

미제 의혹 사건을 어떻게 해결해야 하는가?

지 개구리 소년 사건, 이형호 군 유괴 살인 사건, 화성 연쇄살인 사건 같은 3대 미제 사건 말고도 김광석, 김성재 변사 사건, 치과 의사 모녀 살해 사건 같이 아직 의혹이 남아 있는 사건들이 많이 있는데요. 외국에는 미제 사건 전담반이 있는 경우도 있지 않습니까? 그런 미제 사건에 대해서, 그런 사건을 자꾸 영화로 다시 만들어서 기억하게 되다 보니까 '완전범죄라는 것이 있는 거 아냐?' 하는 생각을 할 수도 있어요. 범죄에 대한 피해 의식을 가질 수도 있을 것 같은데요. 그런 의미에서 공소시효가 지나더라도 수사를 계속 해야 된다고 예전에 말씀하셨잖아요. 그런데 인력도 그렇고 한국의 시스템 하에서 어렵지 않습니까?

표 그렇죠. 공소시효가 있는 한은 불가능해요. 제가 공소시효가 지나도 밝혀야 한다는 것은 외침이죠. 선언적인 이야기예요. 현실적으로는 불가능한 이야기입니다. 공소시효 자체가 없어져야 되죠. 살인 등, 생명, 반인권적·반인류적 범죄, 권력적 범죄, 이런 것들은 특히 그렇죠.

지 장준하 선생의 사인이 다시 논란이 되고 있는데요. 노무현 정권 때 만들어진 의문사진상규명위원회에서 몇 개월만 더 시간이 있었으면 밝혀졌을 거라고 하기도 했어요. 지금 법의학자 이야기가 나오면서 타살이라는 것이 공론화가 된 것 같은데요. 개구리 소년 건만 해도 논란이 많았잖습니까? 흉기서부터 해서, '개구리 잡으러 가서 얼어 죽었다'는 사람도 있었고, '뾰족한 흉기를 사용한 타살'이라는 사람도 있었어요. 그때 어마어마한 인력이 수색을 했었는데요. 멀리 떨어지지 않은 곳에서 유골이 발견됐잖아요.

표 늘 있는 일이에요. 야산 같은 곳에서는 아무리 많은 인력이 수색을 한다 해도 지나칠 수 있어요. 흙이 덮여 있고 하다 보면 바로 옆에 있어도 지나칠 수 있습니다. 수색을 하는 인력이 얼마나 적극적으로 발견할 수 있다는 인식을 가지고 하느냐 하는 것이 관건인데요. 하기 싫은데 줄 지어서, 자꾸 시키니까 하게 되면 농담하면서 지나가기도 하거든요. 바로 옆에 있는 것을 못 보고 지나갈 수 있어요. 수색이라는 것이 대단히 어려운 부분이고, 반드시 인력만 많다고 좋은 것은 아닙니다. 수색도 사실은 과학적인 부분인데, 우리는 아직 수색의 과학이 정립돼 있지 않죠. 전문가도 없고, 체계도 없고, 어떤 방식으로 어떻게 해야 되는지도 되어 있지 않고, 무조건 인력만 많이 끌어다 모아서 하려다 보니까.

지   야산에서 줄지어 서서 작대기로 찌르고 다니는 장면을 뉴스나 영화에서 많이 보잖아요.(웃음)

표   전 세계의 범죄 전문가들끼리 하는 농담이 있는데요. 형사 올림픽이 열렸어요. 누가 누가 잘 해결하나. '어떻게 하냐?'고 했더니 숲속에 곰 한 마리를 풀어놓고 얼마 만에 잡느냐 경연 대회를 하는 거예요. 구소련의 KGB, 미국의 FBI, 중국의 공안, 그다음에 대한민국이 참가했어요. 맨 처음에 KGB가 당연히 우승한다고 하고, 숲에다가 미사일 포탄을 다 쏴버린 거예요. 그리고 곰의 잔해를 수습해서 가져왔어요. 규정에 금지하는 것은 없었으니까. 그렇게 해서 수습해서 가져올 때까지 걸린 시간이 다섯 시간. 좀 있다가 미국 FBI가 나왔어요. '저런 무식한 놈들', 헬기를 3대를 띄우더니 적외선 열감지기를 총동원해서 곰의 위치를 알아내서 바로 그 위치에 투망을 던져서 잡았어요. 거기까지 걸린 시간이 세 시간, 거의 FBI의 우승이 점쳐졌죠. 그다음에 중국이 공안 10여 만 명을 배치했어요. 인해전술이죠. 한 시간 만에 곰을 잡아 왔어요. '아, 이제 중국이 우승이다.' 그런데 한국 출전하세요. 하니까 두 명의 운동화 신은 형사가 쫄래쫄래 와요. '뭐야, 당신들 출전 맞아?' 맞다고. '참가에 의의를 두나 보다' 하고, '시작', 했는데, 10분 만에 빈손으로 와요. '뭐야' 하니까 '우리는 곰을 잡아 왔다'고 하면서 품속에서 토끼를 꺼내요. 토끼를 때리면서 '말해. 너 누구야' 하니까 '저, 곰이에요'라고 했다는 우스갯소리가 있습니다.

지   슬픈 얘긴데요.(웃음)
표   슬픈 이야기죠. 수사에 얽힌 어려움을 풍자한 이야기죠.

이노센스 프로젝트의 충격

지   영화 〈살인의 추억〉에도 '미치도록 잡고 싶었다'는 표현이 나오는데요. 예전에는 일부러 조작한 예도 많았지만, 너무 잡고 싶으니까 정황상 그렇게 믿게 되는 경우도 있잖아요. 영국에서도 자백을 받았는데, DNA 검사를 해보니까 범인이 아닌 경우도 있었어요. 그렇게 상황에 몰려가다 보면 얼떨결에 범인이 아닌데도 자백을 하는 경우도 있는 것 같은데요.

표   자백도 문제지만, 그것보다 더 큰 문제는 뭐냐 하면 피해자나 목격자의 진술이에요. 움직일 수 없잖아요. 피해자가 '저 사람이에요'라고 지목을 하는 순간 범인이 될 수밖에 없잖아요. 어떤 일이 있었느냐 하면 여성이 강도 피해를 당했어요. 112에 신고해서 바로 경찰이 뛰어와서 도주했을 법한 도로에서 피해자가 이야기한 인상착의를 보고 용의자를 잡았어요. 데려왔더니 피해자가 이 사람이 맞대요. 그 사람은 절대로 아니라고 해서 일단 입건했어요. 피해자의 진술밖에는 다른 증거가 없잖아요. 그래 가지고 나중에 수사가 이루어지고 하는데, 이 사람이 그 전에 알리바이, 어디에 갔고, 왔고, CCTV 찍혔고 한 것을 보니까 도저히 범행을 할 수 없는 상황이에요. 그런데 피해자는 여전히 그 사람이 맞다고 믿는 거예요. 그 피해자가 거짓말하는 것이 아닙니다. 순간적으로 당황해서 착각할 수도 있다는 거죠.

지   그럴 수도 있겠죠.
표   특징적인 것 이외에는 기억이 안 나는 거죠. 순간적으로 당한 범죄에서 착각하는 경우가 있습니다. 제3의 목격자도 마찬가지예요.

그렇기 때문에 자백뿐만 아니라 피해자 목격자의 진술에 의존한 범죄 수사 결과에 있어서 오류가 있을 수 있다는 거예요. 미국에는 이노센스 프로젝트Innocence Project라는 무죄 입증 프로그램이 있습니다. 그곳에 변호사와 교수, 전문가들이 모인 거예요. 확실한 물증이 없었던 사건인데, 중범죄, 종신형이나 장기 수감형, 사형을 받은 수감자들을 대상으로 해서 재검토를 했는데요. 지금까지 300명 가까운 사형, 무기징역 내지는 중형을 판결받고 수감돼 있던 사람들이 재심을 통해 무죄판결을 받았습니다. 우리나라가 과연 미국보다 더 사법 정의가 구현돼 있을까를 생각한다면 정말 끔찍한 문제인 거죠. 정원섭 씨 사건이 가장 대표적이잖아요. 지난번에 제가 한겨레에 '표창원의 죄와 벌'에서 썼던.

지 마약 수사 같은 경우 그런 일이 많은 것 같거든요. 같이 피웠다는 사람의 증언만 가지고 유죄판결을 하기도 해요. 예전에 프로 농구 외국인 선수가 마약 투약 혐의로 수사를 받았는데, 동료 선수와 같이 피웠다고 증언을 했거든요. 그런데 본인도 부인하고, 마약 음성 반응이 나왔는데요. 결국 증거는 동료의 진술밖엔 없는데 결국 유죄판결을 받아서 한국을 떠났습니다.

표 그런 일이 많아요. 경찰도 똑같은 방식으로 많이 당합니다. 제가 잘 알고 있었던 형사과장인데, 그 친구가 갑자기 검찰 수사관이들이 닥쳐서 긴급체포 됐어요. 왜 그랬느냐. 알아봤더니 검찰이 주로 사용하는 수사 방법이 뭐냐 하면 임지에 부임하잖아요. 거기에 있는 유지나 업소 사람들과 관계가 생기기 전에 이 검사가 관내에 있는 유흥업소를 쳐요. 가면 무조건 거기에는 이중장부, 세금 포탈 등의 각종 문제가 나옵니다. 그러면 그것을 엮어서 총액으로 3,000만 원 이상이 되면 특정경제범죄가중처벌법에 걸리고, 그러면 형량이 문제가 아니고, 과징금이 엄청나게 나와요. 재기 불능이 됩니다. 행정처분 들어가고. 그렇게 포착하고 나서 찍는 거예요. '여기서 내가 액수를 얼마 이하로 줄여주면 특경가법이 아니라 단순하게 행정 처분 좀 맞고, 과태료도 낮게 할 수 있어. 그렇게 할래?' 하면 '네'라고 하죠. '그러면 조건이 있어. 경찰 간부랑 구청, 세무서, 소방서, 이런 데 간부급만 한 명 이상씩 대', 이렇게 되는 거예요. 그래서 자기 살려고 머리를 짜내고 짜내서 지목한 것이 형사과장인 거예요. 형사과장이 사실 돈을 받은 것이 있어요. 사건 관련 청탁 같은 것은 전혀 없었고, 고향 선배라는 이유로 스폰서 비슷하게 '수사비 모자라지, 형사들 밥값 해', 이러면서 준 거죠. 말에만 의존해서 찾아내다 보니까 그런 것들은 증빙도 전혀 없죠. 이것 역시 특가법상뇌물죄 적용시키려면 3,000만 원 이상이 돼야 하는데, 그렇게 만들어내기가 쉽지 않은 거예요. 머리 굴리고 찾아내서 결국 3,000만 원을 맞췄어요. 그래서 이 친구가 특경가법 걸려서 구속이 된 건데요. 나중에 대법원까지 가서 싸워서 특경가법상 3,000만원의 무리함이 밝혀져서 가벼운 일반뇌물죄로 해서 집행유예로 나오게 됐죠. 그런데 이미 자기 경찰 생활을 끝나게 된 거예요. 언제든지 그렇게 당할 수 있는 상태인 거예요. 물론 잘못한 것은 어쨌든 드러나기는 해야겠지만, 그런 사람들의 약점을 이용하면 고문도 필요 없거든요. 이익을 가지고 딜만 제시하면 다 나오는 건데요.

지   받는 것 자체는 나쁠지 몰라도 '후배, 고생하지' 하면서 주는 그런 케이스는 흔히 있을 수 있는 거잖아요.

표　털어서 먼지 안 나는 사람이 없고, 아무나 걸리면 다 걸린다는 거예요. 결국은 그걸 똑같이 경찰은 일반 시민들에게 적용하고 있는 거예요. 한 놈 잡으면 '너, 누구랑 했어', 증거 없이도 그 진술만으로도 범인이 될 수 있고, 그럼 이 친구는 '미안해, 어쩔 수 없었어', 이렇게 되는 거예요. 억울하다고 아무리 이야기해도 소용이 없죠. 그런 부분들 때문에 기술적인 우수성보다는 체계와 절차가 정당하고, 과학적이고, 증거 중심이 돼야 된다는 거죠.

"한 사람 정도 죽은 건 괜찮아"

지　블로그 보니까 음악도 좋아하시는 것 같은데요. 김광석 이야기 많이 써놓으셨더라고요. 그 죽음에 대해서 아직도 의혹을 제기하는 분들이 많잖아요.

표　이상호 기자가 대표적이죠.

지　이상호 기자 주장으로는 경찰 어떤 팀에서 재수사에 들어가려고 했는데, 그 팀이 다른 사람을 고문하다가 사망해서 해체되는 바람에 그 수사가 중단됐다고 하더라고요. 그럴 경우 다른 팀으로 넘길 수는 없는 건가요?

표　있긴 하죠. 그런데 그 사건의 특징은 정식 신고가 된 사건도 아니고, 고소가 이루어진 사건도 아니고, 흔히 말해서 인지 사건이라고 하거든요. 수사관이 '범죄일 것 같아'라는 적극적인 의문과 의심을 가지고 행하는 사건이다 보니까 넘길 수 있는 사건이 아니에요. 인지, 의지를 가지고 있는 수사관이 일이 생겨버리면 날아가버리는 사건인 거죠. 정식 고소가 이루어졌거나, 신고가 이루어졌다면 당연히 해당되는 수사 팀이 해체되거나 문제가 생겨도 다시 수사를 해야 되는 거지만요.

지   유가족이 직접 문제를 제기하지 않았나요?
표   넘어갔죠. 거기에 얽힌 부인과의 관계 문제도 있고, 유산 문제, 남은 저작권 문제, 복잡하게 얽힌 부분이 있는데요. 누구도 건드리지 않았던 거죠. 저는 사실 그 사건을 제대로 들여다보지 못했어요. 안 그래도 이상호 기자랑 이야기를 해서 타살에 대해서 강하게 신뢰하는 근거가 무엇인지 자세하게 듣고, 필요하다면 글을 통해서든 문제 제기를 할 생각이 있습니다.

지   이상호 기자 주장으로는 경찰의 초기 수사에서 놓친 부분이 많다고 했거든요. 일부러 그러진 않았을 것이고, 말씀하신 대로 신고가 안 들어왔다면 경찰이 수사하기도 어려웠을 것 같긴 하네요.
표   첫 판단이 가장 큰 문제죠. 제가 기억하기로는 김광석 씨의 자세가 계단 층에 걸터앉아 있는 형태였고, 그 자세에서 질식이 이루어지기는 어렵다고 보는 것 같아요. 그다음에는 주변의 상황이라든지. 그런데 그건 확정적이라고 보긴 어렵거든요. 이상호 기자의 주장은 제가 알기로는 의문의 여지가 있으면 수사를 해서 명확하게 밝혀내면 괜찮을 텐데, 그렇지 않았기 때문에 의문이 남아 있다는 것이죠. 참 어려워요. 시간이 지나고 나면. 김광석 씨 사망 사건이건, 치과 의사 모녀 살해 사건이건, 김성재 씨 사건이건, 장준하 선생님 사건이건, 어떻게 밝힐 거냐. 범인이 '내가 죽였어요' 하고 밝히는 것밖에 없어요. 증거가 사라지고 없단 말이에요. 현장이 사라지고 없단 말입니다. 참고인들이 주장한다 한들 전혀 증거 능력이 없단 말이에요. 일단 의혹 제기밖에는 할 수 없어서 안타까운 거죠.

지 수사의 어려움도 여러 가지가 있겠지만, 어떤 면에서는 잘 해결되지 않았던 사건들을 보면 한쪽 방향으로만 수사 방향을 잡다 보니까 어려워지는 경우가 있지 않습니까? 치과 의사 모녀 살해 사건만 해도 '범인이 남편이냐, 아니냐', 사망 추정 시간만 가지고 다투다 보니까 '범인이냐, 무죄냐'만 가지고 다투게 된 건데요. 글도 쓰셨지만, 다른 사람도 용의선상에 올릴 만한 충분한 정황이 있던데요. 남편에만 초점을 맞추다 보니 사건이 해결되지 못한 측면도 있는 것 같습니다. 지금 공소시효가 지난 것으로 알고 있는데요. 만약 공소시효가 안 지났다면 재판이 끝난 후에 그쪽을 기소하지는 않았으니까 다른 용의자로 수사 방향을 돌릴 수 있는 건가요?

표 기술적으로는 가능하지만, 증거가 없기 때문에. 역시 해당자가 '제가 했어요' 하고 자백을 하고, 그 자백을 뒷받침할 수 있는 보강 증거가 찾아지고, 그렇게 되지 않으면 현실적으로는 불가능한 거죠. 현장에 증거 물품들이 다 보관돼 있다면 그땐 못 찾았던 지문이나 DNA나 하다못해 섬유질이나 뭐라도 찾아내서 연결 지을 수 있을지는 모르겠지만, 지금 없단 말이죠.

지 사실 주요한 사건들의 증거를 보관하는데, 그렇게 큰 장소가 필요할 것 같지는 않은데요. 그 증거물들을 보존하지 못하는 이유는 뭔가요?

표　사회가 한 인간의 생명이라는 것을 얼마나 소중하게 여기는가 하는 태도의 문제라고 봐요. 다른 나라는 왜 가능할까. 그 나라처럼 경제적으로 부강해져야 되나. 그러면 가능할까. 세계 10위 경제권이라면서. 돈의 문제가 아니라 우선순위 면에서 한 사람의 죽음 정도는 그렇게 중요한 문제라고 보지 않는 거예요. 아직까지도 우리는 대를 위해서 소를 희생해야 된다, 국가 사회 전체가 중요하지 한두 사람의 희생 같은 것에 너무 매달려서는 안 된다는 전체주의적인 태도를 가지고 있어요. 그런데 정작 자기 자신과 자기 주변인의 문제가 되면 엄청 분노를 하는 거죠. 내 일이 아닐 때는 침묵하던 사람들이 '세상에 어떻게 이럴 수가 있어!' 해요. 그거예요. 제가 정의에 대해서 이야기하는 이유 중 하나도 언젠가는 우리 일이 될 수도 있고, 우리 일이 아니라 하더라도 옳지 않은 것은 옳지 않다고 하는 것이 결국 우리 모두가 잘 사는 길이라는 겁니다. 증거물 보관이라는 너무나 간단하고 단순한 일이 2013년까지 왜 안 되고 있나, 세계 10위권의 경제대국에서. 이런 저런 법 제도에 관해서 이야기할 수도 있겠지만, 한 가지죠. 관심이 없으니까. 그게 그만큼 중요하다고 생각하지 않으니까요.

살인을 단정하면 함정에 빠져

지　우리 수사 관행 중에 인권침해적 요소가 있는 것이 상당히 많지 않습니까? "현장검증은 태생적 위험성을 내포하고 있다"고 하셨고, 우리는 현장검증이 수사하는 과정에서 당연하고, 꼭 필요한 과정이라고 생각하는 경향이 있잖아요. 법정에서 밝히면 되는 거지, 현장검증을 하는 것은 쇼적인 부분도 있는 것 같습니다. 거부할 경우 강제로 실시할 법적 근거가 없다고 하셨는데요. 외국에도 그런 제도가 있나요?

표 　없어져야죠. 외국에는 없어요. 수사 단계에서 현장검증이라는 것이 있을 수 있나요? 현장검증은 자백을 한다는 전제조건이 있어야 되거든요.

지 　자신이 한 행동을 대중들에게 보여주는 과정이죠.
표 　자백을 하는 경우도 당연히 있죠. 미국이나 다른 나라들도. 하지만 그런 경우에라도 자백에 뒷받침되는 다른 증거들이 당연히 제시가 돼야 해요. 법정에서 다루어져야 되거든요. 자백을 했다고 해서 다 유죄로 받아들여지는 것은 아니란 말이에요. 그런데 무죄 추정의 원칙이라는 법적 근간을 두고서, 재판도 이루어지기 전에 그 사람이 범죄자라는 확정을 지어버리고, '어떻게 했니'라는 것을 재현하라는 그 자체를 어떻게 받아들여요. 선진국에서는 있을 수가 없는 거죠. 그건 입증 책임이라는 문제가 있기 때문에 기소 측에서 제시를 해야 되는 거거든요. 그렇게 제시한 것이 사실에 부합하지 않을 경우에, 문제가 있을 경우에 탄핵이 되는 거예요. 그게 OJ 심슨 사건이잖아요. 검찰이 '이렇게 이렇게 해서 이렇게 했을 것이다', 거기에 모순, 시간, 증거, 이런 것들의 문제가 지적되면서 깨진 거죠. 우리는 좀 쉽게 가자는 건데요. 우리가 현장검증을 인정하는 것은 검찰 단계에서 기소되기 전에 자백을 다 받고, 그렇게 해서 넘기라는 이야기인 거죠.

지 《한국의 CSI》에 세계 최고의 법과학자 헨리 리 박사Dr. Henry C. Lee와의 인터뷰가 실려 있는데요. "OJ 심슨 사건의 범인은 전처 아들이라고 판단된다"고 주장했더라고요. 대부분의 사람들은 OJ 심슨이 범인인데, 증거가 없어서 풀려났다고 생각하고 있어요. 실제로 민사상 배상 책임이 있다는 판결을 받았지 않습니까? 그래서 더더욱 미국의 사법제도의 모순 때문에 무죄판결이 났다고 믿고 있는데요. 헨리 리 박사는 "OJ 심슨이 현장에는 있었지만, 범인은 전처 아들인 흑인 청년이었고, OJ 심슨은 말리러 갔던 것"이라고 주장했잖아요.

표 전처 아들이 범인일 가능성이 있다는 거죠. 과학자는 확정적인 말은 하지 않거든요. 해서도 안 돼요. 그런 여지와 가능성이 있는데도 불구하고, 경찰과 검찰이 마치 우리나라의 치과 의사 모녀 살해 사건처럼 한 방향으로 몰아가다 보니까 무리가 일어난 거죠.

지 'OJ 심슨이 범인이냐, 아니냐'에 집중하다 보니 다른 가능성을 보지 않은 거네요. 결국 무죄판결이 날 수밖에 없었던 거예요. 그런 사건에서 교훈을 얻어야 되지 않습니까?

표 우리나라 검사들이나 법조인들이 OJ 심슨 사건에 대해서 한 발언들을 보면 깜짝깜짝 놀래요. 그들은 단정을 해요. '미국이 저러니까 문제야'라는 식이죠. '우리나라라면 절대로 무죄판결이 안 났을 거야, 그러니까 배심원제는 안 돼' 하는 이야기를 막 하고 돌아다녀요. 타산지석, 다른 사회로부터 교훈을 얻으려는 태도보다는 아전인수, 자기 상황에 유리하게 모든 것들을 해석하려는 거죠. 그런 아집을 보면서 저런 것이 수사 과정에서 그대로 투영되는 것이 아닌가 하는 생각이 들어요.

지 우리나라도 김성재 씨 사망 사건 같은 경우 범인이 확실한데 전관예우 변호사를 써서 무죄판결을 받지 않았나, 세간에서는 이렇게 인식하고 있지 않습니까?

표 그 사건에 대해서도 《한국의 CSI》에 썼지만, 진실은 알 수가 없죠. 그런데 전반적인 증거와 상황들을 종합을 해보면 여자친구가 살해 의도를 가지고 했다는 것은 입증이 안 돼요. 그 약물의 치사량도 안 됐고, 그 약물의 특성도 그렇고, 시간대며 자기가 어쩔 수 없이 지목받을 수밖에 없는 상황도 그래요. 증거 인멸의 시도도 없었어요. 치과 의대생이고, 머리도 좋고, 엘리트고, 약물을 잘 알고 있는 사람이 그렇게 허술하게 했을까 하는 의심도 듭니다. 그런데 주사 자국과 시간대와 방법, 모든 것을 봤을 때 그 여성과 관련이 없을 수는 없단 말이에요. 결국은 뭘까. 그 여성이 처음부터 일관되게 부인을 하는 태도를 보였던 모습들을 봤을 때도 이 부분엔 뭔가 흑과 백이 아닌 문제가 있을 수가 있다. 죽였느냐, 죽이지 않았느냐의 문제가 아닐 수 있다는 거예요. 본인의 의도는 김성재 씨의 요청이었든 아니었든 간에, 피로 회복이든 아니면 혼을 좀 내줘야겠다는 생각 같은 것으로 주입을 한 것은 맞지 않을까 싶어요. 그런데 이후에 나타난 사망이라는 결과는 의도하지 않은 것일 수 있다는 거죠.

지 주사를 스물 몇 번이나 놨다는 것도 의문점이었잖아요.
표 아무런 편견 없이 처음부터 갔다면 정확한 사실이 나올 수도 있었다는 거예요. 그런데 처음부터 살인이라는 가정을 하고 들어가니까 누구냐의 문제가 되는 거예요. 그러면 예를 들어 만약에 제가 추정한 것이 맞는 것이라면, 그 여성은 그 상황에서 말을 못해요. 내가 한 것이라고 말하는 순간 살인범이 되는 건데요. 그게 아니라 정확하게 실제로 어떤 일이 있었는지를 구축해가는 과정이었다면 차라리 진실이 드러날 수 있어요. 김성재 씨가 엄청난 연예인, 인기 스타라는 사실 때문에 크게 불거진 거품을 걷어내고 사건의 본질만을 들여다본다면 이건 어처구니없는 사고가 될 수도 있고, 그렇다면 이 여성이 져야 될 책임은 생각보다 크지 않을 수 있었다는 거죠. 도덕적, 윤리적 비난은 있을 수 있겠지만요. 그러면 이 여성도 스스로 극복하고 다시 새 출발을 할 수도 있었고, 김성재 씨 유족도 한이 맺히지 않은 상태로 마무리 지을 수가 있었고, 수사도 신뢰가 갈 수 있었고, 모든 것이 좋을 수 있었을 겁니다. 그런데 미리 결론을 내놓고 들어가니까 문제가 생기는 겁니다. 의심 가죠. 자꾸 거짓말한 것이 드러나고, 동물병원에서 약을 산 것을 이야기하지 말라고 하고, 그림이 그려지거든요. '쟤가 했다.' 그런데 그런 의심들의 전제조건, 살인이라는 전제조건에서 출발한 것이 결국 패착을 불러일으킨 것 아닌가 하는 겁니다. 그걸 피의자 입장에서는 절대적으로 받아들일 수가 없는 거죠.

지 워낙 사회적 파장과 관심이 컸기 때문에 그렇게 된 걸 텐데요. 만약 그런 상황이었다면 오히려 전관예우를 받을 수 있는 변호사가 아니었다면, 자기가 저지르지 않은 죄까지 뒤집어썼을 수도 있었겠네요.

표   돈 없고 힘없는 여성이었다면 살인죄의 누명을 쓰고, 세간의 관심으로 보면 형량도 엄청 셌을 거예요. 초기에 거짓말을 했던 괘씸죄도 붙었을 거예요.

지   악녀 이미지도 덧입혀져 있었어요. 스타에 대한 집착 같은 것 때문에……
표   아직 신상 추적을 당하고 있는데요. 지금도 가끔 글이 올라오더라고요. 강남 어디서 개원하고 있다는 둥, 누구랑 결혼했다는 둥. 사실인지 아닌지는 모르겠지만.

지   드라마 〈싸인〉도 그 사건이 모티브가 됐다고 하잖아요. 거기선 굉장한 악녀로 나오는데요.
표   무책임한 것 같아요. 시청자들의 관심만 불러일으켜서. 자기들이 사건의 진실을 아나요? 모르잖아요.

지   그런 게 사실이라면 굉장히 억울할 수 있겠네요.
표   분명히 문제의 여지는 많죠. 도덕적으로도 그렇고, 여러 가지 정황상 그 전에도 스토킹 비슷하게 쫓아다니고, 이런 것이 있을 수 있어요. 하지만 그런 도덕적, 윤리적 비난과 법적 책임 사이에는 분명히 선이 그어져야 된다는 거죠. 거짓말했다고 해서 살인범은 아니잖아요. 그런데 우리는 한 가지라도 문제가 발견되면 그것 때문에 저 사람은 당연히 모든 잘못을 했을 것이라고 생각하는 거죠.

12

사법 시스템이 묻어버린 진실들
_ 최고 엘리트들의 바보 같은 실수와 패착

대도의 영웅 스트레스

지   조세형 씨에 대해서 "조세형은 다시 범죄의 길로 들어선 배신 행위를 통해 우리 사회에 큰 빚을 졌고, 우리 사회는 그에게 제대로 된 단계적 사회 복귀 대책을 제공하지 않았다는 채무가 있다"고 글에 쓰셨는데요. 대도라고 엄청난 화제를 불러일으켰다가 그 능력으로 보안업체 취업을 하고 양지로 나오게 됐는데요. 다시 범죄를 저질러서 사람들 사이에서는 '역시 범죄자의 피는 따로 있는 것 아니냐'는 말이 나오기도 했습니다. 범죄 유전자가 따로 있다고 믿는 사람들도 있지 않습니까?

표   아니에요. 전혀 그렇지 않아요. 제가 조세형 씨에 대해서 글을 두 번 썼거든요.

지   특수한 케이스인가요?

표 그런 건 아니에요. 〈신동아〉에 '조세형, 김희로의 영웅 스트레스'라는 글을 썼어요. 〈시사저널〉에 제가 연재하던 '사건추적'에서도 조세형 씨 이야기를 썼는데요. 결국 습관이라는 부분인 거죠. 어렸을 때부터 고아로 자라나면서 도둑질밖에는 배운 게 없고 그렇게 살아왔는데, 갑자기 영웅이 된 거란 말이에요. 고관대작들 털고, 그 피해자들이 오히려 나는 안 당했다고 하는 이상한 현상이 일어나고, 물방울 다이아몬드를 훔쳤는데, 피해자들은 없었구요. 외화, 이런 것도 그래요. 도둑놈인데도 영웅이 돼버린 거죠. 그리고 수감 생활 동안 기독교에 귀의해서 개과천선했다고 하니까 기독교에서 그를 영웅으로 만들어버린 거예요. 그러고 나서 세상에 나오니까 전도사로, 부흥사로, 그리고 대기업에서는 고문으로 갖다 앉혔어요. 이 사람은 아직까지 오랜 세월 동안 범죄로 살아오던 습관이 고쳐지지 않은 상태인데, 갑자기 새로운 시각과 명성과 영웅 대접을 해줌으로써 그가 모범시민으로 살아가기를 기대했던 거죠. 그건 잘못됐던 거예요. 그가 오랫동안 범죄에 의존했던 습관을 고쳐주려면. 담배 하나 끊는 데도 하루아침에 됩니까? 알콜의존증 혼자 끊을 수 있나요? 똑같은 거죠. 이 사람은 범죄 중독증에 걸린 사람이에요. DNA나 타고난 것이 문제가 아니고, 상당히 오랜 시간 체계적으로, 하나하나 범죄가 아닌 방법으로 세상을 살아갈 수 있도록 보호관찰 하고, 도와주고 했어야 되는 거죠. 그러고 나서 어쩔 수 없이 이 사람이 선교 활동이며 하면서 우쭐했을 것 아닙니까? 재소자들 자기가 다 오라고 해서 먹이고 했단 말이에요. 선교회 만들어서. 그만큼 벌이가 되나요? 그리고 결혼을 했는데, 부인과의 관계에 있어서 언제 그렇게 여성과 대화를 나누고 이해를 해보고 그랬나요? 당연히 스트레스 쌓이죠. 그걸 어디서 풀

거예요. 자기가 가장 잘하고, 자기가 최고이고, 자기가 짜릿한 느낌을 가질 수 있는 것이 절도 행동이고, 그래서 또 하다가 걸린 거죠. 오늘 기사 보면서 또 생각이 나더라고요. 제가 여러 번 이야기를 했음에도 불구하고, 여전히 사회는 '조세형 씨가 의지와 마음의 결심이 부족해서 또 저러는구나', 이런 시각으로 보고 있어요. 그다음에 그를 저렇게 방치해두고 있었던 국가적인 시스템의 문제가 있습니다. 조세형 씨 스스로도 자기가 병자임을 인정하지 않죠. '범죄 중독증, 절도 중독증에 걸려 있기 때문에 저를 치료해주세요, 관찰하고 보호해주세요', 그래야 함에도 불구하고 '나는 괜찮아, 혼자 조절할 수 있어'라고 한 것이 문제인 겁니다.

지   병이라면 어떻게 치료해야 할까요?

표   여러 가지 방법이 있죠. 모든 중독증이 똑같아요. 인지 행동 치료라는 것이 있거든요. 사고방식을 바꿔줘야 하고, 습관을 바꿔줘야 하는 건데요. 이건 단기간에 안 되죠. 상당히 오랜 기간에 걸쳐서 생활을 단순화하고, 절도적인 충동 습성이 일어날 때마다 그것을 억제시키고, 고지시키고, 어떠한 상황일 때, 어떤 문제가 있을 때 그렇게 된다는 것을 알려줘야 하는 거죠. 생활 전체가 하나의 치료장이어야 해요. 혼자 마음대로 할 수 있도록 놔두는 것이 아니라 누군가가 늘 보호관찰 하면서 위기 상황이 닥칠 때마다 경고해주고, 교육하고, 호르몬 분비나 오랜 세월에 걸쳐서 잘못 형성된 것을 치료해줘야죠. 예를 들어서 도박 중독 같은 것도 똑같거든요. 도박 중독이 그냥 마음먹기에 달린 것 같지만, 그렇지 않아요.

지　일부 연예인들 못 고치는 것 보면.

표　그게 결국 뭐냐 하면 보상 체계라고 하거든요. 도파민이라는 신경전달물질이 분비되는데, 그게 쾌감을 준단 말이에요. 지 작가님도 작품 하나 끝냈을 때 쾌감을 느낄 수도 있고, 운동을 했을 때 그런 사람도 있거든요. 마라톤 중독자도 있잖아요. 도파민 분비 때문에 그렇거든요. 도박 중독자나 범죄 중독자는 그걸 할 때 분비가 되는 거예요. 때로는 인지 행동 치료뿐만 아니라 약물치료까지 해야만 그러한 보상 체계 왜곡을 바로잡을 수 있어요. 그 사람 증상에 따른 장기적인 치료와 보호관찰, 교육 지도 등을 해줘야 되는데, 우리 사회는 형기를 마치고 나온 범죄자에 대한 그런 것이 전혀 마련돼 있지 않죠.

지　교정 행정의 문제라고 볼 수도 있지 않습니까? 범죄자를 수용하는 이유는 죄에 대한 응당한 처벌도 있지만, 사회에 제대로 복귀시켜서 그런 범죄를 저지르지 않도록 하겠다는 의미도 큰 걸 텐데요. 그런 게 없이 내보내면 별 하나 더 달아서 더 거물이 되고, 교도소 안에서 친구들을 만나 범죄자 그룹이 돼서 나오게 되는 건데요. 사회는 범죄자들을 냉대하니까 '봐라, 내가 열심히 살려고 해도 나를 받아들여주지 않으니까 범죄를 저지를 수밖에 없잖아'라는 핑계를 대기도 할 텐데, '그거 거짓말이야'라고 하기도 좀 난감하거든요. 사실 그런 부분도 있으니까요.

표　교정 시스템도 문제지만, 교정 시스템에만 문제를 지목하기 어려운 측면이 있어요. 교도소에 너무 많은 재소자들이 있어요. 한 명 한 명한테 개별적인 치료 교육을 하기는 불가능한 일이에요. 교정 시설에 있을 때뿐만 아니라 나온 이후에 사회에서도 전혀 준비가 안 되어 있잖아요. 그 모든 것인데, 그래서 저는 어떤 주장을 하고 싶으냐 하면 첫째로 사법 시스템의 변화인 거죠. 교도소에 보내는 숫자를 최소화시키자는 거예요. 꼭 사회적 격리를 해야 될 필요가 있는 사람이 아니면 보내지 말자는 거죠. 대신에 사회적 처우라고 하거든요. 그들이 사회 내에서 사회봉사를 한다든지, 반성하고 참회하고 피해자에게 죗값을 치를 수 있는 다른 대안적인 방법들을 많이 찾자는 겁니다. 그렇게 하고, 교도소에 가둘 수밖에 없는 상습성, 폭력성, 가학성이 있는 자들을 최소한만 교도소에 가두되, 가두어진 사람들은 철저하게 각자가 가지고 있는 문제를 교육 치료해야 되는 거죠. 교정 시설에 있는 기간 내내. 그리고 이들이 나오기 전에 엄밀한 전문가적 평가를 거쳐서 재범 가능성을 평가하고, 재범 가능성이 높은 사람에 대해서는 출소 이후에도 지도, 보호관찰을 해야 하고, 그렇지 않은 사람에 대해서는 사회에 신뢰를 줘야 하는 거죠. '이 사람은 교정을 통해서 거듭났으니 당신들이 받아들여주시고, 이웃으로도 따뜻하게 맞아주시고, 직장에서도 채용해주세요.' 하고 국가가 어느 정도 보장을 해준다든지, 지도를 해준다든지, 지원을 해준다든지 하는 것이 필요한 거죠.

한국에는 범죄 정책이 없다

지   보증보험 같은 성격의.(웃음) 이 친구를 채용했다가 문제가 생기면…….
표   그런 전반적인 시스템을 갖추었을 때 비로소 재범 가능성을 낮출 수가 있는 건데요. 지금은 범죄자 개인에게 모든 것을 떠맡기고 있단 말이에요. '너 이만큼 우리가 벌줬으니까 들어오기 싫지. 그럼 범죄를 저지르지 마'라는 대단히 단순하고 20세기 초반적인 인식을 갖고 있는 겁니다. 그 근본에는 법무부라는 부처의 기형성이 자리 잡고 있어요. 대부분의 국가에서 법무부는 연구 정책 부서예요. 전문가들이 있다고요. 장관도 대부분 관련된 전문 정치인이거나 아니면 학자들이 가요. 그런데 우리는 검찰부예요. 말이 법무부일 뿐이지. 검찰총장보다 한 단계 높은 사람이 법무부 장관이에요. 법무부 차관이 검사예요. 이번에 성 접대 의혹에 걸린 김학의 씨가 검찰 출신 법무부 차관이잖아요. 법무부 고위 관료들은 거의 검사 출신이에요. 권력을 가지고 국민 위에서 군림하면서 단죄하던 사람들이 법무부를 차고 앉아 있으니까 '어떻게 해야 이 나라의 범죄를 전반적으로 줄여나갈까, 범죄자들에 대한 예방 조처는 어떻게 취할까', 이런 것은 없는 거죠. 국가 정책적으로 없는 겁니다. '대한민국의 형사정책은 무엇입니까?'라고 제가 논문 등을 통해서 공개적인 질문을 던져봤는데요. 답이 없어요. 누구도 답을 못할걸요. 대한민국은 범죄에 대해서 어떤 철학과 정책을 가지고 있는가. 단 한 번도 거기에 대한 답이 없었습니다. 김대중, 노무현, 이분들도 범죄에 대한 정책 철학은 이야기해본 적이 없습니다. 범죄자는 잡아서 교도소에 넣는 것밖에 없어요. 당신의 자녀라면 거짓말하고 잘못했을 때 두들겨 패는 방법만 사용하려고 합니까, 저는 그렇게 묻고 싶은 거죠. 국가정책으로 똑같다는 거예요. 대단히 잘못된 가정의 나쁜 훈육 방식, 이것을 국가가 하고 있는 거예요. 자녀가 만약에 거짓말하고 나쁜 짓을 한다면 좋은 부모라면 대화를 나눠보고, 환경 개선도 해보고, 욕구 불만을 표출할 여지도 찾아주고, 그러다 안 되면 전문가 상담도 하고 그럴 것 아니겠어요. 똑같은 거죠.

지 그런 부분에 대해서 고민을 하고, 문제를 예방해야 훨씬 더 좋은 결과가 나올 것 같습니다. 이게 돈이 들어가는 것 같지만, 나중에 문제가 생겨서 수습하는 것보다 돈이 훨씬 적게 들어가는 걸 텐데요. 범죄 예방에 대한 철학을 가지고, 범죄와 사회의 연관성을 연구해서 미리 예방하는 시스템을 만들어놓으면 그 많은 사람들 수용하고, 밥 먹이는 비용보다 덜 들 것 같아요.

표 그 원인이 뭐냐 하면, 결국 정치로 가는 거예요. 다른 나라들은 예를 들어서 법무부라는 곳에 관료와 그곳에 있는 분들 대부분이 전문가들이고, 평생 범죄 예방과 교정 정책, 치안 정책을 연구하는 사람들이에요. 학계에서 어떤 것이 나오나 모니터링하고 소통하면서 지금 가장 바람직한 범죄 대책이 무엇일까, 정책 제안을 하고 이끌어 나간단 말이에요. 그런데 우리나라는 지금 당장 5년 대통령 집권 기간 동안의 성과를 볼 수 있는 것 아니면 안 하는 거예요. 하면 안 되는 거예요. 그런 범죄 예방 정책은 지금 씨를 뿌려서 30~40년 후에 범죄가 줄어들 수 있는 거거든요. 어린이, 청소년이 나중에 범죄인이 되지 않도록 하는 방안을 찾아야 되는 거예요. 형사사법제도를 고쳐내서 초기에는 조금 효율성이 떨어져서 범죄 해결을 못한다고 하더라도 전반적으로 정의 수준을 높이는 방법으로 가야 되는 것인데요. 그렇게 하려면 지금 5년 동안 대통령 임기 중에는 어떤 긍정적인 성과도 안 나와요. 포퓰리즘적으로 인기도 못 얻으니까 안 하는 거죠. 그리고 법무부에 관료라고 앉아 있는 사람들은 전혀 전문성이 없고,

관심도 없어요. 어떻게 하면 지금 이 권력을 유지하고, 인사를 어떻게 하고, 누굴 어디 앉히고, 그런 것에만 관심이 있는 부처와 관계 공무원과 정치권력이 앉아 있는데, 이게 되난 말이죠. 이건 여야의 문제가 아니고, 진보 보수의 문제도 아니에요. 역대 모든 정부가 다 그랬어요. 김대중, 노무현도 마찬가지예요. 이제는 이걸 바꾸자는 거죠. 정파의 문제가 아니라는 겁니다. 이제는 법무부라는 부서 자체, 치안 관련 담당 부서, 행정안전부도 똑같고, 이런 부분들을 정치 도구로 인지하지 말아야 해요. 거기에는 전문가들이 앉아서 전문적인 일을 하도록 해야 되고, 대통령이 누가 되든 지속적으로 해나갈 일을 만들어서 해야 된다는 거죠. 대한민국의 치안 정책은 무엇이냐, 국제적인 기준에 부합할 것이냐, 아니면 나 홀로 떨어져서 나갈 거냐. 그렇게 해서 대한민국에서 내놓는 치안 정책을 국제적인 범죄학계에서 들여다볼 수 있게 해줘야 됩니다. 세계 범죄학계에서 대한민국 범죄 정책을 아예 거론도 안 해요. 있다고 생각하지 않으니까요. 그런 부분들이 어떻게 본다면, 다른 부분도 아쉬움들이 있긴 하겠지만, 범죄 문제의 전문가로서는 대한민국은 정말 부끄러운 국가예요. 맨날 중남미, 아프리카 이야기하지만, 그곳은 차라리 범죄 문제에 대한 국가적 정책을 고민하고 있고, 학계에서 어떤 이야기가 나오는지를 들여다보고 있고, 부족한 재원과 경제적, 사회적 수준 하에서도 어쨌든 바람직한 교정 정책, 바람직한 치안 정책을 가지려고 노력하고 있어요. 지금 우리는 여전히 권력, 힘, 이것을 누가 가지느냐, 수사권을 누가 갖느냐, 이건 유치하고 치졸한 것만 가지고 싸우거든요. 발상 자체가 그래요. 경찰관들이 지구대에서, 초소에서, 거리에서 어떤 생각을 가지고, 무엇을 하고 있으며, 어떠한 교육을 받고 있는가에 관심을 갖고 있는가. 시민 한 사람 한 사람의 안전을 지키기 위해서 오로지 거기에만 관심을 갖고 있는가. 아니란 말이죠. 그들의 머리 한 구석에는 '승진은 어떻게 되나, 다음에는 어느 부서로 가야 되나, 새로 오신 계장님, 과장님, 그 사람들이 내린 지시 사항에 대해서 어떻게 해야 될까', 이런 것들이 꽉 차 있단 말입니다. 그러니 시민이 찾아와서 '층간 소음이 심해요, 주변의 불량 청소년 때문에 불안해 죽겠어요', 이런 것들은 귀에 안 들어오는 거죠. '이런 것을 가지고 옵니까? 살인, 강도 등 강력범죄만 해도 힘든데', 이렇게 되는 거예요. 시민들은 '도대체 경찰이 누굴 위해 존재하는 거야? 나를 위해 존재하는 것은 아닌 것 같아', 이렇게 되는 겁니다. 불신이 생기는 거예요.

지 그런데 층간 소음 문제로 살인 사건이 나기도 하잖아요.

표 가정폭력도 똑같아요. 대통령이 4대 사회악이라고 가정폭력을 규정한 것은 너무 잘한 거죠. 그런데 문제는 '어떻게'라는 철학이 없는 거예요. 그냥 무조건 내세우는 겁니다. 그러면 경찰은 어떻게 하느냐. 단속해서 성과만, 숫자만 내세우는 겁니다. 근본적인 해결은 안 되고, 단속되었다는 반감 때문에 신고한 그 배우자를 살해하고, 이렇게 되지 말란 법이 없는 거거든요.

동일체 논리에 희생된 최고 엘리트들

지 "형사사법학에서 경찰-검찰-법원-교정-보호관찰-시민 공동체를 '형사사법의 6주체'라고 합니다. 각자가 독립해 있으면서 협력하고 견제하고 균형 맞추면서 형사정의라는 큰 수레바퀴를 돌리는 거죠. 근데 우린 경찰-검찰-교정-보호관찰을 다 검찰이 장악하고 있어요. 그러니 전문 교정 제도와 기법, 보호관찰의 중요성이 제대로 대두되지 않고 '검사의 부속품' 정도로 인식돼 발전하지 못합니다. 재범률 높고 소년 범죄자 선도가 안 된다는 비판이 대두되는 주된 이유죠. 형사사법의 문어발 재벌인 검찰 개혁이 필요합니다"라고 하셨는데요. 그 문제도 중요한 문제 아닙니까? 각 분야에서 자기 역할을 할 수 없게끔 만드는 구조라는 건데요.

표 검사들이 훌륭한 사람들이죠. 똑똑하고, 최고의 엘리트예요. 하지만 그렇다고 해서 모든 분야를 지배해도 된다는 건 아니거든요. 그렇다고 해서 더 나은 정책이나 집행을 할 수 있다는 보장도 없어요. 그러면 뭐 하러 이렇게 다양한 직업이 존재하고, 이 세상에 각 분야가 왜 존재하겠어요? 가장 똑똑한 사람이 모두 다 하면 되지. 그게 아니란 말이죠. 사람이 똑똑하고 잘나고의 문제가 아니라 각 영역이 가지는 독특함이 있고, 철학이 있고, 방향이 있단 말이죠. 그런데 우리나라는 경찰은 수사가 검사 지휘 하에 지배당하고 있지만, 교정과 보호관찰은 더 심하죠. 아예 검찰의 일부분이 돼서 좌지우지되고 있다 보니까요. 각 분야의 철학과 기법, 방법, 문제, 이런 것들이 주도적으로 검토되고 해결되고 추진되지 못하는 문제점들이 계속 있어왔던 거죠. 그 피해가 결국은 우리 주변에서 범죄가 빈발하는 것, 범죄자들이 사회에 녹아들지 못하고 재범에 빠지는 것들로 연결 지어지고 있다고 봐야 되는 거죠.

지 검찰 조직이라는 것이 중요한 조직이기 때문에 계속 문제를 제기할 수밖에 없는데요. 한 검사당 맡고 있는 사건도 많고, 격무에 시달리고 있지 않습니까? 엘리트들이 그렇게 격무에 시달리면서도 몇 가지 사안들 때문에 국민들에게 존중도 못 받고, 스폰서나 받고 이런 존재로 인식된다는 것도 묵묵히 일하는 검사들 입장에서는 억울한 일일 텐데요.

표   그럼요.

지   그런데 본인들도 검사동일체, 이런 식으로 조직 논리에 빠져 있어 아무런 문제 제기도 하지 못하기 때문에 국민들의 그런 시각을 감수할 수밖에 없을 것 같아요.

표   검사들 스스로도 행복하지 않거든요. 만족하지 않고 있어요. 격무에 시달리고 힘들고 어렵고, 그렇게 고생해서 노력해서 얻은 검사라는 지위, 능력, 자격, 이런 것들이 충분히 존중받지 못하잖아요. 그런데도 불구하고 조직 논리, 조직의 이익, 최상층부의 몇 명이 누리는 엄청난 권력과 권한 때문에 전체 검찰 내의 검사들과 검찰 조직원들이 희생하고 욕먹고 있다고 봐도 과언이 아닌 거죠.

트러플러츠가 필요 없는 게임

지   "수사는 매우 단순한 진실 게임이다. 고도의 지능이 필요하지 않고 높은 학력이 요구되지 않는다. 다만 의문을 적당히 덮으려는 유혹, 현실과 타협하려는 유혹을 이기는 힘이 필요하다"고 하셨는데요. 보통 수사 하면 굉장히 전문적인 영역인 것처럼 경찰도 그렇게 주장하고 검찰도 그렇게 주장하는데요. 상식만 있다면 수사를 잘할 수 있다는 말씀 아닌가요? 지금 수사를 하고 있는 분들은 이런 주장에 대해서 불편해할 것 같은데요.

표   전문성이라는 부분이죠. 전문성이라는 게 남들이 못하는 신기, 김연아 선수의 트리플러츠, 이런 게 필요한가. 그건 아니라는 거죠. 전문성이라는 것이 한 분야에 한 사람이 집중하고 평생 그것을 해나가는 것에서 나오는 전문성이라는 거예요. 그 사람이 특별해서 생기는 것이 아니라는 거죠. 그런데 특히 우리 검사들의 논리는 반대인 거죠. '수사라는 것은 중요하고, 특별하니까 특별한 사람만 해야 돼'라는 이야기거든요. 그건 엄청난 오류이고 오만인 겁니다. 이 세상 어느 나라의 수사관이 우리나라처럼 일반인 이상의 특별한 전문성을 갖추고 있느냐는 거예요. 그게 아니고, 그 분야에 계속해서 종사한다는 서약이 더 중요하다는 겁니다. 과연 범죄 수사라는 대단히 중요한, 잘못하면 한 사람의 운명을 바꿀 수도 있는 이 영역에서 자신의 이익을 결부시켜서 잘못된 행동을 할 수 있느냐, 없느냐. 성실성이 있느냐, 법과 원칙과 양심을 준수해 나갈 만한 인격적인 도야가 되어 있느냐. 이것이 더 중요한 영역이라는 겁니다. 머리가 좋다고 해서 잘할 수 있는 것은 아니라는 거죠. 그다음에 수사라는 것이 형사든, 검사든 혼자서 하는 것이 아니라는 겁니다. 고도의 전문적인 영역은 전문가들의 도움을 받도록 되어 있습니다. 형사든, 검사든 자기가 모든 분야를 다 알 수 있나요. 범죄는 음악 하는 사람들, 미술 하는 사람들, 의사들 사이에서 터져요. 그런데 어떻게 검사나 형사가 그 모든 분야의 전문 지식을 다 알 수 있겠어요. 말이 안 되는 거거든요. 그 분야에 대해서는 그 분야의 전문가가 도와주고, 조언하게 되어 있어요. 결국 수사를 하는 사람에게 필요한 것은 무엇이냐. 뛰어난 두뇌가 아니라 수사를 위한 일반 국민의 상식 정도만 갖추면 되고 흔들리지 않는 의지, 정의감, 법과 원칙을 준수하는 태도, 수사에 필요한 규칙과 원칙을 교육받고 훈련받고 학습하는 것, 그게 제일 중요한 요소라는 거죠.

지 경찰관 뽑을 때도 다른 재능이나 이런 것보다도 성품이나 이런 것을 봐야 할 것 같네요. 준법정신 같은 것. 뽑는 주체가 그런 볼 자격이 있나 하는 느낌이 들지만요.(웃음)

표 예를 들어서 각 분야가 다 그렇잖아요. 환경미화원을 뽑는다면 뭘 기준으로 뽑을 거냐, 다른 부분도 똑같죠. 스포츠 부분도 그렇고, 기능공, 목공, 개그맨 뽑는 데, 시험 쳐서 뽑는 게 말이 되냐는 거예요. 경찰관도 마찬가지라는 거죠. 경찰관이라는 업무 영역의 특성을 보고 이 분야에서 가장 필요한 적성과 인성, 덕성을 봐야지, 시험 성적으로만 뽑는다는 것은 동의하고 싶지 않아요. 물론 기본적인 상식은 있어야겠죠. 기본적인 법을 이해하고, 원칙을 준수하고, 인권 개념을 이해할 수 있는 정도의 지적 능력은 있어야겠죠.

지 수사권은 권리가 아니라 국민한테서 주어진 것이고, 경찰이 갖느냐, 검찰이 갖느냐는 것이 중요한 것이 아니라고 하셨는데요. 다른 의견을 가진 분들도 계시더라고요. 엄청난 힘을 가진 것이기 때문에 단순하게 볼 것이 아니고, 엄청난 권리라고 봐야 한다는 겁니다. 그래서 고위 공직자 비리 수사처 같은 것을 만들어서 검찰을 견제해야 된다는 건데요.

표   제가 오래전부터 주장하던 겁니다. 홍콩의 염정공서(廉政公署, ICAC, Independent Commission Against Corruption) 모델을 국내에 소개하면서 이런 것이 필요하다고 주장해왔었어요. 어느 한 가지 답이 있는 것은 아니죠. 수사라는 것은 수사의 틀 안에서 무엇이 바람직하고 옳은가를 들여다보고 지금 문제가 있다면 해결해야 되는 거예요. 그리고 수사 조직에 있는 고위직뿐만 아니라 고위 정치인이나 일반적인 범죄 수사 틀 밖에 있는 것으로 여겨지는 사람들, 이 사람들에게는 특별한 감시와 범죄 혐의에 대해 수사할 수 있는 특수한 조직이 필요하다고 보는 겁니다. 홍콩이 1974년에 그런 조직을 만들어서 가장 부패한 국가 중 하나에서 가장 청렴한 국가 중 하나로 탈바꿈한 거거든요.

영화 속에 투영된 못난 경찰들

지   〈무비위크〉에 '표창스타일로 영화 읽기' 연재하셨잖아요. 5회까지 하셨죠.
표   〈무비위크〉가 폐간돼서 중단하게 되었죠.

지   영화를 보실 때 범죄적 요소와 관련해서 많이 보시나요?
표   그렇지는 않아요. 휴식, 안식, 문화적인 감수성, 충만, 오락, 감동, 이런 것들을 기대하면서 영화를 보죠. 하지만 영화 칼럼을 쓰는 것은 다른 부분이잖아요. 개인적인 영화, 즐기는 영화가 아니라 일로서 보는 영화가 되는 것이라 저한테 요구되는 것이 있고, 거기에 맞춰서 영화를 보고 쓰게 되는데요. 이전에도 강의에 사용하기 위해서 범죄학과 관련된 부분이나 사람들이 범죄 현상을 이용하고 범죄자들이 모방할 여지를 찾는, 직업적 영역으로서의 영화 보기를 해왔습니다. 그 부분은 별도로 있었어요. 칼럼을 쓰는 것은 저보다는 독자들이 필요로 하는 것, 저에게 얻고 싶어 하시는 부분들을 드린다는 차원에서 다시 영화를 보고 글을 쓰는 거죠.

지　최근 엄청나게 흥행이 되고 있는 〈7번방의 선물〉도 그렇고, 〈투캅스〉 같이 비리 경찰이 나오는 영화도 그렇고, 경찰에 대한 비판적인 의식을 가진 영화가 많은데요. 그런 영화를 보실 땐 어떠세요?

표　일단 경찰에 비판적이라고 해서 비판을 하지는 않아요. 그건 영화적 자유예요. 전체가 그렇진 않더라도 없는 것은 아니니까요. 다만 아쉬운 것은 해당 영화가 문제가 아니라 영화계 전체적으로 균형이 이루어졌으면 좋겠어요. 경찰관들의 애환, 노력, 그들이 실제로 기여하는 긍정적인 부분들도 비쳐졌으면 좋겠어요. 단순하게 접근하자면 '누가 영웅이냐'고 했을 때 경찰관이 영웅인 영화도 외국에는 많단 말이에요. 할리우드나 홍콩 같은 곳. 반면 경찰관이 악당인 영화도 꽤 많죠. 그런데 우리나라 영화에서는 경찰은 바보거나 악당으로만 나와요. 오히려 범죄자가 영웅시되는 영화들이 더 많아요. 불균형 현상이 있다는 거죠. 그러나 그것 역시 사회적 인식의 반영이라고 생각합니다. 앞서 말씀드렸던 형사 제도와 경찰 제도, 관행의 문제 때문에 국민들이 가지고 있는 경찰에 대한 불신이 워낙 깊은 거죠. 그걸 역행해서 영화를 만들 수 없으니까요. 그렇게 이해하고 받아들입니다. 아쉬움을 느끼면서.

지 　권력을 갖고 있다고 생각하니까요.

표 　강자라고 보는 거죠. 경찰이 늘 강자 편이라고 보니까요. 권력에 너무 약하고.

지 　그래서 영화를 보고 카타르시스를 느끼는 것 같은데요. 그런 심리하고 비슷한 것 같거든요. 범죄자인데도 사람만 해치지 않으면 일각에서 영웅시하는 게 있잖아요. 신창원 신드롬이나 대도 조세형이나 지강헌에 대해서도 동정심을 느꼈던 사람들이 많았던 것 같습니다. 그런 게 영화에 투사되는 것 같기도 해요. 그런데 〈공공의 적〉에서 강철중 같은 경우에는 형사를 비교적 좋게 다뤘잖아요.(웃음)

표 　그렇죠. 강철중 개인은 잘 다뤘지만, 그가 속한 조직이나 동료는 그렇지 못했죠.(웃음) 〈다이하드〉도 마찬가지죠. 블루스 윌리스야 멋진 경찰로 보이지만, 다른 사람들은 그렇게 않게 보이기도 해요.

지 　아무래도 영화적인 효과로 볼 때 영웅이 있으면 그를 핍박하는 악역도 있어야겠죠.

표 　그렇죠. 저는 경찰 측에 경찰에 대한 비판 작품, 문화, 이런 것들을 받아들이고 즐기자는 이야기를 많이 해요. 영화는 현실이 아니지 않느냐. 예를 들어서 다른 분야도 너무 민감한 반응들을 보이는 경우가 있잖아요. 〈아제아제바라아제〉라는 영화가 나왔을 때 비구니 스님들이 극장에 몰려와서 항의하고 난리가 났었어요. 기독교도 마찬가지고, 레이디가가 내한했을 때 그 난리 부리는 것을 보면 모든 분야가 다 그렇거든요. 자기 분야에 대해서 좀 비판적으로 나오면 들고 일어나거든요. 작품과 영화 속에서 직업을 다루는 것이 현실 그대로를 반영해야 할 의무는 없거든요. 충분히 감수하고, 받아들여야 될 것 같아요.

지   할리우드 영화에서도 군부를 엄청난 음모 집단으로 묘사한다든지, 경찰을 그렇게 묘사하는 경우도 많잖아요.
표   우리는 군 관련해서 에피소드들이 많잖아요. 촬영하려고 할 때 국방부에서 압력을 넣는다든지, 요청을 한다든지. 〈빨간 마후라〉인가는 제작 협조를 하다가 중간에 문제가 생기기도 하고. 일방적인 홍보 식으로 만들면 누가 보나요? 보지도 않고, 오히려 영화도 망하고, 해당 조직도 망하는 거예요. 희화하고 풍자하고 비판하고 사람들이 즐겁게 보고 나면 실제로 가졌던 분노가 어느 정도 식기도 하고, 정말 문제가 있다면 영화를 통한 문제 제기를 통해서 현실을 고쳐나가면 되는 거죠.

지   옛날에 광대들이 왕과 양반을 풍자를 하잖아요. 그렇게 불만을 표출할 수 있게 해준 건데요. 《한국의 연쇄살인》에 김해선 씨의 사진을 실었다가 명예훼손으로 고소를 당하기도 하셨잖아요.
표   출판물로 인한 명예훼손이었죠. 초상권 쪽은 돈 내놔라, 안 그러면 소송하겠다는 협박만 받았죠.(웃음)

지   연쇄살인범이 그런 문제를 제기하는 경우가 있었나요?
표   연쇄살인범도 권리가 있죠. 당연히. 하지만 자신의 권리를 주장할 자유가 누구에게나 있긴 하지만, 공적 영역 속에서 자신의 범죄 행위가 사회적 파장을 불러일으킨 사람으로서 감수해야 될 부분을 본인이 이해하지 못한 거라고 보고 있죠.

종교 범죄의 아이러니

지   레이디가가의 공연을 반대해서 시위를 한 일부 보수 기독교인들에게 "표현의 자유와 예술을 무시한 처사"라고 하셨다가 전쟁을 치르셨잖아요.
표   전쟁을 치렀죠. 그래서 그 후에 일베와의 전쟁도 두렵지 않았어요.(웃음)

지   미리.(웃음)
표   예방주사를 맞은 거죠.(웃음) 당시에 제일 저한테 그랬던 사람이 윤정훈 목사예요. 이 사람이 뭔가, 도대체가 영혼이 없는 인간 같더라고요. 일방적으로 말만 쏟아내고, 답도 없고, 그래서 블락을 시키고 말았는데요. 나중에 알고 보니 십알단 단장이고, 새누리당의 SNS 단장이었죠. 그걸 보고 그 사람들이 정말 인터넷을 모르는구나, SNS를 모르는구나, 그런 생각이 들더라고요.

지   정말 정식 임명장을 받은 건지, 자가발전을 한 건지 아직 모르잖아요.(웃음)
표   어처구니가 없죠. 이게 종교 문제니까. 무섭죠. 종교라는 것이 이해관계보다는 믿음을 가지고 덤벼들기 때문에. 종교 관련해서는 그 전에도 여러 번 작게나마 겪어봤거든요. 저도 심리전에 능한 사람이기 때문에 기독교인 다수의 느낌, 생각, 그런 분들을 끌어들여서 '기독교 전체의 의견이 이겁니까?' 하는 질문을 던지고, '기독교인들은 왜 아무 말 안 하고 가만히 있습니까?' 하면서 양심이 있는 기독교인들로부터 지지 의견을 끌어내고 결국 그들이 극렬한 소수에 불과하다는 것을 인정받게 함으로써 마무리를 지었죠.

지 예전에 이단 종교 연구가가 살해된 적이 있었죠.
표 탁명환 교수요.

지 그분을 살해한 분을 만나보셨다고요?
표 아니요. 유사한 사건이었어요. 증산도 관련 교단에서 일어난 사건이었죠. 어떤 종교 창시자의 아들이 물려받아서 그 종교를 운영을 하는데, 그 창시자의 브레인이었던 사람이 아들이 행한 것에 대한 불만을 느끼고 비판을 제기했어요. 그런데 그 사람을 청부 살해한 거죠. 그 사람을 면담을 했는데요. 중간에서 지시를 했던 교직자가 자살을 하고, 꼬리가 끊기고, 교단에서의 청부는 못 밝혔습니다. 그 사람을 만나서 쭉 면담을 하면서 파악해본 부분들이 있는데요. 똑같은 거죠. 전혀 폭력성이나 누굴 죽이고 싶어 하는 의지가 전혀 없는 사람이었어요. 자신의 불행, 어려움들을 종교에 의지해서 해소해보려고 하고, 일상생활에서는 늘 좌절과 실패와 무시만 겪다가 갑자기 그 종교 내에서 추앙받고, 인정받다 보니까 거기에 고무가 되어 있었어요. 이런 사람을 꼭 집어서 '당신을 믿고 당신에게 많이 의지하니까 해줘라' 하고 청부했기 때문에 소명감, 자기가 교단의 악을 척결한다는 생각에서 살인을 행한 거거든요. 그 사람 스스로가 엄청난 피해자인 거죠. 자기도 반성하고 있고, 나중에 이런 저런 사정을 알게 되면서 죽은 사람이 그렇게 나쁜 사람은 아니었다는 것, 단지 비판을 제기했던 것, 교주와 교단의 반대편에 있었다는 것밖에는 없고, 가족들도 있다는 것을 알게 되면서 많이 울고 후회하고 반성하더라고요. 그러면서 꼬리를 자르기 위해서 교단에서 이 사람을 축출해버려요.

지   개인의 범죄로 만들기 위해서겠죠.
표   그런데 이 교단이 자기를 받아들인다면 다시 들어가고 싶다고 해요. 그래서 블로그에 그 사건에 관련된 소회를 쓰면서 종교는 마약과 같다는 글을 쓴 거죠.

지   그걸 아시는 분이 기독교와 전쟁을 벌였나요?(웃음)
표   그중의 일부는 바뀔 수 있다, 바뀌어야 한다, 다른 사람들이라도 인식을 해야 된다는 생각에서 전쟁을 벌였어요. 또 하나는 동성애 문제가 얽혀 있잖아요. 우리 사회는 종교 문제가 아니라 하더라도 동성애, 성적 소수자에 대한 편견이 심하잖아요. 그런데 하물며 기독교의 이름으로 죄악으로 접근하고 있는 것을 용납할 수가 없었죠. 가만있으면 여러 다른 사람들에게도 그런 문제가 전파될 수 있겠다고 생각해서 전면전을 벌인 겁니다.

조희팔 사건 히스토리

지   조희팔 사건에 대해서도 얼마 전에 쓰셨잖아요. 사기 피해액이 4~5조가 가능한가요? 피해자 모임에서는 훨씬 크다고 주장하잖아요.

표   8조~10조라고 하죠. 그게 가능하지 않아 보이는데, 가능하더라고요.(웃음) 피해자 숫자가 경찰 추산으로 4만 명, 피해자 단체 추산으로 10만 명이 되니까요. 그 사람들의 전 재산이 들어갔다고 볼 수 있거든요. 그 개인만이 아닌 주변 지인들에게 빌려 쓰고, 대출하고, 담보 잡고, 이렇게 모인 거니까요. 실체가 있는 안마기, 의료 보조기, 안마기 임대 산업, 그리고 유명인들이 찬조 연설을 하고 대박 신종 사업이고 초기에 수익금을 따박따박 넣어줬단 말이에요. 다른 사람들 알기 전에 빨리 해야 되고, 있는 돈 없는 돈 끌어모으게 되고, 그 돈이 모인 것이 4~5조원이라는 이야기가 나오는 건데요. 그게 고스란히 현금이 된 것은 아니죠. 사기극을 벌이기 위해서 사법 당국 관계자나 유력 정치인, 언론인들에게 계속 로비 자금을 뿌려댔으니까요. 상당 금액을 썼을 테니 얼마가 남아 있는지는 모르죠.

지   이렇게 피해자가 생겼는데도 잡지 못하는 것은 그만큼 시스템의 문제가 크단 거잖아요. 돈 받고 비호해준 세력이 있다고 하고, 중국으로 도망가서 죽었다고 하는데, 장례식 사진으로 봐서는 의심스럽다고 하셨잖아요. 도망가게 놔둔 것도 문제구요.

표   신고했는데도 묵인하기도 했죠. 인간들이 돈을 얼마나 받았는지 모르겠어요. 돈 받아서 자기 자식 교육시키고 잘 살겠죠. 그런데 그 대가로 4~8조에 이르는 국민 상당수의 전 재산이 걸려 있다는 것을 왜 생각을 못할까 하는 거죠.

지   성격이 다른 부분이긴 하지만, 결국은 저축은행 비리와 비슷한 거네요. 정치인들이 뇌물을 받고 봐주면서 거기 저축한 수많은 서민들이 피눈물 흘린 거잖아요.

표   그렇죠. 나중에는 그 정보를 입수해서 자기 것과 지인들 것은 인출을 했잖아요. 물론 저축은행장 같은 사람들은 처벌을 많이 받았지만, 그 과정까지 가게 만들었던 고위 공직자나 정치인들, 이런 사람들은 대개 다 벗어났죠.

사이코패스와 정치인

지   《숨겨진 심리학》에서 "최근 사이코패스 성향을 가진 범죄자가 증가하고 있다"고 표현하셨는데요. 사실 사이코패스라는 개념이 학술적인 것도 아니고 애매하지 않습니까? 30대 백인 남자의 십몇 %가 사이코패스 성향을 가지고 있다는 연구 결과도 있어요. 범죄만 안 저지른다면 매너 좋고 쿨한 사람으로 느껴질 수도 있다는 건데요. 감정 기복이 크지 않은 사람들이니까.

표   사이코패스가 있느냐 없느냐부터 논란거리죠. 일부 정신의학자들은 강하게 사이코패스는 사기라고 하거든요. 더 큰 문제는 사이코패스라고 단정 지으면서 다른 모든 사회적 원인 찾기가 중단돼버리니까요. 그런 문제가 있는 거죠. 다만 《숨겨진 심리학》에서 이야기하는 것은 사이코패스적인 성향과 태도를 가진 사람들로 인한 피해가 급증하기 때문에, 그런 부분들을 개인이 식별할 순 없단 말이에요. 혹시라도 그럴 가능성을 미연에 방지하기 위해서, 피해를 당하지 않기 위해서 갖춰야할 자세, 양식, 이런 것들을 이야기하고 싶었던 거죠. 조희팔 사건도 같은 거예요. 똑같거든요. 말이 사이코패스였을 뿐이지, 신뢰를 구축하기 위한 거짓말, 막연한 기대를 불러일으키고, 그러면서 그다음에는 빠져나가지 못하게 하는 수법이 사용되고, 위협이 사용되기도 하고, 그런 것들이 반복되거든요. 직장에서 동료 간에 급하니까 부탁하고 요청했다가, 처음에는 가족 핑계로 돈을 빌려달라든지, 그 이후에 그 부분에 대해서 문제를 제기하면 이미 행해졌던 것들을 문제 삼고, 계속해서 협조를 안 해주면 까발릴 거야, 그런 일이 계속 반복된단 말이에요. 사이코패스 여부를 떠나서 그런 피해를 겪지 않기 위해서 반드시 지켜야할 원칙들을 알려주고 싶었던 거예요.

지 그 책에서 "산업심리학자 보드Belinda Board와 프리츤Katarina Fritzon은 영국의 CEO 대부분이 사이코패스적 성향을 가지고 있으며, 임원 승진 대상자 중 3.5%가 사이코패스였다고 주장한다"라고 하셨는데요. 보통 성공한 사람들이 다른 사람들 피눈물 흘리는 것에 대한 공감 능력이 떨어지는 걸로 보예요. 조희팔도 마찬가지고 범죄적 성향을 가진 사람들이 자기로 인해서 피해를 입을 사람들에 대한 공감 능력이 강하다면 그런 범죄를 저지르기 힘들 텐데요. 성공한 사람들이 그런 요소가 있다고 말씀하신 걸 텐데요.

표 그렇죠.

지 이걸 우리 CEO들에게 적용해도 틀린 이야기는 아닐 것 같습니다.

표 　서글픈 거죠. 성공한 경영인에 대한 사회적 신화가 있잖아요. 특히 과거의 제럴드 포드처럼 의지와 노력을 갖춘, 그러면서 박애 정신, 봉사 정신도 갖춘, 인간미를 갖춘 성공한 CEO에 대한 신화들이 많이 터져 나왔단 말이에요. 과거에는 그럴 수도 있어요. 그런데 최근에 보면 사회 구조 자체가 박애 정신 내지는 타인에 대한 배려, 공감이 있는 사람이라면 도저히 가파른 성공의 계단을 밟고 위로 올라갈 수 없는 사회가 되어 있다는 거죠. 자본구조의 고도화, 산업화, 포스트모던적인 상황, 신자유주의적인 풍토 하에서는 그렇게 해서 성공하기 힘들다는 겁니다. 그렇다 보니 역으로 성공한 CEO들이라면 당연히 그 과정을 겪는 속에서 남에 대한 배려보다는 남을 도구나 수단으로 인식하고, 그들이 파괴되든 버려지든 오직 자신의 이익만을 추구해왔기 때문에 거기까지 올 수 있었다고 볼 수 있거든요. 그것을 사회심리학자가 우회적으로 사이코패스 테스트를 적용하면서 결과를 내놓은 겁니다. 어떻게 본다면 그것은 일종의 사회적 경고라고 받아들여야 될 것 같아요. 인간적인 성공한 CEO에 대한 환상을 깨라, MB에 대해서 가졌던 것이 그거잖아요. 그가 결국은 성공을 했고, 특히 드라마 뭐였죠?

지 　〈야망의 세월〉이었죠.
표 　그 드라마가 그를 인간적으로 포장했단 말이죠.

지 　그 드라마를 계기로 주인공을 맡았던 유인촌 전 장관과 친해졌다고 하죠.
표 　사람들에게 그런 환상이 심어진 거예요. 앤드류 카네기나 제럴드 포드처럼 철혈성을 가지고 있지만 인간적인 따뜻함을 가지고 있다, 그가 회사를 성공적으로 이끌어냈고, 그러면서 다수의 직원들을 행복하게 해주었듯이, 물론 개개 사건에서는 냉혈하고 냉철하게 내치고 결단을 하긴 했었지만, 국가도 그렇게 경영해주지 않을까 하는 환상을 가졌던 거죠. 우리는 그 환상에 처참하게 당했던 거예요.《숨겨진 심리학》에서 제가 제시했던 경고를, 보드와 프리츤이라는 심리학자들이 내놨던 경고를 조금만 더 우리가 일찍 생각했더라면, 경제적 성공을 이루기 위해서 자기의 인격과 심성을 오로지 앞날에만 맞추고, 공감과 배려를 스스로에게서 잘라버리는 사람들을 정치 영역 속에 자리 잡게 해서는 안 된다는 것을 좀 더 일찍 깨닫지 않았을까 하는 아쉬움이 있는 거죠. 적어도 정치를 하는 사람이라면 일부러라도 공감하는 모습을 보여줘야 하거든요.

지   최소한 쇼라도, 공감하는 척이라도.

표   자신의 기술 내지는 습관으로 자리 잡을 수 있게 되는 거예요. 그래서 공감 능력이라는 말을 쓰는 거거든요. 자연스럽게 생기는 품성이라기보다는 공감할 수 있는 능력이라는 거죠. 후천적으로 길러질 여지가 많다는 건데요. 적어도 정치를 하는 사람이라면 늘 남의 눈을 의식하고, 내가 공감하고 있는 것 같은 모습을 보여야 된다는 강박관념도 가지게 되고, 그로 인해서 정책을 결정을 하든, 인사를 하든 늘 고민을 하게 된다는 거죠. 그래서 잔혹한 행동을 하지 못하게 되는 것이고, 엄청나게 무모한, 국토를 망가뜨리고 사회 전반적인 손실을 이끌어낼 수 있는 사업을 통해 환경을 파괴하는 일을 거짓말로 추진해내지는 못할 것이다, 그런 것들이 너무 아쉬운 거죠. 경제 영역에서 CEO라면 그래도 돼요. 그에 대한 감독 기관들이 있으니까요. 금융감독기관, 공정거래위원회, 정부도 있고, 경쟁 기업도 있고, 소비자단체도 있고, 노동조합도 있기 때문에 그가 가지고 있는 사이코패스적인 기질 내지는 성취 일변도의 지향이 견제당하고, 통제당할 수 있는 거예요. 그렇기 때문에 그런 사람이 필요한지도 몰라요. 그런 견제와 통제가 있는 상황에서 공감 능력이 있는 사람이라면 회사가 망할 수도 있는 거죠. 어떻게 보면 자본주의 사회에서 어쩔 수 없어요. 그런데 그런 인격과 품성을 가진 사람이 국가를 경영한다, 그건 아닌 거죠.

지   정치는 어쨌든 자기를 지지하지 않는 사람들까지 포함해서 갈등을 조절해야 되는 일이니까요. 그러면 공감 능력이 필수적일 것 같습니다. 회사를 운영할 때는 때론 피도 눈물도 없을 때가 있어야 하겠지만요.
표   정리 해고도 해야 되는 거고요.

지   정치 영역에서는 그게 필요한 정리 해고였냐는 문제를 제기할 필요도 있을 거예요.
표   거기서 한마디만 더 하자면 경영이라는 것은 합법과 불법 사이의 외줄타기 같은 거거든요. 과감한 투자냐, 업무상 배임이냐, 이게 늘 헷갈리는 영역이에요. 주가조작이냐, 타이밍 공시냐, 이런 거란 말이에요. 늘 그런 부분인데, 국가를 그렇게 경영한다고 해보세요. 그건 엄청난 문제인 거죠.

사법 시스템에 대한 불신은 깊다

지   범죄를 해결하려면 시민들의 협조나 신고가 꼭 필요할 텐데요. 리버풀의 38인, 제노비스 사건 같이 목격자들이 '다른 사람이 신고하겠지', 하면서 신고를 아무도 하지 않았던 사건이 있었잖아요. 현대인들은 점점 더 개인화되고, 범죄를 보더라도 '귀찮은데 말려들기 싫다'고 하거나 '내가 의심받을 수도 있잖아, 누군가 하겠지', 하면서 신고를 기피하는 부분들이 생기는 것 같은데요. 그런 부분들을 가지고 무조건 '사람들이 이기적으로 변했다'고만 할 것이 아니라 사람들이 그렇게 변한 이유를 찾아봐야 될 것 같기도 한데요. 그 사람들이 특별히 악인이라 그러진 않았을 것 같거든요.

표   삶의 방식의 변화예요. 과거에는 우리가 끈끈하게 연결돼 있었잖아요. 이웃사촌의 개념도 있고, 친인척간의 관계도 돈독했어요. 공식적이고 합리적인 관계보다는 비공식적이고 정의적인 관계가 많았습니다. 그런데 사회가 점차 대중화되고, 익명화되고, 개별화되고, 핵가족화되고 하면서 공식적인 관계 중심으로 다 바뀌었단 말이에요. 그러면서 이제 서구에서 주로 요구되었던 것이 시민 의식, 사회철학, 사회윤리인데요. 그런 것이 대두됐던 것처럼 이게 아무리 개별화, 익명화된 사회라고 하더라도 야만과는 다르다는 거죠. 각자가 스스로 보호받으려면 지켜야 될 규칙이 있고, 시민으로서 해야 할 기본적인 의무가 있다는 거예요. 신고라는 것도 그 영역에 들어가는 거죠. 언젠가는 나도 피해자가 될 수 있다, 그러므로 누군가 피해를 당하는 것을 좌시해서는 안 된다, 이런 거예요. 두 번째로는 흔히 착한 사마리아인이라고 하죠. 다른 사람의 불행과 어려움을 보고 그냥 지나치지 않고, 거기에서 신고든, 도움이든, 조력이든, 제공해야 한다는 거죠. 이게 기독교 사회에서는 착한 사마리아인, 비록 그가 유대인이 아니라고 하더라도 하느님의 말씀을 실천하는 모습이다, 이렇게 표현되는데요. 현대사회에서는 그것이 신고 내지는 범죄 피해를 당하거나 어려움에 빠진 이웃에게 도움의 손을 내미는 것으로 인식된단 말이에요. 그리고 그것을 권장하고, 사회 유지를 위해 필요하기 때문에 보호를 할 수 있는 법을 만드는 거예요. 그걸 착한 사마리아인 법이라고 해요. 타인에게 도움을 주기 위해서 행한 것이 만약에 법에 위반되거나 피해를 야기했을 때 그 사람에게 면책을 주는 건데요. 우리는 그런 게 없단 말이에요. 괜히 나서서 도와준다고 신고를 했다가 보복을 당하면 어쩌나, 혹시 내가 오해했을 경우, 그래서 피해가 야기됐을 경우 상대방이 보상을 요구하면 어쩌나, 이런 생각들이 깔려 있는 거죠. 시민 의식과 정신이 구축돼 있는 국가에서는 치안 시스템 역시 오롯이 국민의 안전과 범죄의 예방을 위해서 사용되다 보니까 신고 즉시 출동한다는 믿음이 있고, 선한 신고자는 보호된다는 믿음이 있어요. 그런데 우리는 치안 시스템에 대한 신뢰가 없단 말이죠. 신고자가 보호받는다는 기본적인 신뢰가 없어요. 내 신상이 노출될 수도 있고, 보복받을 수도 있고, 또 하나는 귀찮아진다는 거죠. 신고했는데, '신고해서 고맙다'고 그치는 것이 아니라 사건의 관계자가 돼서 오라 가라 경찰의 조사를 여러 번 받고 의심도 받고, 이럴 것이라는 불안과 두려움을 가지고 있고, 그 부분을 충분히 국가와 정부, 사법 시스템이 해소시켜주지 못하고 있는 거죠.

지 영화 〈7번방의 선물〉 내용을 보니까 사람들이 영화적인 완성도 측면에서 볼 때 저렇게 많이 들 영화가 아니라는 말씀들을 많이 하더라고요. 저는 사람들이 많이 봤을 때는 이유가 있다고 생각하는데요. 시기적으로 여러 가지 요소가 잘 건드려졌다고 생각하거든요. 이게 따뜻한 가족 영화 같으면서도 사회에 대한 비판적인 요소도 있어요. 한국 사람들이 느낄 수 있는 경찰 권력에 대한 두려움도 녹아 있다고 생각합니다. 어린아이가 쓰러져 있는데, 인공호흡을 하려고 했는데 죽었어요. 그래서 졸지에 아동 강간 살해범으로 몰렸는데, 이 사람이 하필이면 정신적으로 문제가 있어서 자기를 소명할 수 없는 상황에서 경찰이 적극적으로 보호해주지 않는다면 범인으로 몰릴 수밖에 없잖아요. 의식적이든, 무의식적이든 그런 요소가 많이 들어가 있어서 봤다는 생각이 드는데요. 누가 쓰러졌을 때 도와주다가 졸지에 범인으로 몰릴 수 있는 극단적인 상황도 생각할 수 있잖아요. 사법 시스템을 믿을 수 없다는 것이 핑계가 될 수도 있지만, 핑계만은 아닌 게 실제로 그런 경우들을 봐왔지 않습니까? 만화방 주인이 경찰서장 딸 유괴 살인 사건의 범인으로 몰린 사건도 그랬어요. 졸지에 범인으로 몰려서 감옥에 갔는데, 이런 불신을 해소하는 것이 굉장히 어려운 일일 것 같은데요.

표 굉장히 불행해요. 그 불신의 피해를 스스로가 겪고 있잖아요. 경찰과 검찰이.

지 시민들도 피해를 보는 거예요. 자기가 범죄 피해자일 수 있는데, 누군가가 도와주지 않는다면.

표 그러니까 사법 체계에 대한 뼈를 깎는 개혁이 있어야 돼요. 국민의 시선이 집중된 사건을 엄정하게 해결해야 됩니다. 그래서 국정원 사건이 더 아쉬운 거죠. 정말 나쁜 놈들이라는 생각이 듭니다. 수십 년 동안 불신을 불러일으켰던 것을 한 방에 해소할 수 있는 좋은 기회인데, 왜 저러고 앉아 있나 하는 분노가 일어나서요.

지 그 측면에서 보면 엄청난 기회일 수 있겠네요. '국정원 같은 권력도 성역 없이 수사한다'.(웃음)
표 그런 기회가 언제 옵니까? FC 바르셀로나랑 붙을 수 있고, 그동안 정말 열심히 해서 이길 수 있는 찬스인데요.

지 범죄 피해를 당할 때 그냥 '도와주세요' 하면 아무도 도와주지 않지만, 꼭 짚어서 '거기 있는 안경 쓴 아저씨' 하면 도와줄 수밖에 없다고 하셨잖아요. 지목당한 분은 부담스러울 수 있겠지만요.(웃음)
표 이번에 제가 국정원 사건에서 사용했던 방법들을 보시면 그런 것들이 전달이 될 거예요. 막연하게 '이러면 안 됩니다, 문제입니다', 이런 것이 아니라 제가 중간 중간에 콕콕 찍거든요. 단계별로. 권은희 수서경찰청 수사과장, 지나서 김용판 서울지방경찰청장, 그다음에 원세훈 전 국정원장을 지목하고, 언론, 방송, 정치, 특정 당, 이렇게 톡톡 찌르거든요. 그런 사회 심리가 있기 때문이에요. 막연하게 '여러분, 세상, 국민', 이렇게 하면 안 됩니다. 각 요소마다 직접 느낄 수 있는 사람들, 국정원 같은 경우도 부서별로 건드리고, 국정원 일선에서 실제로 일해온 분들은 이 사안에서 다른 생각이실 거다, 이런 것들을 이야기하는 거죠. 그게 범죄 피해자가 겪는 것도 똑같다는 겁니다. 일반 군중들에게 '살려주세요' 하면 '나한테 하는 건 아닌데' 하고 회피하는 마음이 생길 수가 있거든요.

4부
거대 국가 범죄에 가담한 경찰들

13

국가 범죄를 저지른 공공의 적들
_ 부끄러움과 반성을 모르는 사회

정치가 아닌 정의를 위한 선택

지 이번에 〈표창원의 시사돌직구〉가 폐지된다고 하던데요. 씁쓸하기도 하시겠네요.

표 씁쓸하기도 하지만, 의미가 있다고 생각해요. 제가 잘못하거나 비리 같은 것으로 그만둔다면야 아프고 씁쓸하겠지만, 어떻게 본다면 방송의 공정성과 관련된 의미 있는 이슈 같은 것이 됐어요. 저는 개인적으로 공정성을 저해하지 않는다고 생각하지만 현재의 방송 문화와 관행에서는 허용되지 않는다는 사실을 받아들이기로 했습니다. 다만 이번 경우를 계기로 해서 논의가 좀 일어났으면 합니다. 사실은 특정 후보를 지지하면서 안 그런 척, 중립적인 척하면서 내용상으로 오히려 편파적으로 가는 것이 더 문제가 되는 것이 아닌가 하는 생각을 하는데요. 이런 것이 겉으로 양성화돼서 드러나는 계기가 됐으면 좋겠다는 생각이 들죠.

지 〈인물과 사상〉과의 인터뷰에서 "이번 대선에서는 제가 나름 충격을 던지긴 했지만 그 영향력이 너무 작았잖아요. 하지만 만약 다음 대선에서도 유사한 일이 발생한다면, 그땐 정말 그 불법행위 하나만으로도 해당 후보가 사퇴할 수밖에 없는 정치적 풍토를 만들고 싶은 거죠. 그건 제가 한 정파에 속하게 되면 하기 힘든 일이거든요"라고 하셨는데요. 그 얘기에 비추어도 김지선 후보의 멘토단에 들어간 것이 의외의 선택으로 보이거든요. 도와주고, 멘토링해준다는 의미라고는 하지만, 일반인들이 그렇게 받아들이지 않을 것이라는 것을 이미 알고 계셨을 것 같은데요.

표 오해가 있을 수 있다는 것은 알았지만, 많은 사람들이 그렇게까지 여기리라고는 생각하지 않았어요. 정치와 관련돼 있다고 해서 모든 게 정치적이라고 생각하지는 않거든요. 예를 들어 특정 정당의 국회의원이 비리를 저질렀다거나 피해자를 억압한다거나 하는 것은 정치의 문제가 아닌 정의의 문제라고 봤어요. 이번 노원 병 선거 같은 경우는 노회찬 의원의 의원직 상실로 인해서 이루어지는 보궐선거다 보니까, 그 의원직 상실이 개인적으로 제가 생각했을 때는 온당치 않다는 생각이 들었습니다. 나쁘고 잘못한 행위 때문이 아니라 옳은 행위를 하려는, 의원으로서 직무를 충실히 수행하고 자신을 선출해준 국민, 유권자들에게 진실을 알려드리기 위해서 한 행동을 유죄 판결하고, 그로 인해서 의원직을 상실케 한 것은 온당치 않다는 것이 제 개인적 소신이고, 거기에 대한 의견도 피력했어요. 그러다 보니까 저는 노원 병 선거의 의미를 정치적이라고 보지 않은 거죠. 남들은 어떻게 볼지 몰라도요. 제 나름대로의 의사 표현이라고 봤어요. 김지선 후보에 대한 거야 읽어보셨으니까 아실 텐데요. 그쪽에서 멘토단

합류 요청을 해왔을 때 법과 규정에 어긋나면 안 되니까 그 부분을 살펴봤어요. 법과 규정에 어긋나지 않는다는 것을 확인했기 때문에 당연히 동의하고, 합류하는 것이 옳다고 생각해서 그렇게 한 거죠.

지　요즘 정의에 대해서 말씀을 많이 하시니까 제안을 거부하는 것이 정의롭지 않은 거 아닌가 하는 생각을 하신 건가요? 피하면 비겁한 거 아닌가 하는 생각?

표　그렇죠. 제가 진행하는 방송에 대해서 무해하고, 안정된 것을 유지해야 한다는 것 때문에 그런 제안을 거절하는 것이 옳지 않다고 느낀 거죠.

나는 아직 전투 중

지　최고의 프로파일러라는 평을 들으시잖아요. 좀 거칠게 얘기하면 그 직업 자체가 밀당도 해야 되고, '프로파일러는 스마일 악마'라는 표현도 있듯이 상대방의 상황도 봐야 되고, 무조건 직구만 던질 수는 없는 직업인데요. 요즘 표창원 하면 돌직구가 바로 떠오르는데요. 이 이미지가 좀 부담스럽진 않으세요? 그 전의 교수님 글을 좋아하거나 행보를 좋아하신 분들이 지금 너무 뜨거우신 거 아닌가 하는 우려를 하는 경우도 있는 것 같거든요.

표　그런 반응들을 느꼈어요. 직접 전해주신 분들도 계시고요. 고맙고, 공감하죠. 그런 우려가 있을 수 있다고 생각합니다.

지   다치지 않을까 걱정하시는 분들도 계십니다.

표   그런 부분도 있죠. 하지만 일단은 저는 저이고 싶어요. 보시는 분들에 따라서 맞춰가고 싶지는 않아요. 물론 제가 잘못한 부분이 있다면 고치고 받아들여야겠지만, 그렇지 않다면 저 스스로에게 충실하고 싶습니다. 사람이라는 것이 보이는 것이 전부는 아니거든요. 그 사람에게 보이지는 않지만 더 본질적인 부분도 있을 수 있어요. 그동안 보여드렸던 모습들은 제 일부분인데요. 그 부분이 대단히 중요하고, 요즘 제 핵심적인 부분을 차지하고 있는 것은 사실이지만, 전부는 아니란 말이죠. 지금 이 상황에서 대통령 선거, 국정원 직원 댓글 사건과 연관이 돼서 어쩔 수 없이 하게 된, 정치적으로 보일 수 있는 말과 행동들. 그 부분은 제가 의도하거나 조절할 수 있는 부분은 아닌 것 같아요. 제게 부여된 역할이었던 것 같습니다. 제가 해야 된다고 느꼈고, 그래서 계속 해오고 있고. 그 과정에서 사실은 다양한 모습들을 가지고 있어왔죠. 직접적으로, 직설적으로 부딪히는 돌직구적인 모습도 보였지만, 저는 나름대로 고도의 심리전도 병행해 왔습니다. 국가 최고의 정보기관하고 혼자 싸우는데 미련스럽고 우직하기만 해서 되겠습니까? 그건 아니거든요. 충분한 고도의 심리전이 들어가 있었습니다. 그들과 예리한, 어떻게 본다면 때로는 불안할 수도 있고, 위태로울 수 있는 모험도 해보고 그런 거죠. 일반 시민들이나 시청자들이 보시는 제 모습에서는 아무래도 이전과는 많이 다른 변화를 보시게 되겠죠. 그래서 하시는 우려라는 것을 제가 잘 알고 있어요. 상황과 환경의 변화에 따라서 다시 제가 안정된 모습, 차분하고, 분석적인 모습으로 바뀌는 것을 보시게 될 거예요. 그렇기 때문에 억지로, 일부러 바꾸거나 말과 행동을 변화시키고 싶지는 않습니다.

지 　지금은 국정원이란 거대한 권력과 싸우기 위해서 어쩔 수 없이 취한 포지션이란 말씀이시네요.

표 　그렇죠.

지 　이번에 메이저리그에 진출한 류현진 선수도 150km짜리 직구도 있지만, 느린 체인지업 때문에 위력이 배가되지 않습니까? 때로는 완급 조절도 필요할 텐데요. 때로는 삼성의 마무리 투수 오승환 선수처럼 우직하게 몸 쪽 승부구를 계속 던져야 할 상황이 있다는 말씀이네요.(웃음) 소위 '국정원녀 댓글 사건'에 대해 문제를 제기하셔서 인생의 진로가 완전히 바뀌셨잖아요. 그 전에도 모험을 한 인생이시지만, 그 전에 비해서도 폭이 크지 않습니까? 세 달 지났는데 어떠세요?

표 　아직도 좀 정신이 없어요. 거대한 흐름, 래프팅 같은 격류 속에 휘말려 들어가서 카누를 타고 있는 것 같습니다. 이게 뒤집어지면 죽는 거잖아요. 뒤집어지지 않도록 균형 감각을 유지하기 위해 온몸에 신경을 곤두세우면서도 레이스에서 이겨야 하고, 주변 경치도 봐야 하고, 이런 급박하고 특별하고 아주 고도의 집중력을 요하는 격랑의 흐름 속에 여전히 있다고 생각해요. 이 흐름이 끝났다고 느껴졌을 때 뭔가 좀 상당한 감정적인, 복잡한 회한이라든가 피로감, 반추, 이런 것들이 올 것 같습니다. 아직은 계속 긴장 상태에서 흘러오고 있는 거죠.

지 　전투 중이니까.(웃음)

표 　전투 중이죠. 원세훈 씨가 물러나고 여러 증거가 나오고 있긴 하지만, 아직도 반전의 가능성은 열려 있다고 보여요. 정말 그렇게 해서는 안 되겠지만, 과거처럼 현 정권이 위기 상황이라고 인식하면서 진실을 덮으려는 시도를 할 수도 있겠다, 이런 것까지 포함해서 여전히 긴장을 늦춰서는 안 되는 상황이라는 느낌이 강해요.

지 　전투가 끝나고 나면 피로감을 느낄 것 같다고 하셨는데요. 중간 중간 감정을 내비치시기도 하셨잖아요. 〈GO발뉴스〉와의 인터뷰에서는 눈물도 비치셨고, 〈인물과 사상〉 인터뷰에서도 "겉으로는 괜찮다고 했고 스스로 그렇게 생각했지만, 미처 인지하지 못한 새에 트라우마가 생겼던 것 같다"고 표현하셨는데요.

표 　일단 강해 보이고 싶었죠. 거대한 권력과 싸우고 있는 상태다 보니까 약한 모습은 절대 보이고 싶지 않았어요. '내가 약점을 보이는 순간 저들은 기고만장하고 우습게 알고 짓밟을 것이다'라는 생각도 있었어요. 뭔가 나에게 저들이 두려워할 무기가 있는 것 같은 모습을 보이고 싶었거든요. 그래서 여유를 보이고, 늘 강한 모습을 보이고, 선제공격을 하고, 저들이 지금 생각하고 있을 것들을 추정해서 한 수 앞을 치고 들어가고, 계속 그런 긴장의 연속선상이었죠. 그러면서 저에게 '너는 강해, 너는 문제없어, 그까짓 거 다 이겨낼 수 있을 거야, 저것들 아무것도 아냐', 이런 자기 확신과 자기최면과 합리화를 하면서 버텨낸 거거든요. 제가 아무리 강하다 한들 힘없는 일개 개인에 불과하고, 저들이 마음만 한 번 잘못 먹으면 훅하고 날아갈 수 있는 존재라는 사실이 제가 인식하지 못하는 무의식적인 공포로 늘 자리했겠죠. '빨리 좀 끝났으면 좋겠다, 나도 힘들고 괴롭다, 이 상황이 빨리 종결돼서 내가 잘했다는 것을 확인하고 싶고, 평화감도 느끼고, 일상으로 돌아가고 싶다', 이런 것들이 강했죠. 그렇게 못한 상황들, 이 모든 것이 사실 트라우마가 된 거예요. 제가 몸담고 있었고, 저와 다 알고 지내고, 서로 믿고 사랑하던 사람들과 적이 되어 있는 형국이었잖아요. 그리고 수없이 많은 국민들이 저를 오해하고, 정치적 줄타기를 하고 있다고 느꼈고, 그렇게 자기의 이익을 위해서 조직을 배신했다는 가시 돋힌 비난과 오해도 쏟아지고 있었어요. 제 정체성이라든지 여러 가지, 그 모든 것들이 저에게는 트라우마였죠. 그게 아무것도 아닌 것처럼 '그까짓 것들이 내게 영향을 줄 수 없어' 하면서 해오긴 했지만, 언제든 어디서든 그게 건드려졌을 때, 그럴 수 있는 여건이 되었을 때 터져나온 거죠. 〈GO발뉴스〉에서의 노래 하나가 울음을 터지게 만들었듯이.

지 한국 사회에서 필요한 일이지만, 내부 고발자들이 편한 사회는 아니지 않습니까? 김용철 변호사도 그랬고, 나꼼수처럼 정권하고 싸우다가 저쪽에 타격도 줬지만, 자기들 스스로도 굉장한 상처를 받았잖아요.

표 그렇긴 했죠. 저는 개인적으로 내부 고발자라고 생각하지도 않았어요. 나꼼수와도 다르다고 생각했습니다. 어떻게 보면 저는 준법투쟁 형태였으니까요. 국정원으로부터 소송을 당하긴 했지만 그건 말이 안 되는 소송인 거예요. 그리고 풍자보다는 품격을 유지하려고 했습니다. 그랬기 때문에 나꼼수하고도 다르다고 생각을 했고, 제가 직접 겪은 것을 고발한 형태가 아니다 보니까 제 전문성의 범위 내에서 의견을 말하는 것이었기 때문에 다르다고 봤어요. 다만 조금은 차이점이 있긴 있지만, 과거 민주화 운동을 하시던 분들이라든지, 독립운동을 하시던 분들이 느꼈던 심정과 조금은 유사하지 않을까 싶어요. 내가 옳다고 느끼는 것을 말했다는 이유만으로 죽기도 했고, 고문당하기도 했고, 범죄자가 되기도 했던 시대가 있었잖아요. 만약에 제가 그런 시대에서 이렇게 했다면 저도 그렇게 됐을 수 있지 않을까, 그런 생각을 많이 했죠.

밖으로 나와야 했던 국정원 사건

지   2012년 12월 14일 문제 제기를 하셨어요. 그동안에도 경찰이 정치적 중립을 지키지 않았던 걸로 판단되는 사건들이 있었다고 생각하는데요. 이번에 특별히 문제를 제기하신 이유가 있나요?

표   그 전에는 내부에서 문제를 많이 제기했죠. 경찰 관련 학회에서 이야기를 하기도 했어요. 경찰대학 동문회 내부망에서 심각한 문제 제기를 하고 비판을 하기도 했고, 경찰청 회의 같은 것을 통해서 하기도 했습니다. 하지만 그러한 상황과 대통령 선거와 직결돼 있는 국가정보원이라는 권력기관의 불법행위 의혹 상황에서의 경찰의 주저, 이 부분은 좀 다르다고 봤어요. 합리적, 이성적으로 판단하기에 앞서서 직관적으로 저를 움직이는 뭔가가 있었고, '이건 아니다, 가만히 있어서는 안 된다. 내부에서 문제를 제기해서 될 일이 아니다, 직접 공개적으로 사회적 공론으로 끌고 가야 할 사안이다', 그런 판단이 섰던 거죠. 또 하나의 요인이라면 심리학에서 이야기하는 티핑

포인트처럼 축적이 오랫동안 쌓여왔던 거죠. 컵 안의 물이 쭉 쌓일 때는 넘치지 않다가 마지막 한 방울 때문에 물이 넘치잖아요. 그런 것처럼 그 사건이 마지막 물방울이라는 효과였을 수도 있습니다.

지 이명박 정권을 지나서 박근혜 후보를 보면서 보수가 이래서는 안 되는 거 아닌가 하는 생각을 하셨던 것 같은데요. 바로 이틀 후인 16일 경찰대 교수직 사임하겠다는 글을 인터넷에 올리셨습니다. 경찰대 교수직을 유지하면서 문제를 제기하긴 어렵다고 보신 건가요?

표 그렇죠. 일단은 제가 쓴 글 그대로예요. '저는 하고 싶은 말을 자유롭게 한다', 그건 당연한 권리라고 느꼈지만, 그러한 제 개인적인 자유와 권리가 정치적으로 해석이 되고, 정치성을 띠는 것처럼 보이고, 그 부분에 대한 논란이 일어나고 있었고, 더 심해질 것으로 예상이 됐고, 그로 인해서 제 본의와 다르게 제가 소속된 기관, 학생들, 경찰 조직에 부당한 피해를 끼칠 수 있다. 그 사람들은 저와 생각이 다른 사람들인데 저 때문에 정치적 논란 속으로 끌여들여서는 안 된다고 생각했어요. 또 하나는 이후에 대한 예측인 거죠. 지금 이 상황이 어쨌든 제가 주목을 크게 끌고 심각한 갈등 국면으로 접어들었고, 상대방 측에서는 엄청나게 반발을 하고 있다. 그들이 제가 제기한 논리에 대해서는 별로 대응하지 않는 것으로 봐서 자신이 없는 것 같다, 그러면 어떻게 대응할 것인가, 당연히 제 개인의 자격에 대한 문제 제기가 있겠다, 인신공격, 제 약점, 허점을 공격하겠다, 결국은 경찰대학 교수라는 신분 문제가 아니겠는가, 공무원의 정치적 중립성 문제를 꺼낼 것이라고 봤습니다. 이번 〈표창원의 시사돌직구〉 하차 문제와 똑같은 거 같아요. 법적으로 아무 문제가 없다고 봤거든요.

국가공무원법에 의해서든, 고등교육법에 따라 대학 교수의 정치적 자유가 다 보장돼 있는 것이고, 정당 가입까지도 허용되잖아요. 하지만 그런 제 자유와 권리와 정당성을 고집해서 자리를 유지하게 되면 제가 제기했던 본질, 국정원의 부당한 불법적인 선거 개입 의혹에 대한 철저한 수사라는 것은 논외로 밀려나고, 경찰대학 교수가 그런 일을 할 수가 있느냐는 곁가지가 주요 주제로 부각될 가능성이 있었다는 거죠. 이제까지 우리 사회의 언론과 사회 논의의 관행에 비추어본다면요. 그래서 차라리 선제공격을 하자, 내가 먼저 벗어던지자, 그렇게 했을 때 내 이야기의 진정성도 더해지고, 내가 아무런 이익도 바라지 않으면서 내 것을 다 내놓고, 이 이야기가 중요하다는 것을 알리는 거니까 더 진정성 있게 들어줄 것이라고 생각한 거죠. 그렇게 하면 제 발언의 적법성이나 정당성에 대한 논의 자체가 무의미해질 테니까요.

지 결정적으로 계기가 됐던 것이 오피스텔 앞에서 경찰관이 들어가지도 못하고 우물쭈물하고 있는 것이 가슴 아파서 그랬다고 하셨어요. 당시 서울경찰청장이 정치적 중립성을 지키지 않았다고 비판하셨는데요. 이번에는 적극적이라기보다는 대통령 후보의 의지가 느껴지는 부분도 보이고, 국정원이 개입된 부분이고, 그래서 경찰로서는 손대기 힘든 부분도 있지 않았나 싶습니다. 적극적으로 도와줬다고 보기에는 어정쩡한 자세를 취한 것 같은데요.

표 제가 가르치는 것, '경찰은 이래야 한다' 하는 것과 다른 현상이 너무나 공개적으로 확연하게 일어났잖아요. 여기에 있어서 가르치는 사람, 학자가 어떻게 해야 하느냐는 기본적인 윤리 문제인 거죠. '현실과 강의는 달라', 이렇게 패배주의적으로 나가야 할 것인가. 학생들이 다 있는데, 그 젊은 아이들한테 '세상은 썩었으니까 정의니 원칙이니 이런 얘기는 시험 볼 때만 쓰고, 세상 나가서는 타협해'라고 하기는 싫었거든요. 당시 상황이라는 것은 대통령의 관심이건 누가 세건 강하건 이런 것을 생각했다면 경찰이 아닌 거죠. 경찰관이 입직하면서 하는 선서가 있습니다. "나는 어떠한 압력에도 굴하지 않고, 어떠한 유혹에도 현혹되지 않고, 오직 양심과 법에 따라서 국민의 안전을 위해서 직무를 수행할 것"이라고 선서하게 되어 있어요. 그렇다면 그 상황이 바로 그 시험대가 아니겠느냐는 거죠. 그러면 철저하고, 과감하게 수사를 해야죠. 국민들이 다 보고 계시니까 거대권력일수록, 정권의 핵심일수록, 의혹이 있고, 혐의가 있다면 더 철저하게 수사해야죠. 그래야 만약에 무혐의라면 국민들이 믿어줄 거 아니겠어요. 그런 수사도 안 하고, 어물쩍 물러날 경우에 정말 무혐의고, 잘못된 의혹이라고 할지라도 국민이 믿지 않을 거 아닙니까? 그건 그 대상자에게도 좋지 않은 거예요. 대통령이든, 권력자든 누구든 그 상황에서 수사를 철저히 하지 못하도록 한다면 자격이 없는 거죠.

지 "2012년 대선 '국정원 불법 여론 조작 사건'의 경우, 일단 원세훈 국정원장에 의해 기획·실행된 사건으로 보인다. 그렇다면 '용팔이 사건'과 유사하지만 국정원 공조직이 직접 동원됐다는 측면에서 그 죄책은 훨씬 더 심각하다"고 하셨는데요. 그때 사건은 눈에 보이는 게 있었지만, 지금은 입증하기 어려운 점들이 있지 않습니까?

표 근본적으로는 똑같죠. 당시 보이는 것은 용팔이의 폭력이었지 그 뒤에 있는 것은 전혀 보이지 않았잖아요. 더군다나 한두 다리 건

너였기 때문에. 신민당 의원, 그 밑에 당직자가 폭력배를 사주해서 일으킨 건데요. 나중에 정권이 두 번이나 바뀌어서야, 김영삼 대통령이 집권하고 나서야 장세동이 신민당 의원에게 5억 원을 주고, 신민당 의원이 조폭을 사주해서 창당을 방해한 것으로 확인이 됐잖아요. 지금도 눈에 보이는 것은 오피스텔 안의 국정원 직원 한 명이긴 하지만, 그 뒤는 들어가서 조사해야만 나오겠죠.

지 용팔이 사건으로 장세동 전 안기부장이 구속돼서 징역을 살았잖아요. 이 건도 국정원장이 개입한 것으로 보이고, 다른 지시가 있었다면 그 부분까지 법적인 처벌이 이루어져야 될 것 같은데요. 그런데 그 당시에도 정권이 두 번 바뀌고서야 단죄가 가능했던 것처럼 이번 정권에서는 몹시 어렵지 않을까요?

표 그래서 계속 공개적으로 제기하는 거죠. 정의는 분명히 온다, 그런데 때로는 천천히 오기도 한다, 매를 일찍 맞지 않고, 늦게 맞으면 더 아프고 더 상처가 크다. 그러니까 차라리 일찍 맞으라는 겁니다. 어린이들한테 하는 이야기지만, 똑같잖아요. 숨기고 감추려다가 더 큰 문제를 야기하게 되는 거죠. 예를 들어서 현 정권이 감추고, 덮으려고 한다면 다 드러나지 않을지는 몰라도 언젠가는 드러난다고 믿어요. 저는 확신해요.

지는 싸움은 안 한다

지 많은 정치인들이 그런 이야기들을 하고 있잖아요. 정권 바뀌면 이명박 정권에서 있었던 여러 가지 의혹들을 파헤치겠다고 벼르고 있었지만, 박근혜 대통령이 되니까 '아직은 때가 아니지 않느냐?' 하고 몸을 사리고 있는 것 같기도 한데요. 특히 지금의 야당들이 국민들이 볼 때 나약하게 비쳐지기도 해요. 개인이 주장하는 것이 리스크가 너무 크기 때문에 만약 정의가 온다고 해도 본인이 엄청나게 다치고 나서 올 가능성이 있거나, 아니면 그렇지 않을 수도 있는데요. 소명 의식 같은 게 있으신 건가요?

표   글쎄요. 저는 그렇게 무모하지는 않아요. 다른 분들은 염려를 많이 하셨는데요. 저는 안 하려면 안 하지, 싸움을 시작하면 지는 싸움은 안 한다는 것이 소신이거든요. 처음 시작할 때 러프한 계산이 섰어요. 지지 않을 수 있다, 하지만 져도 할 수 없다.(웃음)

지   하지만 안 질 것 같다.(웃음)

표   일단 지고 이기고의 첫째 부분이 진실 부분이잖아요. 제 직업의 전문성으로 봐서 그 상황을 분석해봤을 때 뭔가 실체가 있다, 그 실체는 드러날 것이다, 안 드러나면 그에 따르는 비난과 책임을 지겠다는 겁니다. 제가 자주 표현하는 말 중에 살 떨리는 두려움이라는 말을 쓰거든요. 100% 확신이 있어야만 정의를 부르짖는다, 그건 오히려 정의가 아니죠. 51%의 가능성이라도 이건 대단히 중요하고, 내가 문제가 있다고 해야만 안에 있는 것이 참인지 거짓인지 드러날 수 있다면 해야 되는 거죠. 만약에 지면 내가 어떤 피해를 받을 것인가 하는 점에 있어서 제가 나꼼수와 다른 점이고, 다른 분들과 다른 점이에요. 저는 철저하게 준법투쟁이거든요. 절대로 약점을 보이지 않는다, 그래서 제가 먼저 제 직업을 던지는 선제공격을 해나가는 거예요. 그들이 제기할 수 있는 예상되는 공격들을 미리 미리 방어해나가면서 공격해나가는 겁니다. 저를 반대하는 분들이 최악의 선동가라는데, 일부 맞기도 해요. 제가 순수하게만 해온 것은 아닙니다. 어떻게 던졌을 때 여론이 제 말에 귀를 기울이고, 언론이 반응을 하고, 제가 혼자 외롭게 고립돼서 저들이 마음대로 요리할 수 있는 상태가 되지 않을 것인가, 늘 첨예하게 계산도 하고, 계획도 하고, 그에 따른 레토릭 수사도 준비하고, 글도 고민해서 쓰고, 그렇게 해왔던 거죠. 제가 그렇게 탄압받거나 내쳐지거나 피해 입고, 불쌍하게 되지 않을 수 있는 방법은 늘 대중의 관심사에 있는 것이었어요. 대중의 관심 속에 있는 이상 함부로 못 건드리거든요. 그렇게 건드리면 저는 더 큰 투사가 되고, 저들이 더 불편해할 수 있는 존재가 되기 때문에. 솔직히 말씀드리면 이 싸움을 계속 해오는 과정에서 저들이, 저들이라는 표현 속에는 국정원 사건을 덮으려는 자들, 연관된 자들이 있겠죠. 저들이 제일 두려워하는 것은 제가 정치를 하는 것이라고 저는 판단했어요. 제가 정치에 뛰어들고, 정치적인 편이 있고, 집단이 만들어지고, 그 속에서 제가 싸우게 되면 저들이 그게 제일 귀찮고, 힘들고 어렵고 버거울 거예요. 그래서 저는 계속 혹시 뛰어들까, 혹시 저 사람이 정치권으로 갈까 하는 의혹과 비난이 나올 수 있는 한계까지만 나아가고, 그 직전에서 멈추는 거죠. 대신에 제가 정치권으로 들어가는 순간, 제 순수성과 상품 가치 내지는 특별함, 대중의 관심, 이런 것들은 없어져버리는 거예요. 그래서 만약에 정치를 하게 되더라도 가능한 그 시기를 늦추고 싶은 마음이에요. 여러분들이 제가 사람들의 관심은 받고 있지만 실제로 할 수 있는 일이 없지 않느냐는 지적도 많이 해주시고, 정의를 제대로 실현하기 위해서라도 정치를 하라는 제안이나 요청을 많이 해주고 계신데, 아직은 그럴 때가 아니라는 게 제 생각입니다.

지 저쪽에서 볼 때는 '정의란 무엇인가' 강연을 보면서 안철수 씨와 비슷한 행보로 가는 게 아닌가 하고 생각할 수도 있을 것 같은데요. 최근 안철수 후보를 비판하셨잖아요.

표 오해나 논란은 피하고 싶지 않습니다. 감수해야 한다고 생각해요. 다만 불필요하게 불러일으킬 생각은 없는 거죠. 안철수 후보야 원래 노블하신 분이고, 많이 가지신 분이고, 신망과 신뢰를 얻으신 후에 정치를 하겠다고 오신 분이고, 저는 아주 작은 제 분야에서야 사람들이 알고 계셨긴 하지만 일개 작은 시민이었죠. 그러다가 제가 옳다고 느끼는 것을 주장하기 위해서 이야기를 하고, 대중의 관심을 얻고, 강의를 하고 다니다 보니까 정치적인 의미와 해석들이 뒤따라오게 된 것일 뿐이잖아요. 전혀 다르다고 생각해요. 저는 현재로서는 정치를 하겠다는 생각이 전혀 없어요. 이렇게 해서 정치로 연결지어 내겠다는 로드맵도 전혀 없는 거예요. 세력도 전혀 없고, 아무것도 없는 사람예요. 저는 언제든 이러한 격랑과 급류를 벗어나게 되면 다시 편안한 개인 전문가로 돌아가겠다는 생각을 가지고 있거든요. 그래서 많이 다르다고 생각을 해요. 하지만 유사점이 보이는 부분도 있죠. 강연이란 형태라든지, 갑자기 튀어나와서 정치를 하지 않던 사람이 정치적인 행보로 보일 수 있는 언행을 한다든지. 하지만 시간을 두고 보시면 안철수 씨와는 다르다는 것, 그분처럼 하려고 하는 것도 아니고, 그분 흉내를 내는 것도 아니에요. 시간의 흐름과 함께 아시게 될 것이라고 생각합니다.

지   본인이 원한다고 해서 그렇게 흘러가는 것도 아니지 않습니까? 박원순 시장님만 해도 정치를 절대 안 하시려고 도망 다니다가 후배들한테 욕도 많이 먹었는데, 결과적으로 시장이 됐어요. 안철수 씨도 지난 2011년에 있었던 서울 시장 보궐선거 전까지는 정치할 의사가 없었던 것 같은데요.

표   미래는 모르죠. 현재의 제 생각이 그렇다는 거예요. 결국은 국정원이 정치인 제조기인 건가요?(웃음)

지   가만히 있는 사람들을 건드려서.(웃음) 국정원 고소는 어떻게 진행되고 있나요?

표   고소 이후에 단 한 번도 공식적인 연락을 받아본 적이 없어요. 고소를 당했다는 사실조차 언론에서 들었지, 공식적으로 통보를 받아본 적은 없습니다.

지   그동안 명예훼손 소송이 무죄판결이 났잖습니까?

표   그렇죠. 두 번이나. 그래서 원세훈 씨가 대단히 하수라고 판단한 겁니다.

지   '저 사람 당황했구나.'(웃음)

표   그것도 그래요. 저 사람 주변에 전문가가 없구나 하는 생각이 들었습니다. 자기편, 충성을 다하고, 원하는 것만 이행하는 졸개들만 있지, 정말 판단을 하고 분석을 하고, 치밀한 전략이나 바람직한 대안을 내줄 수 있는 전문가는 없다는 판단을 바로 한 겁니다. 웃음밖에 안 나왔어요. "슬픈 웃음밖에 안 나왔다"는 언론 인터뷰도 했지만,

그렇게 하수를 두리라고는 생각도 못했죠. 거기서부터 완전한 확신을 얻었고, '이 사람들 별 것 아니다, 나 혼자서도 얼마든지 몰아붙여서 궁지로 몰아넣을 수 있겠구나'라는 생각이 들었고, 결국은 그렇게 됐죠.

지   국정원이라는 곳이 우리나라의 최고 정보기관인데, 공작의 수준도 너무 유치했어요. '오늘의 유머' 같은데 들어가서 찬반 댓글을 달고, 이런 것을 대북 심리전의 일환이라는 것을 보고 허탈했는데요. 국정원 직원들이 원세훈 전 원장을 명예훼손으로 고소해야 되는 것 아닌가요? '당신 때문에 창피해 죽겠다.' (웃음)

표   그렇죠. 그 상황과 내부 심리를 파악했어요. 저한테는 누구도 내부 상황을 알려주는 분이 안 계셨지만요. 돌아가는 판세를 보아 하니까 내부 직원들의 상당수도 원세훈에게 불만이 많겠구나, 하는 생각이 들더라고요.

지   원세훈 전 국정원장의 출국을 막기 위해 트위터에 영어로 글을 올리시기도 하셨잖아요.

표   초반에는 대단한 적과 싸운다는 느낌이 들고, 긴장감이 있었는데요. 저 사람들이 고소를 하는 순간부터 저는 여유를 찾았어요. 제가 제일 두려워했던 것은 사회와 대중, 언론이 국정원을 너무 두려워해서 저들이 저렇게 허술한데도 움츠려들고, 말도 안 되는 떼를 인정하고 받아들여주면 어떻게 하나, 그것이 가장 큰 걱정이었지, 국정원이 가지고 있는 능력이나 그들이 사용하는 방법에 대해서는 그다음부터는 두려움이 생기지 않았습니다.

지 '한국 사회에서 정의란 무엇인가?' 전국 강연회 하시잖아요. 박근혜 정부 퇴임 때까지 하신다고 한 것 같은데요.

표 1차적으로는요. 지난해까지 했던 범죄학 강의 콘서트를 확장시킨 거죠.

지 안철수 씨는 박경철 씨 하고 같이 했었고, 법륜 스님이 후원했던 것 같은데요. 혼자 하시는 건가요?

표 그렇죠. 근본적으로 성격이 다르다는 거죠. 저는 '범죄학 강의 콘서트'를 통해서 학자로서의 학술적 강의를 대중을 대상으로 쉽고 편하게 해왔어요. 정의라는 주제로 바뀌었지만, 마찬가지로 진행이 되거든요. 안철수 후보는 힐링, 멘토링 내지는 정치적인 의미가 담긴 토크 콘서트 형태기 때문에 성격 자체가 너무 다르다고 저는 생각해요.

지 청중들하고 주제를 가지고 토론하는 식으로 하시는 건가요?
표 일단 강연을 하고, 질의응답을 하는 거죠.

지 어떤 질문들이 많이 나오나요?
표 제 개인에 대한 질문도 많이 나와요. 왜 그랬느냐, 지금은 어떻게 생각하느냐, 정치를 할 거냐, 이런 얘기도 나오고요. 강의 주제와 관련해서는 주로 질문보다는 평범하고 아무것도 아닌 것처럼 생각했던 정의가 대단히 중요하고, 나한테 직결되고, 내 주변의 문제라는 것을 느꼈다는 말씀들을 많이 해주셨어요. 질문으로는 갈등적 상황에서 정의에 대해서 어떻게 행동을 해야 될 것인가라든지, 젊은이들이 어떻게 살아야 될지 답을 달라는 질문, 이런 것들이 많이 나왔죠.

내란죄 적용까지 가능한 거대 범죄

지 〈김현정의 뉴스쇼〉에 3월 20일 출연하셔서 "원세훈 전 국정원장의 행동이 국가정보원법 제9조 위반이고, 일부 법학자들은 형법상 내란죄까지 적용이 가능하다고 주장한다"고 말씀하셨는데요.

표 〈김현정의 뉴스쇼〉 방송할 당시에는 원세훈 씨가 국정원장이었죠. 그 뒤에 남들도 모르게 퇴임식을 하고, 사흘 뒤에 도망가려다가 출국금지 명령이 나왔는데요. 일단은 국정원법 위반뿐만 아니라 명예훼손도 걸려 있고, 공직선거법도 걸려 있고, 그다음 수사 결과에 따라서 그가 행한 지시 명령들이 직권 남용에 해당될 수도 있어요. 일부 형법학자들은 내란죄까지 적용할 수 있다고 하거든요. 현재 그의 죄상은 의지를 가지고 적극적으로 수사를 해서 드러내놔야 알 수 있다. 그렇게 됐을 때 장세동이 받았던 1년 6개월 형, 그 정도 범위에서 머물지 않을 것이다. 훨씬 더 중한 형벌이 내려져야 하지 않을까, 이런 개인적인 예측을 하고 있죠. 장세동이 그 시기적 특성이 있기도 했지만, 국정원 직무는 직무대로 돌아가고, 자기가 개인적으로 야당 의원들을 불러서 조작한 거라고요. 그 사건만 본다면. 그런데 이건 국정원 조직 전체를 완전히 무력화시키고, 무능화시키고, 파괴시킨 거예요. 전혀 해서는 안 될 정치적인 행위를 직원 70여 명을 몰아서 하게 한 거예요. 그것 말고도 지시 사항을 통해서 전 국정원 직원들에게 4대강 홍보에 힘쓰라는 등 말도 안 되는 정치적인 지시를 내린 것들은 장세동의 범죄하고도 비교가 전혀 안 되는 메가톤급 범죄죠.

지 상당히 찌질하기도 하고.(웃음)

표 합법적 단체를 내부의 적이라고 하기도 하고, 젊은이들을 우군화시켜야 한다는 등 도대체 이해가 안 되는 인식의 저열함이라고 볼 수 있죠.

지 3.15 부정선거 이후 대한민국 최악의 부정선거라는 규정도 하셨는데요. 그래서 수사가 더 어렵지 않겠습니까? 만약 그렇다면 선거 무효까지 이야기될 수 있는 사안인데요. 야당 쪽에서는 그렇게 주장할 수 있는 사안이기 때문에.

표 야당은 그렇게 주장 안 할 거예요. 제가 선거 전에는 정권 교체를 주장했잖아요. 정권 교체가 되지 않으면 이 사건의 진실을 밝힐 수 없다. 그래서 저는 다른 건 모르지만, 정치에는 관심이 없지만, 이 사건의 진실을 위해서 정권 교체가 돼야 한다, 그래서 공개적으로 방송에서 얘기했던 거예요. 사람들이 여기에 정치적 의미를 덧씌운 거죠. 문재인 편이다, 민주당 편이다, 그런데 왜 내놓고 그쪽이라고 이야기 안 하느냐. 그런데 정권이 바뀌지 않고, 이어지는 정권이 됐잖아요. 그랬지만 여전히 저는 이 정권이 MB 정권과 선을 긋고, MB 정권에서 일어났던 불법과 비리와 부패를 낱낱이 드러내서 연결 고리를 끊어내서 다르다는 것을 보여줘야 한다, 그 과정에서 이 사건의 전체는 아닐지 몰라도 상당한 부분의 진실은 드러날 수 있으리라는 기대를 갖고 있는 거죠. 그다음에 책임의 문제에 있어서, 제가 워터게이트 사건을 자주 이야기하지만, 워터게이트 사건 때문에 닉슨이 2년 만에 사임을 하지만 대통령은 공화당 부통령이 이어받아서 한단 말이에요. 유사하지 않느냐는 거죠. 어쨌든 그때 그 당시 워터게이트 도청은 미수였고, 그것 때문에 닉슨이 당선됐다고는 보지 않았던 거거든요. 지금 이 상황을 어떻게 봐야 될 것인가. 예를 들어 박근혜 대통령이 당시에 국정원장이 전반적인 선거 개입과 정치적인 활동을 했다는 것을 알고 있었고, 용인했고, 함께 공조했다면 당연히 하야해야죠. 또는 선거운동본부에서 김무성 씨를 필두로 원세훈과 김용판 전 서울지방경찰청장 등을 포함한 사람들이 연합체가 돼서 함께 공모 시행한 범죄라면 선거 자체의 무효까지 가야겠죠. 그런데 그렇지 않다면 원세훈이 혼자서 MB한테 충성을 다하기 위해서 행하다가 마지막에 MB와 자신이 살기 위해서는 야당이 집권하면 안 된다는 판단에 말미에 선거운동을 했다면, 그것 가지고 선거 무효를 해서는 안 되고, 갈 필요도 없다고 봅니다. 언론에서도 계속 그 부분을 물어보기 때문에 '나는 관심 없다. 그 부분은 정치적 문제지 나는 오직 진실 발견이 중요하다. 그러고 나서 책임 소재를 따져서 책임이 있는 사람이 책임에 상응하는 대가를 치르면 된다'고 대답하는 겁니다. 이 사건을 박근혜 대통령이나 현 정부가 선거 무효 등을 두려워해서 어물쩍거리고 진실을 드러내지 않으려고 한다면 엄청난 패착이라고 봐요. 그렇게 할수록 5년 내내 이명박처럼 BBK에 끌려다니고, 방송 언론 장악하려다가 반발만 불러일으키고, 부정하고 부패한 최시중 같은 측근을 통해 국정 농단하고, 그러다 죄인처럼, 나중에 어떻게 될지 모르겠지만, 현재로 봐서는 전혀 존경받지 못하는 대통령으로 전락한 것이 아니겠는가 하는 생각이 들거든요. 선거 무효 내지는 정권의 정당성을 잃을까봐 두려워하지 말고, 철저하게 원세훈의 죄상을 밝히고 처단하는 것이 현 정권의 정통성을 인정받는 길이라고 생각합니다. 야당도 현재 선거 무효를 주장하고 있지는 않아요. 원하지도 않아요. 일단 박근혜 대통령을 인정하고, 5년 동안 잘하기를 바라고, 그러면서 5년 동안 야당으로서 열심히 노력해서 국민의 신망을 얻고, 다음 선거에서 이길 수 있도록 하는 것이 올바른 정치적 정의라고 생각합니다.

지 야당은 왜 이렇게 그런 문제 제기를 하는 데 무기력한 걸까요?(웃음)

표 무기력하다기보다는 딴 데 관심이 있죠. 이해는 하지만, 동의할 수 없는 것인데요. 야당 내에도 여러 계파, 분파, 지분들이 있잖아요. 그런데 지난 대통령 선거를 치르는 과정에서 흔히 말하는 친노, 문재인 후보를 중심으로 한 일부가 마음대로 다 하지 않았느냐, 그러면 그 이외에, 특히 민주당 내의 의원이나 당원이나 당직자들은 소극적인 지원만 했다는 거죠. 제가 안철수 후보에게 비판했던 거지만, 사실 자기 후보를 내고 있었던 민주당이 더 문제가 있었다고 생각하는데요. 결국 지고 나니까 '니네 졌잖아. 내려와', 이런 상황이잖아요. '패배했으니 당권이니 뭐니 내놓고 물러나', 거기에 혈안이 되어 있고, 지금 원내대표, 당대표, 그다음에 지역당위원장이며, 이후에 총선까지 가면 누구한테 공천권을 줄 것이냐, 이것밖에 안 보이는 것 같아요. 제가 볼 때는. 그런데 선거는 졌고 정부는 바뀌었는데, 굳이 뭐 하려 국정원 사건 같은데 매달리느냐. 일부 국회의원들만 이 사건에 대해서 자꾸 말하는 거지, 당 전체는 움직이지 않고 있거든요. 관심도 없어요. 이런 부분들은 철저하게 국민들이 아셔야 돼요. 비판하고, 당의 해체까지도 염두에 둔 야당의 정체성에 대한 심각한 논쟁이 있어야 된다고 생각해요. 자기들을 위해서 국민들이 존재하는 것은 아니잖아요. 국민을 위해서 자기들이 존재하는 거죠. 선거 과정에서 국민의 여망을 자기들이 이해하지 못한 것을 전국 돌면서 절하고 사죄하겠다는 것은 말이 안 되는 얘기죠. 그게 아니고, 그 과정에서 불법과 반칙이 행해진 것을 찾아내서 철저하게 추궁하고 다시는 이런 일이 발생하지 않도록 해야 하는 것이 야당이 해야 할 일이 아닐까요?

지   그 사건과 관련해서 계속하고 있는 것은 있으신가요?
표   없습니다. 민주당에서 바통을 이어받기를 바라고요. 제가 그동안 했던 것들을 일부 의원들이지만 해주고 있는 것 같아요.

지   진선미 의원 같은 분이요?
표   새누리당도 국정조사를 합의했다고 하니까요. 정치권에서 이제는 공식적인 정치 활동으로서 행정부에서 벌어진 불법행위를 철저하게 밝혀내고, 국회의 존재 의의를 보여주기를 바라는 거죠. 제 역할은 다 했다고 봐요. 저는 이제는 평범한 일반인의 한 사람으로서 다른 분들과 똑같이 지켜보면서 비판할 게 있으면 비판하고, 의견도 제시하고, 편안하게 관전하는 관중 입장으로 돌아가고 싶어요.

문재인과 안철수에 대한 충고

지   이번에 김지선 후보 멘토단에 들어가신 것이 안철수 후보에 대한 대선 과정에서의 실망감 같은 것도 포함되신 것 같은데요. 안철수 후보에게 세 가지를 공개적으로 요구하셨잖아요. "문재인 후보 측과의 단일화 과정에서 어떤 일이 있었고, 왜 중도 사퇴를 했는지에 대해 정확하게 설명해야 한다", "왜 선거 당일 출국했으며 그 계획은 언제 세워진 것이었는지를 정확히 밝혀야 한다", "노원 병이라는 선거구 특성에 비추어, 자신이 노회찬 전 의원이 표방하는 '진보' 정치인인지, 그래서 그를 대표하겠다는 것인지, 아니면 노 전 의원을 지지하지 않은 노원병 주민들의 보수적 기대와 열망에 부응하겠다는 것인지를 명확하게 밝혀야 한다".

표 어제 TV 인터뷰에서 답을 하셨다고 이야기를 들었어요. 인터넷 찾아보니까 나오던데요. 대선 과정에서 단일화 과정에서의 석연치 않은 사태에 대해서 안철수 후보가 문재인 후보가 더 적임자라고 판단해서 물러났다고 답을 줬어요. 두 번째로 왜 선거 당일 날 미국에 갔느냐고 한 부분에 대해서는 '잘못이었다, 인정한다, 사과한다, 문재인 후보가 당선되리라고 생각했다', 이렇게 답을 주셨어요. 세 번째 노원 병 부분에 대해서는 '노회찬 전 의원의 의원직 상실을 대단히 안타깝다고 생각하고, 그 뜻을 이어받아서, 하지만 그것만이 아닌 노원 병 주민들의 염원을 모두 받아서 새로운 정치를 펴는 시금석으로 삼겠다'고 답을 주셨더라고요. 저한테 직접 주신 것은 아니지만, 방송을 통해서 답을 주신 부분은 대단히 잘하신 거라고 칭찬을 드리고 싶어요. 조금 일찍 하셨으면 좋았었겠죠. 저나 이런 사람이 질문을 던질 때 '여기에 내가 답을 하면 또 물고 늘어지는 것 아닌가?' 하고 쉽게 답을 못 주시는 것 같아요. 그건 아니거든요. 서로 신뢰감이 좀 있었으면 좋겠어요. 상대방이 자기를 미워하고, 아예 소통

할 생각이 없고, 비난을 위한 비난만 하는 사람이라면 블락하고 말 안 해도 되죠. 그런 사람이 아니거든요. 제가 대선 기간 동안 '문재인, 안철수는 좌빨이 아니다. 누가 되든 간에 우리 국민들이 두려움이나 불안감을 갖지 말고, 색깔론으로 보지 말고, 그 사람의 인물과 정책을 보시고 평가해달라'고 지원을 한 사람이에요. 그런데 그런 질문과 비판에 대해서 움츠려 든다면 잘못된 대응인 거죠. 이렇게 나오셔야 되는 겁니다. 만약 그 대답이 가식적이고, 납득을 못하면 다시 질문을 던지겠지만, 그 정도면 납득할 만하다고 생각해요. 그 마음, 그 답에 담긴 심정을 계속 유지하시면서 잘못했다고 느낀 점, 국민들 버리고, 혼자 미국으로 간 점은 채무 의식으로 가지고 계시면서 계속 갚아나가시라고 하면 되는 거거든요. 단일화 과정에서의 문제, 이것도 이전투구의 문제로 들어가라는 게 아니거든요. 니가 잘했네, 내가 잘했네, 이걸 또다시 하란 얘기가 아닙니다. 두 분이 쿨하게 그 과정에서 실망을 보여줬던 것, 거기에 대해서 '오해를 낳게 한 것도 미안하고, 사실은 나는 좋은 마음이었다'고 화해하면 되는 거예요. 그걸 원했던 거죠. 다만 이제부터라도 이전까지 보여줬던 애매모호함, 즉 답을 피하는 태도, 모두를 끌어안아서 '그저 이것도 좋고, 저것도 좋다, 표만 주시오' 하는 듯한 태도는 지양하시고, 좀 더 명확하게 분명하게 답을 주시고, 지향점을 주시고, 비판과 논란이 있으면 겁내지 말고 싸워가면서 해주셨으면 하는 바램은 여전히 남아 있는 거죠.

최시중의 합법적인 탈옥

지   지금 꼭 필요한 애정 어린 충고 같습니다. 안철수 캠프 내부에서도 그런 말을 못하는 상황인 것 같기도 해요. 최근 최시중 전 방송통신위원장의 사면에 대해서는 대통령의 권한을 남용한 '합법적인 탈옥'이라고 지적하셨는데요. 그래서 대통령의 사면권에 대한 논란이 있었잖아요. 합법적이긴 하지만, 불법보다도 더 야비한 방법을 쓴 건데요. 항소를 하지 않고, 판결을 받아들이는 척하다가 사면을 해버린 건데요.(웃음)

표   경기로 치면 승부 조작이죠. 아쉽게 글에서 언급을 못했네요.(웃음)

지   프로농구 동부의 강동희 감독은 승부 조작 혐의로 몇천만 원 받고도 구속이 됐잖아요.(웃음)

표   당연히 최시중 씨 측에서 처음에 이야기한 것처럼 억울하다고 생각했으면 항소를 하는 것이 예의고, 사법이라는 경기에 임하는 선수의 바람직한 태도인 거죠.

지   사면권 같은 경우 통치 행위라고 볼 수 있기 때문에 손을 댈 수 없는 건가요?

표   법적으론 그렇죠. 다만 손을 댈 수 있다면 입법적으로 대통령 특별사면권의 요건을 강화시키는, 그러면서 특히 이런 예를 포함해서 대통령의 친인척과 지인, 또는 그 정권에서 장관이나 차관, 고위공직자를 지낸 사람은 제외한다는 요건을 넣는 것이 현실적으로 합법적 탈옥을 막는 방안이라고 볼 수 있겠죠.

지 그 부분에 대해서는 문제가 안 되니까 화끈하게 보은한 거네요.(웃음)

표 보은일 수도 있고, 입막음일 수도 있어요. 최시중 씨도 슬쩍 자기가 받은 뇌물을 이명박 당시 후보의 여론조사에 썼다고 했는데요. 원천적으로 당내 경선 과정에서 불법 자금을 썼다는 얘기가 되는 거예요. 그렇게 선출된 과정 자체가 불법일 수 있는 거거든요. 최시중이 왜 그런 이야기를 했을까. 나를 이렇게 놔두면 내가 모든 것을 불어서 MB 당신도 날아갈 수 있어, 하는 신호일 수도 있거든요.(웃음)

지 사면하지 않으면 혼자 죽진 않겠다.(웃음)
표 고민을 한 흔적이 보이잖아요.

지 박근혜 당선자도 경고를 했어요.
표 그런데도 감행한 것은 단순한 보은이겠느냐, 그 사람이 그렇게 따뜻한 사람인가요?(웃음) 저는 그렇게 생각하지 않거든요. 철저하게 이해관계에 따라 움직이는 이코노믹 애니멀, 경제적 동물 같은 분인데요.

일베들을 위한 표현의 자유

지 보수는 친노 종북이란 표현을 쓰지 말아야 된다고 하셨잖아요.

보수는 지난번 선거를 친노 종북 프레임으로 이겼다고 보는 것 같거든요. 그래서 계속 사용하고 있어요. 어떻게 대응해야 합니까?

표 그래서 제가 5년 동안 강의를 하고 돌아다니겠다는 거예요. 그게 제가 할 수 있는 최선의 공헌이라고 생각해요. 제가 정치에 나서지 않는 이유도 그 겁니다. 제가 정치에 나서지 않으면서, 어느 편을 들지 않으면서 나름대로 그동안 저에게 오해를 했던 분들도 오해를 거두시고, 특히 방송이나 이런 곳에서 계속 신뢰할 만한 모습을 보여드리면서 직접 강의를 통해서 '정의란 무엇인가? 우리 사회에서 정의를 가로막는 것은 무엇인가? 그것은 결국은 편 가름이다. 우리 편에 유리한 것은 나쁜 것도 정의고 반대편에 유리한 것은 정의도 불의다. 이렇게 보는 우리 사회의 고질병을 고치지 않으면 선거에서 누가 이겨도 반쪽짜리 대통령이 될 수밖에 없고 늘 반대와 반발과 의심이 남아 있을 수밖에 없다. 이거 깨뜨려야 한다. 최소한 한국 사회에서 정의라는 것이 제대로 구현이 되려면 최소한 이런 정도는 막고 시작해야 되지 않겠느냐' 하는 이야기를 하고 싶은 겁니다.

지 종북 좌파라는 표현에 대한 소송을 해서 이긴 경우가 몇 건 있더라고요. 그런 판결이 났으면 같은 표현을 한 부분에 대해서 소송을 하면 비슷한 판결이 나올 수 있다는 건데요. 저들도 소송을 통해서 그동안 압박을 했으니까 이쪽도 소송을 통해 압박을 해야 되는 거 아닌가 하는 분들도 많거든요.

표 그렇죠. 어쨌든 피해 당사자들의 선택이니까 다른 사람이 강요할 것은 아니라는 생각이 들어요.

지 김용민 교수는 낸시랭 씨 같은 분에게 소송하시라고 권유를 하는 것 같은데요. 안 하시겠다니까.(웃음)

표 소송하셔야죠. 저도 사실 그런 게 있어요. 저한테 무수한 모욕, 욕설이 행해졌잖아요. 종북 좌빨을 포함해서. 다 하려면 소송 대상이죠. 모욕죄, 명예훼손죄, 그런데 그들이 일반인이기 때문에 소송하지 않고 두는 거예요. 만약에 사회 저명 유력인사가 그렇게 했다면 소송을 했겠죠. 해야 된다고 생각을 해요. 저는 한 번도 남을 비방해본 적도 욕설을 써본 적도 없는데요. 그런데도 소송을 당하게 되고, 소송의 위협에 시달리기도 하고, 자리를 던져야 할 정도로 말조심을 해야 한다는 강박관념과 자기 검열에 대한 참을 수 없는 유혹에 시달리잖아요. 그런데 저들은 말도 안 되는 말을 떠들고, 5.18을 폭동이라고 하지 않나. 그런데도 멀쩡하게 지껄이고 돌아다닌다는 것 자체가 참 희한한 거죠. 비판하는 사람에게는 성인군자의 범위에서 벗어나는 순간, 제가 트윗하다가 예를 들어서 조금만 감상적인 표현을 한다든가 하면.

지 욕을 한다든가.(웃음)

표 제가 욕은 아예 안 하는데요. 지나치게 공격적인 표현을 하면 난리가 나요. 흥분하지 마라, 감정을 자제하라고 합니다. 트위터라는 공간은 사적 공간이고, 법에 어긋나지 않는 이상 표현의 자유가 무한하게 보장이 되어 있는 건데, 왜 이렇게 저한테 높은 수준을 요구하는지 모르겠어요.(웃음) 물론 고맙죠. 걱정, 염려, 기대, 이런 것들이 있는 거니까요. 그런데 정말 맘껏 표현의 자유를 누리는 악인들의 언사를 보면 역시 나쁜 놈들만 누리라고 만들어진 자유인가 하는 생각이 들어요.

지   표현의 자유라는 것이…….

표   예를 들어 개콘에서 '박근혜 개그 하지 마', 이랬다고 경고를 먹고, 김미화 씨나 이런 사람들 진행하던 프로그램에서 퇴출당하고요. 그분들이 욕설을 했습니까? 그 인간들이 하는 것처럼 맞받아서 '수구 꼴통, 친일', 이런 표현을 썼습니까? 전혀 안 그렇거든요. 그 말 뒤에 숨어 있을 수 있는 의도를 유추하고 역유추를 해서 사람을 괴롭히는데요. 그래서 제가 일부러 블로그에 표현의 자유에 대해서 많은 글을 올린 겁니다. 우리 좀 생각 좀 해보자.

지   방송에서 일베를 다루기도 하셨잖아요.
표   국정원에 비하면 껌값이죠.(웃음)

지   피곤하긴 더 피곤할 것 같은데요.(웃음) 몰려와서 악플 달고.
표   그건 심리 게임이니까 내가 신경 안 쓰면 아무런 피해가 안 되거든요. 사람들이 그걸 신경 안 쓸 수 없으니까 마음고생을 하는 거죠. 저는 범죄자들을 수없이 다뤄왔기 때문에, 그들이 저에게 가슴 아프라고 던지는, 남이 어떻게 해야 기분 나쁠까, 괴로울까, 그것만을 생각해서 던지는 말들에 상처를 받지 않습니다. 저는 그걸 예상하고 있고, 오히려 장난치면서 넘기기 때문에 일베 애들이 '표팔만은 무시가 답이야', 이렇게 결론을 내리고, 관심을 주지 말라고 해서 아예 악플이 없어졌어요. 그래서 외로워요.(웃음) 그래서 일베 친구들 어딨어, 하고 장난을 치는데요. 일베를 다룬다고 하니까 수많은 사람들이 하지 말라는 거예요. 유명인들, 독설가들, 아주 강한 비판적 논객이라는 분들조차도 일베는 건드리지 말라는 거예요. 걔들은 신상 털고, 가만히 안 두고, 귀찮게 한대요. 저야 이미 국정원이 신상을 털었는데, 누가 얼마나 더 털겠어요.(웃음) 사람들에게 있는 공포심, 두려움을 이용해서 활개를 치고 다니는 거거든요. 이외수, 공지영 쫓아가서 디스해대고, 다른 사람들은 그거 겁나서 함부로 말 못하고, 그게 아니라는 것을 보여주는 거죠. 실체는 아무것도 아닌 찌질이들이다. 정면 대응해서 나와보라고 하면 아무도 못 나온다는 것을 일부러 보여준 거죠. 자기들이 명분이 없어지니까 몇 명이 찌질거리면서 악플 달고 하지만, 그런 사람들은 블락해버리면 그만예요. 그래서 제가 던지고 싶은 메시지는 일베도 그렇고, 조폭도 그렇고, 우리를 공포스럽게 만들고, 두려움을 야기함으로써 이익을 얻어가는 그런 존재들은 절대로 용인해서도 안 되고, 그들에게 져서도 안 된다는 것을 보여드리고 싶은 거예요. 학교 폭력도 똑같아요. 학교 폭력 피해자들이 볼 때는 걔네들이 건드릴 수 없는 제왕 같죠. 누구한테 신고하거나 하소연해도 해결해줄 수 없다고 생각하죠. 그런데 그렇지 않거든요. 알려지게 되는 순간 개네들은 정당하지 못하고, 불법적인 문제가 있기 때문에 와해될 수밖에 없어요. 그게 너무 안타까운 거예요. 아무것도 아닌 것들한테 두려움과 공포를 느끼고, 폭력이라는 것 때문에 그들의 우위를 인정해주고, 요구를 들어주고, 준동을 방치해두고 있는 이 사회가 너무나 안타깝습니다. 그걸 벗어나야 우리가 선진 사회가 될 수 있는 거죠.

부끄러움을 모르는 사회

지　일진 얘기가 나왔으니까 생각나서 말씀드리는데요. 얼마 전 경상도 쪽에서 괴롭힘을 당하다가 자살한 아이가 있었잖아요. 가해자 중 하나가 카카오 스토리에 "죄를 지은 만큼 받고 오겠다"고 했는데 거기에 달린 댓글이 공개돼서 사람들이 놀래기도 했는데요. "니가 무슨 잘못이 있냐?", "남자는 감옥 한 번 갔다 와야지", 아이들의 그런 반응이 약간 무섭기도 하던데요.(웃음)

표　치기 어린 거죠. 자기들끼리는 센 척해 보이려고 하는 건데요.

지　언론이 그런 것을 공개해서 아이들을 비난하는 것도 문제가 있다고 생각하는데요. 그런 사고방식이 겁나긴 하더라고요. 예전에는 왕따를 시키거나 집단으로 괴롭히는 일은 별로 없었던 것 같아요. 설사 그렇다고 해도 친구가 죽으면 고통스러워할 것 같은데요. 그런데도 허세를 부리는 것을 보면 애들한테는 죽은 애가 친구도 아닌 존재였단 생각이 들어요. 어른들이 '빨갱이 죽여도 돼' 하는 것처럼 '맞을 짓 한 애니까, 성격이 안 좋은 애니까 그래도 돼'라는 것 같기도 해요. 결국 우리 사회나 어른들의 문제를 그대로 답습하는 것 같거든요.

표　결국 어른들 문제죠. 그 아이들이 예를 들어 그런 학교 폭력을 가하다가 피해자가 자살했다. 그럼 그 나이 또래는 당연히 두려움을 느낍니다. 나 때문일까, 그리고 죄책감을 느끼고, 미안함을 느끼는데요. 그건 당연한 거예요. 그걸 누가 막느냐. 부모가 막아요. '그런 생각 하지 마, 쓸데없는 생각 하지 마, 걔가 원래 문제가 있는데, 괜히 그 부모가 널 걸고 들어간다, 우리가 잘못했다고 하는 순간 돈 물어주고, 너의 미래는 망가진다', 이렇게 나오거든요. 그 아이가 느끼는 그 나이 또래의 순수함을 그 부모가 느끼지 못하게 만드는 거예요.

지　'니가 우선 살아야지, 그 정도로 죽는 놈이 잘못이지'라는 거죠.
표　'니가 죽인 것도 아닌데, 지가 혼자 떨어져 죽었는데, 왜 니가 책임져야 해?' 부모뿐만 아니라 주변 친척도 다 그런 거죠.《나는 셜록 홈스처럼 살고 싶다》에도 썼지만, 제가 어렸을 때 학교에서 친구들과 패싸움을 하다가 상대방이 조각도로 제 무릎을 찍어서 기절한 적이 있단 말이에요.

지　18기도장 관장 아들이죠.(웃음)
표　그 아버지는 걔를 끌고 우리 집에 와서 무릎을 꿇고 사죄를 했어요. 아버지가 그렇게 해서 자기 자녀에게 '니가 이런 잘못을 하면 내가 사죄한다, 반성하자'는 건데요. 그 아이는 그것 때문에 망가질까요? 아니라고요. 천만의 말씀이에요. 오히려 그 아이는 자기가 잘못한 것을 반성하면서 그다음부터는 잘하고 싶어지는 거죠. 그리고 저랑 화해하고 친구가 됐거든요. 그게 결국은 자살을 막을 수도 있는 거예요. 우리는 그렇게 자기 자녀에게 털끝만 한 피해도 입히지 않으려는 태도 때문에 결국은 자살까지 일어나고 있는 겁니다. 아이들에게 달라지라는 것만으로는 해결책이 되지 않고, 부모가 달라져야 되는 거죠. 사회가 달라져야 되고, 너무 어려운 문제인 것 같아요. 그래서 제가 사실은 힘들고 어렵고 불편하게 사는 이유도 그런 데 있어요. 그게 잘못됐다는 것을 보여주고 싶은 거예요. 솔직히 말씀드려서 '시사돌직구' 하면서 많은 출연료를 받는데 저는 그냥 그걸 포기하고 그만두고 나오는 거예요. 사람들이 미쳤다고 하겠죠. 그냥 하면 되는 거예요. 멘토단 나오면 됩니다. '미안합니다. 상황이 이렇게 됐네요' 한마디면 되는 거잖아요. 저는 그게 아니라고 생각한 거예요. 경찰대 교수도 때려치우고 나오고, 그렇게 살면 또 다른 기회가 주어지는 것이 세상이라는 것을 보여드리고 싶은 거예요. 그렇게 살수록 더 잘 산다는 모습을 보여드리고 싶은 거예요. 그러면서 우리 아이들한테도 '눈앞에 이익에 집착해서 올바름을 버리지 마라, 잘못했으면서도 잘못한 것을 인정하지 않고, 인정한 순간 내가 손해를 볼까봐 덮고, 우기고, 남의 가슴에 멍들게 하지 마라, 그게 정의다' 하는 것을 여러 가지 방법으로 이야기를 드리는 거예요. 책을 통해서, 강의를 통해서, 제가 살아가는 모습을 통해서. 그런 것들이 해소되었을 때 비로소 선거에서도 정의가 이루어질 수 있다고 보는 거예요. 저는 너무 충격을 받았던 것이 누가 박근혜 후보를 찍었느냐, 여기서 많은 얘기가 있었잖아요. 학술적이거나 정치공학적인 해석이야 그분들의 영역이고, 사람들과의 만남을 통해서 얻어낸 것은 흔히 나이 많으신 분들 이야기하지만, 그분들만이 아니라는 거죠. 30~40대 진보적인 생각을 가질 만한 연령대의 상당수가 박근혜를 찍은 거예요.

지 20대 중에서도 많이 찍었죠.
표 그러면서 그분들이 박근혜 후보를 잘 알고, 정책을 지지하고, 그 인간 됨됨이와 능력을 지지했느냐. 아니더란 얘기예요. 그러면 왜 찍었냐고 하니까 그 양반이 당선되면 나한테 유리하지 않을까 하는 생각을 했다는 거예요.

지　이명박 대통령이 당선됐을 때도 그랬죠.

표　취직, 보수, 주식, 땅값, 부동산값, 의사들의 처우. 아, 여기에서는 무슨 토론을 어떻게 하건, 정책이 어떻건 소용없겠다는 걸 느낀 거예요. 이건 영원히 51.6%가 나올 수밖에 없는 상황입니다. 학교 폭력도 똑같이 연관되는 거거든요. 이걸 바꿔야 된다, 이익보다는 옳고 그름이 더 중요하다는 것을 우리 사회가 전반적으로 받아들이고, 자기가 어쩔 수 없이 이것을 택했을 때 부끄러움을 느끼는 사회가 돼야 하는 것이고, 한 번 그렇게 했지만 다음에는 안 해야지 하는 사회가 돼야 하는 것이고, 그렇게 됐을 때 비로소 선거를 할 때도 그런 선택을 하는 거죠. 도대체 당장 자기한테 무슨 이익을 주겠습니까. 이명박 5년 동안 취직이 잘 됐습니까. 아니란 말이에요. 정의가 구현될 때 비로소 내게도 안정된 일자리가 주어지고, 가정의 행복이 주어진다는 것을 말씀드리고 싶었어요. 그게 학교 폭력에도 똑같이 이어지고, 자살을 막을 수 있다는 이야기를 하면 정치적이라고 해요. 왜 정치를 안 하고, 뒤에서 그러냐는 얘기를 하니까.

지　사회 정의를 이야기하는 건데요.(웃음)

표　안타까운 거예요. 정치 하지 않는 사람은 그런 이야기할 수 없는 건가요?

14

경찰 내부의 공범들
_ 훼손된 중립성을 복원하기 위하여

어떻게 경찰을 바꿀 것인가?

지 "1988년 1월에 경찰 중립화 선언이라는 것을 일선 경찰 간부가 하거든요. 그래서 그 전에 내무부 치안본부였던 것이 경찰청으로 외청 독립이 됩니다. 1991년에 경찰법이 만들어지고요. 그러한 이후에 지금 이 중립성 부분에서 가장 큰 위기라고 저는 생각을 해요. 그런 새로운 형태의 경찰법의 개정 등 제도의 전반적인 개혁이 필요하지 않나 싶습니다"라고 하셨는데요. 어떤 부분의 개혁이 필요하다고 생각하시나요?

표 일단은 경찰청에 이번과 같은 중요 사안에 있어서 의사 결정 과정이 민주적이어야 되지 않을까, 투명해야 하지 않을까, 정치적인 외압이 들어갈 수 없도록 장치가 되어 있어야 되지 않을까 하는 생각을 합니다. 국정원 사건에서 중간 수사 발표, 믿으라고만 하거든요. 정치적 의도가 없었다, 경찰청장은 몰랐다, 서울청장은 언론이 압박하니까 그렇게 했다고 하거든요. 실제로 무슨 일이 일어났는지 우리는 모르잖아요. 나중에 국정조사를 하면 무슨 소용이 있습니까? 그 당시 막아야죠. 경찰청에서의 중요한 핵심적 의사 결정에 정치적인 외압이 이루어질 수 없는 장치가 마련돼야 한다는 거예요. 경찰청장이 선임되는 과정도 중립성이 필요한 겁니다. 그러면 다른 나라의 사례도 봐야 하는 건데요. 그렇게 대통령이 전국적으로 한 명의 경찰청장을 임명해서 운용하는 형태, 이게 과연 바람직하고 선진적인 형태냐 하는 겁니다. 많은 나라에서 위원회제를 두고 있거든요. 우리나라에서 경찰위원회를 둔 것이 중립성을 확보하겠다고 둔 건데요. 유명무실하거든요. 경찰위원회에서 경찰청에 대한 관리 감독을 하고 있다고 믿는 사람들은 대한민국에 아무도 없어요. 있는지조차 모릅니다. 경찰청장 후보자를 대통령이 찍으면 그걸 경찰위원회에서 형식적으로 통과해서 행안부 장관이 추천한 형태로 통과의례만 할 뿐이죠. 그다음에 경찰 공무원 채용 시험에 무슨 과목을 넣을지 말지 경찰위원회에서 최종 승인, 심의 의결을 하는데, 여기 위원 각자의 전공 분야별로 우리 것을 넣어, 쟤네 것 빼, 이런 이야기까지 들리고 있거든요. 그게 과연 바람직한 건가. 흔히 거버넌스governance라고 이야기하잖아요. 거버넌스라는 개념의 경찰의 중립성 확보를 위한 제도적인, 본질적인 고민을 해야 된다는 겁니다. 또 하나는 그동안 계속 논의가 돼왔던 경찰의 지방 분권화, 자치 경찰제라는 이름으로 얘기됐던 부분도 진행되고 추진되다가 중단돼버렸거든요. 그것도 사회적 공론화할 필요가 있습니다. 전국이 하나로 묶여서 일사분란하게 움직이는 경찰청 형태가 바람직한가, 각 지역별로 주민들의 의사가 반영되고, 주민들의 요구에 부합하는 치안 서비스인 자치 경찰제가 맞는가. 그다음에 경찰의 수사나 업무 처리에 불만을 느낀 사람들이 이의를 제기할 수 있는 창구가 있는가. 내부로 민원 신청이 들어오고, 내부에서 보는 거야 있지만, 안 믿는단 말이에요. 그 나물에 그 밥이라고 하고. 검찰을 믿나요? 감사원? 국민권익위원회에서 그 역할을 하기로 되어 있는데, 누구도 믿지를 않죠. 외국에서는 경찰 옴부즈맨을 두고 있기도 하고, 경찰에서 민원조사위원회를 두고 있기도 하고, 홍콩에서는 염정공서(廉政公署, ICAC, Independent Commission Against Corruption)라는 반부패 특별 기구가 있거든요. 이런 거죠. 여러 가지 그동안 논의되었던 본질적인 부분에 있어서의 개혁, 이것을 해야만 경찰의 정치적 편향성 시비에서 자유로울 수 있지 않을까. 조현오 청장을 둘러싸고 일어났던 논란들이 많잖아요. 결국은 노무현 전 대통령에 대한 사자명예훼손죄로 법정 구속까지 됐다가 보석으로 나왔는데요. 그것만이 아니라 그가 가진 정치적 편향성 때문에 쌍용자동차 파업 현장 과잉 진압이 지금까지도 사회 전체를 혼란스럽게 하고 있어요. 용산참사 역시 조현오, 김석기 두 사람의 무리한 진압 시도가 이러한 문제를 야기한 거예요. 결국은 그게, 그 사람들이 개인적으로는 결코 나쁜 사람들이 아니거든요. 능력 있고, 합리적이고, 그동안 신망을 받아왔습니다. 그런데 그들이 가진 정치적 편향성과 어떻게 해야 이 정권에 보탬을 주고, 대통령을 기쁘게 할까, 이런 것을 생각하는 자체가 문제였다고 봅니다. 그렇게 하지 않게 만드는 제도가 중요하다는 거죠.

불행을 향해 달리는 특급열차

지 어쨌든 경찰의 수장이라는 것은 대단히 명예로운 자리인데요. 거기서 뭔가를 더 바라는 것이 있었기 때문에, 어떻게 보면 두고두고 좋지 못한 평을 받을 수 있는 행동을 한 거잖아요. 결국 보석으로 풀려나긴 했지만, 잠시 감옥에 들어가기도 했어요. 그걸 방지하기 위해서 이를테면 교육감을 뽑듯이 직선제로 할 수도 있잖아요.

표 그런 방법도 있죠. 각 지방경찰청별로 경찰위원회를 두고, 경찰위원회에서 적임자 후보를 선발하는 방식도 있고, 아니면 아예 지방자치단체장에게 치안 책임자를 선임하는, 그래서 책임을 정치적으로 지게 하는 여러 가지 방법이 있죠. 경찰의 최고 책임자의 불명예와 자질, 거기에서 만족하지 않는 문제, 여러 가지 이유가 있습니다. 개인의 자질, 인성, 삶의 지향의 문제이기도 해요. 저는 경찰지망생, 경찰대학생들이나 경찰관들에게 강의를 할 때 늘 그런 이야기를 해요. '경찰청장이 되고 싶은가. 당신의 목표가 그것인가. 만약에 그렇다면 당신은 불행을 향해 달리는 특급열차에 올라타고 있다. 되도 불행하고, 안 되도 불행하다. 경찰청장이 되는 것이 인생의 목표라고 하면 막상 되고 나서도 허망하고 허탈할 수밖에 없다.'

지 그게 끝이니까요.

표 끝이고, 행복하지 않거든요. 그 자리에 올라가보니, 고민만 많고, 하루 웬 종일 청탁에 시달려, 하나하나 자기가 결정해야 되는데, 그 결정에 뒤따르는 책임에 대한 부담도 있지, 결코 좋지 않거든요. 그다음에 또 하나의 문제는 그걸 목표로 삼았는데, 거기까지 못 가면, 승진 안 되고 밀려나면 불행하잖아요. 그런 이야기를 하는 또 하나의 이유가 뭐냐 하면 경찰청장이 되는 사람마다 다 그런 사람들이라는 말입니다. '경찰청장이 되고 싶어, 돼야겠어' 하고 무리하게 승진을 위한 노력을 하고, 유력자들과 결탁을 하고, 자기가 옳다고 느끼는 것보다는 승진에 유리한 것을 택하고 살아온 사람들이 그렇게 된단 말이죠. 되고 나서 별 거 아니거든요. 만족하지 못하거든요. '내가 여기까지 어떻게 왔는데, 얼마나 희생하고, 얼마나 타협하면서 여기까지 왔는데, 나한테 주어진 것이 이것밖에 안 돼' 하고 더 많은 것을 바라기 때문에 돈을 탐하거나, 경찰청장 이후에 국회의원이나 다른 것을 탐하거나, 어쨌든 최고 권력자인 대통령한테 잘 보여서 장관이 되거나 국정원의 차장으로 가거나, 이런 생각을 할 수밖에 없는 거예요. 그 자체의 구조가 바뀌지 않는 한. 저는 어떻게 얘기하느냐 하면 경찰청장이든, 명예든, 권력이든 이것은 우연이 50%가 작용된 결과여야 한다. 모든 사람이 열심히 일하다 보면, 열심히 일해서 자기 능력이 발휘되고 인정받고 하다가 이 당시 상황과 여건이 맞아떨어졌을 때 청장이 되면 이 사람은 자기가 이걸 위해서 달려온 사람이 아니지만, 자기도 모르게 이 역할을 맡아야 된다는 책임감을 느끼게 되는 거죠. 노력하면서 살아오다 보니까 자연스럽게 그렇게 된 거니까 그 사람의 기본적인 전문가적인 윤리가 마련돼 있고, 그 직위가 욕심의 대상이 아니라 의무의 대상이 되는 거죠. 그러면 그 자리에서 내가 해야 할 올바른 일들을 생각하게 되는 거거든요. 그렇게 되었을 때 비로소 경찰청장도 그 자리에서 내가 있는 동안 최선을 다하고, 명예롭게 물러나고, 후배 경찰관들로부터 욕먹지 않고, 가능하다면 좀 잘했다는 평가를 받는 사람이 되고 싶어지는 거죠. 그리고 물러났을 때는 오히려 자기는 욕심이 없지만, 다른 사람들이 '당신이 경찰청장을 멋있게 잘했잖아. 우리한테 오세요. 우리 것도 좀 해주세요', 이렇게 되는 것이 정상적인 수순이라는 거죠.

지   한국 사회 전체가 사실은 공부를 할 사람이 학교에 남아야 되고, 경찰이나 이런 전문직은 전문적인 자기 분야가 있고, 그 분야에 대한 자부심이 있는 사람들이 해야 될 텐데요. 검찰도 마찬가지고, 어느 선이 되면 물러나고 해야 되다 보니까 그다음 것을 생각하게 되고, 그러다 보니까 조직의 전문성 같은 것은 담보하지 못하는 상황이 되는 것 같습니다. 실제로 전문적으로 자기 일을 열심히 하는 사람들은 승진이 안 되거나 그런 경우가 많지 않습니까? 경찰뿐만 아니라 다른 조직도 마찬가지인데요. 그런 것을 바꿔나가려면 어떻게 해야 할까요?

표   쉽지 않죠. 그래서 사실은 그 정점에는 정치가 있을 수밖에 없는 것 같아요. 정치권력이 민주적으로 선출이 되고, 불법이나 반칙 없이, 그래서 국민의 감시를 받고, 국민과 소통을 하며 제 역할을 했을 때 모든 분야가 제대로 돌아가지 않겠느냐는 겁니다. 장관 후보자들을 보자는 거죠. 범죄자 내지는 범죄 직전의 탈법자들을 모아서 내각을 구성했을 때 그들이 관장할 교육계, 치안계, 산업계, 그게 제대로 되겠냐는 거예요. 그런데 계속 줄곧 그렇게 돼왔다는 거죠. 그런 부분들에 있어서 우리 국민들이 깨어나야 될 것 같아요. 저도 과거에 대한 반성을 많이 해요. 정치에 관심이 없었거든요. 남의 일이라고 생각하고, 정치인들 스스로 자기가 알아서 하면 된다고 생각했거든요. 그런데 점점 겪다 보니까 경찰 내부에서 제대로 일하는 사람이 올라가지 못하고, 유력자에게 아부하고, 그들의 청탁이나 받아서 해결하는 사람들이 올라간다, 왜 그럴까. 학교에서 아이들이 제대로 공부하지 못하고, 선행 학습이 넘치고, 촌지도 받고, 왜 그럴까. 결국 못된 인간들이 교육감 되고, 교장 되고, 그들이 그렇게 되기까지 쏟아부은 데 대한 비용 환급을 받으려고 하니까 그런 거죠. 뭘 하나 하나 바꾸려고 해서 바뀔 문제가 아니구나. 사회 전체가 투명해지고, 올바르게 되고, 가장 정점에 있는 정치권력이 도덕적이 되지 않으면 안 될 문제구나. 그들의 인성적 도덕성보다는 그들이 제대로 할 수 있는 제도와 감시 체제, 언론이 제 역할을 해야 될 것 같다는 생각이 들었어요. 특히 언론의 자유, 방송·언론의 정치화와 독점화, 폐해가 대단히 심각한 사회적인 악의 근원이라고 생각하게 됐습니다.

아이스링크가 없는 피겨스케이터

지 자기 분야에서 묵묵히 일을 해나가는 사람들이 한국 사회를 지탱해주는 부분이 큰 것 같은데요.《한국의 CSI》라는 책도 보니까 열악한 환경에서 선진적인 수사 기법을 도입하고, 시스템을 도입하려고 노력한 몇몇 분들의 노력들이 있었던 것 같습니다. 국과수만 해도 다른 나라에 비해서 예산이나 모든 면에서 열악한데도 소명 의식을 가지고 일하시는 분들이 많다는 것을 소개해주셨는데요. 한국의 과학수사의 현주소라고 하면 어떻게 이야기할 수 있을까요?

표 책에도 썼지만, 안타까운 것이 "어려운 여건에도 불구하고, 희생과 봉사 정신으로 자기를 바쳐서 일해온 사람들 때문에"라는 말 자체를 언제까지 사용해야 될 것인가 하는 생각을 하거든요. 우리가 김연아 선수에게 박수를 치지만, 그것은 기적이잖아요. 아이스링크 하나 제대로 되어 있지 않은 나라에서 세계 최고의 피겨스케이터가 나온다는 것이 사실은 말이 안 되잖아요. 김연아 선수를 칭송하고, 훌륭함을 칭찬해야 되긴 하지만, 이런 한국적인 상황은 어떻게 보면 코미디거든요. 비극이죠. 오히려 김연아 같은 선수가 있기 때문에 피겨계의 이런 저런 문제에 대한 근본적인 개선이 필요하다고 생각하지 않는 거죠. 이런 상황에서도 세계 최고의 선수가 나오는데요. 스포츠 분야가 다 그래요. CSI, 과학수사 분야도 똑같은 거예요. 제대로 된 인력 양성 기관이나 코스조차 없어요. 그 분야에 종사하는 사람들이 스스로가 비용 투자 해서 배우고, 외국 가서 배우고, 자기들이 노력하고, 개발하고, 그래서 이어져 내려오는 거예요. 건강과 위생을 지켜주는 장비나 시스템조차 없습니다. 과학수사 시험 약품 같은 경우 독성이 강하거든요. 거기에서 유독가스를 계속 흡입하는 위험 같은 것도 장기적으로 도사리고 있어요. 현장에 출동해서 현장 수사를 해야 하는 현장 과학수사 요원들에게 지급되는 장비, 그리고 그들이 가지고 있는 지식과 기술에 대한 체계적인 교육이 이루어지고 있느냐, 이런 부분들까지 상당히 많은 문제가 있죠. 한국의 CSI, 과학수사 수준이 어느 정도냐. 말하기 어려운 부분이 있어요. 제가 경찰대학에서 강의를 할 때 이런 이야기를 했거든요. 예를 들어 미국과 비교하자면 최고의 FBI 수준은 안 되지만, 일반적인 작은 경찰 단위 기관보다는 우리가 수준이 높다, 전국적으로 일원화돼 있다고 얘기했는데요. 조금 더 면밀히 이모저모 따지고 들어갔을 때 '과연 그럴까' 하는 의문이 있는 거죠. '우리는 잘합니다'라는 자랑만 늘어놓지 않았으면 좋겠어요. 홍보에 의존하지 말고. 그럴수록 현실, 현상이 제대로 드러나지 않고, 문제가 제대로 짚어지지 않기 때문에 해결책과 대책이 안 나타나거든요. 예를 들자면 우리가 치과 의사 모녀 살인 사건, 과학수사의 실패죠. 아더 패터슨 사건도 과학수사의 실패죠. 과거 사건 빼고, 최근에 일어났던 미해결 사건, 제주 여교사 피살 사건, 포천 여중생 피살 사건이 미제 사건으로 남아 있거든요. 이러니저러니 해도 어쨌든 과학수사의 실패란 말이에요. 현장에서 증거를 못 찾았으니까. 그렇다고 매번 범인을 찾을 수 있는 것은 아니지만, 최초에 신고를 받고 출동한 현장 수사 요원이 기본적인 현장 보존에 대한 교육을 받고, 현장 보존과 증거를 확보할 수 있는 현장 업무 절차가 확립돼 있고, 필요한 장비가 보급돼 있고, 이랬을 때는 보다 많은 사건들이 조기에 해결될 수 있다는 겁니다. 누구나 언제든 피해자가 될 수 있다고 저는 생각하거든요. 자기가 아니라도 자기의 가족이 될 수도 있어요. 얼마 전에도 모 방송국 카메라 기자가 깜짝 놀랐다는 거예요. '자기 친구의 만삭 아내가 시어머니한테 피살당해서 난리가 났다. 그래서 취재를 하러갔는데, 내 주변에서 이런 일이 일어나리라고는 상상도 못했다'는 겁니다. 그래서 제가 '모든 사람이 그렇다. 세상에 범죄 피해를 당할 사람이 따로 있느냐. 방송을 하는 사람이 그렇게 생각하면 되겠느냐'고 했는데요. 자기가 방송 취재를 하면서 지인이 이런 일을 당하니까 마음이 더 복잡하다는 거예요. 취재 대상으로만 생각하고, 경쟁적 상황에서 한 건 더 따려고만 해왔지, 피해자들이 당하는 고통이나 아픔에 대해서 전혀 몰랐다는 것을 이제야 절실하게 느낀다는 거예요. 자기 친구가 제일 힘들어하는 것이 방송 때문에 힘들어한다는 겁니다. 자기보고 어떻게 하면 취재 경쟁과 열기로부터 안전할 수 있느냐고 문의를 해오는데 부끄러웠다고 해요. 똑같은 거예요. 과학수사 수준이 발전하지 못하는 것이 남의 일 같지만, 언젠가 자기에게 그런 일이 생겼을 때 과학수사가 발달하지 못해서 해결되지 않으면 억울할 수밖에 없는 겁니다.

지　이를테면 우리한테 김연아 하나 있다고 해서 전반적인 한국의 피겨스케이팅 수준이 높다고 말하기 어렵다는 거죠? 교수님도 프로파일링 교육을 받기 위해서 유학을 갔을 때 처음에는 국비로 하셨다가 나중에는 자비를 들여서 박사 학위를 따오셨는데요. 한국에서는 경찰대학 외에 다른 곳에 그런 과가 있습니까?
표　없어요.

지　경찰대학에만?
표　경찰대학도 한 학기 수업만 배정이 되어 있죠.

지　그러면 프로파일러라고 할 수 있는 분들이 한국 경찰에 몇 분이나 되나요?
표　현재 경찰청에 40명, 그분들이 다죠. 그분들도 점차 자꾸 다른 데로 옮겨가고 있어요.

지　어떤 이유인가요?
표　여러 가지 이유죠. 기대했던 것과 다르고…… 그리고 비전이 없고.

지 드라마 〈CSI〉를 보고 프로파일러에 대한 관심은 많아졌지만, 실제로 현장에서 활용하는 면이 부족하고, 그들에 대한 처우가 좋지 않다는 거네요.

표 그렇죠.

지 아직도 한국 경찰들은 프로파일링 수사 기법에 대해서는 시기상조라고 생각하는 건가요?

표 프로파일링이라는 것이 전에 없던 방식이고, 기존의 수사 기법을 비판적으로 들여다보거든요. 그러니까 일선에서 볼 때는 귀찮죠. 그리고 경험이 제일 중요한데 경험도 없는 것이 와서 이러니저러니 말을 하는 것도 싫어합니다. 또 만약에 해결되면 프로파일러가 공을 가져갈 것 아닌가 하는 염려가 있거든요. 그러니까 또 싫어요. 그런 부분들은 형사들의 일면 타당한 인식이기도 합니다. 그들에게 맡겨서는 안 되는 것이고, 제도적으로 프로파일러의 역할, 한계, 일선 형사와의 업무 분담, 이런 것들을 마련해주고 연착륙시켜줘야 합니다. 현장에서 같이 협력할 수 있도록 해줘야 해요. 연쇄살인이다, 언론에서 얘기하니까 '뽑아' 해서 뽑아놓고, '배치해' 하고 배치해버리거든요. 방관이에요. 현장에서 어떻게 하라는 겁니까? 이질적인 부분이 있는데요. 저보고 자꾸 개인 상담도 해오고 그래요. 그러면 저는 '일단 살아남아라. 경찰의 현장 분위기를 배우고, 강력반 형사들이 수사하는 것, 과학수사 형사들이 하는 것을 보면서 어떻게 하는지 파악하고, 그 안으로 스며들어라. 그러면서 조금씩 조금씩 분석 의견을 제시해주고, 그게 도움이 된다는 것을 느끼게 하면서 본인의 존재감을 인정받고, 그렇게 하다 보면 나중에는 그들이 의존하게 될 것이다'라고 얘기합니다. 지금은 개인에게 모든 것들을 맡기는 거거든요. 너무 마음이 아픈 거예요. 그 과정을 이겨낼 수 있는 사람이 있는가 하면 그렇지 않은 사람이 있거든요. 그 과정을 이겨내지 못하고 그만두고 나오는 사람이 있죠. 전반적으로 다 그런 거예요. 경찰 조직의 인사관리 자체가 정말 국민의 생명과 재산, 안위를 생각하면서 '어떻게 해야 범죄를 더 줄이고, 어떻게 해야 범죄를 빨리 해결할 수 있을까'에 초점을 맞추는 것이 아니라 '어떻게 해야 빨리 승진이 될까, 어떻게 하면 빨리 높은 자리에 갈까', 여기에만 혈안이 된 인간들이 가득 차 있으니까 정작 일선에서 발로 뛰는 형사들은 허탈한 거죠. 사건 들어오면 이런 저런 말도 안 되는 이야기들을 해대고 있어요. 거기에 대해서 저도 마음이 아픈 것이 경찰대학에 대한 불만으로 집약되는 거예요. 그중에 다수가 경찰대학 출신이니까. 그들은 기대 욕구가 있으니까 더 높이 올라가고 싶은 거죠. 일선 현장에서 부대끼면서 사건을 해결하고, 형사들하고 동고동락을 하고, 이러다 보면 승진도 못하거든요. 그것보다는 높은 분하고 한 분이라도 마주쳐야 되고, 깔끔한 보고서라도 제출해야 되고, 능력 인정받아야 되고, 시험공부에 열중해서 빨리 승진해야 되고, 그 사람들에게 뭐라고 하기도 좀 그래요. 자기실현 욕구기도 하거든요. 행복추구권인데, 뭐라고 하긴 그렇죠. 제도상의 문제로 봐야 하는데요. 계급, 승진에 모든 가치를 부여하고, 계급과 승진을 할 수 있는 길은 자기 직무를 열심히 하는 것이 아니라 승진 시험을 공부하거나, 높은 사람과 가깝게 지내는 것으로 만들어놓고, 현장에서 최선을 다해서 범죄 해결을 하라는 것은 말도 안 되는 거죠. 그래서 제가 제도 이야기를 하는 겁니다.

경찰 내부의 계급 문화가 문제다

지   지금처럼 간부들이 승진에 목을 매다 보면 제도를 만들기 어렵겠네요.

표   그러니까 정권이 정통성이 있어야 해요. 대통령이 국민의 신망을 받고, 정통성이 있으면 자기 측근을 청장으로 앉혀가지고, 자기가 시키는 것을 하도록 하고, 자기 맘에 드는 것만 하도록 하겠습니까? 제일 잘 할 사람 앉혀놓고, '넌 우리 국민들 눈물 닦아주고, 범죄 예방하고, 니 할 일 잘해. 나한테 신경 쓰지 마', 이렇게 되겠죠. 측근 중에서 범죄를 저지르면 '잡아넣어'라고 할 거예요. 그렇게 될 때 비로소 '우리 경찰이 뭐가 문젤까? 왜 전부 승진에만 목을 매고 이럴까? 이게 경찰의 존재 목적일까? 국민들이 억울해하고 한탄스러워하는데, 이걸 어떻게 고쳐야 될까? 승진이 아닌 다른 방법으로 경찰관이 노력한 만큼의 대가를 받을까? 일선 경찰관들의 생계유지에 문제가 없고, 자기 업무를 수행함에 있어서 자신 있고, 당당하게 할 수 있게 하려면 어떻게 해야 할까? 법은 어떻게 돼야 되고, 제도는 어떻게 돼야 할까?' 경찰청장이 이런 부분에 올인해서 일을 할 수 있겠죠.

지   어떻게 보면 자기 전문적인 일을 오래하면 호봉도 충분히 올라가고 그러면 굳이…….

표   올라갈 필요도 없고, 골치 아파요. 올라가면 책임도 많아지고, 사람에 따라서 일선 타입의 사람이면 인간적인 대접만 받고, 보수만 일한만큼 충분히 올라가면 굳이 승진하고 싶은 마음이 없어요. 두 가지인 거죠. 하나는 인간적인 대접, 하나는 수입. 많이 나아졌다고는 하지만, 계급 낮으면 나이 많아도 무시하고, 무슨 저급 인간으로 취급하거든요. 그러니까 일선 경찰들이 한을 품는 거예요.

지 말씀하셨듯이 경찰대학 출신들이 상층부에 많은 것도 문제일 텐데요. "내 생각에 경찰대학과 경찰대 학생들은 경찰의 주류가 돼서는 안 된다"고 하셨잖아요. 그게 일선 경찰들의 불만 중 하나일 텐데요.

표 제가 300명의 경사와 경찰종합학교에서 경찰대학 문제로 논쟁을 벌인 적이 있습니다. 그때 제가 느낀 것이 있죠. 저분들이 경찰대학이 정말 밉거나, 경찰대학생들이 높이 올라가는 것이 싫어서 반대하는 것이 아니란 것을 확인한 거죠. 일선에서 일한 계급 낮은 사람들이 인간적인 대접을 받고, 자기가 일한 만큼 대가를 받으면 누가 올라가도 상관이 없다는 겁니다. 내가 꼭 올라가야 된다는 건 아니란 말이죠. 모든 사람들이 다 총경 이상 올라갈 수 있나요? 아니잖아요. 그런데 경찰 내에서 보상이라는 것은 계급만으로 주니까 올라가야겠다는 거죠. 그런데 경찰대학 출신들이 다 차지하고 올라가니까 '너희들 비켜라', 이렇게 되는 거거든요. 경찰대학 출신들이 행정이나 기획을 더 잘 한다면 그 자리에 가면 되는 거예요. 일선에 있는 분들이 일선에서 전문성이 있으면 계속 거기 계시면 되는 겁니다. 일한 만큼 존중받고, 대가를 인정받으면 되는 거예요. 제가 미국에 갔을 때 휴스턴 경찰 같은 데서는 경사랑 청장이랑 둘이 책상에 걸터앉아서 어깨 툭툭 치고, 이야기를 주고받는 겁니다. 청장이 경사의 전문성을 인정해주고, 물어보고, 자문을 구하고 그래요. 영국에서도 똑같아요. 계급은 경사인데, 청장의 집회 시위 관련 자문관으로 인정받고 있는 경우도 있어요. 청장의 정책적 의사 결정에 있어서 집회 시위 관리 부분에 있어서는 반드시 이 사람의 자문을 거쳐야 합니다. 계급은 낮지만 전문성 때문에 청장의 멘토 역할을 하는 거죠. 그러니까 자부심을 느끼는 겁니다. 그 전문성에 따르는 인센티브가 주어지는 거예요. 우리는 경찰뿐만 아니라 사회 전체가 너무 수직적 계급 관계로 되어 있다 보니까 높은 놈들은 능력이 없고 알지 못해도 자기가 전지전능하다고 생각하는 겁니다. 수사가 망가지는 제일 많은 이유 중 하나가 계급 높은 사람들이 나서서 그래요. 자기는 쥐뿔 알지도 못하고, 수사는 제대로 해본 적도 없으면서 '야, 이건 면식범 소행이야. 가서 피해자 주변 조사해' 하면 거기에 대해서 '아니오'라고 말을 못하는 분위기인 거죠. 그런 경찰 내의 경직된 상하 위계질서가 깨져야 하고, 전문성이 무시되는 풍토가 깨져야 하고, 계급으로 모든 것들을 깔아 뭉개려는 계급지상주의가 깨져야 합니다. 그렇지 않으면 너도 나도 올라가려고만 하고, 올라가면 똑같이 구는 거죠. 시어머니한테 구박받은 며느리가 그 방법으로 자기 며느리를 구박한다고 하잖아요.

지 매 맞던 아이가 어른이 돼서 자기 아이를 때리는 경우 같은 거겠죠.

표 그런 경찰의 조직 문화를 바꾸지 않으면, 경찰대학 없어진다고 해결이 되겠어요?

15

검찰과 경찰의 공모
_1인 독재의 수사 구조를 넘어

오랜 전쟁을 벌여온 검찰과 경찰

지 　검찰과의 관계도 경찰이 자부심을 느끼지 못하게 하는 부분일 텐데요. 아주 오래전에 〈한겨레21〉에서 경찰끼리 대담을 한 것을 보니까 일반 국민들이 보기에 좀 당황스럽던데요. 아무리 검찰이 세다고 해도 경찰 입에서 나오는 '검찰을 생각하면 공포 그 자체다', '우리 내부의 노예근성을 버려야 된다'는 얘기들은 좀 충격적이었거든요. 그 정도로 경찰이 검찰에게 공포감을 느끼고, 모멸감을 느낀다는 건데요. 요즘 많이 바뀌었다고 해도 일반 국민들에게는 경찰이 공포의 대상이기도 하잖아요. 그런데 경찰은……. (웃음)

표 　경찰 내부랑 똑같은 거예요. 검사는 경찰청장 위의 계급이라고 생각하는 거죠. 검사라는 것은 사법고시에 합격을 했고, 독립 관청이라고 자기들이 표현하거든요. 거기다가 인권 옹호자요, 객관 의무자요, 이런 상태인데요. 자기들이 수사를 해봤나? 아니란 말이에요. 일선 형사에게 수사의 실무에서는 꿇리는 거죠. 그러니까 계급적 위압감으로 누르려고 하니까, 과도해지는 겁니다. 조금이라도 자기 맘에 안 들고, 지시를 안 들으면 욕이 튀어나오고, 폭력까지 행사하는 거죠.

지 요즘도 그런 게 있나요? 예전에는 젊은 검사가 오십대 형사 분의 따귀를 때린 일도 있었잖아요.

표 가끔씩 그런 게 있죠. 요즘은 그래도 많이 나아졌습니다. 하도 문제시되고, 특히 경찰 중에도 경찰대학 출신뿐만 아니라 순경 중에서도 자부심을 가지고, 그런 취급을 못 받겠다고 하니까, 조심스러워지긴 했죠. 대놓고 무식하게는 안 하지만, 예를 들어서 수사 지휘를 하면서 자기가 청탁받거나 알거나 이러면 경찰관이 범죄 행위에 대해서 수사하려고 하는데, 내사 종결 처리하라는 취지의 말도 안 되는 지시를 내려보내는 겁니다. 거기서 대해 항의하는 것을 못하게 하는 거죠. 양태와 양상은 과거보다 세련돼졌지만, 여전히 강압적인 주종 관계 내지는 상하 관계는 변함이 없다고 봅니다.

지 검찰 개혁이나 검찰 비리 얘기가 나올 때마다 수사 구조 개혁 같은 얘기가 반드시 나오는데요. 참여정부 때 활발한 논의가 있었는데, 안 됐던 이유가 뭔가요? 참여정부에서는 '경찰에 독자적 수사권 부여'를 정책 과제로 선정했었습니다. 그래서 검경 공동으로 수사권 조정협의체를 구성하고, 각계 대표로 수사권조정자문위원회를 발족해 논의도 한 것으로 알고 있습니다. 하지만 조정안 도출에는 실패했는데요.

표 제가 노무현 대통령에게 가장 비판적인 것이 그거죠. 검찰 개혁 실패가 노무현 대통령의 가장 큰 패착이었습니다. 그 원인은 본인이 주장했던 시스템에 대한 신뢰를 버리고, 사람에 대한 신뢰로, 결국 종전에 본인이 비판했던 독재적 대통령과 같은 방향으로 돌아선 것이 아닌가 하는 생각이 들어요. 사람을 믿을 만하면 쓸 만한 시스템이다. 그래서 법무부장관, 검찰총장을 자기 사시 동기나 믿을 만한 사람을 앉혀놨는데요. 그 순간은 괜찮았겠죠. 그런데 결국 권력이 떨어지는 그 순간 검찰 조직 전체가 반격을 시작한 거예요. 그 수모 끝에 사망하신 것 아니겠어요? 절대 쉽지 않습니다. 검찰은 그야말로 지난 대한민국 역사 전체를 통틀어서 권력과 공범자거든요. 모든 권력적인 불법행위, 탄압, 독재의 동반자요, 법적 근거를 만들어주고, 뒷받침해주고, 수행했던 존재란 말이에요. 국회 법사위원회의 대부분을 검사 출신들이 늘 차지해왔어요. 그러면서 권력이 더 공고해진 거죠. 여당의 최고위원급 중진에는 검사 출신 국회의원들이 늘 자리 잡아왔었습니다. 청와대 민정수석 비서실은 늘 검사 출신들이 장악하고 있고, 각 대기업마다 법무 담당관이라든지, 전무 이사급이나 이사급에 검사 출신들이 포진해 있는 거예요. 각 대학의 어디든, 사회 구석구석의 가장 중요한 지휘 포스트마다 검찰 출신들이 포진하고 있는 겁니다. 그렇게 형성돼온 검찰 권력을 쉽게 무너뜨릴 수 있겠어요? 사실은 노무현 대통령이 너무 쉽게 생각한 거죠. 다른 것은 총리한테 맡기고, 5년 동안 검찰 조직 개혁만을 하셨어야 됩니다. 그렇게 하셨어도 5년 동안 검찰 개혁, 법과 제도 시스템을 만들어낼 수 있었을까요? 그 이후 다른 정권이 물려받아서 10년 동안 해야 가능했을 것 같은데요. 거기서 실패한 거죠. 다른 것 이것저것 시달리고, 조중동과 싸우고, FTA 문제다, 탄핵이다, 수도 이전이다, 그러다 보니까 검찰 조직과 전면전을 지속할 수 있는 동력이 없었던 거예요. 우군이 필요했고, 강력한 힘이 필요했던 겁니다. 그러니까 '검경 수사권 니들이 알아서 조정해' 하고 슬쩍 물러난 거죠. 말이 되나요? 당사자들이 어떻게 조정을 합니까? 기존의 검찰을 그대로 두고 이용하려다 그렇게 된 거죠. 제일 아쉬웠던 문제입니다.

지 아까 인용했던 〈한겨레21〉 대담에서 경찰 분들이 이야기한 것을 보면 검찰에 대해 굉장히 복합적인 시각이 있는 것 같습니다. 수사기법 등에 관련해서는 '검찰을 애송이로 생각하는 것 아니냐' 하는 느낌도 받았고, 군대식 표현을 하자면 전방 야전부대에서 산전수전 다 겪은 베테랑 상사가 새로 전입 온 소위쯤으로 생각하는 것 아니냐는 느낌도 있었어요.(웃음) 그런 부분에서 보면 경찰의 수사에 대한 자부심, 수사에 관한 한 '우리는 충분한 현장 경험이 있다'는 자부심을 갖고 계신 것 같은데요. 그렇다 보니까 검찰 측 역시 경찰을 두렵고, 껄끄러운 상대로 보는 시각도 있을 것 같습니다. 경찰 조직이 어떤 면에서는 검찰 조직보다 방대하지 않습니까? 그래서 검찰 측에서는 '각종 인·허가권과 정보, 교통 등 엄청난 권한을 가진 경찰이 수사권까지 갖게 되면 너무 많은 권한이 경찰에 집중되기 때문에 곤란하다. 검사의 지도와 감독이 필요하고, 검찰이 경찰을 견제해야 된다'는 논리를 폈는데요.

표 그런 면도 있죠. 전국 어디에나 있는 일사불란한 조직이고, 정보도 있고, 총도 가지고 있어요. 사실 지난 60여 년 동안 검찰과 경찰은 전쟁을 벌여왔습니다. 경찰은 자기들이 가지고 있는 물리력, 다수 경찰관과 부대 등을 동원해서 실제로 집행을 해나가는 힘, 그걸 사용해서 정권에 충성을 함으로써 권력으로부터 은사를 받고, 권력의 총애를 받아서 검찰보다 우위에 서려고 해왔고, 검찰은 반대로 법의 힘, 기소하고, 수사하고, 경찰 수사를 지휘하는 그 힘을 사용해서 정권에 반대하는 자들에게 이런 저런 범죄 혐의를 씌우고, 체포하고, 기소하고, 법의 지식을 통해서 우위에 서려고 한 거죠. 예를 들어서 유신 관련 헌법 개정에도 결국 검사들이 가서 다 해준 거거든요. 그러면서 슬쩍 독점적 영장 청구권, 검사만 영장을 청구할 수 있다는 말도 안 되는 헌법 조항을 만들어서 지금까지 오고 있는 거예요. 서로 충성 경쟁을 한 거예요. 권력자들은 좋은 거죠. 슬쩍 한쪽 편을 들어주는 척하면 상대방은 더 애가 달아서 충성을 다해요. 그랬던 권력의 주구들입니다. 그러면서 서로가 상대방이 두렵다고 하고 있는 거예요. 그러면 답은 뭐냐 하면 둘 다 민주적 통제 장치 아래 두면 되는 겁니다. 그리고 서로 분리시키고, 견제하게 함으로써 균형을 맞추고, 한쪽에서 수사를 하면, 한쪽에서 기소를 하게 하는 것이 답이라고 생각하는 거죠. 경찰 말 들어주는 것도 아닌 것 같고, 검찰 말만 들어주는 것도 아닌 것 같아요.

1인 독재의 수사 구조

지   수사 구조 개혁에 관한 논의는 당분간은 있기 어려운가요?
표   모르죠. 일단 이명박 대통령이 당선될 때 제가 경찰 내부망에 "수사 구조 조정에 대해서는 기대하지 말자. 그걸 공약으로 내걸지도 않았고, 그런 지향성을 가지지도 않았고, 주변에 있는 파워 엘리트

그룹의 다수가 검찰 출신이다. 일단 5년은 내실을 다지고, 기다려야 될 것 같다"고 얘길 했었어요. 이번 정권도 크게 예외는 아니지 않을까 싶습니다. 공약 상황 중에 박근혜 대통령은 수사권 현실화라는 이야기를 했는데요. 근본적인 수사 구조 문제를 개혁하겠다는 것보다는 경찰의 불만을 조금 잠재우고자 할 때 주로 사용되는 말입니다. 수사 구조 현실화, 경찰 수사권 현실화, 경미 사건 범죄의 독자적인 수사를 하도록 해주겠다, 그건 현재도 그렇게 하고 있는 거거든요. 그런 것을 봤을 때 근본적인 검찰 개혁의 의지가 있다고 생각되지는 않거든요. 중수부 폐지는 했죠. 그것만 해도 어쨌든 박근혜 대통령이 가진 보수적 대통령으로서의 한계 내에서는 공약을 실천한 것이고, 약속을 지킨 것이라고 볼 수 있습니다. 다만 '검찰 개혁을 근본적으로 하겠다는 인식이 있다고 생각되지는 않는다. 이번 정권 5년 동안은 근본적인 변화는 어렵지 않겠느냐' 하는 생각을 가지고 있는 거죠.

지 노무현 대통령 시절에 '서프라이즈' 같은 사이트에서 수사 구조 개혁을 지지했었는데요. 당시에도 '경찰을 믿을 수 있나' 하는 분위기가 있었거든요. 경찰도 그런 부분에서 신뢰감을 회복해야 될 것 같은데요. 일반 국민들의 경찰에 대한 인식은 참 복잡한 것 같습니다. 예전처럼 군림할 수 있는 위치도 아니고, 격무와 박봉에 시달리는 이미지도 있고, 잠복근무하느라고 집에도 못 들어가고, 이따금 범죄자들에게 공격당하거나 살해되는 경우도 있지 않습니까? 그런 점에서 동정심과 안타까운 마음이 들다가도, 불친절하거나 강압적인 태도의 수사를 당하거나, 경찰의 비리, 과격한 시위 진압 같은 걸 보면 경찰을 완전히 신뢰할 수 없기도 한데요.

표   맞는 일이긴 한데요. 접근 방법이 잘못됐다고 봐요. 경찰이 믿을 만해서도 아니고, 경찰이 예뻐서가 아니라 검찰, 경찰이 제 역할을 하도록 하기 위해서 구조와 제도 개선이 필요한 거거든요. 경찰이 어떤 개판을 치든, 분탕질을 치든, 그렇기 때문에 더더욱 검찰, 경찰의 근본적인 구조 개혁을 해야 되는 거예요. 그중에 가장 핵심적인 부분 중 하나가 수사 구조 개혁인 거죠. 더 중요한 것은 검찰, 경찰의 통제 장치라고 봐야 되는 거예요. 거버넌스에 대한 부분이죠. 대통령 1인이 검찰, 경찰을 주무르고, 마음대로 할 수 없는 상태가 돼야 하는 겁니다. 검찰총장과 경찰청장이 한마디씩 하면 대한민국 전체가 얼어붙는 이 상태가 잘못됐다는 거예요. 단적으로 드러난 것이 국정원 사건이잖아요. 우리나라 경찰이 독립돼 있고, 중립적이라면 그렇게 눈치 보면서 할 수 있겠냐는 거예요. 국세청 3억 원 뇌물 혐의에 본청 압수 수색했잖아요. 그러면 3억 원 뇌물보다 국정원이 대통령 선거에 불법 개입했다는 의혹이 경한 건가요? 말이 안 되는 거죠. 3억 원 뇌물 수수도 혐의예요. 증거를 찾기 위해서 압수 수색을 한 거예요. 거기에서 이미 미래 대통령 눈치를 보고 있는 것밖에 안 되는 거죠. 솔직하자는 얘기입니다. 제가 문제를 제기하니까 경찰 선배들 사이에서 난리가 났어요. '지금이 70년대냐, 경찰 중립화됐다', 저는 '속으로 양심에 손을 얹고 생각해보시오'라고 한 거죠. 겉으로 세련되게 눈에 보이지 않게 하는 것 가지고 그렇게 주장하는 건데요. MB 시절 강호순 연쇄살인 사건 터졌을 때 청와대 행정관이라는 사람이 경찰청 대변인에게 문자 메시지를 보냈잖아요. "강호순 사건을 활용해서 적극적으로 보도자료를 배포할 것." 중립, 웃기는 소리 하고 앉아 있다는 거죠. 창피합니다, 창피해. 경찰 관련한 국제 학회나 이런 데서 이런 이야기를 한다면 생각해보세요. 그런 곳에서 지금 얘기 안 하니까 그나마 다행인 거죠.

파업 진압도, 철거민 진압도 정치적으로

지 쌍용자동차 파업 건에서도 대통령의 의중을 파악해가면서 진압을 주도했다는 이야기가 나오잖아요.

표 그런 이야기가 나오죠. 경기지방경찰청장이 경찰청장을 무시하고 독단적으로 결정했다는 이야기가 있죠. 그럴 때 이런 일이 일어나는 거예요. 대통령과 청장의 거리가 가깝지 않고, 그 밑에 있는 계급 낮은 사람이 대통령과 개인적으로 더 가깝다고 하면 권력의 역학관계가 생기는 거예요. 자유당 때랑 똑같은 거죠. 그러면서 무슨 경찰이 중립화돼 있다고 할 수 있나요?

지 그때 공장 건물 옥상에서의 마지막 진압 장면은 충격적이었잖아요. 영화 〈두 개의 문〉에도 나왔어요. 경찰 특공대는 테러 진압 때나 출동하는 거지, 아무리 볼트, 너트를 쏴도 노동자들이 파업하는 현장에 투입을 한 것도 좀 무리였다고 보이구요. 거기다가 나중에 거의 제압이 된 노동자에게 서너 명이 달려들어서 분풀이하듯이 몽둥이로 때리는 장면은 충격적이었습니다.

표 전쟁 상황도 그렇잖아요. '저 마을에 베트콩이 있다. 다 쓸어버려.' 현장에 있는 군인들은 지시가 떨어졌으니까 이행한다고 할 때 거기서 윤리적 딜레마가 생기는 거죠. 부당하다고 판단될 때 지켜야 되느냐, 말아야 되느냐. 군인에게는 상관에 대한 명령 불복종은 즉결 심판 대상이잖아요. 특히 전쟁 중에는 이런 부분이 있고, 반면 양심의 자유라는 것이 개인에게 있다고 봐요. 우리가 〈플래툰〉이라는 영화를 보면 그 과정에도 상황을 교묘하게 악용해서 오히려 더 적극적으로 개인적인 악을 행사하는 군인이 있는가 하면, 고뇌하면서 최대한 소극적으로 인간적인 면을 지키려는 군인이 있죠. 그 상황은 똑같습니다. 경찰관이 상부의 지시가 있다고 해서 모두 그렇게 하는 것은 아닌 것 같아요. 개인의 문제도 분명히 있어요. 하지만 더 근본적인 것은 시민이 범죄를 저질렀다기보다는, 법을 어겼을 수는 있지만 그들도 생계 문제를 둘러싼 권리 투쟁이거나, 명분을 가지고 하는 사회적인 갈등의 현장인 건데요. 거기에 마치 흉악범이나 범죄자, 테러리스트를 진압하듯이 '쓸어버려'라는 명령을 내리고, 지시를 내리는 그러한 지휘관이 문제인 거예요. 그렇게 명령을 내릴 수 있는 시스템이 문제인 거죠. 그 당시 에피소드들이 많아요. 경기경찰청 내의 기동대 중대장 중의 한 명은 진압 명령을 거부했다가 좌천당한 예도 있어요.

지　MB 정부에서 그런 일들이 꽤 있었죠. 검사가 기소를 거부했다가 검찰청에 사표를 내고 나온 경우도 있었어요. 용산 참사만 해도 김석기 전 서울경찰청장의 책임 논란이 좀 있었잖아요.

표　그 부분이 모호하죠. 기업에서도 그게 문제가 되거든요. 업무상 배임. CEO가 경영적 판단을 했는데, 주주들에게 엄청난 피해를 끼쳤다고 할 때 그게 경영 행위는 적법하지만, 결과가 안 좋은 것이냐.

지 적법한 행위인데 결과가 나빴을 뿐이냐, 아니면.

표 아니면 그 자체로 불법성이 있는 거냐. 그래서 형사 처벌은 별개로 치더라도 피해에 대한 보상, 배상 책임을 물을 수 있느냐, 이런 게 늘 논란이거든요. 그 사안도 똑같은 거죠. 결국 서울경찰청장의 지시 명령 행위가 그런 결과를 예견할 수 있는 상황이 있었고, 위험이 예견되었고, 절차가 위반되었으면 불법행위가 되거든요. 그러면 불법행위의 정도에 따라서 형사 처벌을 받을 수 있고, 아니면 민사상 손해배상 책임이 있거나 행정 책임을 물을 수 있는 거죠. 그게 정확하게 어떻게 이루어진 것이냐. 국회에서도 공방이 일었지만 논란이 많았어요. 공문에 적혀 있는 것 이상은 정확하게 그 당시에 무슨 일이 있었는지 모른단 말이죠.

지 검찰은 3,000페이지 가량의 수사 기록을 공개하지 않았잖아요.

표 그런 걸 보면 검찰, 경찰이 짝짜꿍이잖아요. 수사권 가지고는 다투는데, 이게 정권적 차원의 문제가 되면 둘이 그렇게 친해요. 국정원 사건도 똑같죠. 이게 일반적인 사건 같으면, 경찰이 미적거리면 검찰이 특임 검사를 내세워서 사건을 가져가든지, 수사 지휘를 내리든지 하거든요. 그런데 아무런 개입도 하지 않았잖아요.

지 법을 가장 잘 지켜야 될 분들이 법원의 판결도 존중하지 않는 건데요.

표 경찰이나 검찰이나 정치적 판단을 한다는 거예요. 저한테 자꾸 물어보는 것이 그런 겁니다. '이 사건에 대해서 사실이 드러난다면 대통령이 물러나야 된다는 겁니까?' 저는 거기에 대해서 관심이 없어요. 제 영역이 아니니까요. 그런데 경찰, 검찰은 그 생각을 하는 거예요. 그러면 안 되는 거거든요. 순경 한 사람이 수사를 하다가 나라가 망할 수도 있어요. 그 순경은 그걸 신경 쓰면 안 돼요. 끝까지 수사를 해서 진실을 밝혀내야 합니다. 그렇게 해서 나라가 망할 것 같으면 망해야죠. 범죄 수사를 통해서 나라가 망할 정도라면 그 국가는 존재 가치가 없는 악의 집단으로 볼 수밖에 없어요. 그런데 절대 안 망합니다. 망할 수가 없어요. 진실을 밝히고, 거기에 책임을 물으면 되는 거죠.

지 국가가 망하는 것이 아니고, 정권이 망하는 거죠.
표 그렇죠. 그런데 경찰은 늘 염려한다니까요. 이 사건의 파장이 어떻게 될까? 너무 친절하죠. 잘못된 수사로 무고한 혐의를 씌워서 한 인간이나 한 가정이 완전히 파괴되는 것은 별로 염려를 안 해요. 그런데 실제로 일어나지도 않을, 가능성이 크지도 않은 정권의 멸망에 대해서는 그렇게들 걱정을 해주고, 미연에 조심하고, 안 들어가려고 하고, 밝히지 않으려고 하잖아요.

5부
차가운 분노, 그리고 뜨거운 희망

16

경찰은 왜 거대 범죄에 가담해야 했는가?

_논쟁과 토론 속에서 발견한 희망

경찰의 수사 결론과 권은희 과장의 양심선언

지 이번 국정원 댓글 사건의 수사 결과 발표를 보고 허탈하셨을 것 같은데요. 4월 18일에 나온 '국정원 댓글녀' 사건에 대한 경찰 수사 결론은 국정원 직원이 정치에 개입한 사건이지만 선거법 위반은 아니라는 건데요. 권은희 전 수서경찰서장 수사과장은 외압이 있었다고 주장하고 있고, 경찰 수뇌부는 부인하고 있습니다. 늘 말씀하셨지만, 경찰에 대한 불신을 씻을 수 있는 좋은 기회를 놓침으로써 경찰에 대한 불신이 깊어질 것 같은데요.

표 착잡하죠. 왜 이렇게 사람 말을 안 들을까.(웃음) 애들도 아니고, 저한테 강의를 한 번씩 다 들어본 사람들이거든요. 경찰청장을 포함해서, 저보다 경력이 많더라도 각종 단계에서 만났기 때문에 허튼 소리를 할 사람이 아니라는 것도 알 텐데 말이죠.(웃음) 경찰 조직이 처한 현 상황과 국가적인 위기 상황, 무엇이 진실이냐의 문제, 답이 무엇인지는 들어가봐야 알 겁니다. 그런데 들어가보지 않고 엉뚱한 행동들을 하고 있는데요. 다른 사람들은 모르리라고 생각하고 있는 듯한 우매한 행보들이 너무 답답하고 착잡합니다. 이솝우화에 나오듯이 말을 물가로 데려갈 수는 있지만 물을 마시게 할 수는 없거든요. 무엇이 옳은지, 어떻게 해야 되는지 조언을 할 수는 있지만, 그렇게 하도록 만들 수는 없는 거죠. 그런 부분들이 너무 안타까워요. 그래서 아마도 이번 사건은 분명히 거의 100% 검찰에서 경찰 수사보다는 진전된 내용을 내놓을 것이거든요. 그렇게 되면 경찰이 하는 쓸데없는 논란, 권은희 과장의 주장을 둘러싼 쓸데없는 논란이 얼마나 부질없는 것인지가 드러날 겁니다. 경찰 조직 전체가 얼마나 허망하게 불신의 늪으로 빠져들지, 과거에도 유사한 일들이 있었죠. 박종철 군 고문치사 사건. 처음부터 말도 안 되는 변명으로 일관하고, 최고위급 경찰 간부 몇 명을 보호하기 위해서 경찰 조직 전체를 불신의 늪으로 빠져들게 했던 여러 사건이 있었죠. 그때만 해도 독재 시절이니까, 나라 전체가 그랬으니까, 시대가 그랬으니까 하고 넘어갈 수 있는데요. 지금은 안 그렇거든요. 경찰이 마음만 먹으면 얼마든지 권력의 눈치를 안 보고 할 수 있고, 최고위급 경찰 몇 명이 자기 이익만 무리하게 쫓지만 않는다면, 얼마든지 엄정하게 할 수 있거든요. 일선에서 수사하는 대로 놔두고, 내버려두면 됩니다. 고위 경찰 간부들은 바람만 막아주면 돼요. 어떤 연락이 오건 간에, 여당이건 대통령이건, '밑에서 최선을 다하고 있어서 어쩔 수 없습니다' 하고 바람막이만 해줘도 얼마든지 조직은 살 수 있는 거죠. 그런데 그렇지 않았다는 거예요. 물론 나중에 세세한 것도 입증이 될지 모르겠지만, 결과적으로 드러난 것을 본다면 오히려 경찰 최고위급 수뇌부에 있는, 몇 명인지는 모르겠지만, 고위 경찰관들이 권은희 과장을 포함한 일선 수사관들에게 압력으로 비쳐질 수 있는 행위들을 하고, 축소·왜곡 등이 이루어질 수 있도록 적극적인 노력들을 한 것으로 해석될 수 있는 그런 정황들이 보이는데요. 안타깝죠. 전국의 15만 경찰관, 정치적인 문제와 아무 상관없이 일하시는 분들이거든요. 얼마 전에도 정경감이죠. 자살하려는 사람 구하려다가 목숨을 잃은 분이라든지.

지 직전에 따님하고 주고받은 문자가 공개돼서 사람들을 슬프게 했었죠.

표 다이하드 경찰관, 부산에서 도주하는 차량에 몸으로 올라가서 막은 경찰, 묵묵히 임무만 수행하는 그 사람들을 몇몇의 수뇌부, 정치성 있는 경찰관들이 불신의 나락으로 빠뜨리고, 국민들이 이런 사건을 통해서 경찰관들을 본단 말이에요. 권력의 주구들, 너희들도 뭔가 늘 불이익하게, 부당하게, 편파적으로 할 것이라는 인식을 퍼뜨리면 일선 경찰관들도 일하기 어려워지는 거죠. 그런 것들이 너무 허탈하고, 안타깝고, 화가 나고 그렇습니다.

지 결국은 역사나 국민들을 보지 않고, 일부 권력을 봤기 때문에 진실이 드러나면 자기에 대한 평가가 범죄자로 남을 수도 있는데도 불구하고, 당장 눈앞에 있는 권력의 눈치만 봤단 건데요. 검찰의 수사 의지에 따라서 더 큰 상처가 될 수도 있지 않습니까? 수사 방해 같은 것들이 입증이 되면 몇 사람은 구속이 될 수도 있는 사안인데요. 벌써부터 '그것 봐라. 수사권 이야기하는데, 어떻게 줄 수 있느냐?', 이런 기사들도 나오더라고요.

표　치명타죠. 어떻게 본다면 외부에서는 잘 모르겠지만 최근에 김광준 부장 검사, 도망간 조희팔한테서 뇌물 받고, 그 이후에 여러 차례 뇌물을 받은 것을 경찰에서 밝혀냈잖아요. 그런데 검찰에서 특임검사라는 것을 임명하면서 사건을 가져갔어요. 그 전에도 그랜저 검사, 피의자 성추행 검사 같은 것들이 터지면서 검찰이 최고의 위기에 몰렸습니다. 지금 당장은 아닐지 몰라도 머지않아서 경찰의 수사권 독립이 되겠구나 하는 전망들을 줬던 상태거든요. 그런데 이 상황에서 몇 명의 고위급 경찰관들이 개인적이고 정치적인 이익에 의해서, 그동안 경찰들이 헌신하고 내외에서 도와줬던 모든 노력들을 다 날려버린 거예요. 경찰로 봐서는 역사적 죄인인 거죠. 절대로 잊어서는 안 될. 나중에 얼마만큼 죄상이 드러나고 입증되고 처벌받을지는 모르겠지만, 지금까지 추정되는 정황들, 드러나는 상황들을 본다면 그렇다는 거죠.

지　어떻게 보면 권은희 전 수사과장의 용기 있는 행동 때문에 드러난 건데요. 결국 내부 고발자가 된 거 아닙니까? 인터넷에서는 권은희 과장을 지키자는 이야기도 나오고 있어요. 경찰 내부에서는 괜한 일을 해서 경찰 조직을 어렵게 만들지 않았느냐는 시각도 있는 것 같은데요.

표　잘못 보고 있죠. 권은희 과장이 양심선언을 하지 않았다면 검찰 수사 과정에서 안 드러날 것이냐. 드러날 수밖에 없어요. 검찰이 경찰을 봐줄 조직이 아니에요. 사안의 중요성이라든지, 국민적인 불신들이 있는데, 뭐 하러 경찰들을 봐주려고 덮어주고 가려주고 하겠어요? 돌아가는 상황들이 분명히 비정상적이거든요. 어떤 연락이 있었는지 통화 기록 조사하고, 각각 관련자들 불러다가 참고인 조사하면 다 드러날 수밖에 없어요. 그렇게 해서 드러났을 경우는 경찰에 더 치명상인 거죠. 경찰 내에서 아무도, 내부에서 문제 제기를 하지 않았고, 항거하지 않았고, 경찰 모두가 꼭대기부터 발끝까지 한통속으로 조작, 왜곡, 축소했다. 이렇게 되는 거예요. 그걸 권은희 과장이 막아주는 거예요. 권은희 과장이 경찰을 곤혹스럽게 만들었다는 것은 정말 바보 같은 시각이죠. 반대로 권은희 과장에 대한 시민들의 보호 노력은 고맙기는 하지만, 그게 부각이 되면 마치 경찰 조직 내에서는 배신자 같고, 그만 아니었다면 그냥 넘어갈 수 있지 않았을까 하는 잘못된 시각을 만들어줄 수 있어요. 제가 볼 땐 그건 결코 아니에요.

경찰은 왜 무리한 수사 발표를 했는가?

지 수사 발표를 그렇게 빨리 한 것도 무리였었어요. 금방 드러날 수 있는 사안인데, 큰 사안을 주먹구구식으로 하고, 이번 발표도 사람들에게 조롱거리가 될 수 있는 발표였잖아요. '음주는 했으나 음주운전은 아니다', 이렇게 보이잖아요. 똑똑한 분들이 왜 그런 행동을 하는 걸까요?

표 첫째로는 과욕 때문일 가능성이 있는 거예요. 절체절명의 상황이었잖아요. 여기서 공을 세우느냐 마느냐. 이 기회를 놓칠 것인가 안 놓칠 것인가. 또 하나 의심되는 것은 당시 박근혜 후보 쪽에 유력한 인사로부터, 김무성 씨가 '지금쯤은 경찰에서 뭔가 나와야 될 것이 아닌가' 하는 공개적으로 이야기한 것은 확인이 됐거든요. 공개적인 이야기 이외에 추가적인 연락이나, 당신이 청장이 되느냐 마느냐는 여기에 달려 있다든지 하는 식으로 압박을 하고, 그 기회를 잡을 거냐 날릴 거냐 하는 상황이었다면, 차분한 미래 전망이나 분석 없이 무리한 행동을 할 수 있었겠다 싶어요. 두 번째는 확실한 이유지만, 김용판 당시 서울경찰청장이 수사의 문외한이에요. 수사를 해본 적이 없어요. 수사를 잘 몰라요. 그러니까 중간의 무리한 개입이 어떠한 문제를 야기할지에 대해서 잘 몰랐다고 볼 수 있는 겁니다. 그게 경찰이 가진 비극이에요. 검찰만 하더라도 중견 이상 간부들, 최종 검찰총장까지 수사 안 해본 사람들이 없단 말이에요. 다 수사해본 사람들입니다. 그런데 경찰은 경비, 정보, 경무, 이런 것들만 하다가 최고위급이 될 수 있어요. 일반인들이 생각하기에는 서울경찰청장이면 수사의 전문가, 베테랑일 것이라고 생각하지만 전혀 아니란 말이죠. 그러니까 일선 경찰관들의 수사의 어려움 같은 것들을 대단히 가볍게 여기는 거죠. 말만 하면 되고, 지시만 내리면 마음대로 조직이 움직일 것 같은 착각이 두 번째 이유일 수 있겠다는 생각이 들어요.

지 탁상행정 같은 거네요. 현장에 가본 적이 없이 '이렇게 하면 되는데, 왜 그걸 못해', 이런 식인 거네요.

표 그 이외에 사회 여론, 언론들의 반응 같은 것들에 대해서 정확하게 갈피를 못 잡고 있었던 거죠. 어차피 우리 내부 사정은 모를 것 아닌가 하는 생각. 그래서 자기가 서울청장이니까 시키는 대로 밑에서 하도록 만들어놓으면, 결국 내부에서 어떤 일이 일어나는지 외부에서는 모를 것 아닌가, 조금의 의심이 있을지는 모르겠지만 그대로 넘어갈 것 아닌가 하는 착각을 한 것 같습니다. 앞으로 일어날 일들에 대한 무지한 판단이었다고 봐야죠. 특히나 검찰이라는 존재가 기다리고 있다는 사실, 경찰 수사에서 끝이 아니거든요. 모든 경찰 수사 결과는 검찰에서 재수사하도록 되어 있는데, 아마도 '정권이 바뀌지 않고 이어지면 검찰도 한통속일 테니까 이 사건에 대한 축소·왜곡에 동참할 것이다'라는 오판도 세 번째로 작용하지 않았을까 하는 생각이 들어요. 그 오판의 배경에 검찰 측이든, 청와대의 누구건 검찰에 영향을 미칠 수 있는 이들 간의 연락 행위가 있었다면 더 확실하겠죠. 정확하게 어떤 일이 일어났는지 모르겠지만, 그런 가능성들이 점쳐지는 겁니다. 어떻게 그렇게 바보도 아니고 똑똑한 사람들이 우매한 행동을 했을까. 여기에 주로 그룹 싱킹이라는, 집단 사고의 오류라는 것이 작용했을 수가 있어요. 유사한 성향을 가진 사람들끼리 모여서 이야기를 나누다 보면 그들이 아무리 똑똑해도 한 가지 방향으로 생각이 모아지고, 그 생각의 오류, 실패 가능성들을 짚어보지 못하는 것을 집단 사고라고 하거든요. 과거 케네디 대통령 시절의 쿠바 피그만 침공의 실패 원인으로 지목되는데요. 김용판 서울경찰청장과 그 밑에 있는 사람들이 거의 다 예스맨이었을 가능성이 있는 거죠. 서울청장이 '이렇게 하는 게 어때?' 하면 '맞습니다, 옳습니다'라고 하고 '아닙니다, 이런 위험이 있습니다'라는 말을 아무도 안 해줬을 때, '쟤도 동의했고, 쟤도 동의했고, 쟤도 동의했으니까' 하고 생각했을 가능성이 있죠.

지 다들 똑똑한 사람들인데.(웃음)
표 그러니까 분명히 성공할 것이라는 생각들이 복합적으로 작용했던 것 같아요.

일선 경찰들을 보호하는 단체가 있어야

지   경찰 조직에서 가장 중요한 요소는 순경이어야한다고 하셨는데요. 철학의 문제잖습니까? 군대에서도 철학이 있는 지휘관은 결국 싸우는 것은 병사들이니까 병사들의 사기를 진작시켜줘야 강군이 된다는 생각을 하는데요. 정치군인들은 그런 데 대해서 관심이 없고 보이는 부분만 챙기다 보면, 밑의 병사들은 훈련받아야 할 시간에 장군들 온다고 청소하고 하다 보니까 사기가 떨어져요. 경찰도 그것과 비슷한 상황 같은데요.

표   그렇죠. 상당히 유사한 부분이죠.

지   경찰 조직도 일선에서 일하는 분들이 자부심을 가지고 할 수 있게끔 하는 뭔가가 있어야 될 것 같은데요. 지금 상황으로 봐서는 요원한 것 같습니다.

표   그게 절망스러운 거예요. 경찰 수뇌부에서 집단적인 철학의 형성과 상호 견제가 이루어져서 어느 한 사람이 혼자의 독단으로 경찰 전체를 좌지우지하지 못하게 하는 연합체적인 것이 만들어져야 하는데, 그게 아니란 말이죠. 서로 간에 경찰 외부의 권력자들에게 줄 대기를 하고 있고, 거기에서 자기 경쟁자에 대해서는 음해, 모함을 하고 있는 상태입니다. 경찰 전체를 위한 철학을 형성하고, 공동 노력을 할 수 있는 분위기가 안타깝지만 지금은 아닌 거죠. 여기에 대한 해결책은 외부에서 찾을 수밖에 없지 않느냐. 경찰에 대한 외부 통제, 그것도 검찰 같은 권력기관의 통제가 아니라 민주적인 통제 장치의 확보가 최우선입니다. 경찰은 오로지 법과 규정, 원칙, 그리고 훈련받은 전문성에 기반을 둔 작전, 법의 집행, 기술적인 부분만 하고, 정치적, 정무적 내지는 사회 전반의 상황을 고려한 판단 같은 부분들은 반드시 외부 민간 위원회의 통제를 받도록 하는 방안이 하나가 있어요. 또 하나는 경찰관 단체의 구성이 있어요. 가장 극단적인 형태는 경찰 노조겠지만, 경찰 노조만 있는 것은 아니거든요. 영국의 예를 들면 각 계급별의 단체가 있다고 말씀드렸잖아요. 그러한 각각의 단체들이 서로의 이익을 보호해주고, 견제하는 부분들이 이루어지니까, 예를 들어서 이번 사건처럼 권은희 과정이 곤경에 처해 있다고 했을 때 권은희 과장이 속한 경정, 경감급 단체에서 보호해줄 수 있는 겁니다. 그 밑에 있는 일선 실무자도 마찬가지고, 상부의 부당한 지시가 내려온다고 하면 그것을 느낀 사람이 자기 단체에 이야기를 해줄 수 있는 거죠. 내가 총경으로부터 청탁성 압력을 받았다, 그러면 단체에 문제 제기를 하고 해당되는 사람을 처벌할 수 있는 거거든요. 경찰 내부의 계급으로 이해를 달리하는 집단들이 형성이 된다면, 상호 견제와 균형을 통해서 계급 높은 한 사람이 어처구니없이 조직 전체를 마음대로 좌지우지할 수 있는 문제는 막을 수 있게 되는 거죠.

지 프랑스는 경찰 노조가 있지 않습니까? 경찰이 특수한 직업이긴 하지만, 상부와의 관계로 볼 때는 노동자이기도 하기 때문에 스스로의 권리를 지키기 위해서 필요하다는 건데요. 우리나라는 그런데 대한 인식이 굉장히 부족하지 않습니까? 공무원 노조를 불법적으로 생각하고, 교사 노조도 그래요. 경찰관이 노조 만든다고 하면 난리가 날 텐데요.

표 종북 좌빨 이야기가 나오는 거죠.(웃음) 유럽연합의 경우는 EU 가입국에 대한 권고 자체가 경찰관 노조, 공무원 노조를 인정하라는 겁니다. 시대정신인 거죠. 민주주의 사회가 어떤 것인가에 대한 부분들을 우리가 한번 눈여겨볼 필요가 있다는 겁니다. 우리가 어떤 사회를 지향하는가. 분단을 가지고 자꾸 현재의 정치적 수준에 대한 물음들을 반대를 하는데요. 과연 분단이라는 것이 민주주의에 대한 중단과 방해의 전가의 보도가 될 수 있겠느냐, 그건 아니라고 보거든요. 다른 유럽 국가들도 우리 같은 분단은 아닐지라도 유사한 형태의 위험에 처한 경우가 많아요. 영국도 IRA로부터 수십 년간 직접적인 폭탄 테러도 당해왔고, 테러와의 전쟁도 미국과 같은 차원에서 노출돼 있죠. 그럼에도 불구하고, 안보와 연결된 치안의 중추를 담당하는 경찰관들에게 노조 허용을 한 것을 EU 자체의 조건으로 두고 있다는 거죠. 그런 점도 눈여겨봐야 합니다. 오히려 공산주의나 전체주의 사회가 경찰관 노조를 반대하죠.

지 아직도 전체주의적인 사고가 남아 있어서 그런 것 같은데요. 개인이 피해를 주장할 때는 자꾸 그것 때문에 조직 전체가 망신스러워 보이는 일은 막아야 된다고 하면서 이익을 챙기는 사람들 때문에 그렇게 됐던 것 같습니다. 군대 같은 특수한 조직에서는 단체 행동을 어느 정도 제한할 필요가 있을지는 몰라도, 기본적으로 구성원들이 하나의 인격체로서 존중받아야 된다는 개념으로 생각할 수 있지 않습니까?

표 예를 들어서 미국이나 캐나다나 유럽 여러 국가들은 경찰관들에게 단체행동권까지 주거든요. 파업도 할 수 있어요. 그런데 우리는 그걸 안 줄 수도 있단 말이죠. 분단이라는 조건 때문에. 단체결성권과 단체교섭권까지만 줘도 됩니다. 노조가 아니라고 하더라도 직장협의회 같은 것을 허용해줘도 돼요. 어쨌든 단체 형성에 대해서 공감대를 형성하고, 지지하고, 보호해주고, 공통의 철학과 윤리와 정신을 주장해나가고, 국민 앞에서 신뢰받을 수 있도록 서로 노력하고, 이렇게 해주는 것이 훨씬 낫다는 거죠. 그런데 그렇지 않고 계급 높은 사람들이 아랫사람을 지배 통제하는 노예 신분제 같은 조직 상태란 말입니다. 이게 도대체가 사기가 떨어질 수밖에 없어요. 계급 낮은 사람들은 당당하지 못하고, 자신 있지 못해요. 명령, 지시를 받지 않는 한 과감하게 행동하지 못한단 말이죠. 일부러 그렇게 만들고 있습니다. 국회의원 등 높은 사람들 나쁜 짓 하는 것 잡을까봐 그게 겁나서 그런 것 같아요. 민주 사회니까, 이제는 경찰관들이 계급에 상관없이 본인의 임무를 자신만만하고 정정당당하게 수행할 수 있게 해주려면 스스로를 보호할 수 있는 단체가 시급합니다.

지 스스로 결정할 수 있는 권한을 주고, 거기에 따른 책임과 권한을 줘야 할 텐데요. 그렇다 보니까 책임을 지우는 데도 애매한 것 같아요. 요즘은 스포츠도 창의적인 플레이를 하라고 하고, 상황에 맞춰서 생각하는 플레이를 하라고 요구하잖아요. 경찰도 그렇게 될 때 훨씬 강한 조직이 될 것 같은데요.

표 그렇죠.

대통령과 검찰은 어떤 선택을 할 것인가

지   검찰도 이번 수사가 부담스럽긴 마찬가지일 것 같은데요.

표   부담스럽죠. 또 하나는 의지는 있어도 현실적으로 어느 정도까지 가능할 것인가 하는 문제도 있죠. 증거가 어느 정도 확보돼 있고, 과연 입증할 수 있느냐. 왜냐하면 4개월 여가 흐르는 과정에서 증거에 대한 엄청난 인멸이 이루어졌을 가능성이 높아요. 공모 부분들, 서로 말도 맞추고 하는 상황에서 과연 검찰이 얼마나 더 입증할 수 있느냐의 문제도 남아 있죠. 검찰이 성역 없이 끝까지, 만약에 혐의와 단서가 발견된다면 현직 대통령에 이르기까지 갈 수 있느냐 하는 것이 하나의 의문예요. 둘째로 그런 의지가 있다고 하더라도 국민들의 눈높이, 갈증, 의심, 의혹들을 모두 충족시켜줄 수 있는 입증을 할 수 있느냐. 이 두 가지가 상당히 심각한 문제가 되겠죠. 검찰도 여유로운 상황은 아닙니다. 어쨌든 경찰이 내놓은 수사 결과보다는 상당한 진전된 수준의 내용들은 내놓을 겁니다. 그건 국정원 측과의 타협을 통해서도 가능해요. 심리 전담반 10여 명만 더 내놔라든지, 그 윗선 국장까지만 치자든지, 아니면 원세훈 전 국정원장까지만. 이 정도 선은 최소한 나오지 않겠느냐, 그 이상이 과연 나올까 하는 부분은 수사 의지 문제와 입증 가능성 문제, 이 두 가지에 달려 있다고 봐야죠.

지   성공한 쿠데타는 처벌할 수 없다는 식으로 정권이 재탄생했으니.(웃음)

표   '미디어오늘'에 기고한 글이 있는데요. 거기 책임의 한계까지 언급을 해놨어요. 박근혜 대통령이 책임을 져야 된다면 어떤 책임을 어떻게 질 것인가 하는 부분까지 써놨거든요. 법적인 책임이라는 것, 당선 무효나 하야 같은 결과가 나오려면 박근혜 대통령이 후보 시절에 국정원의 선거 개입 사실을 알고 있어야 해요. 여기에 동조, 동의를 해야 합니다. 그것이 입증이 돼야 해요. 첫째로 그것을 입증할 검찰의 의지가 있느냐, 둘째로 그런 증거를 확보해서 입증할 수 있느냐의 문제거든요. 제가 볼 때는 거의 불가능하지 않겠는가 하고 보고 있어요. 사실 몰랐을 수도 있어요. 박근혜 후보는 전혀 모르는 상태에서.

지 전 정권에서 알아서 했을 가능성도 있죠.
표 원세훈 전 국정원장이 자신이 충성을 바치는 이명박 전 대통령과 측근 무리들의 비리, 부패들을 덮고 감추기 위해서 박근혜 후보 측과 상관없이 벌인 공작일 가능성도 크거든요. 정권 바뀌면 자기들은 끝장이 나니까. 그렇게 될 경우 검찰이 국민이 만족할 수 있는 수준까지 내놔야죠. 대신에 그런 결론이 내려지고 나면 박근혜 대통령은 몰랐지만, 잘못은 했단 말이에요.

지 수혜를 입었죠.
표 그리고 전폭적으로 선거 유세에 활용했잖아요. 국정원 여직원의 인권을 내세우고, 민주당의 거짓 허위 공작이라는 것을 주장을 하면서 공격을 했죠. 특히 경찰의 중간 수사 결과 발표 때문에 갑작스럽게 3차 맞장 TV 토론이 끝나고 나서 밤 11시에 TV 자막에 "경찰, 국정원 직원 댓글 발견 못해", 이런 게 뜨고, 월요일 조간신문 1면에 빵빵빵빵 나왔단 말이에요. 그 효과가 분명히 있었겠죠. 그런 부분들 모두 포함해서 사과는 분명히 해야 됩니다. 자신이 몰랐기 때문에 행했던 발언들과 어떤 의미에서든, 어떤 형태로든 선거 결과에 영향을 미쳤을 부분에 대해서 인정하고 사과해야 됩니다. 그리고 그에 대한 도의적인 책임을 앞으로 국정 운영을 함에 있어서 좀 더 민주적으로 해야 해요. 야당과 협력하고, 국민 편에서, 그리고 다음 대통령 선거 때는 이런 일이 없도록 재발 방지책 마련을 약속해야죠.

지 옛날에 '당신들 조상 친일파 아니었냐?' 하면 숨기기 바빴는데요. 어느 순간 사람들이 뻔뻔해져서 '옛날에 안 한 사람 누가 있어?'라는데요. 이것도 '원래 북한과 싸우려면 이런 게 필요해'라고 하면서 공식화하려는 시도도 있는 것 같습니다. 진실이 드러나면 오히려 뻔뻔하게 정면 돌파를 하고, 그게 굳어져버리는 경향도 있는 것 같은데요. 친일파들이 요즘 큰소리를 치는 논리가 어느 정도 먹혀드는 것처럼요.

표 현 국정원장과 대통령, 법무장관도 요새 이상한 이야기들을 하고 있던데요. 정부 차원에서 만약에 '실상 이런 일이 있었지만 우리나라를 북한의 위협으로부터 지켜내기 위한 합법적 활동이었고, 선거와는 상관이 없다', 이렇게 나오면 국민이 반으로 갈릴 수밖에 없고, 80년대식의 투쟁이 될 겁니다. 그런 문제가 없도록 하기 위해서 제가 무리수를 많이 뒀거든요. 야권 지지 성향의 국민들 중 일부는 상당히 지금 격앙되어 있어요. 자꾸 거리로 나오려고 하고 있고, 민주당을 압박해서 거리로 나오게 하려고 하고 있어요. 그런데 만약에 지금 순간적인 체면 내지는 정통성의 흠결, 이런 것들을 막기 위해서 전 정권의 행동을 정당화시키고 앞으로도 그렇게 해나가겠다는 식으로 나온다면 그것은 비극이죠. 비극이 될 수밖에 없어요. 그런데 그렇게 안 하리라고 봐요. 어쨌든 이명박 정권 시절에 행해진 행태들을 박근혜 대통령도 여러 차례, 특히 원세훈의 국정원 운영에 대해서 공개적으로 비판적인 이야기를 해왔거든요. 아마 절대로 그렇게 하지는 않을 것이라는 생각이 들어요.

지 느낌상으로는 과거로 돌아간 느낌은 들더라도 예전처럼 군대를 동원하거나 할 수 있는 시절은 아니니까 그 사람들도 함부로 할 수 있을 것 같진 않은데요. 양쪽 의견이 나뉘져서 격렬하게 싸우는데, 좁혀 지지 않는 평행선 같은 주장이지 않습니까?

표 한 가닥 기대는 박근혜 대통령이 국민의 어머니 같은 대통령이 되겠다고 했던 그 마음이 정말 순수한 부분이 상당히 많으리라고 기대를 해요. 왜냐하면 그분이 살아오신 생애를 보더라도 분명히 의혹도 많고, 정수장학회 문제라든지 많은 부분에서 문제들이 있는 것은 맞죠. 그런데 어쨌든 부친이 대통령인 시절에, 모친이 국민 다수의 사랑과 존경을 받았던 국모 역할을 했던 모습들을 지켜보면서 어쩔 수 없이 국민과 국가 전체에 대한 책임을 느꼈을 것 같아요. 조금은 시대에 뒤떨어져 있는지는 몰라도 정말 공주 같은, 내가 보살펴야 할 백성이다 하는 이런 인식들이 언뜻 보이거든요. 그런 부분들 중에서 긍정적인 부분들을 기대하는 거죠. 그래서 절대로 국민과 국가가 퇴보할 행동은 하지 않으리라는 기대가 있습니다. 다만 문제는 그 밑에 있는, 청문회 과정에서 드러났지만, 도덕성이라든지 성실성 같은 부분에서 신뢰할 수 없는 사람들이 장관이 너무 많이 됐단 말이죠. 그 사람들이 다른 방향의 조언을 할 가능성이 높을 수 있는 거죠. '하나 하나 받아주고 물러나면 큰일납니다', 이런 식인 거죠. 오늘도 깜짝 놀란 것이 황교안 법무장관이 "지금 우리나라가 1950년대 미국보다 위험한 상태니까 표현의 자유가 제약돼야 된다"고 했는데요. 이건 법무장관이 할 수 있는 이야기가 아니거든요. 정말 위험한 이야기예요. 구시대적인 이야기고 유신으로 돌리겠다는 협박 같은 이야기거든요. 이게 중앙일보 1면에 나왔어요. 그런 것들이 제일 겁나는 거죠. 이런 분들이 로펌에 들어가서 전관예우 수억 원씩 받고, 청문회 나와서 사죄하고 안 하겠다고 해놓고, 장관 되자마자 대국민 협박을 한다는 것이 말이 되나요? 그 휘하에 검찰청이 있는 거거든요. 그리고 국정원 사건을 수사하는 거예요. 혹시라도 말이 실수가 아니고 어떤 의도를 가진 거라면 대단히 우려스러운 상황이라고 볼 수 있는 거죠.

지 정권 초기 검찰 인사도 핵심적인 요직에 TK들을 임명하는 것도 문제인 것 같은데요. 사람을 쓰는 것 자체가 어떻게 국정 운영을 하겠다는 의지를 보여주는 건데요. 법무장관도 그런 인식을 가지고 있으면 결국 부딪힐 수밖에 없지 않습니까? 처음엔 사람들이 위축되겠지만, 눌려져 있는 것이 튀어나오면 큰 충돌이 있을 수밖에 없는데요.

표 그게 제일 겁나고 피하고 싶은 거예요. 얼마나 많은 희생이 뒤따릅니까? 경찰관들도 희생할 수밖에 없거든요. 거리에서 시민들과 싸우는 일이 좋은 게 아니거든요. 제가 그걸 겪어봤기 때문에 후배 경찰관들에게, 전경들에게 그런 상황을 만들어주고 싶지 않아요. 그래서 제가 타협적인 이야기를 하는 겁니다. 대통령과 정부가 택할 수 있는 변명거리도 자꾸 제공하고 있어요. 야권 성향과 진보 쪽의 지지를 받음으로써 예를 들어 타협이 필요할 때 그분들에게 부탁을 할 수 있는 거죠. '저쪽에서 이 정도 사과를 했으니까 받아주고 인정합시다. 그리고 5년간 대통령이 제대로 할 수 있도록 도웁시다', 이렇게 함으로써 거리 충돌이 일어나지 않도록 하고 싶은 거예요. 그런데 정부 일각에서 자꾸 오판을 하고, 시민들을 자극하고, 둘로 나누고, 국론 분열을 하고, 자꾸 북한 문제를 들먹이면서 안보 내세우고, 색깔론 들이밀고, 이렇게 나가면 그건 비극입니다. 그러면 어쩔 수 없어요. 저도 어떻게 할 수 있는 도리가 없는 거예요.

지　전쟁 나면 다 죽잖아요. 북한이 미친 척 나오니까 오히려 이성적으로 이야기들을 하더라고요.(웃음)
표　거기다가 문제는 주가가 떨어진단 말이에요. 기업들이 가만 안 있는 거죠. 삼성부터 시작해서. 이제는 함부로 그렇게 이야기를 못하는 거죠. 그런데 북한을 자극하는 것이 아니라 비판적인 지식인이나 시민들을 종북으로 몰아가는 것들은 또 다른 차원이기 때문에 그런 것들은 계속할 수가 있어요.

범죄와의 전쟁식 접근

지　영화 〈살인의 추억〉을 봐도 그렇구요. "정권의 정통성과 민주주의의 확립이 사람의 생명을 살린다는 사실을 절실히 체득하게 해준 사건"으로 김선자 독살 사건, 심영구 사건을 드셨습니다. 실제로 그런 게 많지 않습니까? 치안 같은 데 동원돼야 할 경찰력이 정권 안보 차원으로 동원되는 경우가 많아지면 일어나는 사건도 해결하지 못하는 것뿐만 아니라 '과연 경찰이 누구를 위해 존재하나?' 하는 근본적인 문제가 제기될 수 있을 것 같은데요. 범죄와 인권, 민주주의의 상관관계에 대해서 고민하는 사람들이 우리 사회에서 드물다 보니까 그런 이론이 확립돼 있지도 않은 것 같아요. 그런 문제를 계속 제기해줘야 사람들이 고민할 수 있을 것 같은데요. 따로 논다는 느낌이 들거든요.

표 예를 들어서 경찰이 칼이라고 한다면, 이 칼을 요리하고 보탬이 되는 곳에 쓰도록 해야 될 것 아니에요. 칼이 잘 갈려서 날카롭게 쓸 수 있도록 하는 것은 그다음 문제잖아요. 지금 우리나라에서 일어나고 있는, 특히 경찰 관련 학계에서 일어나는 논의나 연구들이 모두 칼을 날카롭게 가는 데만 집중이 되어 있습니다. 기술, 기법 문제, 어떻게 효율적으로 할 수 있는가, 외국은 어떻게 해서 그렇게 효율적으로 하고 있는가. 그렇게 해서 갈아봐야 이 칼이 여기저기 잘못된 곳에 쓰이고, 사람 손 베고 다치게 하는 문제가 생기면 못 쓰게 된다고요. 칼은 위험하다는 취급을 받게 되는 거예요. 국민들이 느끼는 부분은 지금 그런 상황이거든요. 칼이 제대로 쓰이고 있느냐 하는 시비 때문에 제대로 사용되지 않으면, 잘려야 될 곳이 안 잘려나가게 되는 거죠. 현장에서 경찰관들이 다른 데 신경 안 쓰고, 어떻게 하면 우리 동네 주민들을 안전하게 할까, 이렇게 해야만 예방도 되고 범죄자도 빨리 검거가 되는 건데요. 그것보다는 지금 안보가 더 문제고 사회혼란이 더 문제니까, 경찰관들한테 '빨리 사이버상의 종북을 찾아내라'든지 '거리로 나와서 시위 진압을 해라', 이렇게 되어버리면 범죄자들만 신이 나는 거죠.

지 지난번에 지적하셨던 문제가 계속 발생하고 있는 건데요. 대통령이 4대악을 척결하자고 하니까 금융 관련 범죄를 수사해야 될 인력이 불량식품 단속 실적 때문에 다른 업무를 볼 수 없다는 현장의 볼멘소리가 나오는 것 같은데요. 그런 것도 문제가 되잖아요.

표 다 연결돼 있는 거예요. 국정원 사건하고도 연결이 되어 있는 거예요. 위에서 찍어 누르면 자기가 하던 수사를 중단하고서 불량식품 단속을 하러 나가야 되거든요. 왜 잘못된 건지를 아직까지도 모르고 있어요. 경찰청이나 지방경찰청 단위에 있는 펜대 물림, 책상물림으로 있는 행정가들은 그게 잘못됐다는 것을 인식도 못하고, '대통령 관심사인데, 너희들은 왜 열심히 안 뛰느냐?'고 자꾸 일선 경찰관들을 채근하고 실적 경쟁을 붙이고 있어요. 그러다 보니까 국정원 사건에 대해서 문제를 제기해도 '대통령과 국가를 위해서 행하는 것들에 대해 왜 문제 제기를 하느냐, 조직을 불편하게 만들고 할 필요도 없는 이야기를 외부에 떠들어서 곤혹스럽게 하고, 경찰 조직에 불이익을 초래하느냐?', 이런 이야기가 나오는 거죠.

지 예전에 삼청교육대도 그렇고, 범죄와의 전쟁도 그렇고, 정권 차원에서 이용했다가 시간이 지나면 정치권력들이 다른 깡패들을 이용해서 야당 창당을 방해하게 해서 전국구 깡패로 만들어주고, 영웅으로 만들어주는 역사가 반복돼왔는데요. 그러니까 사람들에게 불신이 쌓여 있는 거죠. 뭘 한다고 해도 민생 때문이 아니고 정권 유지 차원에서 한다는 느낌이 들고, 일시적으로 저러다 말겠지 하는 생각이 드는 거죠.

표 그걸 범죄와의 전쟁식 접근이라고 하죠. 범죄학에서는 엄청나게 비판하는 영역인데도, 여전히 다시 사용할 기미를 보이고 있어요. 가장 큰 문제가 뭐냐 하면 절차의 합법성이 결여돼 있다는 거예요. 삼청교육대건 조폭 때려잡는 범죄와의 전쟁이든 간에, 여론과 힘을 사용해서 경찰과 군을 풀고 '일단 전과가 있거나 의심되거나 신고가 있으면 다 때려잡아', 이렇게 되거든요. 처음에는 좋아 보이죠.

지   일단 속이 시원하죠.
표   그게 조금 있으면 말씀하신 것처럼 일부 정치와 연결된, 현 정부와 연결된 조폭들은 잠시 숨어 지내고 있다가 오히려 무주공산에서 패권을 쥐는 현상을 보여요.

지   거대한 악이 되는 거죠. 그냥 동네 양아치를 잡아넣고, 전국적인 조폭이 생기는 건데요.
표   또 하나의 문제는 뭐냐 하면 어쨌든 악을 척결하기 위한다는 명분이 있었지만, 정부와 경찰과 국가가 불법적인 행동을 할 수 있구나, 하는 이미지를 주는 거예요. 필요하기만 하다면 얼마든지 법을 어길 수 있구나. 국민들이 명확하게 알지는 못해도 무의식적인 기억 속에 남아 있다 보니까 못 믿는 거예요. 나나 우리 그룹이나 세력을 타깃으로 삼는다면 정부나 국가, 검찰 등의 권력기관은 언제든 절차를 무시하고 자기들 마음대로 우리를 잡아넣을 수 있겠구나, 하는 생각을 하는 거죠. 그게 얼마나 심각한 문제인지를 깨닫지 못하고 있어요. 조폭이 문제라면 가장 좋은 방법은 경찰과 국가가 철저하게 법 절차를 준수하면서 장기적으로 수사하고, 증거를 잡아서 그들의 불법 수입들을 조사해서 몰수하는 노력을 계속하는 거예요. 그런데 그런 노력들을 한 번도 해본 적이 없어요. 저놈 저놈 잡아넣어서 언론 플레이 빵 하고, 그놈들은 조금 있다가 별 달고 나와서 더 심한 조폭이 되고, 이것밖에 안 되는 거죠. 그런데 문제는 일부, 뭐라고 해야 할까, 특히 보수라는 일부의 시민들은 '그때가 좋았어, 요즘 경찰이 너무 약한 것 같아, 인권이 무슨 필요 있어, 절차가 무슨 필요 있어', 이런 식의 이야기를 하고 있거든요. 그것이 잘못됐다는 것을 학교에서, 정부에서, 언론에서 보여주고 알려줘야 합니다. 그런데 안 알려주잖아요. 그런 것들이 국가적으로 바뀌어야 될 부분이고, 국가적인 철학이 바뀌어야 될 영역이라는 겁니다.

일베와 싸우면서 발견한 희망

지 시민들이 권력을 감시하고 비판해야 이 사람들도 긴장할 텐데요. 우리나라 국민들도 불쌍한 것이 진짜 힘 있는 사람들한테 분노하자니까 뭔가 무섭고 자꾸 소송한다고 하니까, 제일 만만한 게 연예인이잖습니까? 분명히 불평등에 대한 분노 의식들은 있는 것 같은데요. 센 놈 물고 늘어지면 감옥 갈 것 같으니까 군대 문제는 유승준한테 투사해버리고, 학력 문제는 타블로를 물고 늘어지는 방식이거든요. 그 에너지를 정말 공인한테 문제 제기를 하는 방식이었으면 좋을 것 같은데요. 정말 힘 있는 권력자에게는 10만 명씩 모여서 '진실을 요구합니다'라고 하지 못하잖아요. 씁쓸하기도 하고 뭔가 두려워서 그런 걸 텐데, 그러면 문제가 왜곡이 되지 않습니까?

표 그게 일베 현상이죠. 제가 토론을 해봤잖아요. 그 친구들하고 이야기를 해보니까 자기들도 하소연을 해요. '우리를 나쁘게만 보지 마라. 왜 그렇게 됐는지 아느냐. 우리가 10년 동안 김대중, 노무현 정부 시절에 기대를 가졌었다. 그들이 겉으로 말한 것과 달리 자기들도 측근 비리하고, 불리하고 안 좋으면 탄압하고 그러더라. 그래서 배신감이 컸다. 그래서 이놈이나 저놈이나 똑같다는 생각 때문에 그렇게 한다'는 거예요.

지   그러면 양쪽 다 공격해야죠.(웃음)

표   이놈이나 저놈이나 똑같다는 거죠. 그게 그들의 정당화 논리예요. 그래서 신상 털기로 시작하면서 모든 윤리, 도덕을 무시하고, 사회규범 다 개뿔이고 겉으로는 주장하고 있는 놈들이 안 지키니까, 우리는 처음부터 병신 인증을 내세우고 윤리도 안 지킨다, 존댓말 쓰지 않는다, 욕으로 시작한다, 거꾸로 가는 하위문화를 형성했다는 거죠. 그러면서 신상 털기를 통해서 위선적인 사람들, 된장녀부터 시작해서 고고한 척 하면서 뒤에서는 말도 안 되는 짓들을 하는 사람들을 찾아내는 재미에 시작한 거예요. 문제는 이번 대선과 관련된 시기부터 시작된 건데요. 제가 볼 때는 어떤 세력이 분명히 있어요. 5공 세력일 수도 있고 국정원 세력일 수도 있어요. 이들이 이상한 정보와 논리들을 일베 쪽에 공급하면서 일베적인 놀이로 만들도록 해낸 정황이 있습니다. 아무리 스스로 떳떳하다 해도, 지탄받고 음지에서 찌질이 같은 모습으로 있는 것이 자기들에게도 좋지 않단 말이에요.

지   선거 국면에서는 대통령을 만든 게 돼버렸으니까.

표   그렇죠. 자기들이 뭔가 이 사회에 기여를 하는 듯한 모습이 된 거죠. 그러다 보니까 일베 내에서도 여러 가지 논란들이 있는 것 같아요. 저한테 연락하는 사람들은 일베가 정치화된 것이 안타까운 건데요. 그렇다고 일베를 욕만 해서는 해결되지 않는 것 같습니다. 일베 현상도 지금 말씀하신 정치권력에 대한 두려움이고, 실망과 냉소주의인 겁니다. 해봐야 소용없다, 그리고 저들도 똑같은 놈들이다. 특히 정치인들이라면 야당이건, 진보를 내건 놈들도 결국은 똑같은 놈들이라는 불신과 냉소가 깔려 있다 보니까 도덕이나 이념 같은 가치 기준이 없는 겁니다. 아무것이나 해도 되고, 우리 즐거움이 최고다. 그게 이상한 종북 논리, 반공 논리, 안보 논리와 만나면서 일베가 대선에 개입하게 되고, 인터넷 전체가 색깔론으로 물들게 되는 것 같아요. 참 이건 문제인 건데요. 문제이긴 하지만 그걸 정확하게만 분석해내고 파악해내면 희망적인 것도 보입니다. 그래서 제가 일베하고 싸우면서 그런 희망을 발견하는 거예요. 힘이 없고, 시간도 없지만, 마음먹고 이 친구들과 커뮤니케이션을 해나가면 긍정적인 힘으로 바꿀 수도 있겠다 하는 생각이 들어요. 안에 있는 불순한 세력들과 불순한 논리들과 유입된 이들의 실체를 드러내면서 해체시키고, '오유 같은 진보적인 젊은이들과 결국 너희들이 생각하는 것이 다르지 않아. 똑같아'라고 하면서, '정치권력의 문제들을 포기하지 말고, 냉소하지 말고, 정면 대응해서 바꿔나가고, 어느 한쪽에 속하지 말고 건전한 시민 비판 세력으로서 감시하자', 이렇게 자리매김을 하면 우리도 충분히 선진국가의 민주주의를 이룰 수 있겠다는 희망을 좀 발견했어요.

지   오유와 일베가 서로 진보와 보수로서 적절하게 견제하고 인정할 것은 인정하게 되면 훨씬 좋은 방향으로 갈 수 있겠네요.

표 일베 현상은 절대로 보수가 아니에요. 보수가 뭔지도 몰라요. 상당수는 그냥 반항 심리, 겉으로 깨끗하고 좋은 척 하는, 소위 말하는 진보적 지식인과 진보적 정치인에 대한 혐오와 반감으로 그 반대편에 서 있는 거예요. 그런 것들을 해체시키고 이념적으로 하려면, 정계 개편처럼 전체 시민들이 다시 한 번 논의를 해서 정말 보수인 사람은 보수 쪽으로, 진보인 사람은 진보 쪽으로, 중도인 사람은 중도인 쪽으로 나뉘면 좋을 것 같아요. 그리고 서로를 존중하면서 경쟁하고. 시민들 간에 인터넷을 중심으로 한 공론의 장에서 계속 서로 공방하고 논쟁하고. 그렇게만 돼도 지금 같은 어처구니없는 불법적인 선거 개입과 이게 통하고 먹혀드는 상황은 막을 수 있을 것 같아요. 이 모든 것을 놀이처럼 해야죠.

17

정의는 천천히, 그러나 반드시 온다
_ 희망을 위한 전제조건들

한국의 과학수사가 발전하기 위해서

지 한국의 과학수사가 발전하기 위해서는 지금 시점에서 어떤 것들이 필요할까요?

표 첨단 장비 같은 것들을 자랑하겠다. 이건 잊어버려야 될 것 같아요. 기본, 기초, 과연 과학수사를 행하는 사람이 누구인가, 그들에게 어떤 자격이 있는가, 어떤 훈련을 받는가, 사람에 대한 것이 하나가 있을 거예요. 그다음에는 절차, 현장의 발견과 보존에서 법정에 이르는 그 모든 과정이 투명하고 객관적이고 엄정하게 이루어지느냐, 오염이나 오류의 가능성이 차단되고 있는가 하는 것을 봐야겠죠. 지금은 그런 절차 확립이 안 되어 있거든요. 절차의 확립, 증거의 무결성 같은 기초가 일단은 가장 중요하다고 생각해요. 그다음에 중요한 것이 민간 영역의 과학수사 시장이 좀 열려서 국가와 견제, 경쟁하는 시스템이 돼야죠. 경찰과 검사를 위한 자체적인 과학수사도 있고, 국과수도 있잖아요. 그러면 피의자, 피고인을 위한 과학수사 서비스도 있어야 된다는 거죠. 낙지 보험 살해 의혹 사건 같은 경우에 피해 유가족에게는 정말 죄송한 말씀이고 너무나 화가 나고 안타깝겠지만, 어쨌든 그런 가능성, 억울함을 씻을 수 있는 민간의, 피고인을 위한 과학수사가 존재하는 모습을 보여줬단 말이에요. 만약에 그게 정말 잘못됐고 피고인이 범죄를 저지른 게 맞다면, 검찰과 경찰 측에서, 국가적인 역량을 가진 국과수가 대법원에서 지금보다 더 입증력을 강화시켜서 유죄판결을 이끌어내야 되는 거죠. 앞으로도 그렇게 견제와 균형이 이루어지면 당연히 경찰과 검찰, 국과수도 지속적으로 노력할 수밖에 없고, 연구할 수밖에 없는 겁니다. 혹시나 이렇게 큰 사건에서 패퇴함으로써, 오명을 쓰고 이미지가 하락되는 이러한 실패를 맛보지 않기 위해서라도 노력을 하게 되는 거예요. 그다음에 민간 시장이 열리면 학생들도 과학수사에 관련된 직업을 꿈꿀 수 있는 거죠. 대학에서 학과도 개설되고.

지   일자리가 많이 생기겠네요.

표   일자리도 많이 생기고, 연구도 진행된단 말이에요. 그게 전반적인 대한민국의 과학수사 수준을 높이는 겁니다. 의사들도 그렇잖아요. 가정의학 같은 분야도 경쟁도 많고 너무 손실들이 많단 말이에요. 차라리 이럴 때 법의학이라는 영역이 상당히 전망이 있는 하나의 시장으로, 직종으로 자리 잡게 된다면 멋도 있고, 셜록 홈스 같은 모습도 되고, 그렇게 됐을 때 의대에 진학하는 학생들 중에서도 상당수는 법의학자, 법의관을 꿈꾸면서 마음속에 정의감과 명예심이 깃드는 젊은이들이 나타날 수 있습니다. 과학자들도 마찬가지예요. 그게 결과적으로는 전반적인 대한민국의 과학수사 수준을 높이게 된다고 생각해요.

지 고위층일수록 책임감, 인권 의식을 같이 가져야 될 것 같은데요. 영국 경찰들은 신무기를 도입하려면 이걸 과연 시민한테 써도 되는지 스스로 맞아본다고 하셨잖아요. 우리한테는 그런 모습이 없거나, 최소한 시민들에게 그런 모습이 안 보이잖아요. 추운 겨울날 물대포를 쏘기도 하고, 이게 저 사람들에게 어떤 영향을 미칠지보다는 윗사람들에게 가시적인 성과를 보여주기 위해서 빨리 해산시키려고 최루액을 마구 뿌린 적도 있어요. 사람들에게 별다른 실험을 안 해본 것을 끄집어내서 쓴 적도 있는 것 같아요.
표 가장 대표적인 게 쌍용자동차 농성 현장인데요.

지 그동안 남아 있는 최루액 재고의 1/3을 그날 썼다는 이야기도 있던데요.
표 그때 현장 실험을 했는데, 플라스틱인가 뭔가가 전부 녹아내리는 모습을 보인 적이 있어요. 낭패를 당했던 적이 있었죠.

지 노동자들에게 피부병이 생기기도 했잖습니까?
표 테이저건을 얼굴에 쏜 문제도 있었죠. 한 번 우리도 영국 흉내 내서 실험을 한 적이 있습니다. 음향 대포를 시연하면서 경위인가 경관급을 내세워서 해본 적이 있어요. 그게 말이 안 되는 거죠. 적어도 영국처럼 지방경찰청장급이거나 최고위급이 나와서 여러 명이 해보면서 각각이 어떤 느낌의 차이가 있는지를 겪어보고, 본인이 겪어보고 도저히 안 된다 싶으면 일단 보류시키고, 개선시키고 이렇게 해야 되는 거거든요. 그런데 흉내만 내는 것처럼 일선 경찰관한테 해보라고 해놓고, '우리도 했습니다. 경찰관도 했습니다', 이건 말이 안 되는 거죠.

지 이를테면 군대에서 유격 훈련을 한다고 하면 어떤 대대장은 자기가 먼저 점프를 한 다음에 '훈련 시작' 하거든요. 그러면 사병들이 불만이 있을 수 없거든요. 코빼기도 안 보이는 지휘관이 뭐라고 하면 약발도 안 먹힐 텐데요. 솔선수범하는 모습이 우리 사회에서 전반적으로 부족한 것 같습니다. 그 전에 OJ 심슨 사건도 말씀하셨지만, 다음에 이런 일이 발생하지 않도록 하기 위해서 방지할 수 있는 여러 가지 고민을 하는 것이 필요할 텐데요. 우리는 어떤 사건이든, 판결이든 지나가버리면 그만인 것 같아요. 한국은 너무 사건이 많고, 다이내믹해서 그런지는 모르겠지만, 아무리 큰 게 터져도 조금만 지나면 다른 일로 잊혀지지 않습니까? 연쇄살인이라고 하면 전 국민이 관심을 가지는 것이기 때문에 그런 사건을 통해서 시스템을 개선하거나, 범죄 수사, 이런 모든 것을 고민하면서 시스템을 업그레이드시킬 수 있을 것 같은데요. 그동안 우리 사회는 그렇게 하지 않았잖아요.

표 그렇죠. 안타깝죠. 저는 개인적으로 경찰에 몸담고 있던 기간 중에 정말 분노했던 것이 그런 것이었거든요. 최고위급 경찰 간부들이 자기 생각만 한다, 정말 이기적이다, 조직이나 전체 부하 직원들을 생각하지 않는다, 자기 개인의 영달을 위한 도구로만 이용할 뿐이다. 그러면 어떻게 할까? 할 수 있는 방법이 없더라고요. 제가 기껏 반항을 해봐야 제 바로 위의 상급자들한테밖에 안 돼요. 그 사람한테 해봐야 계속 서로 기분 나쁘고, 아웅다웅할 뿐이지 변화는 생기지 않습니다. 그러다가 공부라는 길을 택하게 됐죠. 사표를 쓰기 전까지는 나름대로 글과 강의를 통해서 천천히 바꿔보려고 노력을 했지만, 어느 정도는 바뀌고 있다는 자기 위안도 해왔거든요. 하지만 결국은 그게 시대의 흐름에 따라서 조금씩 부드러워진 것은 있지만, 근본은 변하지 않았다는 생각이 들어요. 이번 국정원 댓글 사건 같은 경우 그런 모든 것들이 한꺼번에 터져 나온 것 같아요. 더 이상은 못 참겠다, 이런 거죠. 이 사건이 가지고 있는 중요성도 있지만, 이 사건을 계기로 해서라도 변화돼야 된다, 바뀌어야 된다, 이 사건을 흘려 넘겨버리면 다시는 바로 잡을 기회도 안 생긴다, 문제 제기를 할 수 있는 동력도 안 생긴다, 이런 생각들이 많이 개입돼 있었던 것 같습니다. 그래서 어쨌든 시민들에게 알려드리고, 뭐가 문제인지, 어떻게 나가야 될지, 사회적인 공론화가 되면 바뀔 것이라는 기대와 희망이 있었어요. 지금 어느 정도 공론화는 된 것 같아요. 이후가 문제죠. 과연 법적 장치, 제도적 장치, 다수 경찰관들의 인식의 전환, 하나의 학습 효과를 통해서 고위 경찰관들도 자칫 잘못하다가 전혀 예기치 않게 김용판 씨처럼 당할 수 있겠구나, 이런 충격 효과 등의 모든 것들을 기대합니다. 그래서 앞으로는 좀 달라지기를 바라는 거죠. 제가 논문이나 강의 등을 통해서 제시했던 대책들, 방안들, 최근에 이 책을 포함해서 이 사건과 관련해서 제시하는 많은 개선책들, 그게 정답이라고 생각하지는 않아요. 그러한 것을 포함한 근본적인 변화를 어떻게 할 것인가. 이게 좀 논의가 되고, 특히나 대통령이나 정부, 정당 등에서 자기들한테 유불리한가를 절대로 따지지 말고 국가의 백년대계를 위해서 경찰을 포함한 사법적 정의만큼은 어떤 편이든지, 만약 자기들이 잘못하면 자기들이 수갑 차고 가겠다는 생각을 가지고 만들어줘야 되거든요. 그러길 기대하는 거죠. 그리고 그렇게 되도록 노력해야 해요. 자기들이 자기 손을 묶는 사람들은 없지 않습니까? 국민들이 그렇게 하도록 해야 합니다. 감시해야 하고, 언론도 지속적으로 소리를 내줘야 하고, 학자들도 양심을 가지고 학자적인 소신을 이야기를 해줘야 해요. 제가 그렇게 할 수 있는 분위기를 만들었다면 이후에는 다른 분들도 나서주셔야 되는 거죠. 그걸 기대하고 있습니다.

지 어쨌든 문제 제기가 됐다는 건, 결과가 어떻든 간에, 이번에 결과가 안 좋더라도 이게 쌓여서 다음번에는 이런 문제에 대해서 강하게 대처해야겠다는 인식이 생길 수도 있겠죠. 좌절감이 생길 수도 있겠지만요.

표 분명히 달라집니다. 제가 계속 주장하는 것이 정의는 때로는 대단히 천천히 오기도 하지만, 반드시 온다는 거잖아요. 과거를 보면 알죠. 박종철 고문치사 사건도 그래요. 3.15 부정 선거도 그랬어요. 오늘도 기사에 났지만, 67년 만에 여주 양민 학살 사건에 대한 대법원에서의 국가배상 판결이 내려졌다고 하거든요. 때로는 60년이 걸릴 수도 있죠. 그렇지만 분명히 바람직한 방향으로 역사는 흘러가게 되어 있습니다. 이번에 마련된 계기가 지금 당장은 아닐지 몰라도, 다음에 또다시, 이번에 안 고치면 유사한 사건이 또 생기거든요. 그때 '봐라, 과거에 그런 일이 지금 또 이렇게 일어나지 않느냐. 이번에는 그냥 둘 수 없다', 이렇게 될 거라고 봐요. 그때가 되면 경찰은 더욱이나 자기 주도적인 개혁을 할 수 없는 상태가 되겠죠. 그렇기 때문에 제발 좀 이번 기회에 이해관계를 따지지 말고, 한번 다 털어내고, 고칠 것 고치고 가자는 부탁을 하고 싶은 거죠.

제복을 입은 시민

지 아까도 그런 말씀을 하셨지만, 보수적인 생각을 가지신 분들은 우리나라의 공권력이 선진국에 비해서 약하다, 좀 더 강력하게 집행을 해야 된다는 주장을 하시는데요. 일반 국민들이 볼 때 시위 진압 같은 것을 보면 공권력이 충분히 강한 것 같다고 생각하는 온도 차이가 있는 것 같습니다.

표 결과적으로는 똑같은 말이죠. 경찰이 약한 것은 맞아요. 강도에게도 당하고, 살인범도 잘 못 잡고, 층간 소음이나 가정폭력 현장에 나가도 오히려 가해자들한테 야단맞고 돌아오고요. 조폭들 싸움하는 곳에는 가까이도 못가고요. 보수 우익이 하는 말이 맞아요. 그 다음에 다른 시민들이 하는 말도 맞아요. 경찰이 쌍용차 대한문 앞 철거 현장에서는 다른 모습을 보인단 말이죠. 물론 중구청이 동원한 용역들이 주로 하긴 했지만요.

지 강력해야 될 때 강력하지 못하고, 그렇지 않아야 할 때 강하다는 건데요.

표 신뢰의 문제인 거죠. 정말 강한 경찰을 보고 싶다면 신뢰받는 경찰이 돼야 하는 거예요. 그러면 경찰이 당당하죠. 그게 제가 이야기하는 순경의 힘인 거예요. 경찰의 힘은 순경의 힘이다. 순경이 아무 사심 없이 배운 대로, 훈련받은 대로 순찰하고 수사하다가 단서가 발견돼서 가보니까 그게 대통령 부인이더라, 장관이더라, 아니면 대통령일 수도 있겠죠. 과감하게 주저 없이 그들의 손에 수갑을 채울 수 있겠느냐, 그게 강력한 경찰의 힘이죠. 그렇게 되면 그런 경찰관들은, 거리 경찰들은 정치적이지 않기 때문에 약자냐, 강자냐 하는 것을 따지지 않습니다. 그리고 경찰관은 시민의 일부란 말이에요. 시티즌 인 유니폼citizen in uniform이라고 하거든요. 제복 입은 시민이다. 시민들과 같은 시각을 가지고 있어요. 나쁜 놈한테는 강하게 대하게 되어 있고, 약자에게는 법을 어겼다고 하더라도 관용을 베풀게 되어 있어요. 그렇게만 하면 되는 거예요. 보수 우익이 주장하는 현상은 맞지만 원인은 모르고 있는 거죠. 잘못 보고 있는 겁니다. 무조건 강하기만 한 몽둥이 휘두르는 깡패 같은 모습을 원한다면 대단히 잘못된 시각인 거예요. 마찬가지로 경찰이 무조건 약하기를 바라는 시각도 잘못된 겁니다. 예를 들어 그런 거죠. 특수부대 출신들이 진보당사를 쳐들어가고 폭력을 휘두르고 해도 자유니까 내버려둬라, 이렇게 하면 안 되잖아요. 경찰이 신뢰받을 수 있도록 해주고, 민주적 통제를 하고, 대신 헌법과 법률이 정하는 절차만 지킨다면 권한과 필요한 힘을 줘야죠. 사실은 제가 그렇게 비판하고 나서는 이유도 신뢰라는 하나의 문제 때문인 거예요. 저 같은 사람이라도, 권은희 과장 같은 사람이라도 나서서 이야기하지 않으면 국민들이 신뢰하지 않거든요. 우리가 이야기를 해서 시민과 언론의 관심 등을 통해 문제가 부각되고, 해결하고서는 '이제 됐다. 과거에는 못 믿을 경찰이었지만 이런 것이 바뀌었으니까 괜찮다', 이제는 그 신뢰를 보여드리고, 그렇게 되면 경찰이 강해지는 거예요. 총 가지고 있고, 전자 충격기도 있고, 강할 수밖에 없죠. 훈련받고, 무술 유단자에다가. 왜 안 강해요? 강하죠. 그들이 자기의 강함을 주저 없이 불법행위와 범죄에 사용할 수 있게 해줘야 되는데, 양쪽 다 회피한 거예요.

진보와 보수가 갈라지는 국가보안법에 대해

지 보수, 진보가 첨예하게 갈라지는 부분 중 하나가 국가보안법에 대한 태도지 않습니까? 참여정부 시절에 치열하게 논쟁이 벌어졌어요. 형법으로 대체할 수 있다는 의견도 있고, 분단 상황이라 반드시 필요하다는 사람들도 있었습니다. 물론 자의적 해석이 줄긴 했죠.
표 줄었죠. 문제는 현재 국가보안법이 과감하게 집행될 수 있느냐, 그렇지 않다고 보거든요. 이제 예가 별로 없거든요. 위협은 되고, 위축은 되고, 통제 기능을 발휘하지만, 실제로 국가보안법으로 검거된 사람은 별로 없어요. 검거된 사람을 보면 기존에 있는 형법상의 간첩죄라든지 기타의 법률 위반으로 충분히 검거할 수 있는 사람들이 많아요. 단순하게 '우리 민족끼리' 가입한 것만 가지고 국가보안법으로 처벌하기 어렵다고 나오거든요.

지 예전에 사회당 당원 중 하나가 '우리 민족끼리'의 트윗 글을 리트윗했다가 국가보안법으로 고발돼서 구속된 적도 있잖아요.
표 그랬었죠. 문제는 두려움이죠. 국가 보안이라는 안전장치가 없다면 우리 사회가 종북 놀이터가 되고, 북한 지령이 휩쓸고, 그걸 역으로 본다면 우리가 그만큼 취약한 사회냐, 정통성과 정당성이 없느냐 하는 부분으로 연결되거든요. 미국이나 유럽은 공산주의가 두렵지 않느냐. 테러리즘도 마찬가지거든요. 그들한테 테러리즘이 더 현실적인 문제죠. 하지만 그런 테러리즘 앞에서 국가보안법을 쓰지는 않는다고요. 테러방지법이라는 것을 채택한 나라도 있지만, 그 자체도 위헌 논란을 거치면서 우리와는 많이 달라요. 현실적인 테러 행위들을 적발할 수 있는 절차적 문제에 집중돼 있지, 테러 행위를 찬양 고무한다고 해서 범죄 행위라고 하지는 않는다고요. 표현의 자유를 위축시킬 수 있는 법들은 아니라는 거죠. 그런 부분들이 아쉽고 안타까운 겁니다. 예를 들어 국가보안법이 필요한 사회라고 한다면 우리 사회는 정상적인 교육 기능, 정상적인 정부 기능, 언론 방송 기능 같은 것들을 통해서 자유와 민주를 지키고, 숭상하고, 그래서 이것이 좋다는 것을 국민들에게 설득할 수 없는, 꼭 극단적인 국가보안법 같은 무기가 있어야 지킬 수 있는 대단히 취약한 사회라는 결론에 도달하게 되는 거죠. 반대로 그렇지가 않은데, 북한의 헛소리에 다수 국민들이 넘어가지 않아요. 그냥 내버려둬도 됩니다. 그런데도 국가보안법이라는 것을 통해서 정부에 대한 반대나 비판을 위축시키고자 한다면 정말 이건 허용할 수 없는 반민족적인 태도라고 볼 수 있는 거죠. 자기들의 이익을 위해서 북한의 위협과 선동을 두려워하는 순수한 다수 국민들을 선동하고 있는 것이라면 그건 죄악입니다. 해선 안 되는 거죠. 그렇기 때문에 국가보안법을 중심으로 해서 진영으로 갈리고, 여야로 갈리고, 보수 진보로 갈리는 것은 바람직하지 않다고 생각합니다. 그래선 해법이 안 나온다는 거죠. 그렇게 해서 이정희 씨나 통합진보당식의 투쟁적 대응을 했을 때는 오히려 다수 국민이, 과반수가 국가보안법을 옹호하게 되어 있어요. 그래서 저는 그쪽의 방법과 대응들이 표현의 자유라는 영역 내에서 얼마든지 허용이 돼야 된다고 생각하지만, '정말 저들이 국가보안법의 폐지와 우리 사회의 민주와 자유를 원하는가' 하는 의문을 조금 가지게 됩니다. 그러한 행동들을 통해서, 자극적이고 공격적인 발언을 통해서 국가보안법의 존립 필요성을 다수 국민들에게 각인시키고, 상기시키고, 건전하고 합리적이고 온건한 지식인들이나 국가보안법이 없어도 된다고 설명하는 사람들을 의심받게 만들 여지도 충분히 있다는 거예요. 그게 너무 안타까워요.

지 방법적으로 미숙하거나, 아니면 적대적 공생관계란 이야기인가요?(웃음)

표 오히려 과도한 안보 논리와 과도한 보수주의 같은 것들이 있어야 자기들의 존재 의의와 정당성이 확보된다고 생각하고 있는지도 몰라요.

지 의식적이 아니고, 무의식적으로라도 그럴 수 있다?

표 대화와 타협을 통해서 부드럽게 설득을 해서 '이제는 대한민국에 국가보안법이 필요하지 않은 것이 아니냐' 하는 모습으로 다가서지 않는 거죠. 그게 너무 안타까운 겁니다.

더욱 철저해져야 하는 유전자 감정

지 2011년 상반기 유전자 감정 요청이 4만 5,000건인데, 유전자 감식센터 본원의 연구원은 최대 27명에 불과하다고 하셨잖아요. 그만큼 인력이 모자란다는 건데요.

표 마찬가지죠. 미국 같은 경우나 다수 유럽 국가들은 민간 유전자 연구소, DNA 감식을 할 수 있는 곳에서 정부의 감독을 받고, 정해져 있는 기준을 충족하면서 유전자 감식 업무를 해준다는 말이죠. 우리는 국과수에서만 하면서 DNA에 의존하는 수사가 엄청나게 많거든요. 현장에서 요새는 범인들이 지문을 잘 안 남기니까. 수만 건이 들어오는데, 국과수에서만 한단 말이죠. 그걸 자기들이 빨리 하겠다고 대검은 대검대로 유전자감식센터를 만들고, 경찰은 경찰이 한다고 이야기하고. 결과가 똑같거든요. 수사기관이 감식, 감정까지 신뢰받지 못하게 만들겠다는 이야기와 똑같아요. 그것보다는 차라리 민간 영역에 감정을 할 수 있는 시설을 만들어야죠. 부검도 마찬가지거든요. 부검도 촉탁 형태로 서울대, 고려대, 부산대 등 일반 대학 병원에서 부검을 해요. 국과수의 촉탁을 받는 거죠. 그런 방식으로 쏟아지는 DNA 감식 업무 수요에 대한 공급을 맞춰줘야지, 인력 확충을 한다고 해도 얼마까지 할 수 있겠냐는 겁니다.

지 우리나라 전체의 역량이나 인식 변화와 같이 갈 수밖에 없으니까 시간이 걸릴 수밖에 없겠네요.

표 그렇죠. 지금 문제는 뭐냐 하면 민간의 유전자 감식 기준이라든지, 관리라든지 이런 것들이 엄밀하게 안 이루어지니까 엉뚱한 부작용들이 많이 생겨요. 이 사람들도 먹고 살아야 되니까 어떻게 하느냐 하면 친자감정, 이런 데 매달리고, 그러다 의심을 갖고 있는 사람들이 친자감정을 의뢰했다가 잘못 나오는 경우도 있어요. 실제로 친자인데, 친자가 아닌 걸로 나오는 경우가 있습니다. 그러면 살인 사건이 나고, 자살하기도 하고, 이혼을 하는 경우도 생기는 거죠.

지　기술적인 오류가 있는 건가요?
표　기술 장비, 절차, 모든 것들의 문제죠. 샘플 자체가 오염돼서 들어갈 수도 있고, 잘못 들어갈 수도 있어요. 관리의 부실 때문에 섞일 수도 있어요. 다른 의뢰인들의 것하고.

지　엑스레이를 잘못 판독하듯이 잘못 판독할 수도 있는 거네요.
표　그럴 수도 있어요. DNA라는 것이 대단히 민감해서 연구원이 마스크 안 쓰고 하다 보면 본인의 침이 튈 수도 있어요. 어쨌든 민간 부분에 대한 감식, 감정, 민사적인 쟁송에도 과학수사적인 감정이 대단히 중요해지고 있거든요. 민사적인 쟁송을 국과수가 못 해준다고요. 어차피 민간에서 해야 되는데요. 민간의 독립성이라든지 도덕성, 이런 것도 신뢰하기 어렵다 보니까, 돈 받고 조작한다든지 얼마든지 문제가 있을 수 있어요. 돈 많은 사람이 감정 기관에 대한 장악을 통해서 돈 없는 상대방을 이겨내는 문제들이 생길 수 있는 거죠.

지　유전자 감식으로 친자 확인을 한다고 할 때 드러나지 않게 하기 위해서 남편이나 부인이 돈을 주고 '아니라고 해달라'고 할 수도 있겠네요. 큰 범죄는 아니고 자기 살자고 하는 거지만, 충분히 악용될 수도 있을 것 같습니다.
표　가장 큰 문제가 되는 것이 뭐냐 하면 필적감정인데요. 이건 기계, 통계로 하는 것이 아니라 감정가의 주관적인 판단으로 하거든요. 형사사건이야 국과수에서 하지만, 민사사건, 토지, 계약서, 차용증,

이런 것의 진위 여부 따지면서 인장, 도장, 필적, 이런 부분에 있어서 상당한 문제들이 야기되고 있어요. 민간 영역을 방치하고 무시하니까 이런 현상이 일어나는 겁니다. 차라리 민간 영역도 하나의 감정과 과학수사의 파트너로 보고, 대신에 엄격한 기준을 세우고, 조작이나 이런 것에 대한 방지책을 세워야죠.

지 사후 관리라든지,

표 그렇죠. 사후 관리라든지 위반에 대한 엄정한 처벌이 갖춰지는 것이 맞다는 거죠. 그리고 크로스 체크를 해야 되고. 한쪽에서만 감정하는 것이 아니라 다른 쪽에서도 해야죠. 예를 들어 미국 같은 경우 DNA 검사를 할 때 시료를 세 부분으로 보낸단 말이에요. 경찰에서 하나 보관하고, 감정 크라임 랩에 하나 보내고, 하나는 피고인 측으로 보내줘요. 피고인 측에서 자기들도 검토해보는 거죠. CCTV 영상도 마찬가지예요. 그러한 것들이 확립이 되면 조작이라든지 의심이라든지 오류가 생기기 힘들죠. 한쪽에서 오류가 생기면 다른 쪽에서 크로스 체크 하는 것이 가능하니까요.

수사는 커뮤니케이션이다

지 피해자이자 용의자인 가족에 대한 질문 기법을 외국에서는 따로 교육받는다고 하셨는데요. 우리는 그런 미묘한 상황에 놓인 사람에게 윽박지르는 경우도 있어요. 〈이태원 살인 사건〉 영화를 보면 경찰이 잡고 싶은 심정은 이해가 되지만, 살해당한 남자의 여자친구에게 '이상한 점은 없었냐? 누구 따라온 사람은 없냐? 사소한 거라도 잘 생각해보라'고 집요하게 물어보거든요. 그러다 보면 수사 방향이 엉뚱한 곳으로 흐를 수도 있잖아요. '생각해보니 그런 것 같아요'라고 하면 엉뚱한 사람이 용의자가 되는 경우도 있을 것 같아요. 우리는 그런 기법들이 부족한 것 같은데요.

표 그렇죠. 우리는 감에 의한 수사, 경험에 의한 수사, 선배들로부터 배우는 기반의 도제식, 이런 것들이 많다 보니까 특히 피해자 주변 인물들이 의심스러운 사건들에서 문제가 많이 생기죠. 크게 보면 두 가지 문제인데요. 하나는 그들이 범인이 아닌데, 범인처럼 의심을 하게 돼서 괴롭히는 인권침해의 문제가 하나 있어요. 또 다른 측면은 그들이 범인인데, 너무 어설프게 접근하는 바람에 오히려 경찰의 이미지만 손상되고 피해자를 괴롭힌다, 유족을 괴롭힌다고 하면서 망가지는 사건이 생기는 거죠. 경찰 수사의 가장 중요한 부분이 뭘까. 사실은 커뮤니케이션이거든요. 사람을 대상으로 하는 것이고, 사이버 수사 같은 기계와 주로 맞닥뜨리는 것은 별개로 치겠지만, 대부분의 강력 사건이라든지 또는 사이버상의 사건도 마찬가지죠. 결국은 참고인이나 피해자나 피의자들을 만나서 그들로부터 이야기를 들어야 하는 것은 어느 수사에나 있습니다. 그런 영역에서 가장 중요한 것이 어떻게 상대방의 이야기를 제대로 듣고, 하고 싶은 이야기를 끌어내고, 진실을 끌어내고, 내가 적절한 질문을 던지고, 적절한 뉘앙스, 태도를 유지해서 상대방의 정서를 안정시키고, 그들이 불안이나 위협이나 두려움이나 또는 오해 없이 이야기를 하도록 만드느냐 하는 것입니다. 때로 대단히 교묘한 관계자들도 있죠. 경찰관을 속이고, 또는 특정 방향으로 유도하고 유인하고, 그래서 잘못된 결론을 내게 만드는 사람들이 분명히 있어요. 그들의 접근을 어떻게 파악하고 차단하느냐, 이런 것도 대단히 중요한 요소거든요. 그런 영역에 대한 교육이 없다는 거예요. 훈련도 없고. 그게 가족이 피해자이자 용의자인 사건뿐만 아니라 모든 경우에 적용이 되는 거죠. 특히 민감한 것이 어린이의 실종 사건, 그 부모는 가슴이 무너지고, 하늘이 무너지는 세상에서 가장 슬픈 피해자인데요. 그들에 대해서 자꾸 문제 제기를 해봐야 되거든요. 슬픔에 빠진 피해자들에게 언제, 어떻게, 평소에는 어땠으며, 혹시라도 그 부모가 체벌이나 그 과정에서 문제가 생기고 그걸 감추려고 한 것은 아닌지, 여러 가지 것들에 대해서 물어봐야 된단 말이에요. 그게 쉽냐는 거죠. 쉽지 않습니다. 여기서 만약 무모하게 접근해서 부모의 피해자로서의 심정을 무시한 채, 피의자 다루듯이 하면 분명히 문제가 생기는 거예요. 반대로 피해자라는 것을 너무 생각해서 차마 이야기를 못 꺼내면 진실을 못 밝혀내는 거거든요. 훈련받지 않은 사람들은 절대로 못하는 겁니다. 그런 부분들에 대한 훈련이 이루어져야 되는 거죠.

지 개구리 소년 실종 사건 때 실종된 아이 부모 중 하나가 범인이라고 누가 주장해서 집 마당을 파기도 했잖아요.

표 실제로 그랬죠. 피해자 아버지는 간경화인가 하는 병을 얻어서 사망하셨어요. 스트레스와 음주, 화병, 이런 것이 겹친 거죠. 수사라는 것이 흔히 종합예술이라고 하거든요. 그 시대, 그 사회에서 발견되고 있는 모든 기술과 기법들의 총합체여야 합니다. 한 사람의 운명에 관한 거잖아요. 살인 사건뿐만 아니라 성범죄도 그렇고, 이게 유죄냐, 무죄냐에 따라서 그 사람의 향후 인생이 바뀌는 문제예요. 피해자 측의 한과 원을 풀 수 있느냐의 문제입니다. 결국 사회 전반에는 나쁜 짓 하면 벌을 받고, 아무리 의심스러워도 잘못한 것이 없다면 밝혀진다고 하는 기본적인 정의에 대한 신뢰가 수사를 통해서 확인되고, 계속 반복 학습되는 거거든요. 이게 잘못된다고 한다면 사회 전체가 무너질 수밖에 없어요. 그게 지금 우리 사회의 모습이잖아요. 법 지키는 놈은 손해야, 큰소리치는 게 유리해, 강한 자가 이기는 거야, 이런 것들로 도배가 되어 있습니다. 하루 종일 생활하면서 교통신호 안 지키고, 위협적으로 운전하고, 길거리에서 소리치고, 포스코 상무가 항공기 승무원을 때리고 깽판 부린 것도 마찬가지거든요. 우리가 그런 사회 속에서 살아온 겁니다. 강자가 이기고, 아무리 패악질을 해도 '나는 걸리지 않을 거야' 하는 믿음, 경찰의 수사가 엄정하지 못하다, 정확하지 못하다, 전문적이지 못하다, 이런 부분들이 파생시키고 퍼뜨린 이 사회의 준법과 질서, 정의에 대한 불감증, 그것이 원인이라고 봐도 과언이 아니죠. 국정원 사건은 가장 상징적인 사건이예요. 여기서 국민 다수의 마음속에 '거봐라, 결국은 강하고 권력 있는 자들은 아무리 나쁜 짓을 해도 안 걸리잖아'라고 각인이 된다면 현재 이 사건에 관련된 이해관계자뿐만 아니라 이 사회 전반에 정의가 있다고 이야기하는 놈이 바보, 미친놈이 되는 세상이 되는 겁니다. 반면에 미국에서 클린턴 대통령이 모니카 르윈스키와의 스캔들, 하나의 성적인 스캔들이지만 특별 검사 임명해서 철저히 파헤치잖아요. 결국은 정액을 찾아내서 사과하게 만들었고, 영국에서도 토니 블레어 당시 총리 부인 로즈 블레어가 급한 마음에 지하철 무임승차를 한 것이 적발당해서 과태료 물고 공개되고 했잖아요. 말단 공무원이 그걸 밝혀내는 거거든요. 경찰관, 순경이 밝혀내는 겁니다. 그런 모습이 있을 때 전체가 일종의 무의식적인 신뢰를 받게 되는 거죠. '누구라도 나쁜 짓하면 걸려, 착하게 살고 나쁜 짓 안 하면 나는 보호될 거야' 하는 믿음이 생기는 겁니다. 이 사회에는 그게 없어요. 그걸 찾아야 되는 거죠.

프로파일러의 역할을 제대로 찾아야

지 정의에 대한 인식이 넓어져야 될 것 같아요. 수사가 종합예술이라고 하면 프로파일러는 지휘자 역할일 수도 있을 것 같은데요. 그 직업을 가진 사람, 과학수사를 할 수 있는 요원이 더 많아져야 될 것 같습니다. 지금 마흔 분 정도밖에 안 되고, 경찰 내에서의 위치도 애매하다고 하셨는데요. 그걸 활성화하고, 조직을 늘릴 방법은 어떤 게 있나요?

표 조직을 늘릴 필요는 없는 것 같아요. 그분들이 제 역할을 할 수 있게 해주는 것이 가장 중요해요. 필요성이 인정되면 늘어나겠죠. 유영철 사건이 나면서 황급하게 15명씩 특채를 해버리다 보니까, 그 당시에 45명이라는 숫자는 대단히 많은 숫자입니다. 어떻게 활용해야 될지, 역할이 뭔지, 뭘 할 수 있는지에 대한 신뢰도 경찰 조직 내에 없는 상태였거든요. 그러다 보니까 여기저기 분산 배치하고, 그 사람들을 받은 일선 현장에서는 활용법을 모르니까.

지 어떻게 일을 시켜야 될지 몰랐겠네요.(웃음)
표 귀찮은 존재밖에 안 돼요. 경찰 조직의 생리는 잘 모르고, 외부인 같고, 낯선 사람 같고, 그러니까 허드렛일, 관련 없는 일만 시키게 되고, 이렇게 되는 거예요. 일단은 이러한 분석이라는 것, 범죄 심리라는 것, 프로파일링이라는 것 자체가 유용하고 쓸모가 있다는 것을 일선 형사들에게 인정을 받아야 해요. 인정받을 수 있도록 해줘야 해요. 그들이 하는 역할을 알려주고, 그들은 지원을 하는 역할, 해결하면 프로파일러의 공이라고 가져가는 것이 아니라 그들의 도움 덕분에 사건이 해결되면 형사가 스타가 되는 구도를 만들어줘야 프로파일러들도 환영받고, 설 자리가 생기는 거거든요. 그걸 경찰청에서 전체적인 조율과 지휘를 안 한 거죠. 전혀 안 한 겁니다. 그냥 방치한 거죠. 그런 부분에서도 보듯이 어쨌든 경찰 지휘 체계, 고위 경찰 간부들에게 엄청난 문제가 있어요. 사명감과 도덕성, 정치적 중립성뿐만 아니라 전문성 면에서 경찰 지휘관의 역할이 무엇일까, 어떻게 해야 될까, 자기가 가진 자원이 무엇이 있는가, 이런 부분에 대한 것들은 별로 관심이 없는 거예요. 과연 내가 어떻게 해야 승진을 할 수 있을까, 좋은 자리로 갈까, 이게 결국은 다 망친 거죠. 프로파일링이라는 부분 역시 일단 가장 중요한 것은 전문 요원들에게 체계적으로 범죄 사건 분석을 할 수 있는 역량을 갖춰줘야 되고, 수사 현장에서 그들의 역할을 만들어줘야 합니다. 그들의 역할이 분명히 도움이 된다는 신뢰와 확신을 얻도록 해줘야 하고, 그렇게 되면 시스템 속에 들어가는 거죠. 하나의 쳇바퀴처럼. 과학수사도 마찬가지잖아요. 과학수사가 옛날에는 귀찮은 존재였어요. 감식이라는 이름 하에. 왜, 용의자 붙잡아서 자백받으면 쉽게 가는데.

지   이미 자백받았는데도 증명을 하라고 하고.

표   시간 걸리고. 국과수 보내면 3주, 4주 걸린다고 하는데, 필요 없다는 거거든요. 뭘 자꾸 우리 귀찮게 하느냐, 범인 잡았는데. 아니라고 하면 어떻게 할래. 자백받았는데. 아니라는 결과가 나오면 다 물거품 되는 것 아니냐는 시기가 있었단 말이죠. 그런데 그게 극복되면서 과학수사는 정착이 됐어요. 프로파일링 역시 초기에 있는 '뭐야, 이거 귀찮고, 번거롭고, 니들 무당이야? 맞춰봐, 못 맞추네', 이런 식의 오해, 몰이해, 이런 부분들을 경찰 조직에서 도와서 극복을 하게 해줘야 해요. 지금 그게 안 되고 있는 거죠.

기법보다 더 중요한 것은 수사 절차

지   헨리 리 인스티튜트Henry C. Lee Institute에 과학수사 연수를 다녀오셨잖아요. 거기서 가장 크게 느끼신 점은 무엇인가요?
표   역시 절차죠. 절차. 미국의 경찰 과학수사 요원들과 같이 연수를 받았거든요. 초급, 중급, 고급까지 혈흔 패턴 분석이며, 현장 분석이며, 재구성이며, 이런 것도 쭉 같이 받았는데요. 분명히 그들이 우리보다 똑똑한 것은 아니에요. 절대로. 우수하지도 않아요. 그런데 현장의 아주 명확한 프로토콜이 마련돼 있더란 거죠. 현장에서 경찰관이 해야 할 것들이 명확하게 마련돼 있고, 그것이 반복해서 이루어지고, 그다음에 끊임없이 기록이 이루어진단 말이에요. 일단 사진 촬영, 비디오 동영상 촬영, 그다음에 스케치, 그리고 현장에 있는 경찰관들이 지속적으로 노트 필기를 해요. 현장에서 현장 감식팀이 서로 의견을 나누면서 크로스 체크를 하고, 그래서 한쪽의 일방적인 시각으로 이 사건 자체를 몰아가는 것이 아니라 일단 객관적으로 있는 모든 것들을 파악하고, 감정하고, 그다음에 의미를 찾는 전반적인 절차. 이것이 가장 인상적이었던 거죠. 그게 확립되고 나서 그다음에 고도의 잠재 지문 현출 기법이라든지, 고도의 미세 증거 확인 기법이라든지 이런 것들이 위에 덧씌워지게 되면 대단히 효율적인 수사가 된다는 것, 이런 것들이 확인이 된 거죠. 초기에 기록이 완벽하게 이루어지면, 처음에는 해결하지 못해도 완벽한 기록, 증거의 보존 때문에 세월이 흘러서 다른 시각으로 보거나, 다른 기법들이 발견되면 과거에 해결하지 못한 사건들도 해결할 수 있게 되더란 건데요. 그런 원칙, 기본, 절차, 이런 것이 가장 부러웠습니다.

지 현장에 대한 보존이나 사진 기록, 피의 흔적만 가지고도 사건 현장을 유추할 수 있는 기법이 있다고 하던데요. 어떤 흉기가 사용됐고, 어떤 동선이었는지. 그런 기법들이 계속 발달한다는 거잖아요.

표 그렇죠. 그런 기본적인 절차와 훈련 과정이 확립이 되어 있고, 거기에 첨단 기술이 발달하잖아요. IT 그다음에 영상 기술, 그 위에 자꾸 효율성이 쌓이는 거예요. 3D까지, 기계 하나 넣으면 3D 촬영을 해서 가져오는 것들이 만들어졌어요. 그런데 우리는 다 있어요. 그런 최첨단 기기가 나온다면 무조건 수입을 해요. 예산도 확보가 되고. 그런데 기본 절차가 안 지켜지다 보니까 사용도 안 되고 사장이 됩니다. 필요가 없는 거죠. 한국 경찰의 과학수사 장비 중에 엄청난 고가인데, 활용되지 않고 처박혀 있는 것들이 굉장히 많습니다.

지 일선 경찰에서 그 장비를 활용하기 위한 증거 수집을 하고, 절차에 따라서 사용해야 될 텐데요.
표   기초가 없기 때문에 최고급을 도입해봐야 별로 소용이 없는 거예요.

정보원 활용 문제에 대하여

지   수사를 할 때 정보원을 활용하는 부분이 미국은 일정하게 합법적이잖아요. 정보원에게 돈을 주는 것이 예산에 책정이 되고 있어요. 한국도 경찰들이 정보원들을 비공식적으로 활용하지 않습니까?(웃음)
표   한국도 법과 규정은 있어요. 정보망비도 나오고요. 실제로는 합법적인 운용보다는 음성적인 운용이 훨씬 많은 거죠.

지   범죄자를 통해서 범죄자를 잡는 건데, 영화에 보면 많이 나오잖아요.(웃음)
표   마약 수사 같은 데서 특히 많이 이용이 돼요. 물론 미국, 영국도 정보원 문제 때문에 과거에 아주 골치가 아팠었어요. 슈퍼그라스 supergrass라는 범죄 조직 내에서 경찰에 협력하는 사람들인데요. 원래 자체가 범죄자들이고, 밀고를 통해서 이익을 얻는 사람들이다 보니까 범죄의 세계 내에서 그런 경찰과의 연결을 이용해서 자기들이 이익을 보는 경우도 있어요.

지   은폐된 범죄를 저지를 수도 있겠네요.
표   그렇기도 해요. 특정 범죄자들은 봐주면서 경쟁이 될 수 있는 다른 범죄자들을 밀고하기도 해요. 자기가 한 범죄를 탕감받기 위해서 엉뚱한 사람에게 누명을 씌운다든지 여러 가지 문제가 많았어요. 그다음에 정보원 운용 예산을 많이 주다 보니까 경찰관들이 그 부분을 정보원과 협잡을 하면서 단속 정보를 흘려주고, 그들이 범죄 수입을 얻는 것 중 일부를 받고, 이런 것도 있었어요. 그런 부분에 대한 것들이 학술 연구도 이루어져 있고, 조사도 이루어져 있고, 제도적인 개선도 이루어져 있고, 극복돼왔어요. 그런데 우리 같은 경우 완전 어두운 영역이고, 그러다 보니까 얼마나 심각한지 어떤 문제가 있는지, 어떻게 개선이 돼야 될지에 대한 답도 아직 없는 거죠. 제가 지난번에 영국 맨체스터경찰청에 가서 봤던 하나의 시스템이 뭐냐 하면 경찰관들마다 정보원들을 등록하게 해요. 등록된 정보원들에 대해서 정보망비를 줍니다. 개인 신상 보호를 위해 정보원들을 실명이 아니라 가명으로 등록하고 있는데, 그들이 어떤 첩보를 제공했는지, 그 첩보가 어떻게 활용되는지를 실적으로 평가를 해요.

지 데이터베이스화하고, 공식화하는 거네요.
표 문제를 야기할 수도 있잖아요. 허위 첩보를 한다든지. 그러면 해당 정보원에 대해서 실효화 조치를 실시하는 등의 관리가 이루어지더라는 거죠. 그다음에 그렇게 하면서 민간에서 만들어진 재단이 있어요. 거기에서 우수 정보원에 대한 포상금을 주더라는 겁니다. 형사가 운영하는 정보들 중에서 조직 범죄, 마약 범죄, 골치 아픈 아동 대상 범죄를 소탕하는 데 기여한 가장 실적이 좋은 정보원에게는 포상금을 지급하기도 해요. 음성화시킬 경우 문제가 많은 정보원이라는 존재를 양성화시킴으로서 대단히 긍정적으로 활용을 하고 있더라는 거죠. 그래서 범죄 예방과 해결에도 도움이 되고 있고, 부작용도 감소시키고 있어요.

지 범죄자니까 범죄자들의 심리나 수법도 잘 알고 있을 거예요. 자신들도 사회에 공헌하고 있구나 하는 생각을 갖게 할 수도 있겠네요. 미국 같은 경우 유죄 인정 협상(플리바게닝plea bargaining)이라는 것이 논란이 되고 있잖아요.

표 논란이 많죠. 어쨌든 미국 같은 경우는 제도화돼 있단 말이에요. 공개적이고 합법적으로 플리바겐을 하죠. 효율성이라는 장점이 분명히 있어요. 법정에서 붙어버리면 서로 간에 소모전이 되니까요.

지 '사형 안 줄 테니까 다 불어라.' (웃음)

표 우리는 그러한 부분을 허용하지는 않는데, 실질적으로 있단 말이에요. 검사가 워낙 권한이 많고, 재량이 많다 보니까 '너, 이거 불어, 이거 탕감해줄게' 하는 거래가 있단 말이에요. 분명히 있어요. 그게 더 문제인 거죠. 그걸 도입하려고 검찰에서 시도했지만, 검찰에 대한 신뢰를 못하다 보니까 못한 거죠. 지금도 너무나 많은 권한을 가지고 있잖아요. 그러다 보니까 법원으로, 사법부로 가져와야 되지 검찰 선에서 거래하고 결정하고, 이런 건 안 된다는 인식이 많은 거죠. 논란이 많아요. 분명히 효율성이나 장점도 있지만, 현재의 사법 시스템 내에서 부작용이 많지 않겠냐는 우려들이 있기 때문에 도입이 안 되는 거죠.

그래도 나는 정의를 믿는다

지   올해 특별하게 계획하고 계신 것은 있으신가요?

표   일단 계속해서, 어쨌든 국정원 사건이 검찰 수사에 이어 국회 국정조사로 넘어갔어요. 제가 할 역할은 끝나지 않았나 싶어요. 그 전에도 그렇게 느꼈는데, 계속해서 자꾸 일이 생겼는데요. 어쨌든 마무리된 것 같아요. 이 과정에서 제가 느꼈던, 체득했던, 그 전에 알고 있었던 부분도 있지만, 새롭게 알게 된 우리 사회의 인식이라든지 문화라든지 관행이라든지 현실의 문제, 이런 부분들에 대해서 어떤 방식으로 기여할 수 있을까 많이 생각하고 있습니다. 처음에 약속했던 매달 전국의 주요 도시를 찾아가서 강의를 하는 것은 계속할 거예요. 글쓰기라든지, 이런 것을 통해서 경찰과 형사사법제도뿐만 아니라 정의라는 문제, 범죄라는 부분, 이것을 계속해서 이야기하고, 시민들과 소통을 할 거예요. 그 이외에 무언가 새로운 것은 생각해보지 않고 있어요. 모르죠. 시간이 흘러가면서 지금 제가 가지고 있지 않은 자원이라든지 여건, 이런 것이 형성이 되서 연구 쪽으로 뭔가 새로운 일이 생길지, 다른 어떤 역할이 있을지는 모르겠지만, 지금으로 봐서는 지금까지 해온 일을 계속 해나가면서 제게 부여되는 역할과 기대가 있다면 충실히, 열심히, 도전적으로 해나갈 생각입니다.

지   인터뷰를 마치면서 마지막으로 해주실 말씀은 없으신가요?

표   저로서는 경찰과 범죄, 형사사법제도라는 것이 28년간, 경찰대학 입학하면서부터 모든 열정과 관심과 노력을 쏟아부은 분야니까요. 그걸 뭉뚱그려서 제가 얻은 한 가지의 단어는 결국은 정의거든요. 그 이외의 다른 이유나 명분, 대를 위한 소의 희생, 상황이 어떻고, 안보가 어떻고, 이 모든 것들은 정의라는 이름 앞에서 길을 비켜줘야 된다. 정의만 제대로 바로 서게 된다면 다른 모든 것들도 제자리를 찾게 될 것이다. 그래서 앞으로의 제 삶은 거기에 모든 것을 집중하려고 합니다. 완벽할 수 없겠지만, 그래도 세계 어디에 내놔도 부끄럽지 않은 '대한민국의 정의'라는 수준이 확립되는 그런 사회가 되는 데 기여를 하고 싶어요. 이 책이 거기에 출발점 내지는 중요한 주춧돌이 되었으면 하는 바램이죠.

지   저도 개인적으로 활동에 기대가 큽니다. 우리 사회가 지난번 선거를 통해 표창원이라는 큰 선물을 받았다는 생각도 듭니다.

에필로그

지금부터 다시 시작이다

2012년 12월 국정원 불법 대선 개입 의혹 사건이 불거진 후 국정원에서는 자신들의 조직적 범죄 행위가 발각된 것이 2명의 전현직 직원 때문이라는 생각에 이들에 대해 '인간쓰레기' 등 극단적인 표현을 써가며 공개적으로 공격했다. 국정조사에서 국정원의 변호인, 보호막으로 나선 새누리당은 이들이 민주당에 내부 비밀을 넘긴 대가로 고위직을 약속받았다며 '매관매직'이 이 사건의 본질이라고 핏대를 높였다. 그런데, 2013년 9월 국정원이 통합진보당 이석기 의원의 '내란 음모' 의혹 사건을 터트리자 이번에는 통합진보당에서 국정원에 내부 비밀과 회의 내용을 넘겨준 비겁한 당원을 적발해 공개했다. 그가 도박 빚 등에 내몰리자 국정원으로부터 거액을 받고 내부 기밀을 넘겨주었다는 것이다. 경찰 역시 2012년 12월 16일, 김용판 전 서울청장 주도로 국정원 사건에 대한 허위 중간 수사 결과를 발표해 불법적으로 선거에 개입한 혐의를 받게 되자, 조직을 보호하지 않고 자신의 신념대로 사실을 밝혔다는 이유로 권은희 수사과장을 궁지로 내몰았다. '진실'을 밝히고 '정의'를 구현하는 것이 존재 목적이요 사명인 국가기관과 정당이 사실은 자신들의 조직과 고위 관계자 개인의 이익을 위해 '진실'을 드러내고 '정의' 구현에 이바지하는 구성원들을 배신자로 낙인찍고 숙청하고 있는 것이다. 이 모습을 바라보는 일반 시민의 마음은 어떨까?

교통사고가 발생해도 왠지 경찰이 상대방 편을 드는 것 같아 못미덥고 돈 있고 힘 있는 자들은 범죄를 저질러도 처벌을 피한다는 '피해 의식'이 확신으로 바뀌게 되지 않겠는가? 양심과 사실보다 중요한 게 '제 식구 감싸기', '자기 앞길 챙기기'라는 것을 국가와 정부가 나서서 웅변적으로 보여주고 있지 않은가? 그러다 보니 학교 폭력에 시달리다 자살한 학생의 유서에 이름이 적힌 친구의 부모는 '진실'과 '정의'보다는 무조건 자기 자식 보호가 도리라는 생각에 자녀에게 거짓말을 강요하고 진솔한 속죄와 참회의 기회를 빼앗아버린다. 직장 내 성추행 사건의 목격자들도 피해자의 고통보다 자신에게 닥칠 불이익을 피하는 것이 중요하다는 생각에 모르고 못 봤다며 고개를 돌린다. 예전 같으면 검거되자마자 '잘못했습니다' 했을 범죄자들도 일단은 무조건 부인부터 하고, 증거 있냐고 큰소리치고, 증거가 제시되면 그 부분만 인정하는 동일한 패턴을 보이고 있다. 정부와 국가기관, 권력자와 고위 공직자들이 눈앞의 이익과 보신을 위해 거짓을 강요하고 정의를 짓밟는 행태를 지속하는 사이에 우리 사회는 그 뿌리부터 썩어 문드러지고 있는 것이다.

'대한민국 사회가 공정한가'라는 질문에 응답자의 73.8%가 '공정하지 않다'라고 답하고 있고, 청소년 대상 조사에서 44%가 '10억 원을 준다면 징역 1년 정도 살 짓을 저지를 수 있다'라고 응답하고 있다. 그 피해는 누구에게 돌아갈까? 우리 모두다. 경찰, 검찰, 법원 등 사법기관이나 국회, 정부 등 국가기관이 '진실과 정의'보다는 '이해관계'에 따라 결정을 하고 집행을 한다는 '의심병'이 국민 사이에 팽배해 있으니 정부는 뭘 해도 의심받고 비난받는다. 늘 나라가 시끄럽다. 재벌이나 정치인, 고위 공직자들 역시 아무리 열심히 노력해도 서민들의 따가운 의심과 비난의 눈길만 받는다. 연줄과 배경, 전관예우가 통한다는 인식 때문에 사법과 공직, 입법 과정에 곤란한 청탁이 이어진다. 패배나 불리한 결과에는 승복하지 않으며 온 힘을 다해 저항한다. 모두가 퍽퍽하고 삭막한 불신과 의심, 경계, 피해의식의 악순환 속에 빠져 있는 듯하다.

그래도 희망은 있다. 일단, 정말 무식하게 대놓고 불법과 불의를 자행하던 유신이나 5공 등 '과거'보다는 나아졌다는 사실은 희망적이다. 그리고, 권은희 과장처럼 조직의 배신자로 몰리고 외로운 투쟁에 나서야 한다는 엄중한 사실을 알면서도 오직 양심과 사명감에 따라 진실을 행하고 말해주는 참된 공직자들이 있기 때문에 희망적이다. 사실, 이 책에 소개된 범죄자들과 불법행위에 동참하는 공직자들은 똑같이 '비겁한 자들'이다. 현실이나 여건을 탓하며 자신의 나쁜 행동을 합리화한다. 용기가 필요한, 진실을 마주하고 정의를 지키는 행동을 택하지 않고 막연히 '어떻게 되겠지', '설마 잡히겠어?'라는 기대에 의지한다. 시간과 역사가 진실을 드러내고 정의를 구현해낸다는 평범한 상식을 굳이 외면한다. 그 대가는 '신뢰'라는 사회적 자산의 붕괴로 이어짐은 물론 스스로의 몰락을 가져올 것이다. 그들의 단죄와 몰락이야 당연한 결과지만, 그들이 결코 책임질 수 없는 사회적 손실은 어떻게 회복할 것인가? 어느새 '공범들의 도시'가 되어버린 우리 사회, 더 늦기 전에 용기 있는 소수와 정직한 다수가 연합하고 협력해 바꿔나가야 한다. 지금부터 시작이다.

2013년 9월 표창원 씀

표창원 · 지승호